一頁 folio

始 于 一 页 ， 抵 达 世 界

何怀宏 著

文明的两端

Die List
der Gleichheit

GUANGXI NORMAL UNIVERSITY PRESS
广西师范大学出版社
· 桂林 ·

图书在版编目(CIP)数据

文明的两端 / 何怀宏著. ——桂林: 广西师范大学
出版社, 2022.7

ISBN 978-7-5598-4923-6

Ⅰ.①文… Ⅱ.①何… Ⅲ.①中华文化－研究 Ⅳ.
①K203

中国版本图书馆CIP数据核字(2022)第061404号

WENMING DE LIANGDUAN
文明的两端

作　　者：何怀宏
责任编辑：谭宇墨凡
特约编辑：任建辉

广西师范大学出版社出版发行

　广西桂林市五里店路9号　邮政编码：541004
　网址：www.bbtpress.com
出 版 人：黄轩庄
全国新华书店经销
发行热线：010-64284815
北京华联印刷有限公司印刷
开本：635mm×965mm　1/16
印张：34　　　　字数：441千字
2022年7月第1版　2022年7月第1次印刷
定价：98.00元

目 录

下编　现代文明的反省

文明诞生，文明万岁

一

"文明"一词在中国古已有之，《周易》中有"六见"，首先是指个人的一种内心光明、明澈、智慧的德性，如"其德刚健而文明"。其次，也有将此德性引申、教化及推广到天下的意思，如"文明以说，大亨以正"，"'见龙在田'，天下文明"，以及"刚柔交错，天文也。文明以止，人文也。观乎天文，以察时变；观乎人文，以化成天下"。[1]这已经颇有今天"文明""开化"的意味了，但主要还是在说人文精神和德性的推广与化成，不直接涉及物质和政治的文明。而且，在后来中国传统的思想学术中，"文明"这个概念没有特别地理论发挥。直到近代东亚世界大量翻译西方著述之后，"文明"这个汉语词才被比较完整地用于接近英语"civilization"的词义。

其实，在西方，"文明"（civilization）的概念像今天一样地使用，也不是很早，而是到近代才开始流行。按照布罗代尔的解释，"文明"这个合成词（法语：civilisation）先是于18世纪出现在法国，它开始还仅仅是一个法律用语，指称一种正义的行为，或者一种对刑事犯罪进行民事（civil）诉讼的审判；其现代含义——"进入开化状态的过程"，则出现得稍晚。布罗代尔指出，到 1670 年代，"civilization"已经在英国流行，并取代了"civility"（教养）一词，尽管后者历史更为悠久。德语"Zivilisation"则轻而易举地植根于德国，与更古老的"Bildung"（教养）并行不悖。[2]

"文明"与"文化"这两个词，意思接近，有时是可以不必严格区分的，如梁漱溟就时而这样使用。[3] 但是，为了更好地把握"文明"这一概念，我们还是要在两者的比较中加深对其的理解。

第一，"文明"与"野蛮"相对。"文明"首先意味着一个普遍的历史过程，其范畴一般不会包括单纯采集狩猎的人类历史阶段；但"文化"却可以指原始社会的文化。如布罗代尔所言，在 1874 年爱德华·泰勒出版《原始文化》之后，人类学界越来越多地用"文化"来表述原始社会。现在，我们也会将一些地域的考古发现称作"某某文化"。在现实的日常语言使用中，"文明"还可以指一种彬彬有礼的、体现了文明进展成果，合乎礼仪规范，尤其是非残忍与野蛮的行为和活动。但这并不是一种完全的道德评价，"文明"更强调的是行为礼仪方面。就内心而言，在有的思想家看来，原始人也许还要更为心地单纯或淳朴，乃至是"高贵的野蛮人"。

第二，与上面一条相关，"文明"更强调共性、普遍性、普世性，而"文化"则更强调特殊性、差异性、民族性。也是因此，"文明"比"文化"具有更大的涵盖性和包容性。当我们就一个地域或社会、民族、宗教说"文明"的时候，我们是就其共性而言的；而当我们说到"文化"，就常常已经意味着多元了。文化总是一个复数，过去的文明在相互分离的情况下也是一个复数，但在地理大发现之后，则越来越多地趋同，以致我们可以用"人类文明"或"地球文明"这样的概念来统括它。这时，和它相对而言的大概就是尚未得见的"外星文明"了。

第三，"文明"一定包含"物质文明"，但"文化"却并不一定如此。

与"文明"相区别使用的时候，"文化"甚至更多的只是表示一种"精神文化""精神文明"。这在德语文化中尤其明显。

第四，因此，在移植方面，文明的成果要比文化的成果容易得多。这在物质文明方面尤其明显，但久而久之，它也会影响到政治结构的变革和价值观念的趋同，就像传播到世界的工业革命也会影响到民主制度的建立和追求物质的观念上升一样。"文明"的传递是"明"，明白了之后很快就可以照着做；而"文化"的传递则是"化"，大概非得有一个濡染、生长的过程不可。

最后，"文明"有一个确定的历史，有一个大致的共识，即一般都认为，人类文明是从一万余年前开始的，但人类文化却没有这样一个统一的、明确的历史。正是基于文明有确定的万年历史，所以，本书也才说"文明的两端"——文明诞生的一端和文明现代的一端。

总之，"文明"的概念比"文化"更广大，也更固定，或者反过来说，"文化"的概念比"文明"更细微，也更弥散。在区别地使用这两个词的时候，我们常常用"文化"表达"文明"的精神的部分，不那么器物的部分。而作为精神文化的文明，是不大可能被快速移植和挪用的，只能通过生长和培养，即只能"化"，而无法像物质文明的东西那样马上拿过来"用"或"造"。当然，无论物质文明（器物之学）还是政治文明（制度之学），一旦"明"了以后，也不是马上就可以拿过来"造"的，因为物质产品和政治制度的后面也有内在的精神，所以，技术产品虽然相对好模仿，但其后面的科学精神和社会的创新条件却不是那么好学的，制度就更是如此。

现在，我们也许可以给"文明"下这样一个定义：文明，就是一定数量的人们，具有一定的可以持久固定群居的物质生活基础，形成了或者正在走向一定的政治秩序，具有一定的精神生活形态的人类开化状态。也即，文明一般包括三个要素：一是物质文明，包括劳动的分工、稳定的物质生活来源和剩余收益，以及相当规模的聚居，如城镇；二是政治文明，包括出现了国家或国家的雏形，或者正在走向国家，且可能也要容纳其中局部和暂时的政治秩序的崩溃；三是精神文明，不仅有精神的内心生活，还有精神的外在形态和成果，包括文字，或至少丰富精致的口头语言，有各种可以流传和留存的精神产品，有比较稳定的价值观念等。

如此，我们才可以说"文明"。

二

解释了我所理解的"文明"，我这里再解释一下我所理解的"两端"。

人类文明是一个过程。它有它的历史，有它明显的开端和发展到今天的成就或形态，也就是说，有其"前""后"两端。但是，说到"前""后"时，却有一些歧异需要辨析，这也涉及我们的观察视角。

当我们作为当事人、介入者或生活者处在一个行进的序列中的时候，我们感觉自己是在向"前"行进；而当我们偶尔回望的时候，感觉则是在向"后"回顾。"前进！""向前进！"常常是激动人心的口号，就仿佛我们走在世界的前列，正在创造前无古人的事业。但是，当跳出这个序列——当然实际只是在思想上跳出——来观察这种行进的时候，我们的"前""后"概念却要颠倒了。

如果将人类文明的历史看作一条带时间箭头的线段，我们会说，恰恰是那些走在队伍前面的人是在向"后"移动，是处在这条线段的"后"端。如果一个人跳出来观察和思考，可能会影响他行进的步伐，但这种客观的观察和反省，是否恰恰体现出人的某种优越性？和其他动物相比，似乎只有人能够进行这种反省，或者说，唯有人是一种能够做二阶思考和深度反省的动物。

所以，我们或许可以说，前一种次序是行动轴，主观的方向轴；

后一种次序是思考轴，客观的时间轴。作为行动的主体和作为反省的主体的"前""后"是不一样的。作为行动者，"前景""前途""前瞻"中的"前"，却正好是时间轴上的"后"。前一种是行动者的主体或主观视角，后一种是反省者的客观或旁观视角。那么，我们是否可以甚至需要同时保持这两种视角？其实，所谓"保持两种视角"，也就是能够跳出来，再增加一个客观思考和反省的视角。

本书采取甚至推崇的，就是这种观察者和反省者的视角，并试图借此客观地观察和反省文明，这或许可以帮助我们恰当地向前走，而不至于成为盲动者。我们要向"前"走，但也要时常向"后"看，而历史地看，那"后"恰恰是居"前"的。

从人本身来说也是如此。我们的父辈、祖辈都是比我们老的人，那些唐宋的人、先秦的人就更古老了。但是，他们其实是处在人类的童年。培根也表达过类似的思想，他认为，和古人相比，我们才是富有经验的"老人"，而他们却是"幼者"。而且，这"童年"又是处在文明开端的时期，所以，观察他们不仅是对开端和先人的尊重，还可以由此看到文明的"初心"、根源甚至根本。尤其当人们忘记这根本、不顾危险一味前行的时候，就更有必要回溯文明的本源了。就像做哲学的人，每当思穷力竭的时候，经常有必要回到哲学的童年，回到古希腊人的哲学，从那里吸取古老而又常新的智慧。

当然，我这里采取的虽然主要是一种观察、描述、思考和反省者的视角，但不可能排除，也无意拒绝介入者的视角；尽管这种介入还是集中于解释和反省，而不是直接指向行动。每个活着的人都嵌入和置身于文明之中，都无法是完全的旁观者，而必然同时也是介入者。

介入者也有两个类型：一个更多地表现出行动和实践者的特征，一个更多地表现出观察和思考者的特征。前者想得比较多的是"前进"，甚至"加速前进"，且不仅是自己前进，还要推动甚至迫使他人和社会前进；而后者想得比较多的则是"瞻前顾后"，对先贤，我们常常是"瞻焉在前，忽焉在后"。"前瞻"有必要经常回到"顾后"，甚至可以说，我们主要的可用经验和思想资源就在"过去"，当然最好是一直连接到"现实"的"过去"，一直通到今天的"过去"。我们也可以用理性的推理及想象力来预测未来，但一些基本的思想素材还是我们的已有经验和智慧。

我们要鉴古知今，从过去来了解未来。正如黑格尔所言："人类从历史中学到的唯一的教训，就是人类没有从历史中吸取任何教训。"历史虽然有可能被滥用，但也有可能几乎不被思考和运用。旁观有助于介入，介入也能帮助旁观。但知识分子可能更需要一种旁观、通观或统观。也就是说，要进入历史，观察历史，从历史中吸取经验和教训，以更好地认识我们已经介入其中的现在和正在创造的未来。

不过，本书想探讨的只是文明的"前""后"两端，也就是说，不是全面的、全部的文明史，而是省略中间大块的前后两端：前端是指人类将要进入文明和进入之后一直到物质基础、政治秩序和精神文明的形态基本确立，即几大文明的根本价值观开始分流的一段时间；后端是指人类进入思想启蒙和工业文明以来的时代，尤其是进入高科技迅猛发展的当代。

也就是说，我实际关注的是两个时段：一个是文明诞生的时段，也就是从奠定物质的基础，到出现政治文明，再到出现引领各自文明走向不同道路的精神价值的创造。尽管人类的早期文明出现在不同的地域，但物质的基础是基本相同的，到政治的文明则已经出现一些不同，但更为不同的是精神文明的形态。当然，在所有这些不同中，各个文明还是有作为人类的某种共性，且精神追求在奠定物质基础和形塑政治文明的过程中就已在起作用。

另一个时段则是文明的现代，也就是人类文明诞生后一万余年、我们正身处其中的这一端。文明在这一端似乎陡然加速，一面是集中于社会的价值平等乃至全面平等，一面是集中于人类对外物的认识和控制。这两个方面其实也是相辅相成，可以归为一个方向的，而且人们已经在舆论上将这个方向的变化视为"正当"，视为"进步"了。

换言之，本书关注的文明两端，一个是文明的诞生一端，一个是文明的万岁一端。文明已经有了一万余年的历史，这历史相对微观生物乃至个人很长，相对于其他有些物种，更不要说非生命的地球和宇宙，就很短很短了。但这短暂的历史中却包含着巨变，更准确地说，最大的巨变就发生在文明万岁之后，表现于近代以来的地理大发现、工业革命、高科技革命、民主浪潮、大众社会的兴起等事件。

当然，即便都是观察和思考，因态度的不同，文明的这"两端"，既可以被理解为"低端与高端"，还可以被理解为"开端与末端"，或"首端与尾端"。这就要看我们持一种什么样的立场了。比较乐观的看法，是强调"低端"与"高端"，这是一种进步主义的看法——人类文明从低端发展到了高端；比较悲观的看法，可能会是强调"首端"与"尾端"。

人类文明史上的一个有趣现象，就是文明的发展有一个从早期的"同"，到"轴心时代"[4]之后的"异"，再到现代的趋"同"，即一个"同—异—同"的过程。人类文明的两端具有许多共性，比如，都非常专注于人类控物能力的提升，都以经济发展为中心；差异是，人类文明之初（开端）主要是打下后续政治文明和精神文明的物质基础，今天（后端）则试图不断冲击物质文明的一个个高峰。前端还是"不约而同"，各个文明还相当隔离，它们只是表现出一种必须在一定的物质基础上才能发展政治秩序和精神文明的共性或通例；而后端已经实际地走向一个全球化甚至"地球村"的文明，原先相对分离的各个社会的文明则有一种"合意而同"的倾向，互相借鉴，互相影响，但也互相竞争，互相冲击，最后，基本的价值观念大概还都是要走向不断提高的富强。如此，关注这两端之"同"，也可以说是在关注人类的共性，或者说人类相对于其他动物的特性。

前端源出一端：现代智人从东非走向世界，不到十万年，就几乎遍布了世界。他们首先要解决物质生存资料，解决基本的衣食住行，尤其是食物和能量的谋取。最初的智人几度岌岌可危，甚至在有的时候全球智人的人数下降到了几万人，似乎一场风暴、一次冰雪就会将他们从地球上席卷而去。但是他们顽强地度过了危机。而今天的智人已处在地球霸主的地位，有数十亿之众，地球上也早就没有了能够与之抗衡的对手。前端还处在技术的极其低端，后端已是技术的极其高端；前端还只是进入国家的门槛，后端则已经有了强大分立的国家。

今天，人类文明已经在控物的科技与经济方面登上了高峰，我们大概都希望它能够不断攀登物质和技术的新高峰。但是不是还应该有另外的精神文化和政治文明的高峰？如果没有，或者我们看不到路径，找不到平衡的手段，那么，人类就有可能掉入深谷；但如果有，或者我们希望有，那么，我们还是会坚定地前行。无论如何，在这两种情况下，我们都还是首先要仔细审视一番，即便是上升的路，大概总还会有下降和曲折，需要不断地调整我们的步伐、速率和行走的方向。

近年来，我一直关注和研究文明的历史，但正如上面所述，本书并不是一部全面的文明史。我可能更关心的是有关文明的命运，尤其是其中精神文化的命运。所以，在本书的上编，我重点描写的是文明的发端，且主要是以我比较熟悉的中华文明为例。一个更重要的目的，则是想反省一下今天的全球文明。而要认识现代文明的性质和危机，不会比观察一下文明的始端，观察一下人类形成，尤其是刚刚踏入文明的那个阶段，更有可能形成鲜明对照的了。比如，是什么欲望、条件和动力推动人类进入了文明？也是这同一些欲望和动力推动人类攀上了今天的高峰吗？在科技文明如此发达的今天，我们应如何看待这些欲望和动力？它们将把我们带到哪里去？

三

文明迄今有了一万余年的历史，所谓"文明万岁"，首先是一个描述。其次，这也是一个祈愿，我们不是还希望它接着"万岁、万岁、万万岁"吗？如果我们祈愿人类的文明"万万岁"，也就是说有一亿年的生命，那么，这的确还是一个极其遥远和艰巨的"任务"。

人类文明在一万余年的行程末端就已经取得了如此巨大的成绩，让整个地球都地动山摇，那么，文明继续发展，且不说以现在的倍数甚至某些技术方面的指数的速率发展，就是比较平稳甚至曲折，但只要还是上升的，未来一万年、一千年甚至一百年，人类文明及其所处环境将呈现怎样的情景？（十万年以上就更是无法想象了。）

首先，地球大概是不可能负载人类的文明了，人类可能必须走向太空。其次，人类本身也大概会发生很大的变化，甚至出现新的亦人亦机的物种。阿西莫夫的小说《最后的问题》曾经描述过人类文明的长远未来，在这位并非悲观主义者的笔下，人类文明的最后也是归于一台对人类并无恶意，但最后老得不能再老的超级计算机的治下。

即便是祈愿中的"万万岁的人类文明"，也还没有过去恐龙称雄地球的时间长，后者的历史大致有一亿六七千万年。当然，恐龙在这段历史中也有极大的变化和发展，出现了许多细分物种：从小到大，从海洋到陆地和天空。人类或人类文明的存续会有这么长的历史吗？如果有，将会是怎样的变化和发展？而且，不像恐龙主要依靠体能，人类赖以称霸地球的还是智力，而智力虽可以有更大的可能和更快的速度，但也有最大的变数。

所以，在文明开始的一端，我先是试图追溯宇宙、地球、自然生命的演化，接着探讨人类和它们的关系，文明形成和发展的初始动因，从物质文明到政治文明再到精神文明的基本过程，信仰和价值观在和政治的互动中所起的作用。在现代的一端，我则主要是反省文明所取得的成就，尤其是近代以来的成败，认识现代文明的性质和特点，注意价值的转换和趋同，观察它的推进者和抵制者，思考它遇到的挑战和危机，预测它可能的走向。同时，我也会注意两端之间的联系和对照，尤其是物质层面对人的精神信仰和文化的基础性影响，以及不同价值观对各种文明的引导及其在全球的汇合与撞击。

揆诸西方学者的文明史著作，从斯宾格勒的《西方的没落》到汤因比的文明史研究，虽然观察与思考并重，对中华文明却不易有深刻的亲身体验。而中国学者的中华文明史著作，则往往局限于自身，且反省和危机意识不足。因此，我希望在文明的始端，更多关注中华文明的历史起源和演变，在文明的近端，则更多关注人类共同体的未来。

所以，本书在写作风格上，可能上编主要是叙述，下编主要是反省；但无论叙述还是反省，我主要还是提问。因此，它主要是一本提问之书。我没有明确的结论，更没有最后的定论；我甚至感到无边的困惑。

四

我们说到"文明"的时候，当然都是指人类文明，我们还无法确知其他的外星文明在何处。但是，人类又不等同于文明，文明只是人类的很小的一段历史，只占人类历史的数百分之一。然而，这文明却是人类无比璀璨的一小段历史。人类文明在"地球时间"中只是一刹那，在"人类时间"中也是短暂的，在"宇宙时间"中则更是微乎其微。但这文明的"一刹那"对人类极其重要。人类的命运就决定于此。甚至地球的命运，也在相当程度上受其影响。

人类文明的长久存续之道与人类本身的长久存续之道似乎还不一样。如果真的要长久延续人类的存在，似乎从更早就要开始放慢速度，延缓进入文明乃至否定人类文明。为此，中国的庄子、西方的卢梭都曾认真地考虑过人类是不是应该回到原始状态中去。庄子始终坚持这一理想，卢梭后来转向了。当然，要回归那样的原始状态几乎不可能。庄子和卢梭都将原始人的生活描写得很美好，其实，并不那么美好；而从文明状态返回，就更不会美好，甚至可能是地狱。此外，还有一个问题：我们是否真的舍得放弃人类政治和精神文明所取得的成果？包括能够产生庄子和卢梭的思想的诸种条件，其实也是这种文明的成果之一。所以，我想，我们可能还是会愿意更多地考虑文明的长久存续之道，以及在这个基础上考虑人类的长久存续之道，而非弃文明于不顾地考虑人类的长久存续之道。

　　注意文明的两端，还可以让我们发现比较关键的一点：人类的注意力现在似乎又开始集中于物质了，不过是在一个全新的、更高得多的水平上追求物质，且这追求物质看来还不是在为发展政治文明做准备，更不是为提升精神文明做准备，而就是以人的控物能力的不断发展和物质生活的不断提高为主要追求。难道人类的文明就是要"始于物质而终于物欲"？在人类文明的轴心时代，不同文明产生的核心价值分别引领了各自的文明两千年，直到近代才发生巨变，那未来是否还有可能出现一个新的轴心时代引领全球文明？

　　对那些为技术的飞速进展而欢欣鼓舞，自信这进展始终是对文明的促进的人，我想问：我们是不是弄清了"文明"的全部含义？我们究竟想要怎样的文明？难道只是物质的文明，只是技术和经济的不断正增长？人类脱离动物界难道只是为了把对动物和外物的控制能力提高到极致？人类是不是想当然地认为，技术的发展一定会促进整个文明的繁荣？技术会不会给文明带来危机，甚至是生死存亡的危机？如果是，我们是不是要优先考虑怎样才能延续人类的文明？处在文明历史后端的人类的前景和出路何在？我们如何走出马克斯·韦伯所说的由物欲和控物能力共同打制的"铁笼"？

　　若干年前，我曾感叹当代精神文化的衰落，后来则是担心整个文明的衰落，现在，这两个问题似乎还和人类本身是否也要衰落甚至被替代联系在一起了。有什么解救的办法？或许应该在文明发展的过程中寻找，包括在文明的发端中寻找？不过，我也许还不是真的要寻求最后的解答，因为很可能就没有这样的解答，或者说，这答案相当无望——不管是无望得到回答，还是这答案的内容让人无望。

剩下可做的事情，也许只是发声：为了安慰自己的孤独，或还可以让别的孤独者不那么孤独？但谁知道呢，或许还有某种超越的存在，乃至有人听到了某种回音？

上编　文明的开端

第一章

宇宙、地球与人类

为什么要追溯前文明的人类，乃至地球的演化和宇宙的开端？

这首先是为了展示我们对所生活的"物的世界"的认识已经取得了多么巨大的进展。

在天文、地质、生命、意识等诸多领域，近代以来的科学（技术）家们殚思竭虑，已经有了前人难以想象的先进技术和手段，促使人类对物质世界的认识取得了极其宏伟的成就：能够了解亿万光年以外的星星，推测百亿年之前的宇宙，探索海底和地心的深处，在基本粒子的层面上了解物质，在化学分子的层面上了解生命和意识……人类终于可以画出一幅相当连贯的人类及其生活的世界的粗略演变图景了。

用基于文明最后端的知识来回顾这文明的"前端之前"，或许也可以说是一种"两端相通"。换言之，我们是使用文明此端的最新知识，尤其是 19 世纪以来对生物进化和地球地质，以及 20 世纪以来对天文星空和宇宙演化的知识和理论，思考人类、地球和宇宙的文明前史。

一　宇宙的开端

浩瀚的星空

正离我们远去……

这是一种宇宙的红移现象：那些星系正在加速离我们远去，而且越远的离开的速度越快。换句话说，我们置身的宇宙正在膨胀的过程之中。这就像是一个不断膨胀的气球，气球上的各色圆点不断变大，同时它们之间的距离也在变大。但按照"宇宙大爆炸"理论，这个膨胀最初可是在一个极小的点上开始，在一个极短的瞬间发生的。

宇宙开端在大约 138 亿年之前，近乎无穷大的能量凝为一个比原子还小的一点突然爆发，形成了现在的"宇宙"，当然，这还是限于我们所知的"宇宙"。

我们不知道大爆炸之前的世界是什么，不知道这"宇宙"此前有什么，按照霍金等科学家的解释，或许什么都没有，或者即便有也没什么意义，对人没什么意义，对理解定律也没什么意义。那时的世界没有时间或者空间，没有物质，没有原子，更没有化学元素或化合物。但何谓"什么都没有"？这"没有"也是一种"有"，有一种比一个原子还小的凝集了无限能量的东西，它极其炽热，极其紧密，然后不知为何，它突然爆炸了。

宇宙的起源：大爆炸

[大爆炸之后的第一分钟] 有时候，宇宙或宇宙的某一局部即便经历了千百万年，也没有什么实质性的变化，但按照暴涨的假说，宇宙在大爆炸开始的第一秒钟里，就经历了巨大的变化，这是宇宙最丰富和最深刻的变化，如此才不愧说是"开端"：面积一下子从比原子

还小扩展到了比银河系还大，于是时间开始了，或者说有意义的时间，可计量的时间开始了。

出现了最早的物质：最小的粒子夸克，夸克形成了质子和中子，还有反粒子。四种基本力也出现了：引力、电磁力、强核力、弱核力。稍后，温度稍冷，质子和中子结合形成原子核。但一开始还没有原子，没有电子环绕在外，是之后才逐渐形成原子。最早出现的原子是最简单的氢原子和氦原子，前者占大半，后者占小半，还有不多的一点锂。所以，有一个说法是"从氢气到人"，而不只是"从欧米巴虫到人"。

而这一切，基本都是在宇宙爆炸后的第一分钟里发生的。宇宙的变化在极大和极小的尺度上同时进行：在原子里面，电子环绕原子核的运动有点类似于行星环绕太阳，但是，行星上的人相对太阳来说有多么微小，原子相对人来说也就有多么微小。

[**大爆炸之后 30 万年**] 这 30 万年里，宇宙还基本上是真空，只有由氢原子和氦原子为主组成的巨大云团在四处飘荡。

但创世的尘埃已经基本落定。物质有了，时空有了。光子在质子、中子和电子形成原子之后，就不与它们的电荷纠缠了。光子开始离开，形成了巨大的光束，在空间自由移动。这些光的残留物充斥着宇宙，构成一种"宇宙本底辐射"（CBR）或"宇宙微波辐射"（CMB）。

正是这类辐射在 1960 年代被人类无意中探测到，从而构成了宇宙大爆炸说的一个证据。2000 年，美国将威尔金森微波各向异性探测器（WMAP）送入了太空，到 2010 年 10 月结束探测，后将宇宙本底辐射中出现的微小波动绘制成图，而这为宇宙大爆炸说提供了进一步的证据。2013 年，科学家又公布了宇宙本底辐射的全天图像，将宇宙膨胀的时间精确到了 138 亿年左右。

以上所述的 30 万年主要是说大爆炸之后的物理演化过程，这后面则要说化学反应过程和星系与恒星的形成过程了。

[**大爆炸之后 7 亿—20 亿年**] 引力将大量的氢原子和氦原子吸引

到一起，形成巨大的团簇，就构成了星系；而在它们之间，则是巨大的没有原子的虚空。

我们所处的银河系大约有 2000 亿到 4000 亿颗恒星，而在银河系之外，则还有数千亿个星系，每个星系中又包括上千亿颗恒星。注意，这都是加了"亿"的。这还仅仅是我们所知的"宇宙视界"。

在凝结形成星系的气体云中，相对较小范围内的气体凝结为恒星。恒星不"恒"，其生命中的大部分时间都在稳定地燃烧氢，将其变成氦。这个过程就像是缓慢爆炸的氢弹。小一点的恒星慢慢变为白矮星，大一些的变成红巨星。恒星会制造出铁。行将死亡的恒星会发生剧烈爆炸，这种被称作"超新星爆发"的爆发会通过中子捕获而产生比铁重、一直到铀的元素。这些重元素能够以不同的方式结合，形成全新的、意想不到的物质，最终可能指向生命。

[**距今 46 亿年**] 我们现在换一种时间算法，不是从大爆炸之后下溯，而是从现在上溯。

太阳差不多是在 46 亿年前形成，在众恒星中间大致是中等大小，也正处在其预期寿命（近一百亿年）的中间。它的行星几乎与它同步形成，一些较小的，但又离得较远而不至被它吸入的星云开始围绕着太阳旋转，构成了四颗固态行星：水星、金星、地球和火星。外围还有四颗气态行星：木星、土星、天王星和海王星。这就开始有了我们的地球家园。

而这一切都和某些本来极难出现或结合的有利的偶然因素有关。太阳系正好处在银河系的一个"宜居带"上，地球也正好处在太阳系的一个"宜居带"上，离太阳正好不近不远，不冷不热，不稠不稀，甚至在最初的时候，它还幸运地撞上了一些彗星而又没有被撞碎，这给它增加了体积，也带来了一些可以孕育生命的重要元素。

这一切都太不可思议，却可能是真的，至少是符合理性的解释，甚至还有一定的证据。对我们来说，达到一种对宇宙的"思维"已经很不易，但这种"思维"要达到对宇宙的"理解"还不够。我们需要努力在一个极大的尺度（超级星系）上理解宇宙，又要在一个极小的尺度（基本粒子）内理解宇宙。对这两个尺度，我们都还只能有一个模糊的印象，而要打开未知知识的世界，那就更难了。

现在的科学家大都接受宇宙大爆炸说，或者说接受宇宙膨胀——宇宙正在拉伸，宇宙是从一个过去很小的东西而来的。但是不是暴涨，或者说是怎样的具体过程，还主要是推测。对这一过程，按照亚里士多德的"四因说"判断，我们对形式因、质料因或知道一些，但对动力因、目的因则几乎一无所知，或者说，这根本就超出了我们的认知范围。还有许多的东西我们不知其详，甚至根本不知道是什么，诸如反引力或暗能量、反粒子或暗物质，乃至类星体、黑洞等，我们只是暂时给它们一个位置符的命名。而前前后后的整个过程中还有巨大的偶然性，甚至还是偶然性居于支配地位，以至让我们以为是"上帝在掷骰子"——但其实可能并不是，只是目前我们尚不能理解。

如此，概括地说，我们所知的"宇宙"，是在 138 亿年前，由一个极其紧密、炽热和微小的存在体通过突然的大爆炸而形成，太阳则是在大约 46 亿年前由星云构成——和地球一样，或者说整个太阳系也差不多同步形成。太阳估计将在 45 亿年后熄灭，这么说，我们正好是活在（处在）它的中期。正是因为太阳抵抗了地球上的熵增定律，它源源不断的光和热能给了我们赖以生存的各种能源和营养，但它自己却抵抗不了熵增定律。最后，它，还有所有我们可见的恒星，以及整个我们已知的"宇宙"，都还是要归于寂灭。

当然，如果按照 2020 年诺贝尔物理学奖得主罗杰·彭罗斯的观点，这一寂灭也并不是终结，宇宙可能再一次形成一种极其紧密的存在体，然后可能再一次爆发。至少在我们所知的"宇宙"中，可能还是存在着一种循环。不过，这种循环的时空尺度极大，其具体内容是我们难以想象的。

　　这只是一种解释宇宙的图景。许多细节我们还不得而知。以后，有更多细节、更多调整，甚至解释力更强的宇宙图景，也不是没有出现的可能。这一切认识都是我们作为今天的人，作为一个今天的文明人所得知的。我们知道得这么多，但又知道得那么少。我们的一切发现既让我们兴奋，又让我们沮丧。在古代，我们也知道自己的渺小，但毕竟还以为我们处在这世界的某个中心，甚或还以为我们是上帝特别眷顾的。时光也没有那么漫长，一个神学家曾经根据《圣经》估算从上帝创世造人到现在的时间，结果只有六千多年，甚至牛顿也曾努力计算过创世的时间。但是，现在的科学明确地告诉我们，时空远比这庞大和久远，远非我们过去的时空尺度所能比拟。但这种"告诉"并不只专对神学家，也是面向所有人，包括科学家自己。我们自己远比过去想象的，也比现在所想的更加"渺小"，一种"蜉蝣"的感觉。让人惊叹的是，中国古代的庄子早在科学昌明之前，就意识到了这一点，发出了"生也有涯，而知也无涯"的感叹。

哪个宇宙？何种开端？

　　知识伸向无限的世界，可如果世界是有限的，又怎么可能？即便用更加先进的观测工具，我们又怎么可能发现世界的界限？霍金说，可以将世界理解为有限的，却是无边界的，有点像我们生活的圆形地球。我们的确在地球上发现不了边界，不会走到某个地方就掉了下去，但我们知道，地球之外还有群星。

　　那么，在我们所知的"宇宙"之外，是不是还有别的、可能还是无数的"宇宙"？我们也还是可以发问，我们说"宇宙的开端"的时候，究竟是指哪个宇宙，何种开端？在大爆炸之前是什么？

　　霍金还谈到有些人支持时间能回到甚至比大爆炸还早的模型，但他认为，目前还不清楚这种模型能否更好地解释现代的观测，因为宇宙演化的定律似乎在大爆炸处崩溃了。如果是这样，那么，去创造一个包含早于大爆炸的时间的模型就没有意义，因为对现在而言，那时存在的东西并没有可观测的后果。霍金相信定律制约，而在我们无法认识或者说不能发现定律的地方，那存在就等于不存在。

无论霍金所强调的时间从大爆炸开始，还是探寻大爆炸之前的情况没有意义，其实只是在说，在我们现有的科学知识的基础上，在我们目前所理解的"定律"的基础上，我们无法知道那前面是什么。但它一定不会是一无所有，不会是完全的"无中生有"。如果考虑到直到近代之前的人们的科学认知，考虑到 20 世纪相对论的出现，考虑到就在 20 世纪上半叶人们还普遍相信宇宙的稳态理论，那么，其实我们也不知道还有什么人类尚不知道的科学"新知"或"定律"，不知道是不是还有第一推动力，不知道上帝是存在还是不存在。

霍金的意思大致是说，上帝如果创世或者创造这一个宇宙，还是得从那个时间开始，还是要遵守一些初始条件和定律（目前这定律的确带着可以观测到的结果向我们呈现），所以我们只能在可以理解的科学定律之间思考和探求。霍金有强烈的科学气质，乃至他可能更倾向于拉普拉斯的科学决定论。他大概会同意说，如果我们发现和理解了科学定律，一切就都可以合乎理性地解释和推演，不需要任何假设。

在古代，甚至直到 20 世纪之前，我们还没有宇宙演化的理论。我们看到周围的一切都在运动和变化，但还不觉其"演化"。不仅动物，其他事物也在不断运动变化，日有东升西落，月有阴晴圆缺，山崩水流，四季轮转。尽管富有变化，但我们认为环绕我们的世界的大致的格局和形态不变。

就如同一些其他的文明和民族，中国也有自己的"创世"和"造人"神话。一个是盘古开天地的神话。传说天地还是一片混沌的时候，盘古就生在其中，就像一颗生命的种子，随着天地一天天长高加厚而长大，最后终于撑开和分离了天地，即所谓"开天辟地"。据说，他龙身人首，睁开眼睛就是白天，闭上眼睛就是黑夜，呼气则是夏天，吸气则是冬天，吹气就成风云，呵斥就成雷霆。盘古死后，他的眼睛成了日月，胡须成了星辰，九窍成了九州，身体的各个部分变成了世界万物。耐人寻味的是，这个开天辟地的创造者并非在这个世界之外，亦非在这个世界之上，而是就从这个世界之中创造。

还有一个是女娲补天和造人的神话。据唐代司马贞《三皇本纪》说，火神祝融与水神共工交战，共工战败，就用头去撞西方世界的支柱不周山，结果天塌陷了，天河的水注入人间，洪水泛滥，许多人因此丧生。女娲不忍人类受难，炼五色石子补好了天空，又折神鳖的脚支撑天的四极，平息洪水，杀死猛兽，人类始得以安居。当然，这实际是补造而不是始初的创造天和人。

但是，在创世之后，古人常常觉得世界从来就是这个样子，以后也还会是这个样子。人类感觉处在世界的中心，或者得到某种神灵的宠爱。古人有世界"开端"的观念，但不是自开端演变，而可能是上帝或者某个神灵或圣人创造了目前的这个世界且基本不变。人们隐约地觉得过去的世界是一片混沌，甚至一片黑暗，先是有光，有水，有气，有昼夜，然后走向井然有序。而这一切都是神灵的作用，或者某个圣人或英雄所为。这种创造本身自然也可能有一个过程，但是，在创世之后，世界也就基本是这个样子，不再有实质性的变化或进化。

明确的演化或进化的观念，首先是从 19 世纪关于人的"进化论"开始：人竟然是由猿猴变过来的！人除了有创造语言和文字以来的历史，还有自身身体和意识进化的历史。而随着 20 世纪科学的进展，我们还有了宇宙演化的历史：宇宙竟然是由一个可能比原子还小的存在体爆发而变过来的！浩瀚的宇宙也有其极微小的开端，过去的宇宙并不是我们今天看到的样子。

古人对宇宙也有许多猜测，但主要集中在这世界的本质要素上。他们猜测世界的基本元素是水、土、火或者气。但那些最初对世界好奇的人试图探索世界的基本成分时，就已经暗含一点演生的概念，已经暗示着其他东西都是由某个基本元素变成的了。中国的古人较多地相信世界是由气构成的。气是一种最细微而流动的东西，借助于阴阳变化之道，一切物体皆是由气构成。这里面也包含着演化的观念，但主要还是微观的演化。

我们一直生活在天地之间。但古人连地面也还不能穷尽，对天空更是模糊，也因此有了许多浪漫的遐想。我们一直置身于这个宇宙之中。宇宙始终是我们观察，但远不是我们影响的对象。即便以后人类的能力增长了，能够影响近地的天空，但对大尺度的宇宙大概也还是鞭长莫及。但我们可以尽可能地观测它，也猜测它。人类自古就有许多对宇宙和自然的猜测，随着近代科学的发展，有一些猜测得到了证实，也有一些被证伪了，但还有许多猜测无法证实也无法证伪，甚至永远找不到证明的途径和方法。

我们现在知道了：在我们所知之外，还有更广大的故事，更久远的追溯。近代以来飞速发展的科技，让我们明白了生命（包括人等各个物种）是慢慢进化来的，明白了地球是圆的，地球围绕着太阳转而非太阳绕着地球转，明白了在地球、月亮、太阳之外，还有太阳系、银河系、河外星系。据科学家说，宇宙中大约有几千亿个星系，而每个星系差不多又各自有几千亿颗恒星！这还只是我们目前所知道或估计的"宇宙"。

在我们知道的"宇宙"之外，还有我们不知道的"宇宙"。它们是根据什么原理存在，处在什么状态，我们不得而知。作为匍匐在无数繁星之中的一个小小的行星上的生物，我们人类实在没有什么资格为我们所获得的知识而骄傲。我们其实只能是尽力地观测离我们最近的宇宙部分。

一切都有了历史。这也就意味着一切都有了起源，无论动物、人、地球，或是宇宙。这也许还有另一层含义：一切都是相对的。没有绝对的空间，也没有绝对的时间，甚至也没有绝对的自然规律。但是，还有没有永恒不变的东西呢？比如上帝？上帝的概念与历史、变化的概念是矛盾的。如果说上帝有历史和起源，那也就没有了上帝——就不可能有上帝，或者无法说这是上帝。那么，是不是还有无限的存在，无论它们是什么，是炽热灼眼的星云，还是看不见的黑洞，或者可能有的虫洞？或者退一步说，在有限的人这里，是不是在有限或相对的空间、时间、历史中还是有绝对的东西呢？或至少说，是否还有持久、长久甚至对人来说是永久的东西呢？当然，对于像人这样只有几百万年物种的历史，一万余年文明的历史，哪怕未来再加上几百万年历史的存在来说，可能许多东西都是永久的。

无论宇宙怎样变化或演化，怎样热烈张扬还是变成连光也逃逸不出的"黑洞"，爆炸还是坍缩，也无论时间是连续还是断裂，有开端还是没有开端，总是有那么一种"在"在——我们始终不明白的就是那"在"，那异于这个发问的我们的"在"，包括为什么会产生我们这个发问的"存在"。

"在"是怎么来的，或者说为何竟然有"在"？因为"在"已经在了。发问的"存在"也已经存在了。如果说人择原理就意味着当我发问的时候，世界就已经是这个样子了，正是我们的存在赋予了确定我们从何处、在何时观察宇宙的规则，我们也还是会发问，包括问这发问的自身是怎么来的。

二　地球、人类与我们的祖先

我们的祖先

假设一个今天的中国人，正坐在北京一处居所的窗前，遥想五六十万年前这周围的风景，[1] 那时的"北京"自然没有鳞次栉比的楼房遮挡视线，一览无余的会是草莽、山林和荒野，且有密布的水泉、河流乃至湖泊，剑齿虎、熊和狼等都在其中活跃，但也有素被称为"北京猿人"，或更科学一点，叫作"北京直立人"（Homo erectus pekinensis）的古人类出没其间，他们头顶低平，前额后倾，眉骨突出，脑容量平均 1088 毫升，往往数十人一群活动，身高大约一米五，寿命多不超过二十岁，40% 的人不到十四岁即死去，只有 3% 的人能活过五十岁。[2] 但他们已经会使用火和保存火种，会打制和使用简单的石器，结成原始群，靠打猎和采集为生，主要食物为野生动物肉。

　　"北京猿人"的化石主要是 20 世纪二三十年代在北京房山周口店龙骨山的考古发掘中发现的，据说，曾经出土的人类化石包括 6 件头盖骨、15 件下颌骨、157 枚牙齿及大量骨骼碎块，代表约 40 个"北京猿人"个体。遗憾的是，这些重要的原物在 1941 年太平洋战争爆发后遗失，迄今也没有找到。沉睡了数十万年的远古人类的遗骨，在重见天日仅仅十多年后又离奇失踪，在远古重重的扑朔迷离上又增加了一点现代的扑朔迷离。在世界各地的博物馆和人类学家、考古学家的著述中，都少见对"北京猿人"的介绍——那些化石毕竟是遗失了。

　　1930 年，科学家们还在发现"北京猿人"化石洞穴的上方发现了接近山顶的洞穴，从中挖掘出可称之为晚期"智人"（Homo sapiens）的新人类的化石。这就是大约两万年以前活跃在现在北京一带的"山顶洞人"。[3] 五六十万年前的确遥远，但两万年前并不太遥远，而经历了几十万年，且三个寒冷的冰期之后，这周围自然环境的外貌变化并不是很大，依然是荒野、山林和草甸。从 70 万—20 万年前，环渤海湾地区气候的基本趋势是从温暖湿润到寒冷干燥，森林减少而草原增加，到近 1.15 万年前，走出最后一次冰期的最恶劣阶段，转趋温和。后又有泉水遍地，但现在也都干涸。有各种大型动物，诸如亚洲象、洞熊、赤鹿、猎豹和鸵鸟等，活动其间。

"山顶洞人"已经能够自己生火，制作和使用各种石器，[4] 用骨针制作毛皮衣服。他们已经有对美的追求——用穿孔的兽牙、鱼骨和石珠等作为装饰品，这说明他们有了较高的劳动生产率，有了一定的剩余产品和闲暇。他们也懂得尊重死者，知道埋葬死者，甚至也可能有寄托哀思的仪式，懂得"慎终追远"。而这也可说是一种精神生活以至宗教信仰的起源。[5] 他们的生产和生活方式大致属于旧石器时代晚期，依然是以采集和打猎为生。但体质和面容已经非常接近现代人了，身高增加了，男性约为 1.7 米，女性 1.6 米，脑量已达1300 毫升以上。可惜的是，"山顶洞人"的早期化石和遗物也随着"北京猿人"的化石一起丢失了。后来（2003 年）在附近的田园洞中又发现了人类的骨骼化石，生存年代大概距今四万年左右。

"山顶洞人"是我们的祖先看来问题不大，但"北京猿人"是不是现代中国人的祖先呢？自 1920 年代发现北京直立人的化石之后，我们一般都认为，"北京猿人"是生活在中国这片大地上的人的直系远古祖先。这种看法还写进了教科书，成为流行说法。

但自 1980 年代以降，有一些学者提出了在解剖意义上与现代人同种的"智人"的"单地起源说"，[6] 即认为根据遗传学的证据，现在世界上的所有人都来自东非的一个母亲，大概在二十多万年以前，体质意义上的现代"智人"在非洲形成，而在大约五万年前，有一支到了东亚，替代了以前的"直立人"。

追溯现代智人的祖先究竟是谁、来自哪里的任务看来会极其艰难。没有料到的是，现代生物学最近五十年来的发展却基本解决了这一问题。具体说来，当代分子生物学有了一种比较可靠的办法，就是通过比较许多现在属于不同种群的人的 DNA，利用画族谱的方式追溯人们的共同祖先。人们的辈分差异与他们的基因多样性成正比，也就是说，基因多样性越高的种群，辈分越是在前。而且，如果要排除基因重排和交叉互换的影响的话，还可以采用对一种只能通过母本传递的

DNA 片段——线粒体 DNA——追踪的办法。这种线粒体只能由女性传给女性，男性虽可以继承母亲的线粒体 DNA，但不能遗传给后代，而女性则可以。这样，1980 年代，一些遗传学家在研究了各种种群类型的线粒体 DNA 后发现，几乎所有被纳入研究的在世者的线粒体 DNA，都指向一个 20 万年前左右生活在东非某一种群中的女性，她被称作"线粒体夏娃"。而人类还有一种 Y 染色体，只有男性拥有和遗传，顺着这条线索，遗传学家追踪到了一个大概 9 万—6 万年前生活在非洲的男性，他就被称作"亚当"。换言之，按这一观点，现代人都是生活在撒哈拉沙漠以南的原始非洲人的后代。这里的"亚当""夏娃"自然只是借喻的名称，但终归有一个女性和男性是可追溯到的现代人类的最近的共同祖先。[7] 而后来分布在五大洲的人们，都是大概 10 万年前陆续从那块土地上迁徙出来的。

我们可以想象一下，在当时东非的那块地方，有大约数万之众、数百个早期的智人群体。那里靠近赤道，气温暖和，水草丰美，动物繁多。但后来由于气候环境发生变化，有那么一些群体或是因为寻求生路，离开了原先习惯的地方，向北探寻，到了红海边上。那时的红海最窄处虽可能只有几千米宽，中间或许还有岛屿，但对当时的智人来说，要渡过去还是不容易，于是，有的群体可能退回去了，有些则继续坚持向前。他们中的一些人幸运地渡过来了，进入了被我们日后称为"欧亚大陆"的地方。后来，在漫长的岁月里，他们又继续繁衍分散，往东、西、北几个方向前行，最后几乎遍布欧亚大陆上人类能够居住的许多地方，其中有些还去了澳大利亚，最后到达的是美洲。美洲的土著据说是多样性最少或者最年轻的智人群。留在非洲的，则是最古老的，多样性也最强。但最古老的并不一定就是后来最先进的。在欧亚大陆这块地方的智人看来发展得最好，这或许是因为他们的回旋空间最大，但更重要的，可能是分别发展的人类因为有不断的互相接触、交流和竞争，包括和原来的"土著"——尼安德特人、北京直立人竞争，他们反而进入文明最早，后来的文明形态也更发达。

另一方面的证据在于，似乎还没有找到亚洲的直立人、欧洲的尼安德特人和现代人之间有明确的基因联系，即还无法证明现代人的身体中有他们的基因。西方学者过去多认为20万年前以降生活在欧洲与中东的尼安德特人是他们或现代人的祖先，但目前大都承认：尼安德特人在4万年前左右就已经灭绝，至多在一些现代人中还残留一点基因。中国的一些古人类学家则对亚洲直立人是否灭绝有一些不同的看法。虽然西方也还有个别学者坚持"多地起源说"，即现代亚洲人、非洲人和欧洲人都有自己的独立起源，但学界主流的观点认为，现代各大洲的人均源自非洲。

如果我们不怀疑遗传学是一门科学理论，目前"单地起源说"的证据和证明方式的确还是相当让人信实、难以反驳的；但另一方面，学界也还是有一些疑问，比如，为什么后来的中国人与"北京猿人"的体质结构相当接近，甚至比与非洲智人相比更为接近？即便现代人均出于东非，在5万—7万年的时间里，迁徙到各地的"智人"是否能演变出像今天的非洲人、欧洲人和亚洲人这样的显著差异？这种差异的原因主要是内因（基因突变）还是外因（地理环境），以及，怎么可能完全没有杂交遗传？是不是直立人与智人属于不同的物种，或差距太大而不可能？欧洲的尼安德特人在4万年前就已"灭绝"的证据似乎比亚洲的证据更为支持现代人的"单地起源说"。

但最近又有新的证据似乎构成一点例外。[8]"北京猿人"是独自进化到后来的"山顶洞人"，或者是和后来从非洲迁徙过来的智人杂交混血了，还是被东非智人完全取代了？即，他们是否在东非智人到来之前就由于某种原因（比如冰期或其他灾难）而已经灭绝了，还是被新来的东非智人完全消灭了？如果能够在"北京猿人"和现代中国人之间找到遗传的证据，当然就能够支持"北京猿人"是我们的直系祖先，而如果三点能够连成一线，即在"北京猿人"（或"北京直立人"）、

"山顶洞人"（或中国其他疆域的智人）与现代中国人三者之间发现遗传联系，那么证据的力量就更强了。但如果不是这样，我们也须尊重事实，而且同样可以为世界上的各种族在十来万年之前就是一体而自豪。虽然世界上各民族同出一源，但在远远超过人类文明史的数万年的演变中，彼此也还是有可能发展出相当的差异，这也就解释了今天的欧洲白种人、非洲黑种人和亚洲黄种人等各个种族之间的差异，哪怕只是身体和相貌上的差异。更重要的是，即便承认这种差异，也不应该成为各种族间彼此平等对待与和平共处的障碍。在今天，各种族与民族之间的先天差异是不是已经小到微乎其微？西方学者似乎相当强调这一点，或至少大都有批判种族主义的倾向。但在 1930 年代及之前，强调种族差别的理论影响却很大（在中国学界也有这种情况），而目前的这种"政治正确"似乎是一个必要的反拨。但最重要的还是尊重事实。目前，我们还是不妨在有信的地方存信，在有疑的地方存疑。

我们再来纵观一下目前在中国疆域内发现的早期人类化石的线索，主要有：

猿人、能人（Homo habilis）、直立人

204 万年前，巫山人（重庆），发现牙齿化石，但有学者认为，这还是古猿的化石

170 万年前，元谋人（云南），有石器，可能会用火，但年代还有争议，一说是约 60 万—50 万年前，也就是说，以上两条尚非定论

115 万年前，蓝田人（西安），有原始打制石器

70 万年前，北京人

10 万年前，马坝人（广东）、长阳人（湖北）、丁村人（山西）……

智人

约 3 万年前，左镇人（台湾）

2 万年前，山顶洞人（北京）、柳江人（广西）、资阳人

显然，3 万年以后的左镇人、山顶洞人、柳江人、资阳人等，都是我们的直系祖先，但是，大致在 10 万年前到二三万年前，有一个时间缺口，基本没有发现人类的化石，[9]这恰恰是现代"智人"的形成时期。而且，恰恰是这个时候，被认为是东非"智人"迁徙的时期。

生命的历程

现在，我们继续往前上溯，看看人类在地球上大致走过的足迹，以及人从地球和生命中演化出来的过程，以明了人类在自然界——主要是地球——中的位置。

[**地球上出现生命**] 几乎和太阳同龄，45.5 亿年前，地球形成。45.27 亿年前，月球形成。到 40 亿年前左右，地球的基本结构大致形成，生命的基本物理条件也初步具备，但地球的表面和环绕地球的气候还会发生剧烈的变化。

产生生命的几个基本条件是阳光、空气和水。阳光是始终存在的，但温度还要适合——地球正好离得不远不近，所以还要有一定的大气层保护，不仅形成屏障，还要给生命提供一些基本的能量或养料。

在地球上，不仅有丰富的物理变化，还有丰富的化学变化，不过，化学变化是如何导致最早的活的生命存在的，迄今没有确定的答案。

生命的基本原材料在地球上渐渐都有了。其中最重要的是碳和氢，再加上氮、氧、磷以及硫等，这些成分总共占了生物净重的 99%。只

要条件适宜，它们就可能制造出简单的有机分子，而简单的有机物又可能在互相作用中聚合成复杂的结构。当然，最后，还一定要有在所有生物中都存在的脱氧核糖核酸（DNA）这样的繁殖要素。

这是一种从规模到复杂性都极其巨大的飞跃，因为甚至连一个病毒都包含大约 100 亿个以特别形式组成的原子，而每一个植物和动物的合成细胞都包含 1 万亿—100 万亿个原子。它们如何组合才能形成生命呢？这真像是让一个猩猩在一台计算机前无意识地打出一个莎士比亚的剧本。迄今我们也不知道这个过程，不知道如何从一堆无生命的原料中创造出生命。

[38 亿年前，有机生物形成，单细胞生物出现] 原始细菌或者说"古菌"（archaebacteria）开始形成，它们没有细胞核，不像大多数原核生物那样从阳光或其他细胞中汲取能量，而是以地球上的化学能"为生"，从铁、硫、氢以及许多埋藏在岩石中或溶于海水里的化学物质中汲取能量。然后，才是大量的各种各样的细菌渐渐出现。

从数量上来说，简单的细菌到今天也是在地球上占据统治地位。也许正是因其简单，它们才数量最多，也最为持久。甚至可以说，它们就是生命存在的基本形式或单位。简单的单细胞生物不仅能独自存活，也为多细胞生物体的出现创造了条件。当然，像病毒还会寄生。有细菌在，也就有生命在。也正是这些最初的生命通过光合作用让大气层有了不多不少、适合后来动植物生长的氧气。

适合各种生命的条件并不是现成的，有一部分还需要初始的生命本身去创造。当然，这是一个非常漫长的过程，从 35 亿—20 亿年前，主宰地球的生命形式都还是生活在海洋里的简单的单细胞生物体。而水在生命产生的过程中扮演了重要的角色，最早的生命形式大概都是先从水里产生的。在 23 亿年前，还出现过冰封世界的"雪球地球"——后来的动植物大概是无法在这种条件下生存的。但是，这些简单的单细胞生物体却活过来了，是它们保存了生命。

到 10 多亿年前，多细胞生物开始出现。首先大概是海藻和海苔。但直到 9 亿年前，地球的运转还不很"正常"，它每年共有 481 日，每天 18 小时。后来，地球的自转及公转因潮汐力逐渐变慢。7.5 亿—6.3 亿年前，又有了第二次"雪球地球"。以后，地球上还会发生多次地质灾难、气候灾难和生物灾难，包括几次"生物大灭绝"，但有些物种的灭绝却可能为其他物种提供了机会。而一些生物物种的灭绝也不是生命的灭绝，一些比较简单的、基本的、微小的底层生物始终生存到今天，构成我们今天地球生命的底色。

没有存在物能一成不变，也没有生物能一帆风顺。地球，地球上的大地和海洋，包围着地球的大气，各种植物和动物，都在变化之中，或均变，或灾变。大陆板块在撞击，分而复合，合而复分。气候在变冷或变热，乃至出现多次冰期。地球的自转和公转也在发生变化，总的趋势是变慢。

地球最初曾经有一下就上百万年的大雨，为海洋提供了充足的水量。后来也曾经有无数的森林和植被被掩埋，为人类近代的工业革命提供了丰富的化石能源。

[**动物出现和生命登陆**] 6 亿年前，多孔动物、刺胞动物、扁形动物及其他多细胞动物在海洋出现。

5.65 亿—5.25 亿年前，寒武纪大爆发产生了所有现今动物的主要的门，其成因仍然存疑。以三叶虫为主的节肢动物是最主要的门，而脊索动物的皮卡虫可能是人类的祖先。

5.05 亿年前，第一个脊椎动物甲胄鱼出现。此前，生命基本都是在海洋里生长和活动，到 4.75 亿年前，陆生动物出现。约 3.8 亿年前，陆生脊椎动物产生。

3 亿年前，盘古大陆形成，维持了 1.2 亿年。这是地球上的大洲最后一次闭合在一起。羊膜卵的演化，产生了能在地上繁殖的羊膜动物与爬行动物，并出现了能够飞行的昆虫。

2.8 亿年前，原蜻蜓目的巨脉蜻蜓是最大的昆虫，翅膀展开长达
2 英尺。脊椎动物，包括两栖动物离片锥目、石炭蜥目及壳椎亚纲、
早期的爬行动物无孔亚纲及下孔亚纲出现，例如基龙。

2.56 亿年前，二硕齿兽、小头兽、二齿兽、雷塞兽、Dinogorgon
及原犬鳄龙出现。锯齿龙科是大型的草食性动物。最初的初龙形动物
出现。

2.5 亿年前，二叠纪-三叠纪灭绝事件杀死了所有动物的约 90%。
灭绝过后，水龙兽是地表最常见的草食性动物。初龙类分开演化出其
他的爬行动物。

[**恐龙统治时代和哺乳动物出现**] Dinosaur，意指"恐怖的蜥蜴"，
后来在中文中被翻译成"恐龙"，但这个词可能在相当大的程度上削
弱了这个物种的丰富性和多样性。它们曾经遍布现今世界七大洲的陆
地、海洋和天空，留下了最多最大的动物化石，也激起了最多最广的
人类想象力。

当太阳、月亮等随着科学发展而让人失去了想象的空间之后，这
个消逝的物种却让我们缅怀、幻想和激动。它的产生、活动、分类，
以至灭绝，成了科学家们苦苦探寻的重点。

的确，在人类支配地球之前，也只有它曾经统治过地球——约 2.3
亿年前，各种恐龙开始成为陆地与海洋的统治者。2.2 亿年前，初龙
类分化为鳄鱼、恐龙及翼龙目。在合弓纲中，演化出哺乳动物的首个
先躯兽孔目，特别是真犬齿兽下目。2 亿年前，三叠纪-侏罗纪灭绝
事件发生。海中的爬行动物，包括鱼龙类及蛇颈龙类，兴盛起来。恐
龙从灭绝事件中存活过来，且体型巨大，但槽齿类全面死亡。

1.95 亿年前，目前已知最古老的哺乳动物吴氏巨颅兽出现。
1.8 亿年前，盘古大陆开始分裂为几个大陆，最大的是冈瓦纳大陆
（Proto-Gondwana，也称"南方大陆"），由现今的南极洲、大洋洲、
南美洲、非洲，以及印度半岛等组成。南极洲当时还是一片森林。北

美洲及欧亚大陆当时仍然连接，是为劳亚大陆（Laurasia，也称"北方大陆"）。1.5亿年前，巨大的恐龙甚为普遍及多样化，有腕龙、迷惑龙、剑龙、异特龙、细小的嗜鸟龙及奥斯尼尔龙。鸟类开始从兽脚亚目演化出来。1.35亿年前，禽龙、林龙等新的恐龙在侏罗纪灭绝后出现。

1.25亿年前，现今有胎盘哺乳动物的祖先攀援始祖兽出现。1.1亿年前，8公吨重、12米长的帝鳄出现。

7500万年前，人类与老鼠的共同祖先出现。6600万年前，白垩纪-第三纪灭绝事件将差不多一半的动物物种（鸟类除外）消灭，这可能是小行星撞击地球所致。没有了巨大的、白天活动的恐龙，哺乳动物的多样性及体型得以增长。一类细小的、生活在夜间、栖息于树上吃昆虫的统兽总目分支出灵长目、树鼩及蝙蝠。

约6000万年前，恐龙灭绝，只剩下可能是最弱小的一系——飞翔在空中的一系，后来变成了现代的鸟类。

[**哺乳动物的兴盛**] 5500万年前，大洋洲从南极洲中分裂出来。最早的真灵长类首次于北美洲、亚洲及欧洲出现。

4000万年前，灵长目分支成原猴亚目及简鼻亚目。

2200万年前，印澳板块与欧亚大陆板块碰撞，产生喜马拉雅山和青藏高原。

1500万年前，猿从非洲迁徙至欧亚大陆，成为长臂猿及猩猩。人类祖先从长臂猿形成，而猩猩、大猩猩及黑猩猩都属于人科，人类则属人族。

1300万年前，人类祖先从猩猩祖先形成。猩猩的亲属禄丰古猿[10]开远种出现。1000万年前，猴的数量激增，猿则减少。人类祖先从大猩猩的祖先形成。

[**人类的出现**] 500万年前，人类祖先从黑猩猩祖先开始形成。它们的最后共同祖先是乍得人猿。

370 万年前，一些南方古猿在肯雅的火山灰中留下脚印。300 万年前，非洲南方古猿及鲍氏南方古猿出现。

250 万—200 万年前，人猿揖别。能人（Homo habilis，或称"巧人"）出现，生活在东非等地。能人在坦桑尼亚使用原始石器工具。

180 万年前，直立人（Homo erectus）出现，生活在中国、爪哇等地。一说直立人在非洲演化，并迁徙至其他大洲，主要是南亚。

180 万—130 万年前，匠人（Homo ergaster）生活在非洲、格鲁吉亚等地。

70 万年前，智人（Homo sapiens，现代型人类）与尼安德特人的共同遗传祖先出现。北京直立人出现。已会用火。60 万—10 万年前，海德堡人生活在欧洲。20 万—10 万年前，尼安德特人从海德堡人演化，生活在欧洲及中东。

简要地说，地球在 40 亿年前还没有生命，20 亿年前还没有多细胞生物，10 亿年前还没有动物，直到 300 多万年前，人类才从猿中分化出来。

一般认为，人不同于猿的标志有三：一是直立；二是脑量超过 600 立方厘米以上（现代人是 1350 立方厘米左右）；三是能开始制造一些最简单的工具和用火。

[**智人的出现和迁徙**] 20 万—15 万年前，现代意义上的人类——智人在东非出现。但最近的考古发现似乎要将这一起点再往前上溯到 30 万—20 万年前。13 万—9.4 万年前，弗罗勒斯人（小矮人）生活在印尼弗罗勒斯岛。[11]7 万年前，最近的冰期——威斯康星冰期开始。

如果智人只是停留在东非，可能也没有后来璀璨的多种多样的文明。但他们大多走出来了。所以，重要的还是智人的迁徙。

据当代学者的研究，这一迁徙的时间和地域大致是：

大概从 10 万年前起，生活在非洲的智人开始陆续进入亚洲、欧洲和大洋洲。可能沿海岸线的延伸速度较内陆为快，突变造成皮肤颜色的改变，以最有效地吸收紫外线，不同肤色的种族开始形成。

约 6 万—5 万年前，智人到达东亚。丹尼索瓦人生活在西伯利亚。

4.5 万年前，克罗马侬人与尼安德特人相遇，在法国岩洞绘画及捕猎猛犸象。4 万年前，尼安德特人消失。

也是在约 4.5 万年前，智人到达大洋洲。

3 万年前，人类从西伯利亚分几波进入北美洲，较后的经过白令陆桥进入，早期的可能是以跳岛战术经阿留申群岛进入。

2 万年前，人类在青藏高原留下脚印及手印，用动物脂肪制造油灯，以骨针来缝制动物饰物（北京山顶洞人），猛犸象骨头被用来在俄罗斯等地建造房屋。

1.6 万年前，智人到达北美洲。

1.5 万年前，离我们最近的一个冰期结束，海水漫过全球，造成多个近岸地区水浸，将以往的大陆分成岛屿。日本从亚洲大陆分开，西伯利亚与阿拉斯加分开，塔斯马尼亚与澳大利亚分开。

1.2 万年前，智人到达南美洲南端。至此，智人已布满除南极洲以外的内陆各大洲，那时的世界人口估计已达 500 万。[12]

1.1 万年前，人类开始种植植物和驯养动物，首先是在伊拉克一带的幼发拉底河与底格里斯河流域的肥沃月湾，然后是在尼罗河流域、印度河与恒河流域、黄河与长江流域等地栽培作物。人类进入文明。

这里有几个重要的时间节点：一是智人到达澳大利亚，说明他们已经有能力漂洋过海；二是智人到达西伯利亚（有智人化石为证），说明他们已能够在相当寒冷的地带生存；三是智人到达美洲，在四五千年的时间里就从北极来到接近南极的地方，说明他们的迁徙速度已相当快捷；四是澳大利亚和美洲的智人"土著"到达之后，带来了当地巨型动物迅速和大规模的灭绝，说明他们的控物能力已经大增。但相当隔绝地独自发展，也使澳大利亚的智人始终停留在采集狩猎阶段，美洲的智人也只是一部分在农业文明的基础上建立了政治秩序。

在非洲智人迁徙到世界各地之前，还有过更早的非洲猿人走出非洲的大迁徙：大约在100多万年前到亚洲，50万年前到欧洲。也就是说，即便是"北京猿人"，可能最早还是起源于非洲。之所以如此，我们或可推测说，是因为在地球冰期，人类只有聚集到最温暖的赤道附近才比较容易生存下来；而当气候变暖，他们又走向世界各地。

生命同源，命运一体

在古代猿人和智人的漫长生活中，一定有许多可歌可泣的故事，有勇敢和胆怯、忠诚和背叛、爱情和任性、幸福和痛苦、喜剧和悲剧……到智人阶段，他们已经有了初步的语言交流，但还没有文字，也没有历史，甚至口耳的流传。我们对他们的故事不得而知，最多只是一些朦朦胧胧的神话传说。文明之光还没有滥觞。他们自然也不会有民族和国家意识。他们只是属于人类——但即便对这点，他们其实也无自知。

相对于生命和地球的历史来说，人类的历史的确还是很短很短。如果把地球从形成到现在的45亿多年的历史缩为一年，那么，人类200多万年的历史大概只相当于这一年里的半小时。也就是说，只是在一个这样的地球年的最后一天的最后半小时里，地球上才出现了真正的人类。而人类一万多年的文明史，则大概只占其中的十秒。然而，就是在这"最后的十秒钟"里，人类冲上了"地球主人"的位置。人类所有的伟大，所有的骄傲，目前就在这"十秒钟"里。

如果从智人算起，迄今为止，地球上曾经生活过的人类也不是太多。据估算，总共大概只有1060亿人，而今天世界上的70多亿人就占了6%。不仅如此，今天的人类还拥有在其他动物看来一定是犹如神灵的力量，已经成为地球无可争辩的主人。他是凭他的智慧做到的。只是，他凭自己的智慧，是否还能够足够长久地在地球上延续呢？

　　我们也许可以多思考一下曾经的地球霸主——恐龙的命运。它曾经是地球上最有力量的动物，虽然后来绝灭，但还是在地球上持续生活了约 1.7 亿年。也许就是一颗小行星对地球的撞击，造成了恐龙的毁灭。但它们至少不是自杀的。当然，在某种意义上，也可以说是"自杀"的——它们的体能极其发达，样式多种，全面地向陆地、水域和空中扩展，反而使得它们不能适应撞击所带来的气候和环境的巨变。相反的，其他一些动物却活过来了，尤其哺乳动物，更是开创了一个"黄金时代"。而人类，将从这些哺乳动物中产生。

　　有时我们甚至可能会有这样的疑问：恐龙不死，人类还能诞生吗？当然，人类还是可能诞生，也许是推迟诞生。但即便诞生，在一个主要依靠体能的时代里，猿人是否能斗过恐龙？在人猿或猿人还没有发展起智能的时候，他们会不会生而复灭？

　　回到我们已有的现实世界，再问一次，我们的祖先究竟是谁？从目前的"人种"遗传学证据来看，我们大概是和 10 多万年前以降的各地智人属于同一人种，即和东非智人同源共祖；从"人属"（Homo）来看，我们和 200 万年前以降的能人、直立人、智人等也同源共祖；从"人科"（Hominidae）来看，我们和 700 万年前的黑猩猩以及再往前的大猩猩同源共祖；从"灵长目"（Primates）来看，我们和几千万年前的各种猿猴同源共祖；从"哺乳纲"（mammalia）来看，我们还和上亿年前的老鼠、海狸等同源共祖；从"脊索动物门"（Chordata）来看，我们和 3 亿年前的许多鱼类和皮卡虫同源共祖；从"动物界"（Animalia）来看，我们和 6 亿年前的毛毛虫同源共祖；再往前追溯，我们还和 10 亿年前的多细胞生物（如海藻、海苔）同源共祖，和 35 亿年前的细菌同源共祖，和 40 亿年前的最早能够自我复制的原始细胞同源共祖。

　　而地球，是所有生命的摇篮。

　　就像个人的生命有一种偶然，人类的诞生，生命的诞生，乃至于适合生命的地球诞生在宇宙或至少银河系内，也都有一种偶然。

我们人类的诞生，实在是一种无比宝贵的幸运。

现在，我们知道，我们是中国人。但回顾一下人类的起点，我们，以及所有的人，其实都属于人类，都属于地球。

只知道一种分际是狭隘的。从比较广阔的范围和长远的时段看，我们都是地球上的生命，都是地球人，都属于人类。

昔往如此，今后的命运更是这样。

三　对开端的再反省

对祖先、人类、地球，直至作为"开端的开端"的宇宙的开端，我们还可以再作一点反思。霍金在《时间简史》中特别指出，当科学家说这个宇宙是由大爆炸形成的时候，人们会以为有一个开端，甚至连天主教也认为可以与之和谐。于是，他说时空一体，就像地球的表面那样"有限而无界"，不过是四维的。在大爆炸之前的"时间"没有意义，时间等于零。既然"开端"没有意义，那么"上帝"的概念也就没有意义了，不需要一个创造者，不需要第一推动力。而大爆炸的发生及之后的过程，则是理性可说明的，我们甚至能找到"定律"。

找到"定律"的确是人类根深蒂固的欲望。但霍金可能将其理解的科学定律的意义，扩展到了它们不能说明的领域。是的，我们今天知道了我们现在所知的宇宙远比过去所知道的更为浩瀚，也知道了它有一个历史，有一个演化，我们过去所知的"世界"只是一个很小的局部，但我们现在所知的"世界"也还是处在一个"局部"，只是比过去的"局部"大得多的"局部"。或者说，"局部"还是意味着有一个有限的"全体"，我们实际是面对"无限"。而我们发现的"定律"只是一个局部的"定律"，当然，它们也足敷我们在这个范围内应用。

但我们面前还有许多甚至更多的无知。只是，我们对我们不知道的东西能够说什么呢？对于某种我们不知道的原因和动力，我们可能无法肯定，但也无法否定。

我们的知识的切面越大，我们愈感自己的渺小和无知。当我们试图尽量追溯到"最远"，追溯到文明以前，追溯到宇宙的开端的时候，我们将使用文明"最近"的科学成果和知识。我们检查这种知识已经达到了多远，但似乎又还有无限的遥远。我们的认识也许已经达到了极致，但无论怎样伸展这极致，也还是要遇到极限。我们的知识已经走了那么远，我们第一次在科学知识的层面上接近了"永恒"和"无限"，但也正是因为发现了这近乎永恒的时间和近乎无限的空间，用这个尺度衡量，也从这种知识的根本性质来看，相对于这"无限"来说，我们的认识又非常"有限"。

对于人类的一个危险是，人知道得越来越多而又还是不够多，人永远不可能知道全部，却以为自己知道得足够多，甚至能知道全部。最危险的还是我们自己都不知道自己不知道什么。人类近数百年的知识进展已足可培养人的自傲了。在科技突飞猛进之后，人类似乎又生起一种自豪，试图来解答万物的起源。但所谓的"起源"，也不过是我们所知的那个"宇宙"或"万物"的"起源"。正如《起源：万物大历史》的作者大卫·克里斯蒂安承认的："我们对大爆炸之前的世界一无所知：我们不知道在此之前是否存在时间、空间甚至虚无。"[13]

人类的自然科学知识在最近几百年里有了极大的扩展。人类以前不知道宇宙的空间有如此广阔，时间有如此久远，微观有如此精细。但这些扩展并没有解决一些根本的问题，比如，世界的有限与无限，物质和精神，现象与本质，存在与虚无，事实与意义，等等。我们知道得更多了，但相形之下又知道得更少了。我们追溯得越远，越是感到我们无法知道在"宇宙大爆炸"之前还有什么；我们观测得越远，越是感到在超越我们的观测能力之外的、我们现在只能笼统称之的"河外星系"中还有什么。而我们观测或推测到的许多存在物及其演化过程，我们也不知道绝大部分的细节，更不要说动因了。

自豪最后还是会带来沮丧。我们越是扩展对自然的认知，就越是容易觉得我们还是无法知道自然的最深奥秘，甚至随着知识不断地推进，这最深的奥秘也不断地推后。随着我们知道的所谓"世界"和"万物"的时空跨度越来越大，我们就越是觉得人类及其所居地球的渺小。我们将遇到人类能力的极限，甚至在达到人类能力的极限之前，就已经要遇到人类个体甚至整体生命的极限。当说到某个"宇宙"的"起源"的时候，我们不仅限定了时间，也限定了空间。但我们还是会问：在大爆炸之前呢？在我们所知道的"宇宙"之外呢？我们即便知道了一点"是什么"，但还不知道"为什么"——无论是作为原因的"为什么"，还是作为目的的"为什么"。即便把"目的因"排除掉，但"动力因"呢？

假定"宇宙大爆炸"说完全符合事实，我们也还不知道为什么一个可能比原子还小的东西，会突然大爆发，产生现在的数千亿个星系，每个星系内部又包含上千亿颗恒星的如此巨大的"宇宙"。不管怎样增多我们的知识，不管怎样理解时空，或时空多么相对，多么弯曲，有两个事实是不变的：第一是"存在存在"，或者说"在在"；第二是我们至少知道，我们人类的精神意识存在会对这存在发问，也会产生对一种超越性的存在的渴望和想象——当然也有怀疑乃至否定，但这怀疑与否定的发生也是有关超越性存在的。我们不知道人的精神，还有这无限世界的最终性质和来源。我们自以为知道的部分，往往是表象的一部分。

所以，在某种意义上，对宇宙开端和万物起源的解释可能依然是一种"神话"。这是在两个意义上说的。第一个意义就像是我们现代人看古人的神话，认为他们的想象是虚幻的，不真实的，虽然不排除真实的可能，但也只是对一个有限的"宇宙"而言。第二个意义是说这些解释还是在寻神，虽然似乎是以一种拒神的方式寻神。不管他们是否找对了地方，那个东西还是存在。他们的骄傲在于似乎自居神的地位。的确，我们难以想象那"时空的无限"，但我们可能更难以想象那"有限"。我们难以想象时间是永恒的流逝，但更难以想象在"时间"之前是何指。我们难以想象那"存在"是什么，更难以想象那"虚无"是什么。

目前科学所达到的知识仍旧只是对无限的一种有限解释。如果世界是无限的，这种大尺度就不足为奇。无限的世界本就如此。我们只是极大地扩展了我们大致能够观测到（但无法影响它）的尺度。所谓"时间简史"只是对我们能够观测到的世界中的"时间"的一种描述。我们观察到的世界之外还有空间，我们所知的这个世界之外也还有"时间"。我们所说的"宇宙"还是一个有限的"宇宙"。

奥秘依然存在。宇宙的奥秘依然存在。生命的奥秘依然存在。精神的奥秘依然存在——甚至在我们所知道的"世界"或"宇宙"范围内也依然存在，何况还有我们所不知道的"世界"和"宇宙"。如果我们觉得现在的宇宙科学已经提供了一个完整的关于"存在"的起源的解释，那我们也太自负了。许多事情都可以自然地解释，但有些事情却可能无法自然地解释，比如精神在人那里的产生。

我们认识的世界越是广大，我们本来应该越感渺小，也就应该愈加敬畏；但我们却变得无比自负和骄傲。宇宙越是浩大，时间越是久远，我们越是不明白，那个 138 亿年之前存在的、比原子还小的东西是什么？它肯定存在着，或者说它"在"，它"是"。但它为什么"在"呢？为什么"是"呢？它爆发的动因或动力是什么？那包围着它的是什么？或者说，没有什么包围着它，它就是唯一的，我们人类所理解的物质、时间、空间都在它里面，且都因为这一大爆炸而有了"历史"。所有人们谈到的时间简史、空间简史乃至万事万物的简史，所谓的"开端""起源"，都是有限的。我们认识得越多，最后也还是会局限在我们的认知能力的范围之内。是的，我们认识的范围和尺度还会不断地扩展，日后在某些方面，我们甚至不只是认识和观测，或许还能够影响外面的世界或者自身的身体，但是，这种范围和尺度的扩展并不预许我们就一定能认识存在的本身和本源。

是的，我不是一个科学家，无法透彻地理解当代理论物理学、天文学和生命科学的种种假说和理论，我只是不断地发问。还有，就像同时也是科学家的帕斯卡尔所说的，面对无限的时空，我感到一种恐惧。当然，也不只是恐惧，还有惊奇和希望，还有对让地球上诞生生命和人的如此难得的"金凤花条件"的欣慰。尽管霍金嘲讽教皇没有理解他的理论的"言外之意"，尽管他生前还在努力地追求能够尽量统一地解释宇宙及其万物的理论和定律，我们也还是可以预测，这种努力即便成功，也只是有限的成功，新的"未知"仍将出现。

空间不仅有向外的无限，还有向内的无限；不仅有"宏观的宇宙"，还有"微观的宇宙"；不仅有宏观的无限，还有微观的无限。我们对生命的认识在微观的层次也在继续深入。我们不仅知道了基因及其构造，绘制了人类基因图，还能够克隆动物，甚至可能克隆人。我们能够实施基因工程，制造代用的人体器官，能够修复和编辑自己的基因，大大延长人的生命，提升人的各种功能，甚至能够让自己慢慢变形，变成未来不知是怎样的物种。但这一切说明什么呢？说明我们认识了"存在"的全部奥秘？科学只是继续拉长拉远拉细，但不管知识的范围扩展到多大，一些根本的"存在"还是谜。对我们知道的一些东西，我们只能描述过程而无法知道原因。

科学告诉我们，过去的时间和空间尺度都太小太小了，现在连亿年、兆年也不够用了。一涉及地球以外的空间，千里、万里也就不够用了，空间距离需用"光年"来计算。我们，我们生活的地球，乃至太阳系，都还是太卑微了。我们无法想象，在这无边无垠的宇宙，为什么会出现有意识的人。但至少也因此，卑微的人，肉身有死有朽、渺如蜉蝣的人却是伟大的。我们能够意识到自己的有限，在科学飞速发展的今天甚至更加意识到自己的有限，我们还能够发问。

这一思想，这一意识，这个疑问，就似乎足以构成"天地之心"了。我们知道发问的人会死，所有人的肉体都会衰朽，但这不影响我们提出这个问题，而除了人，其他的动物都没有这样想。这一最初始的意识的涌现并非萨特所说的对存在的虚无化，并不是对存在或外面的世界说"不"；而首先是一种发问，即智人第一次对作为整体的这个世界发问：这环绕我们的万事万物到底是什么？他脑子里甚至出现了一个概括的概念——世界，这世界到底是什么？是怎么来的？我又是什么？包括我在内的世界是不是谁创造的？我会死去，看来所有人都会死去，肉身都会死去，但人还有灵魂吗？万事万物也都有灵魂吗？他看到世界（包括人）又在不断地变化和消逝，还会想，我死去之后会怎样？自我，灵魂，这又是一些涌现在他心里的概括性的概念。这世界会毁灭吗？我应该怎么办？

正是首先从这样一种发问的意识，日后才发展出像柏拉图、奥古斯丁、莎士比亚、老子、孔子那样丰富的精神。说"不"是后来发展起来的意识，人那时还不具备与自然世界对峙的能力。只会说"不"也说明不了什么，只是反抗也成就不了什么。人的意识或许可以分为两个方面：首先是认知能力，主要来自理性和经验，来自计算，能够经常说"不"；但更重要的还是有反省、提问以及探问本体和本源的能力，知道自己有死和万物有尽的能力。文明是建构起来的，而不是反抗出来的。在人类走向文明的过程中，最重要的是建构信仰和价值体系。人的产生与其说是出现了一个大写的"不"，倒不如说是出现了一个大写的"？"。人首先是一个大写的问号。首先是追问。好奇心是一个问号，反省心也是一个问号，而且这一问号会始终存在。

自达尔文的"进化论"以后，自然科学的进展几乎否定了一切过去的"造人说"，无论是"上帝造人"还是"女娲造人"，至少从人的身体来说是这样。但我们还是无法彻底地解释，为什么智人能够获得意识，或者说获得那一点"灵明"。我们知道了"人是猴子变成的"又怎样？我们知道时间和空间的尺度竟然如此之大又怎样？意识的、生命的、宇宙的奥秘依然存在，甚至更恼人了。我们看得越来越远，却永远看不到尽头。我们看得越远，就越是惊叹："这世界竟然如此无边无际？！"

单纯的无意识的广袤物质同哪怕是一个小小的个人的意识和精神之间其实还有绝大的鸿沟，远非各种物质之间的差别所能比。正是这意识的萌芽，才蕴含了后来进入文明的人类的巨大控物能力，以及更加深邃和丰富的宗教、艺术、哲学等精神文化的发展。对于这一"突变"的原因，有些学者只是提到人的交往能力、语言、环境等，但这些似乎还是表层的原因。具有意识和追问能力的人为什么会出现呢？还有一些学者放弃解释，索性就说是金凤花似的"偶然"，各种偶然条件堆积到一起的"大偶然"。但为什么会有这"大偶然"呢？

不过，在没有最终的解答之前，我们可能也只能这样，终其一生之前也只能这样。

我们也同时探索和运用我们所知的有限的"定律"。我们已经能够大略描述地球上各生命的产生过程，人类产生的过程，但还是无法确知原因。尽管有着如此大的时间跨度和空间尺度，我们还是得重视我们的此世生活——虽然最好也不要太重视。我们还需要心存和追寻"不朽"。我们曾以为描述了这一过程，就解释了一切，但其实还远没有呢。而且我们很可能永远也解释不了这一切——用理性和知识解释不了这一切，哪怕我们的认识能力再扩展，也还是要遇到无法突破的边界。但我们能够反省，能够提问，能够意识到我们精神的深处，这又是我们的伟大之处。

作为一个有意识的生命主体，我们会不断地探索我们内外、上下的大谜：一是在我们意识之外的存在的原因，它极其广大和久远；一是我们竟然能够认识，更重要的是能够反省这存在的精神的原因，它似乎极其渺小，不过我们能意识到它的深处，它的无边无际，并从中开放出其他各种极其精深的哲学、艺术的花朵，但根本的还是那种朦胧地感到可能还有一种超越的存在的意识和精神，它能够反省这宇宙，能够反省这"反省的自我"。

在《哈姆雷特》第二幕第二场中，莎士比亚让主人公说："我即使被关在果壳之中，仍自以为是无限空间之王。"霍金解释说，哈姆雷特的意思是，虽然我们人类的身体受到许多限制，但我们的精神能自由地探索整个宇宙。不过，这解释应该还有一面，就是当我们自以为是无限空间之王的时候，我们还是被"关在果壳之中"。为什么会有这一切呢？会有我，会有我周围的一切呢？有我生前和死后的一切呢？如果我们换一个方向想，没有这一切又会是什么样子呢？或者说，"没有我"或"什么也没有"又是怎么回事呢？

知识的突飞猛进将我们更深地投入深渊。过去，我们还能满足于近处的一切，还安稳地生活在"中间的中间"，满足于我们所知道的都还离我们不太遥远。我们不着急知道的时候，我们知道我们还能知道更多的东西，但现在我们却几乎彻底无望了，我们永远也不可能知道那数千亿河外星系中还有什么了。我们的寿命只和这"中间"相称。当我们的知识越来越趋近两端的无限，我们就越来越感觉到自己的有限——我们只是中间的一个极其微小的一点。

*　　*　　*

这一章也许可以说是一种"文明前史"，也是一种"文明前论"，是想讨论使人类文明得以产生的世界的"开端"。但在此，我想特别说明的是，这"开端"是不确切的，只是我们所知道的"世界"的"开端"，也只有在这个有限的范围内，我们才能说"开端"。就像我们说"地球的开端""地球上生命的开端""人类的开端""人类意识的开端""文明的开端",这都是可以说的,但我们却无法说"存在的开端"。存在是无限的。或至少,迄今我们也没有发现它的限度。

然而,当我们说"世界"的开端的时候,这个"世界"就已经是有限的,是指我们还是只知道一些现象的有限"世界"的"开端"。三个巨大的谜依然保留着:宇宙之谜、生命之谜和精神之谜。但也可以简单地说,这就是一个存在之谜。存在的本质和根源究竟是什么?这"谜"到底有没有人能够达到的"谜底"?

我们可以继续探索,但目前最好的态度可能还是应该像孔子所言:"知之为知之,不知为不知,是知也。"

第二章

物质文明的基础

在这一章里，我想首先讨论一下文明的演进、完整意义上的文明要素或构成，以及历史的因果性和物质文明的基础性。

然后，我以中华文明为例，结合中国的神话传说和考古发现，讨论中华文明物质基础的发端。

最后，则是讨论长期影响中华文明的经济、政治和社会发展的三个主要的"物"的因素：自然地理环境、生产工具和人口数量。

一　文明的演进、构成与因果

本章想讨论的文明，主要是物质和经济的文明，它尚非政治和精神文明，却是后两者的先导。换言之，我们或许可以说，在大约2500多年前的世界精神的"轴心时代"之前，或还有一个发生在五六千年前的世界各地纷纷建立或走向国家、政治的"轴心时代"；而更早，还有一个发生在大约一万多年前的经济和技术的"轴心时代"——世界的几个大河流域纷纷进入农业文明。农业文明在经济和技术上的主导地位一直持续到 16—17 世纪，才逐渐被工业革命取代。

　　人类首先开始的是对自然关系的大幅改变——人与物关系的改变；然后是对人际关系的基本重整——政治秩序的建立；再后才是对世界和人生的系统反思，包括对与自我、与超越存在的关系的系统反省，从而在一个文明中产生了比较稳定的价值体系，以及诸多的精神和心灵产品。

　　农业文明不像后来的工业文明，先从一个地域蓬勃兴起而传播到世界其他地方，而是在大致相差不太久的时间里，不约而同地从不同的地方发展起来的。这些在世界上几个大河流域兴起的农业文明，构成了四大人类古文明：幼发拉底河与底格里斯河流域的巴比伦文明；尼罗河流域的埃及文明；印度河、恒河流域的印度文明；黄河、长江流域的中华文明。由此，人类的进展第一次大大地加速了。

农业的发端

　　为什么人类会不约而同地"突然"转向农业？是在智人那里发生了一种"认知革命"吗？原因主要是内在的还是外在的？

　　无疑，首先有外部环境的挑战和适应。比如，冰期的来临、人口的增加，使得猎物和可采集的食物不够了。后来冰期的结束又带来新的机遇。但又不会只是环境的因素（以前地球上也经历了多次的冰期），一定还有人类自身和内在的因素，有一种内心的转型或者说"认知革命"——一种内外因素的结合造成了这样一种变动。可是，我们对这种内外因素是如何结合的，尤其这场内心的革命是什么，并不太清楚。

　　即便从能力上推测，这种文明发生在各地的"不约而同"一定有生物体质和智能方面的原因：这些不同地域的人很可能同出一源，即都是来自非洲的现代意义上的"智人"。甚至在转向农业之前，智人们狩猎和采集的能力已大大加强，他们迁徙到哪个大洲或海岛，哪里的大型动物就纷纷灭绝,甚至原先的人类"土著"也渐渐变得无影无踪。

人是杂食动物,既以动物,也以植物为食。采集和狩猎是获得这两种食物的主要活动。但原始人是以采集还是以狩猎为主?我们或许只能推测说,他们在较早的一个时期里(那时的时间标尺动辄也是以十万年为计)可能是以狩猎为主,就像我们在北京猿人那里看到的:70%的食物来自野生动物。但后来人类有可能慢慢地过渡到以采集为主,尤其到了接近智人的阶段。这点可以后来广义的以种植为主、畜牧为辅的农业革命来判断。狭义的农业甚至就只包括各种粮食、蔬菜和果树的种植。

从以采集植物和狩猎动物为主要生计,转向以种植植物和驯养动物为主要生计,这一过程是怎样发生的?采集狩猎者可能先是多次观察到这样的现象:植物今年萌芽、生长、开花、结实,有些果实颗粒掉落到土壤中,第二年又如此萌芽、生长、开花、结实,如此反复循环。而变得更聪明了的智人,开始或许还只是反复来到一个地方采集果实,后来可能就想到自己也许可以撒种,从而得到更有保障和丰饶的收获。尤其那些有水的地方,更易发生这种情况。

这大概就是为什么最早的文明会发生在大江大河流域。火让原始人往前大大进展了一步,水则让智人踏入文明的门槛。尤其像尼罗河这样的流域,河水的定期泛滥不仅保证了土壤的充足水分,还带来了肥沃的土壤,从而有更好的收成。人类的种植在一开始基本上是"靠天吃饭",或者说靠有雨水和能积蓄水的地方吃饭,后来就学会有意识地引水灌溉、除草,乃至深耕、施肥、育种。除了水源、气候等,还要有可供种植驯化的野生植物品种,以及可供驯化蓄养的动物品种。像作为古代黄河流域主要粮食作物的小米,据说就是从狗尾巴草培育而成的。这当然是经历了一个漫长的过程。

对动物的驯养也是这样。开始可能只是某次猎获太多而吃不完,但这时的远古人类可能已不再像以前或其他动物那样将其丢弃,而是试着将它们储藏，最初或许主要是死物的储藏，比如通过风干或烟熏火燎；后来则是活物的储藏，比如将它们关在一个地方短期喂养，以备以后饥荒的时候吃；再后来，养的时间越来越长，这些动物甚至开始了自我繁殖，智人们也就慢慢地学会有意识地进行人工繁殖和喂养了。当然，也要选择比较能够驯养的动物，还有不少动物很难甚至无法驯养。据说人类最早驯养成功的动物是狗。而被驯养成功的动物则不仅可以提供肉类食物和奶脂，还可以提供肥料，或者用作交通和农作乃至狩猎的手段，甚至给人类提供某种安全帮助和情感安慰。

采集和狩猎都不改变自然物原来的生长，而只是通过人类的活动来获得自然界现成的东西。当然，这并不意味着采集和狩猎就不会破坏生态环境和其他物种。尤其 6 万年前以降，晚期智人到大洋洲、美洲的迁徙，乃至数千年前到太平洋一些岛屿的迁徙，都造成了当地许多大型动物物种的绝灭。他们采取了一些分工合作的办法，比如将一些大型动物赶到山谷中大群地聚歼。故此可以说，美洲和大洋洲的原住民的祖先已经深深地影响了生态，有时甚至造成了生态灾难。比如复活节岛，人类进入之后也就几百年，不仅岛上的许多动物没有了，连树林也没有了。

种植和驯养自然也更为有力和深远地改变着生态。二者不再是获取现成的自然品，而是人为地、大规模地改变自然物质，甚至改变它们的本性，而这一切仅仅是为了最好地适应于人的目的和用途。农业文明意味着人类第一次人为和主动地、大规模和持久地改造自然世界。当然，和工业文明比较，这种改造自然的程度又大大不如。

农业文明对人与人的关系、对人类社会的影响自然就更加巨大，和从前比甚至可以说大得不可比拟，是以前的任何变化都不可企及的。自从有了农业文明，就有了人们的定居，有了人口的集中，有了村庄和城镇；有了各种社会分工、职业和阶层，有了产生更高级的社会组织和最后走向国家的可能；有了复杂精细的语言，出现了文字，有了艺术和宗教的发展。

定居带来集中，集中带来政治，政治带来更大的安全和发展。农业还带来长期的计划性——一种更全面、更精密和更长远的理性计算，以及对历法和物候的注意，等等。更重要的是，在一定地域内能够养活的人口大大增加了。或者说，剩余产品大大增加了。于是，有细密的社会分工。原来的分工主要是男女老幼健弱的自然分工，主要基于身体而非精神差异，而在农业文明出现之后，带来了最重要的两大人类分工：体力劳动和脑力劳动（或曰"劳力和劳心"）；后一种作为职业性的劳心，只是在农业文明之后才新出现的。此前的人对此一分工既无迫切的需求，也缺乏养活劳心者的剩余产品；有了农业，则可以养活专业的劳心者，包括宗教家、政治家甚至艺术家了。当然，最开始这些功能往往是混合在一起的，比如一个巫师可能就身兼数职。而后来的技术和政治的进化以及团体的凝合和精神的创制，实际主要是靠劳心者的。最早的"职业性"或"半职业性"劳心者可能是老人，老人的体力日益衰弱，其中一些富有经验甚至智慧的人就可能专门从事劳心的活动，乃至成为这个群体的权威。他们不再能提供充沛的体力，但能提供更重要的知识和经验指导。更为稳定的，后来变成终其一生的专业劳心者，可能是祭司或巫师一类的角色；这些角色甚至可以世袭，这意味着有些经验还可以得助于家传。当然，最终的基础还是劳力者，是直接带来物质生活资料的劳力活动。但是，劳力基础上的劳心已经开始展示了它的巨大活力和成就。

文明的入口

农业为什么会有如此的重要性和影响，会带来人类在几乎所有其他方面的进步，以至我们把它称作"文明的入口"呢？

文明必须有闲，而且是职业的有闲。如果所有人都成天忙于体力的谋生活动，那就不会有文明的进展。因此，必须有能够提供剩余生活资料的物质基础。但实际上又不可能做到所有人都有闲，那需要有很高的物质文明；甚至即便所有人有闲，许多人也不会愿意或有能力从事精神性的或者具有创造性的活动。

文明需要有财，有积蓄的财产、储存的食物和其他器物，而不能是"日日光"甚至"顿顿光"。有财才能带来文明所需的确定性和稳定性：比较稳定的住宿，比较稳定的期望，比较固定交往且规模较大的人群，比较稳定的产权，等等。这些都意味着文明的产生需要某种坚实的物质基础。人们需要有饭吃，有衣穿，才能从事其他活动。这是颠扑不破的，也是先人们早就烂熟于心、被一代代人的经验确证的真理。

而农业、畜牧和养殖看来是最适合提供这种物质基础的最初方式。"春种一粒粟，秋收万颗子。"这句诗说得可能有点夸张，但农业的收益的确是可以翻多倍的，而且收成是比较稳定的，虽然时间延迟和拉长了（这也就要求提升人们的计划性），但在大多数情况下是有保障的。驯养动物也不再是一次性的获益，而是可以长久地让它们做人类的助手，或者适时地成为人们的食物。

虽然人类从采集狩猎进入种植驯养阶段就可以说是进入文明了，但完整的文明是由下面三个有着先后次序的要素构成的，这也说明了物质文明的基础作用。

首先是物质文明。这是指人类改造自然和物质以获得能量、提升物质生活水平的生产机制。在人类进入文明阶段之前，原始人是利用现成的自然物来获取自己生存的能量的，所以，他们需要不断地迁徙，这个地方的猎物打完了，可采取的植物很少了，就必须挪到另外一个地方去。他们定居不下来。他们需要远比现在的人大得多的生存空间。在采集狩猎阶段，平均一平方公里能养活的人至多是一位数，而进入农业文明之后，每平方公里养活的人能够达到两位数甚至更多，是采集狩猎阶段的 10—100 倍。人们甚至常常以生产工具和生产方式标志文明的不同阶段，这也是最为明确和好记的，比如，新石器时代标志着农业文明，工业文明为农业文明的后继，甚至更具体地说，是从水磨到蒸汽机，后续还可细分为电气时代、信息时代或者说高科技文明等。

其次是政治文明。这是指一种分工复杂、层序结构的社会组织形态，其最突出或完善的形态是国家。当然原始人也有群体，卢梭设想的原始状态中的"孤独的个人"是不存在的。人类一开始就结群生活，但那是非常小的群体。自从有了农业、畜牧业，人类才开始定居，形成村落尤其是城市以后，就出现了广泛的分工，出现了国家，包括让一部分人从体力劳动中脱身出来，专门从事祭祀、管理及各种文字工作和发明。此后，人类文明一直在各种政治秩序中发展。脱离国家而仍旧能保有文明是难以想象的；但文明的确又不等于国家。文明比国家更广大、更持久，也更精致和辉煌。

最后是精神文明。这不是指一时的心态、观念和意识，而是指系统的反思，有比较稳定的价值观和成形的信仰体系、理论与学说，还包括有物质载体的精神产品，如书籍、多媒体等。文明呈现且促进人类丰富的精神世界。这种精神和价值追求引领着人类恰当地处理他们与物的关系，以及彼此之间的关系。所以，或可以说，这一精神世界本身既是手段，又是自在的目的本身，因为它集中体现了"人之为人"及与其他动物不同的方面——人有意识，有价值的追求，以及有丰富的精神生活与创造。

现代智人只是在数万年前才从东非迁徙到各个大洲，其后的发展竟然产生了那么大的分离歧异，这着实让人感叹。甚至，迟至 20 世纪，有的群体进入了工业社会，有的还在农业社会，有的甚至还停留在原始社会。另一方面，我们则也要感叹，至少从占人类绝大多数的几个大的主要文明来看，这些长期各自独立发展的主要文明，又还有相当接近和趋同的一面，即尽管分离为数支，但各大洲几个主要的人类群体，几乎都在一万年前左右走向了农业文明，随后又走向了政治社会和精神文明。当然，它们之间也出现了差异，与相对孤立的美洲和大洋洲土著的差异就更加巨大。那么，造成这些差异的原因是什么呢？

戴蒙德的"环境决定论"

谈到文明发展和诸种文明差异的历史因果，我想借助于贾雷德·戴蒙德展开讨论。他的代表作《枪炮、病菌与钢铁：人类社会的命运》颇有影响。据戴蒙德自述，他写这本书是为了回答一个聪明的新几内亚人耶利的问题："为什么你们白人制造了那么多的货物并将它们运到新几内亚来，而我们黑人却几乎没有属于我们自己的货物呢？"

这个关于现代文明世界的差异问题，被戴蒙德尖锐化为：为什么是欧洲人跑到美洲和大洋洲来征服、杀害甚至消灭印第安人、非洲人和大洋洲土著，而不是相反的情况呢？他还进一步把这个问题抽象和系统化：为什么财富和权力的分配会是现在这个样子，而不是某种别的方式？为什么在不同的大陆上人类以如此不同的速度发展？这种文明差异的原因究竟是什么？

这实际已经基本不是耶利的问题（耶利当然更不会写这样一本书），而是戴蒙德自己的问题。对这个问题的回答构成了他这本书的主题。

对这个问题，戴蒙德给出的是一种"环境决定论"的回答。他认为，不同社会之所以在不同大陆得到不同发展，原因在于大陆环境的差异，而非人类的生物差异。正是环境的差异导致了直到现代的种种差异。而环境差异又主要体现为哪一种自然地理环境最适合粮食生产的发展和传播。因为只有在能够积累粮食盈余的稠密定居人群中，才有可能诞生先进技术、中央集权的政治组织和其他复杂社会特征。如此，现代欧洲人之所以能征服美洲和大洋洲的土著，就可以归因于他们有最早从新月地带传来的发达的农业。

戴蒙德也提到造成现代世界差异的制度方面的原因，但他反复强调根本或终极的原因还是有利或不利于农业或粮食生产的地理环境。在他看来，对于农业崛起至关重要的可驯化野生动、植物物种，在各个大陆的分布极为不均。最有价值的可驯化野生物种只集中在全球九个狭窄的区域，这些地区也因而成为最早的农业故乡。这些地方的原住民由此获得了发展枪炮、病菌与钢铁的先机。于是，这些原住民的语言和基因，随同他们的牲口作物技术和书写体系，成了古代和现代世界的主宰。

但是，用古代的农业文明来说明近代世界的差异，这中间还有一些中介的因果链条，甚至许多需要解释的反例。比如，为什么不是率先开始农业的新月地带的亚洲人或者农业很早就发源且长期发达的中国征服世界？为什么"轴心时代"之后的两千多年间，各个文明地域的自然地理环境没有什么变化，但彼此的政治、经济、文化状况却发生了大变？只是用地理环境来说明人类文明历史的差异和变化，未免太简单和单线了；只是用环境因素或者加上人对物质的用力来看待人，也未免有些低估人了。

戴蒙德似乎更多是从人的"物"的及身体的方面来看待人，此前他还写过一本书，名为《第三种黑猩猩》。他对"国家影响力"概念的解释是："国家影响力等于这个国家的人口数量乘以人均消费率或者生产率。"其中几乎没有价值观，甚至也不见既体现也塑造价值观的政治制度的地位，也就是广义的"软实力"。他强调人的动物性，强调物质因素中环境的作用，这对那种试图完全切断人与动物的联系，提出拔高的人类愿景甚至乌托邦的理论是一种预防，但他的思想观点还是未免有些"物质得太物质了"，甚至"动物得太动物了"。毕竟，拥有精神和自我意识的人与其他动物肯定还是有一种质的区别的。

　　我同意戴蒙德所说的，本来生活在其他族群（国家雏形的族群、农业文明还不发达的族群，甚至原始的狩猎族群）的人们同样是聪明的，即智力并不差，他们大多可以很快地融入现代社会。但族群之间还是会有生理或体能差异——只要看看全球性的田径赛的百米决赛的起跑线，就能看到这种生物差异。不仅如此，除了生物差异、遗传差异，族群之间还有文化的差异；而且这种文化以及生活模式的差异是持久的，可以传承的，甚至其习性会不会反映和"积淀"到某种身体的遗传中，也是一个可以探讨的问题。但无论如何，至少我们知道文化习性对于族群中的个人常有某种笼罩性和持久性的影响，且在某些方面甚至不亚于生物遗传。

　　戴蒙德所理解的"生物差异"看来主要是指智力。所以，他反复说欧洲人并不比亚非拉的原始土著更聪明。但除了感性的智力，还有抽象的智力，还有更加重要的价值观。看文明史，尤其是后期的文明史，不同个人的智力状况的确不太影响文明的吸纳和传播，但价值观会影响甚至严重地影响文明发展的方向。而且，在智力的"聪明"中，是否具有抽象的思维能力（如归纳和概括能力、推理和演绎能力等），占据重要的位置，甚至起到至关重要的作用。比如，近五百多年以来的欧洲，地理环境的格局没有什么变化，但科技和经济却飞速发展，取得的成就甚至远远超过过去几千年加起来的物质成果的总和。我们很难说几千年前的人就不够聪明，只是他们的聪明用到了别的地方，没有用到发展控物能力上，而现代人则将聪明才智用到了这方面，这说明价值取向的转变的确起了关键作用。

　　我们还可以用戴蒙德也举过的哥伦布发现新大陆和郑和下西洋这对例子来说明。戴蒙德认为，发生这种差异的原因只是统一和分裂，而且，他又将统一和分裂的原因归结为地理。他没有意识到的是，在哥伦布那里，还有一种价值观念和精神，一种从古典的"普罗米修斯精神"到近代的"浮士德精神"，一种追求彻底的精神。而且，这种观念和精神并不为哥伦布所独有，而是当时欧洲整个社会的心态，那时已经有许多的航海家和支持航海家的王室贵族，即便哥伦布没有成功，我们也完全可以设想不久之后会有其他的航海家成功发现新大陆，以及在发现新大陆之后，会像哥伦布之后的探险家一样蜂拥而出，继续探索新的大陆和岛屿。戴蒙德看来忽略或低估了哥伦布一众那种一心要走到世界的尽头，为基督教和欧洲的国家与王公贵族不断开辟新世界的疆土的精神，以及其后面的社会文化氛围和制度的支持。

　　总之，戴蒙德的思想有助于我们预防那些脱离事实、玄思奇想甚至乌托邦的理论观点，这也是西方思想学术界容易流行的产品；我也同意物质文明有一种基础的作用，是文明后续向复杂的政治和精神文明发展的先决条件。但在我看来，戴蒙德过于低估甚至忽视了制度以及精神和价值观的作用。

不同时段和不同层面的"多因论"

　　接下来，我想阐述一种不同时段和不同层面的"多因论"而非单一因素的决定论。[1]

　　我不否认历史的因果关系，也承认历史中有一种因果性的真实存在。而且我认为，人们关心历史不仅是想知道历史是怎样发生的，还想知道是哪些因素影响着历史这样发生，哪些事情造成了某些结果。因为，我们今天也想做某些事来达到某些好的结果或避免某些坏的后果；而我们的行为就构成这些好的或坏的事情的原因。如果说人类还关心和期待从历史中得到一点教训的话，他就不能不关心历史的因果，要设法找到前人成就和失败的原因以避免失败和实现成功。我们还会试图从过往的经验中总结和概括出历史的一些趋势，认识这些趋势对未来也不会没有意义。

　　但是，关心历史的因果性并不意味着赞成一种单一的历史决定论。

历史的因果是非常复杂的，一件事情的发生往往有多种原因。然而，我们如果仅仅停留在多因论，简单地说事情是复杂的，是有许多原因的，又等于什么也没说。一切都需要具体情况具体分析，要分析主要和次要、直接和间接、表面和根本、持久和暂时的种种原因。

　　我想，我们可以考虑引入"不同时段"的概念，将影响历史的因素分成最长远的、次长远的和比较短时期甚至关键时刻的。在不同的时段里，不同的因素会起不同的作用：在有些长时段里，某个因素的确会起比较决定性的作用；而如果缩小这时段，则可能是另外的因素起决定的作用。

　　这样，最长远的、最基本的影响人类历史初始面貌的因素，也就是处在太阳系中的我们的这颗星球——地球了。正如我们在前面第一节中看到的，没有地球，也就没有生命，没有人类。地球继续支撑着但也限制着人类可能的基本作为。比如说，我们能利用地球上的原料生产宇宙飞船，包括我们自己其实也是地球的灵长类产物，但是，处在地球这个位置，我们几乎到达不了其他外星生物生活的星球——这限制了我们，但也可能保护了我们。人类今天达到了具有能够极大地影响地球生态的能力的地步，所以不能不小心翼翼，因为破坏了地球，也就将破坏以至毁灭我们自己。而一般在涉及地球的事情上，比如气候变暖问题，我们的观察和努力也是立足于全人类的立场。

　　其次，就是影响各个人类群体、今天是各个民族国家的自然地理环境了。它们处在什么位置，这个位置的大小、地形、气候、土壤等因素，大致决定了这个社会的人们的生产和生活方式、对外联系和内部关系，乃至影响到民族性格和观念。例如，人们常常说到是古代希腊犬牙交错的山海和常年温暖的气候影响甚至决定了他们热爱独立自由的性格和城邦民主的制度。而一个处在广阔平原，交通便利，且需要巨大的水利工程防止水患的民族，则很可能形成一个君主专制的大国。[2]

再次，则是社会的制度，从经济制度、产权结构、经贸方式，到政治、法律、军事等与直接的国家强力相关的制度。

但我们似乎又不能简单地说，自然环境就比社会制度重要，而制度又总是比精神文化重要，比人物和事件重要，或者说，人与自然的关系就总是比人的社会关系更为重要。且不说制度也是要由人来创造和维持的，人与自然的关系也必须由结成社会关系的人们来应对。人之为人还在于他有意识、精神、价值观念等种种"心态"，而这种"心态"也和"生态"一样是一种长期起作用的因素。还有不同历史时代、不同社会的差别，在有些社会，比如传统社会，经济因素就不像现代社会这样重要，那时的人们主要的"志"（价值取向）并不在此。另外，我们不能不考虑历史中的某些偶然性（摆脱长程因素影响的偶然性），比如在某些急剧变革的时期，某个人物或事件可能会起很大的作用，甚至改变历史的方向。此前在很少数人那里活跃的观念，也可能突然变成许多人的观念，从而快速地改变社会的生态和心态。如果一定要问它们各自起了哪一方面的作用，我们也许可以说：物质是基础，政治是关键，价值是主导。

物质是基础，是人活着须臾不可离的基本条件。人们只有在这个平台上，才能从事其他的活动。显然，如果不能生存，或者说必须全力以赴才能生存，那么，也就谈不到在一定的闲暇中才能创造的人类精神文化，甚至谈不到人类的政治秩序了——这也是需要一定的专门人才的。这里所说的"物质"，并不是单纯的物质，而是与人发生关系的物质。它主要分为两个方面：一个是天定的，那就是整个人类的自然环境，地球的生态，以及各个种族、民族、国家、群体生活的自然地理环境；还有一个则是人为的，首要的是技术，人们制造和使用各种工具的能力，其次还有人们在生产和发展经济方面结成的各种关系，诸如产权、合作与管理结构等。物质的成果一般通过经济发展水平来衡量。

　　这种物质的基础只是"基础"，它确保了人类的生存；但对人类的生存来说，它不是唯一的或充分的保障。因为除了缺乏基本的物质生活必需品，人类的生存还会受到另一方面、可能是更严重的威胁，那就是对生命的直接威胁和伤害——战争、谋杀或强暴等。作为基础，它们常常也并不对社会和人类起直接的推动和提升作用，雄厚的物质和丰裕的经济并不保证就能带来精神文化、道德、宗教和政治的繁荣。我们需要重视这种基础作用，但也不必夸大，比如说大力宣传一种"吃饭哲学"。不必把逐物当作最高的价值追求，不必把各种高级和奢侈的物质产品当作我们的主要目标，更不必把越来越多的奢侈品变成必需品。

　　政治是关键，能够在短期内发挥巨大作用。但这种作用是否持久，影响是否深远，以及是正面的还是反面的，则都有可能。政治是能起直接作用的，甚至在一些关键时刻起到决定作用。但权力的实行常常是不由分说，它以暴力和利益为基础，可以惩罚，也可以奖赏。它能够调动物质资源，掌握强大的工具，是任何其他力量也无法比拟的。所以，死守权力者几乎都得通过暴力来推翻。即便三权分立，行政权往往也是占优的。政治权力是实现观念或利益变现的关键。任何价值理念，要在社会层面实现，最有力的杠杆就是政治。而任何物质和经济的大规模发展，也必须依靠政治的保障才能得以实现。

　　精神是主导，尤其其中的价值观念，更是决定着文明向哪个方向发展。在奠定物质基础、基本解决吃饭问题和建立政治秩序之后，精神价值就成为人类各文明向不同方向发展的主导。当然，更广义地说，人类有了意识，也就有了计划和价值追求，而价值不能不是主导，因为"价值"实际上就等于"我们想要什么"的同义词。但是，在物质文明尚未达到一定水平，政治秩序尚未有效建立的情况下，对物质生存和有效政府的追求更多地带有一种"不得不如此"的共同特点，而不是各文明中的人们的主动选择。人类可以在物质文明基本奠基之后，继续追求人类控物能力和物质生活水平的不断提高，但人类的文明史似乎并不是如此展现，反而各个文明几乎都出现了更重精神价值的倾向。这也就是"轴心时代"的精神文明的滥觞。虽然取向有所不同，或注重超越自我（如犹太教及后来的基督教），或注重自我超越（如佛教），或注重人间的能力卓越（古希腊），或注重尘世的道德卓越（古代中国），各大文明却都是更多地指向精神文化的发展的。

所以，我们很难绝对地说上面三个因素中的哪一个是始终起决定作用的，换句话说，它们是在不同的层面、不同的时段起不同的决定作用。本书首先关注物质文明的作用。当物质基础非常薄弱，甚至广泛和严重地威胁到人们的生存时，解决物质生活资料以求生存的问题，当然就是决定性的。不仅如此，即便解决了这个问题，物质也对人类文明发挥着长远的基础作用。

影响人类发展的物质文明因素有两大类。第一大类是单纯的物的因素：一是地球的状况。这是对整个人类的影响，是最长时段、最大范围的影响，但它不太能够说明文明的起源和变化。二是局部的自然地理环境。这是对各个族群、国家的影响，它常常能够说明不同文明的起源和演化特点，但并不总是能够说明文明的后来变化，尤其不能说明某些巨变和激变。第二大类是人与物的关系因素，包括人对物的作用方式、生产工具和人口数量，它们和单纯的物的因素一起构成"物质文明"的范畴。然后，才是政治文明与精神文明。

而上述所有因素（地理环境、生产方式、经济与社会制度、价值观与世界观等），并不是单独而是同时起作用的。一个历史事件实际上是处在多种原因的影响之下，我们更为重视或忽略哪些因素，常常要依我们研究这一事件的目的而定。这些因素也是处在一种互相影响和互相作用之中；只是，人要有所作为，常常只是注意那些比较能够直接发力的领域，比如政治、军事和宣传。当然，在现代，技术和商业也具有一种重要的直接性。一般来说，越是影响长远的因素，也越难在短时期内予以改变，也因此，在人为努力的范围内，就常常不被视作重要和紧迫的因素。

我们还可注意历史因果中的"果"。人常常是自为原因，也不断产生各种结果。正如原因是复杂多面的，结果也是复杂多面的。人们的行动在创造历史，行动的人们也都抱有自己的目的——也就是达到和实现自己心中的"果"；然而，这一目的或心中之"果"并不等于事实上的结果。甚至我们可以说，几乎没有人能够完全实现自己的目的，不管他的权力多么大或多么有智慧。历史是具各种不同志向和智慧的人们合力造成的，他们的行为必然互相影响、互相牵制、互相阻碍。而那些在历史中造成了巨大影响的人，其造成的影响或"实际结果"可能并不是或并不全是他们的"意图结果"（目的）。即便是符合他们心愿的结果，他们也常常未必充分理解行动的意义，也不甚清楚行动的长远后果。所以，历史的创造常常并非很自觉，甚至有些盲目。

二　中华文明的发端

按照上述文明的构成因素，在中华文明的历史上，我们可以发现三个"文明"的明显形成。

这里的"中华"，自然是取一种宽广的含义，不是局限于某一种族或某一核心区域，而是大致地叙述历史上中国的核心政治文化曾经达到和影响过的广泛区域。那么，这"三个文明"可以说是：

一、中华物质文明。这是10000—8000年前左右，在黄河、长江两河流域，但也在东北和西南等地发展起来的文明。它主要是一种农业类型的经济文明，"三皇时代"的神话传说反映了它的印迹，而在近百年，也多有对它的考古发现。

二、中华政治文明。这是有文字、都市、阶级分化和走向较完善的国家形态的文明。在中国，大概出现在 5000—3000 年前左右。这时的政治文明，以北方的中原或黄河流域为主，或者说，这是部族斗争的一个结果。传说中的"五帝时代"反映了它的成长印迹，到夏商周"三代"，则已经是形成的国家形态。近年大量出土的三代时期的文物和旧墟也基本证明了这一点。

三、中华精神文明。这是在精神上有大创造，且在制度、观念、信仰上影响了后世两千年的文明，大约在 2500 年前（公元前 500 年）进入盛期，但源头在西周；主要是在春秋战国期间创造的文明，那时出现了诸子百家争鸣的景象，尤其儒、道、法、墨四家在理论领域各自建树，而纵横家、兵家、农家、方术家等则在实践领域施加影响；在政治上，先是法家思想取胜（秦王朝建立），中经西汉初年黄老道家思想为主导的休养生息，最后是儒家思想取得支配地位，且一直持续到后来的所有王朝。

在世界的眼光中，经济和政治这两大文明在中国的出现或不是最早，但也绝不落后。在经济文明方面，先是有现今伊拉克一带的两河流域的农业，然后有埃及尼罗河流域的农业，后来还有印度两河流域的农业。在政治方面，也是"新月"地带的苏美尔城邦出现最早，接着有埃及的大规模王朝以及印度的古国。一个让人感到非常惊奇的事实是：当时，这些文明基本上处在互相隔离的时期，但为什么却在大致的时段不约而同地有了类似的经济和政治文明的发展？

在精神文明方面，中国则还居于前列，而最重要的，是它的精神文明的独特性——这种独特性也影响到后来的政治制度和社会文化。中国文明长久延续的秘密或许就隐藏在这种独特性里。其他的三大文明，尤其古代亚洲的两伊文明、古代非洲的埃及文明，还有古代欧洲的迈锡尼文明、克里特文明以及希腊城邦文明，后来都联系比较紧密，围绕着地中海形成了一个规模最大，宗教、文化、政制也最为复杂的古代世界，包括印度文明也不时受到其影响乃至被纳入。只有中国比较"孤独"地在东亚一带发展，而且它也的确找到了一条自我发展，有时看起来是自我循环的长久之道。

取一个通俗好记的说法，我们或许可以说，这一广义文明在中国的历程是"一半的一半的一半"：以公元 2000 年为标尺往前追溯一万年，大概正是农业文明滥觞之时；而一万年的一半，即五千年前，则是政治文明形成之时；五千年的一半，即约两千五百年前，则是精神文明发出灿烂光耀的时期。而如果还要往后追溯，则是公元 750 年左右，那时大概是中唐天宝年间，或可说是传统中国国力发展到最高峰之后由盛转衰的转折点。

中国的"天人神话"

当然，进入农业文明还只是一个开端。我们现在要叙述的中国约一万年前直到四五千年前的时代，还是一个史前史的时代。要进入真正的政治文明史，进入有城市、国家和文字的时代，还要稍晚的时候。所以，在这里我们只能借助古代的神话和现代的考古来互相印证，因为那时还没有可以传诸后人的文字。

中国的神话传说或可分为两种：一种是主要涉及人与人关系的，可称之为"人际神话"或"政治神话"，虽然它们表面上叙说的常常是有神力的人与人，甚至就是诸神之间的关系（这些具有政治意味的神话传说我们主要在下章来谈）；还有一种则主要是涉及人与自然关系的，反映原初面对自然还相对弱小的人们对自然的抗争、适应、利用和希望，或可称之为"天人神话"或"自然神话"。当然，有些复杂的神话实际是包含两者的。

在"天人神话"中，和文明发端最有关系的，是一系列有关"创造和发明的神话"，它们也构成了中国有文字历史之前的史前史的形象：

[**有巢氏**] 传说古代禽兽多而人少，人要躲避野兽虫蛇的侵害，于是，有人或氏族发明了在树上搭巢以避野兽，白天下来活动，捡拾橡子等果实，晚上就住在树上面，因而被称之为"有巢氏"和"有巢氏之民"。这似乎意味着除了利用现成的自然物，如洞穴，已经开始有点简单的人为构建了。

[**燧人氏**] 据说是他发明了人工生火。此前人都是吃生的食物，很不消化，且多疾病，于是，他钻燧取火，大大地方便了人们。但这应该不是晚近，而是几十万年前的发明了。《韩非子·五蠹》与《庄子·盗跖》记载有巢氏和燧人氏的故事，但两者的叙述和强调点不同，反映出不同立场对记述大致同样流传的故事的影响。

《庄子·盗跖》强调的是，知道巢居的是"有巢氏之民"，知道用火的是"知生之民"，且后来对神农之世的人民的描述是，他们坐卧下来则安安静静，起来活动则高高兴兴，只知道自己的母亲是谁，而不知道自己的父亲是谁，很像是一个母系社会。他们与麋鹿生活在一起，耕作以得食物，纺织以得衣服，互相没有相害之心。而《韩非子·五蠹》强调的则是"有巢氏"这个人，并且说"有巢氏"与后来的"燧人氏"都因此而"王天下"，表现出一种推崇君权政治的倾向。

《庄子》的描述看来比《韩非子》更接近事实，即在有巢氏和燧人氏的时代，虽然真实的自然状态可能也没有那么安逸和怡乐，但是肯定还没有进入君权国家的社会状态。虽然以上两人（有巢氏和燧人氏）和下面两人（伏羲氏和神农氏）常常被后来的古人认为是君王，但他们估计至多是氏族或部落的首领。

据《白虎通》记载，远古人们的生活状况是：只知母而不知父，已知道遮羞，但只知道遮住自己的前边而不知道遮住自己的后边，饿了就采集或打猎，饱了就把多余的抛弃，喝动物的血，穿动物的皮。

有巢氏和燧人氏都是比较远古的时代的故事，而伏羲氏和神农氏则是比较近古，大致也就是一万年以内的故事。

[**伏羲**] 伏羲发明甚多，他又被称为庖牺、伏牺、宓羲、牺皇、皇羲、太昊等。由他，我们进入了可被称为真正的"人类文明时代"的时期。他也被称为"三皇"之一，且稳定不变地居于首位。相传，他教民以绳结网捕鱼，畜牧，又仰观天文，俯察地理，察看鸟兽的足迹，观察自己的身体和外界的事物，因此而创造八卦。

八卦，是中国人第一次发明的对后世有极大影响，且具有哲学和数学意味的抽象符号体系。它虽然简略，却富有发展的可能，以后在初民生活中非常重要的占卜和计算，就由此发端。它反映了初民对世界体系的一种根本看法和试图把握它的能力。

还有一种说法，认为他发明了文字和古琴，故而，他常常被奉为华夏文明的人文始祖。

[**神农氏**] 神农氏稳居各种"三皇说"的第二位，第三位则有女娲、黄帝、燧人、祝融、共工等种种不同说法。

传说，是神农氏发明了农业，他能察看天时，明了地利，根据天时地利教人农耕，并用树木创造了耒和耜（类似于现在的锹、铲）这两种农作工具。这种农业的耕作，的确是人类工业文明以前最重要的发明。

据说神农氏还遍尝百草和泉水，包括尝了许多毒草，甚至为此而死，从而发现了许多治病的中草药，发明了医药。另外，据说他还发明了陶器。

当然，这些实际上不大可能是一个人的发明，或因其重大，人们就将这方面的发现归于一人，作为一个象征和名号固定下来。"神农氏"也因此成了古代农业文明最初的种种发现和创制的集大成者，被视作农业和医药的守护神。而食物供养和医疗身体疾病是生命最重要的两端，所以，我们也可以说他是生命的守护神。

综上，我们可以说，文明自伏羲始，或者说，自"三皇"始。

一个民族的神话虽然不是对其真实发生的事件的叙述，却是其真实心态的显露，反映了这个民族的记忆、想象和渴望；即便就事实而言，它也不是完全无端的，而往往是将一些发生过的事件和人物加以集中、夸大以至神化。神话可以弥补我们认识能力的不足，它有时是我们目前拥有的知识向无知世界的延伸，表现为一种推测、猜想（宝贵的好奇心），有时甚至是一种理性认识的断裂或跳跃，让我们进入一个美丽诱人或者恐怖骇人的世界。神话将人还没有具备的能力赋予人，还是一种自我鼓舞、自我激励，而不同的激励方向常常能够反映出一种民族性。所以，它同样值得史家认真对待，只是要有意识地将其与真实的时间和人物相区分。

"天人神话"中又还有"竞争神话"。在中华文明的观念体系中，这是比较特殊的一支，后来也没有得到特别大的发展；它们主要见于《山海经》，或许反映了有别于周文主流甚或是在西周之前产生的神话。

[夸父逐日] 夸父是《山海经》中记载的一个非常高大的男子，他立志要和太阳竞走，结果在路途中或因为太靠近太阳，极渴，饮于大河，水不够他喝，不能解渴，又去大湖，还没赶到，就渴死了，弃其杖，化为一片桃林。

[精卫填海] 据说，精卫曾是炎帝的小女儿，有一天不幸在东海淹死，化身为被称为"精卫"的鸟，常常到西山衔木石去填东海。

[大羿射日] 传说在尧的时候，天上有十个太阳并出，草木枯死，又有各种恶兽四处为害，有一个叫羿的神射手（与后来夏初有穷氏的首领后羿不同），射死了许多恶兽，又射落了天上的九个太阳，只留下一个，天气才变得正常了。

这些神话意味着人对自然界的抗争，虽然常常以悲剧告终，但不失为悲壮。夸父常被认为"不自量力"，精卫的"微木"对大海来说自然也是沧海一粟，但其精神却无比勇敢、赤诚和坚韧。应该说，坚韧的品性在后来的中国人身上还是保存得很好，但是像夸父和羿那种勇敢与豪迈的精神却有失落。另外，中国神话中还有"浪漫神话", 如嫦娥奔月。据说, 嫦娥是羿的妻子, 为了保持自己的年轻美貌, 偷了西王母赐予羿的不死之药而飞奔到月亮上去了。在月亮上, 还有玉兔, 有吴刚在砍伐永远砍不死的桂树, 给中国人留下了无数对月亮的朦胧想象、憧憬和遗憾。"嫦娥应悔偷灵药, 碧海青天夜夜心。"这句诗似也反映了中国人更重视现实生活和人伦的情感倾向。

中国的神话, 尤其《山海经》中还有许多对异地异物的神奇想象, 后世也有许多不死的神话或者说"仙话", 但总的说, 有关"创世"和"竞争"的内容并不是很多, 也没有直接引向宗教的意味。它们都还是非常自然的。中国神话的体系性也不是很强, 后来的道教虽有一些体系化的尝试, 但比较粗糙——虽然有了一些名号, 并试图在这些名号之间建立联系, 但是一个神话的体系毕竟要有许多生动有力的故事来支撑。

在此, 我们不想进入一个纯猜测和玄想的世界, 不想费力且并不可靠地尝试在诸神或神人之间建立联系或体系, 而且, 通过神话或文字训诂的想象建立一个炎黄之前的古史系统, 也并无可能。

中国近一万年以来的新石器时代文化

下面我想转而通过近百年来考古的发现, 观察远古时代人们真实生活的遗迹。这些考古的成果是极其丰饶的, 而且还在不断地出现新的成果。

在中国, 已经发现了早至近两百万年到数十万年前的旧石器时代早期的直立人化石, 如巫山人（距今约200万年, 1984年发现）、元谋人（距今约170万年, 1965年发现）、蓝田人（距今约115万年, 2005年发现）、北京人等; 智人的化石则有丁村人（距今约9万—7万年, 1954年在山西发现）和北京山顶洞人等。虽然对这些发现的解释和判定还有一些争议, 需要进一步的证据确证, 但无疑, 从人猿揖别以来，在中国这块大地上就一直有人的踪迹。

下面，我们按时间顺序，主要来观察中国近一万年以来的新石器时代文化：

[**彭头山文化**] 湖南西北部，9000—7800 年前，是目前发现栽培稻米和谷壳最早的地方之一，其中，八十垱遗址出土了 2 万多粒稻谷和大米。

[**裴里岗文化**] 河南中西部，9000—7000 年前，已经有半地穴式、阶梯门道的房屋，石器以磨制为主，有石铲、石斧、石镰、磨盘等。还有陶器，红陶居多。从其遗迹来看，当时的人已经会养猪和种植小米（粟）。

[**后李文化**] 山东，8500—7500 年前，居住房屋，使用石器、陶器（基本同裴里岗文化），还发现了骨器和墓葬。

[**兴隆洼文化**] 内蒙古与辽宁交界，8200—7400 年前，出现了较大的村落，有围沟环绕的近百座半地穴式方形和长方形房屋，内设有灶。但石制工具多为打制。陶器均夹砂陶，多有纹饰。骨器种类较多。

[**磁山文化**] 河北南部，8000—5500 年前，据推测和裴里岗文化有较密切关系，农作还是以种粟为主，有鱼鳔和骨簇等，说明也进行渔猎。养猪和狗。陶器前期夹砂褐陶较多，后期夹砂红陶和细泥红陶渐多。发现储藏东西的窖穴，内有粮食堆积，说明有了相当的剩余产品。

[**新乐文化**] 辽河下游，7500—6800 年前，有半地穴式房屋四十余座，除了石器、陶器、骨器，还发现玉器、煤精制品，尤其是一件鸟形炭化木雕艺术品，可能是氏族图腾的信物，当时处在母系社会。

[**河姆渡文化**] 浙江余姚和舟山等地，7000—6500 年前，有大量干栏式建筑（也叫高脚屋、吊脚楼、棚屋等），上以人居，下面可养鸡养猪。发现大量水稻遗存，还有葫芦、橡子、菱角和枣子等。除了猪狗，还有水牛等家养牲畜。有木柄骨制的耕田工具，还有纺织工具。陶器能够最高在摄氏一千度左右烧制，雕有动植物图案。出现了人偶，

以及中国最早的木制饰品"木雕鱼"、象牙雕和"双火鸟"纹雕刻等
手工艺品。

[**大溪文化**] 三峡地区，7000—5000 年前，除了半地穴式房屋，
也有地面建筑和檐廊，下面往往铺有红砖土块垫层。墓葬有器物和鱼、
龟等随葬品。陶器以红陶为主，并含彩陶。有涂绘、压印、雕花等装
饰技巧。有高而深的豆、碗、盘和杯，还有玉、骨、贝、石制成的戒
指、项链等。

[**马家浜文化**] 太湖地区，7000—5000 年前，陶器以手制的红陶
和夹砂陶为主，也有少量的黑陶，晚期出现轮制。

[**仰韶文化**] 陕西、河南及山西，7000—5000 年前，最早由瑞典
学者安特生于 1921 年在河南三门峡地区的仰韶村发现，这也被视为
中国现代考古学的起点。后来也以"仰韶文化"来概括在其他一些地
方发现的遗址的文化。上承裴里岗文化，下启龙山文化，被认为是一
个以农业为主、兼事渔猎的父系或母系衰落期的氏族社会，也是新石
器时代中国彩陶文化的典型。村落往往有围沟、墓地和窑场。工具以
发达的磨制石器为主。骨器也相当精致。日用陶器以泥红陶和夹砂红
褐陶为主，上面常彩绘有几何图案或动物性花纹，工艺从手制过渡到
轮制。有编织和织布的手工业。

[**半坡文化**] 陕西，6800—5700 年前，也时常被归为"仰韶文化"
的一种，于 1950 年代在西安灞桥被发现和发掘，并就地建立了中国
第一座新石器时代文化遗址博物馆。半坡人以农业为主，种植粟等旱
地作物，饲养猪狗，也打鱼猎兽，且已开始种植蔬菜。陶器采用手制，
也用模制法和泥条盘筑法，用轮盘修整,出土有著名的用口衔鱼的"人
面鱼纹彩陶盆"。陶器和陶片上总共刻有二十七个不同的符号，疑是
用来记事或记物的早期文字的萌芽。

[**红山文化**] 内蒙古、辽宁、河北，6700—4900 年前，出土农具
数量甚多，有石耒耜、石犁、石锄等。但著名的还是其美术，有逼真

的动物和女性泥塑，包括孕妇的陶像，动物型的玉石雕刻也相当精致，有猪、虎、鸟等，还有简单的龙的造型。饰品主要有玉珠、玉戒、吊饰、玉璧等。

[**大汶口文化**] 山东、安徽、河南及江苏北部，6100—4600 年前，陶器有灰陶、红陶、黑陶、白陶和彩陶，器具的种类和形状也非常多样化。有象牙梳、象牙管雕刻，出现合葬和丰富的随葬品，如玉珠、玉斧、獐牙、龟甲等。有枕骨人工变形和青春期拔牙的习俗。

[**良渚文化**] 长江三角洲，尤其浙江杭州一带，5400—4250 年前，20 世纪最早在余杭良渚发现，现包括上百个遗址。以农业为主，主要作物是水稻，已摆脱一铲一锹的耜耕而率先迈入连续耕作的犁耕阶段。手工业也相当发达，技艺精湛，许多手工艺品推测还具有商品的属性。出土有首件丝织品残片。最大特色是出土的玉器种类众多，有琮、璧、钺、璜、镯、管、珠、坠、带、环等，多从墓葬中出土，且贵族大墓与平民小墓差距甚大，显示出社会阶层分化的加剧。陶器早期以灰陶为主，晚期以黑陶著称，胎质细腻，造型规整，器种变化多样，用途分明。制造石器的工匠已掌握选择和切割石料、琢打成坯、钻孔、磨光等一套技术。许多遗址还发现木器和竹编器物。一些器物上有繁复神秘的抽象图案。发现有面积超过三十万平方米的巨型建筑基址，推测已出现古代城市。

[**马家窑文化**] 甘肃及青海的黄河上游，5100—4700 年前，有丰富的用细陶土制成的彩陶用具，上有鸟类、青蛙、舞蹈人物等纹饰，还有玩具，如陶制拨浪鼓。

[**龙山文化**] 黄河中下游，5000—4000 年前，有很发达的磨制石器，陶器主要是黑陶，多半有雕花，快轮制陶技术比较普遍。也出现了铜器。占卜已经开始流行。[3]

从上面的考古发现，我们可以明显地看到，中华经济文明的发端并不只是一个中心的连续发展，比如说，从黄河流域的仰韶文化到龙山文化一系，或者再追溯到前面的磁山文化与裴里岗文化，并不构成一条唯一的主线，甚至它们之间的联系也不是很直接，而是到处有点，多处开花。从塞外的内蒙古、辽河流域，到南方的长江流域，再到长江中上游的湖南、三峡地区和成都盆地，乃至西北的甘肃和青海，到处都有农业文化的萌芽和茁壮成长。

而且，它们都有各自独特的风格和高度的文化水准，很难说哪一个是从哪一个直接发展而来。看来，在中国远古时代的经济文明中，就已经有一种"百花开放"或"百家争鸣"，虽然还主要是一种相对独立情况下的开放和争艳。

受后来以黄土高原和黄河流域为中心的政治文明的影响，我们容易认为中华文明出于中原一源；但事实上，中华经济和技术文明的发端可能正像苏秉琦先生论远古中国所说的，新石器时代的中国，同时存在着发展水平相近的众多文明，散布在中国的四面八方，"犹如天上群星之星罗棋布"。

将这些事实和古代神话，尤其是发明神话两相印证，我们可以大略看出中华文明发端的轨迹。其实，发明的神话是最不像神话的神话；这些发明都是人能够做到的，只是先民将其归于一身。而这样倒是可以作为一个恰当的概括，使我们有理由说：中华文明发端的时代，也就是伏羲和神农的时代。

人类最早的文明之所以基本都出现在有大江大河、有可以驯化的植物和动物的平原、高原或盆地，因为它是一种农业文明。与幼发拉底和底格里斯两河流域及尼罗河流域文明比较，出现在黄河、长江及辽河流域等地的中华文明，虽然可能并不是世界文明史上发端最早的，但它从一开始的发展就毫不逊色，而且本身还呈现出一种丰富的多样性，后来更是达到精耕细作的高度发达水平，并和发达的商业、手工业结合，成就了当时（尤其是唐宋）处在世界高峰的经济。

长期持续，尤其是后来精耕细作、日益集约化的农业文明，不

仅推动中华民族选择了某些制度，而且参与形塑了中华民族的性格
乃至某些精神气质，比如循环的历史观、"尊尊"和重农的价值观等。
一俟农业文明初创，被仿效的英雄就不再是最大胆、最有膂力、最
具冒险精神、最能够发现野兽或果实的，而是最勤勉、最坚持、最
有耐性、最有计划以及对五谷丰登和六畜兴旺最有贡献的人。而在
农业文明中浸染日久，以农为本的思想和性格也就更加稳固且不易
改变。

三 长期影响中国历史的"物"的因素

在这一节里，我着重阐述影响中国社会的自然地理环境，人与自
然打交道的基本生产工具，以及从自然观点来看的人口因素，且主要
考虑传统（20世纪以前）中国社会的情况——也就是重点勾画这几
千年来中国人自身的生产和对自然的生产。

其中，地理环境基本是不变量，尤其农业文明阶段；生产工具是
可变量，但在农业社会，其变化也不是很快；人口当然也是可变量，
但在农业文明中，它会有一个自然的调节，虽然经常是"天灾人祸"
使人口的数量基本维持在一个土地能够负载得起的合适范围内。

自然界中的人当然也不会永远处在被动适应、消极觅食的状态，
他们总是在和自然界互动。所以，上述三个因素并不完全是"物"的
因素；人在适应地理环境的同时，也在改变这种环境。而随着人的精
神和意识的发展，就更是如此。人的农业生产就是一种改变。当然，
人本身更是身心一体，灵肉一体，紧密结合又互相影响。但本节主要
还是侧重观察人与物的关系，也就是从人如何从自然界获得能量以及
对自然物进行改造着眼。

中国的自然地理环境

如前节所述，中华文明的发端是在黄河与长江流域四处开花，但政治的疆域中心最早是在黄河中下游流域，尤其是中原一带。中原华夏人聚集的地方被视作天下的中央，第一次出现"中国"一词的何尊（西周初年）上就刻着这样的铭文："唯武王既克大邑商，则廷告于天，曰：'余其宅兹中国，自兹乂民。'"

从这个中心地带，中国的疆域逐渐扩大。先是长江流域，秦帝国后又把疆域扩展到珠江流域。两汉则让西域臣服。唐朝时有多国自降或来贡，使得版图向西和向北扩展，最远到达中亚巴尔喀什湖及外兴安岭地带。经历五代十国的战乱，北宋的疆域缩小。元朝中国的疆域则再次扩张，控制了蒙古、西藏以及新疆和西伯利亚的部分地区。明朝的中国疆界再次回缩。到了清朝，领土则又扩展到了蒙古、新疆和西藏等地，达到 1200 多万平方公里，但后来又失去黑龙江以北、乌苏里江以东的属地。现在，中国的疆域约为 960 万平方公里，东西跨越 5200 公里，南北跨越 5500 公里。

中国的地形，西高东低，成三级阶梯：西南部是"世界屋脊"，有全球海拔最高的青藏高原，平均海拔在 4000 米以上，面积达 230 万平方公里，地势最高，为第一阶梯；以昆仑山脉、祁连山脉、横断山脉为界，向东向北下降为一系列高原和盆地，平均海拔在 1000—2000 米，为第二阶梯；大兴安岭、太行山、巫山、武陵山、雪峰山一线以东，则多为平原，平均海拔 500 米以下，为第三阶梯。根据这些地形和位置的差异，中国大致可分为三大自然区：一是以流水作用为主的东部季风湿润区；二是以风蚀、冰蚀与流水作用为主的西北干旱区；三是以冰冻、风蚀作用为主的青藏高原高寒区。

还有两种区分中国东西和南北的方法：一种是区分东部和西部的黑河—腾冲线（"胡焕庸线"），按照地理学家胡焕庸在 1935 年的计算，线以西是中国的西北部，面积大约是700万平方公里，但人口仅1800万，约占当时全国总人口的4%；线以东是中国的东南部，面积仅400万公里，但人口有4.4亿，占到当时全国总人口的96%。[4] 另一种是区分南方和北方的秦岭—淮河线，它还具有区分中国的水田与旱地、湿润地区与半湿润地区、亚热带与暖温带、长江流域与黄河流域、河流无冰期与有冰期等方面的意义，但人们也常常通俗地以长江划线来区分南方和北方。

中国山区广阔，山地、高原和丘陵约占全国土地总面积的三分之二。三大平原分别为东北平原、华北平原和长江中下游平原，其中，东北平原为最大的平原，但开发得最晚。中国的耕地，历史上先是主要集中于华北平原，还有黄土高原，后来是长江中下游平原以及四川盆地和珠江三角洲。南方以水田为主，北方以旱地为主。华北平原大多是褐色土壤，土层深厚，农作物有小麦、玉米、棉花等；长江中下游平原地势低平，河流和湖泊分布密集，是水稻和淡水鱼类产区，并产茶叶和桑蚕；东北平原大部分是黑色沃土，产小麦、玉米、大豆、高粱、亚麻和甜菜；四川盆地多为紫色土壤，主产水稻、油菜和甘蔗；珠江三角洲盛产水稻，每年可收获二至三次。

长江与黄河是中国最主要的两条大河，其他主要河流有珠江、黑龙江、淮河等。中国各地降水差别很大，总趋势是从东南沿海向西北内陆递减；东南沿海的年降水量多在1600毫米以上，西北有大片地区年降水量在50毫米以下。总体来说，中国是一个贫水国家。中国大陆的东面向着浩渺的太平洋，海岸线长18000多公里，岛屿有5000多个。

从这里开始，我们要强调中国的特殊性。虽然都是从大河流域开始发展，不过，两河流域与尼罗河流域相距并不遥远，印度河流域离它们稍远，但也比中国与其他文明相隔的距离要近得多。而这些流域的文明又和地中海其他的文明有密切接触，后来甚至形成一个以地中海为中心的古代世界。埃及王国、波斯帝国，以及后来的罗马帝国、拜占庭帝国、哈里发帝国、奥斯曼帝国等，很容易与其东面或西面、南面或北面的国家发生关系——自身强大了，就很可能征服邻邦；自身弱小了，就很容易被邻邦征服；或者有时也在一段时间里保持某种均势，但还是有着密切的外交和商贸关系。地中海遂一度成为古代世界的一个中心，就像是它的一个内湖。

但是，中华文明却是在相当独立和自成一体的情况下发展起来的。和大洋上有些海岛上的文明不一样，它足够广大、丰富和人口众多。和拉美文明也有差别，它和亚非欧其他的文明还是能互通消息，并不完全封闭，互相之间时有使节来往，自身也有更加独特和内含差异的文化。中国的内部足够广阔和富饶，有足够丰富的多样性来满足好奇、进行交流和提供发展空间。

中华文明自成一体的特殊性和独立性，的确和它的地理环境大有关系，甚至在某种意义上就是这种环境因素初始决定的。在农业文明的时代，这种环境的"天堑"性质很难被超越。从中华文明最早发展的中原地带直接往西，是连绵数千里、海拔很高的青藏高原，直到险峻的喜马拉雅山脉，几乎不可逾越。稍稍偏北，虽然有河西走廊，但也还是要穿过高山大漠，翻越帕米尔高原。至于更北，则是寒冷荒凉的西伯利亚和中亚，还有伊朗高原与大高加索山脉以及里海与黑海的阻挡。更重要的或许还不是某些天堑，而是里程数千至上万公里的距离，在这遥远的路途上，几乎荒无人烟，很少可能有给养的接济。

中国和西域的确并不是无路可通，靠北的"丝绸之路"及靠南的"茶马古道"就说明商贸的活跃，但毕竟还是要克服高山、沙漠等许多障碍，而且路程太远，在一个以马匹或骆驼等动物为主要交通工具的时代，这将耗费许多时日；对于商贸或还可行，但对于以人力和畜力来行动的大队人马来说，则是极大的困难和考验——在没有人烟的地方，给养是一个几乎不可克服的障碍。所以，中国与西面欧亚非的文明和国家一直没有过大规模的接触，直到 19 世纪西方列强从海上袭来。

在中国历史上，只有西面才有与中国同样发达的大文明，东面则是浩瀚的大海。的确，就是离我们最近的大岛——日本列岛，也不像不列颠岛那样离欧洲只隔一个数十里宽的海峡。中国后来的确具有了像郑和下西洋那样大规模集体远航的能力，但对早已进入繁荣发达的农业社会、历史上亦非尚武的中国主体民族来说，则已缺乏这样的动力、意志和习惯来从事远航，更不要说远征。

在古代，中国的南面是相当潮湿、有密林和瘴气的地带，没有大的文明和国家。北面则是游牧民族，后来也正是这些游牧民族加入和改写过中国王朝的历史。

在谈过了环境对中国外部关系的影响之后，这里我们也要谈谈中国内部的东西南北。中国的自然地理使中国自成一体，也即在中国这块土地上，既没有与外界联系的方便通道，又没有内在的艰难的天堑——长江不是艰难的天堑，而黄河甚至不是天堑。中国人口聚集的主要地带，从西到东，从北到南，也没有很难逾越、相隔遥远的山脉。而这两者，即内部主要文化圈的交通方便和与外部文明交通的很不方便，又是互补的，使中国各个部分很难长久地分裂成偏安的小国，而作为一个统一的大国，则又无法和外界的大国（包括可能成为并吞对象的小国）有方便的联系。

中国内陆靠东和靠中的部分是平原和高原，且同样是江河流贯其间，因治水的需要和航道的便利，各个局部也不易防守和自成一体。所以，即便不谈政治、文化的原因，单从地理上来说，也是更容易统一为一个大国，且不易长久分离。而地中海一带，许多内部的分裂和内战都是里应外合的；不仅如此，由于地方太大，地形复杂，山河相隔，也无法形成一个统一的，完全包括全部欧洲与北非、西亚的大帝国。

中国的情况则完全不同，它的内圈地理形势比较容易促成一个统一国家，或至少是一个大国。而且，由于西北高、东南低的地理，或许还因长久生活在北地比较艰苦或南方比较优裕的环境，北方人和南方人分别养成了比较剽悍和相对柔弱的性格。人们注意到，在中国历史上，较早是东西之争较多，后来则往往是南北之争，且一般都是北方战胜南方或西部战胜东部。[5]

据说，北方的黄帝与南方的炎帝联合战胜了东部的蚩尤（西胜东），然后黄帝又战胜了炎帝（北胜南）。

夏，大禹兴起于西羌。

商，兴起于西方而衰落于东方。

周灭商。（西胜东）

战国末期，秦始皇消灭六国。（西胜东）

秦汉之间，刘邦击败项羽结束楚汉战争。（西胜东）

西晋消灭东吴统一中国。（北胜南）

隋朝灭南朝陈，结束中国南北方长达两百七十年的分立状态。（北胜南）

北宋取代后周，结束唐末五代十国的分裂局面。（北胜南）

元灭金，灭南宋。（北胜南）

明初，明太祖结束蒙古人的中原统治后，再消灭元朝末期中国各地的分裂割据势力（南胜北），但不久就由在北京的燕王朱棣战胜了南京的建文帝，并将首都迁往了北京（北胜南）。

清灭明。（北胜南）

北伐后，南京国民政府在名义上统一中国（南胜北），但不久即被打败（北胜南）。

从上述可见，不仅内部的战争，而且两个征服和统一中国的游牧民族建立的王朝，也都是从北到南打过来的。中国的外患一般来自北方，很少有来自南方的战争威胁，更少由南向北统一中国的。游牧民族在草原和高原上能够全民皆兵，倾巢而出，机动性强，所以一旦有了政治意识，并意识到自己的力量，就常常势不可当。一支高度集中和军事化的部族军队能打败众多分散的、由和平居民组成的军事力量。如果善于学习和分化的话，他们还能够长久地统治远比他们的人数多得多的臣民。所以，在暴力方面，落后战胜先进，野蛮战胜文明，这在农业文明居支配地位的世界史上屡见不鲜。但在工业革命和高科技革命之后，"蛮族"（如果还有的话）的取胜就完全不可能了。

农业生产

人类的农业文明并不一定在中国兴起最早，但或许可以说，在中国持续最久，且在工业文明之前，中国几乎将其发展到了极致。

在中国数千年的传统社会中，最重要的生产工具是农具。而传统农业工具又可分为三类：一是用于垦耕和整地的工具，如耒耜、锄、犁等，有木制、石制、铜制和铁制等；二是用于收割的工具，如刀、镰等；三是用于加工的工具，如磨盘、杵臼等。

耕作的方式可能主要经历了三个阶段。一是"刀耕火种"，即先将野地、山坡上的树木杂草砍倒、晒干，变成草木灰肥料，再以竹木棒挖穴点播或者撒播，不耕种也不除草，待作物成熟即来收获，然后撂荒数年后再种。二是锄耕或耜耕，即人们用锄、耜、铲等工具松翻土壤再种植。三是犁耕，即人们开始用石犁（后来用金属犁）耕作。犁大概是从耒耜发展而来的，一人把住耒，另一人往前拉，将原先扎洞的工作变成划一条沟，再往后，耒柄从直的变成弯的，就成为犁。[6]而且，春秋的时候一定出现了牛耕。古人名和字对应，像孔子的弟子，冉耕字伯牛，司马耕字子牛，将耕和牛对应了起来。牛原来是用作宗庙祭祀的贵重物，现在则用到田耕了。

　　主要的农作物有"五谷"。"五谷"有不同的说法，从主要用作粮食着眼，我们或可将"麻"排除在外而定为下面五种：粟（又称稷，俗称谷子或小米，植株称禾）、黍（黄米）、麦（古语中，小麦又称来，大麦称牟）、稻、菽（豆）。粟和黍其实比较接近，主要长在北方，能够适应比较干旱和相对贫瘠的黄土地：黍比粟生长期更短些，更耐旱，对杂草的竞争力也更强，果实比粟更有黏性，更好吃；但粟的产量更高，谷粒不易掉落，禾秆又是比较优良的饲料，因而种植更为广泛。我们甚至可以说，中国是最早从粟开始发展的农业国家。[7] 后来，渐渐发展到北方以小麦为主，南方以水稻为主。东北还盛产大豆。其中，小米、黄米和大豆公认是从中国发源的。中国人从豆类还开发出许多美味制品，如豆浆、豆腐、腐乳等。水稻在中国大概有其独立的来源，高粱大概也早就在中国有种植。麦子是从国外传入的，发源地是伊拉克的两河流域。此后的两千多年，中国的主要粮食作物就稳定在"五谷"或"六谷"这几项；一直到明代中晚期，由于美洲新大陆的发现，才又传入了玉米、番薯、土豆等可充作粮食的作物。白薯是高产作物，亩产量是谷子的十余倍。

　　按照大致驯化的次序，"六畜"是狗、猪、鸡、羊、牛、马。狗应当在狩猎采集的时代就已经有驯化。猪是中国主要的肉食来源。鸡还带来了蛋，类似的家畜还有鹅、鸭等。羊则还提供奶和羊毛。牛除了提供肉、乳、皮革，还成为生产和运输工具。马则不仅成为这些工具，还成为战争工具，成为荣誉象征。另外，中国棉花的种植较晚，较早是以麻类和蚕丝作为主要的衣服和被褥原料，所以常以"农桑并重"来概括民生衣食。

　　现将中国历史上的生产工具及其使用，包括主要动物的驯化、主要作物的培植以及从国外的传入，逐一列述如下：

　　　约 9000 年前，湖南、河南、河北等地有了稻谷、配套的农具，有石斧、石铲、石镰、石磨盘等，有粟、黍的栽培。还有弓箭、鱼鳔、网罟等捕猎工具。

8000年前，黄河流域使用石镰收割，用石磨盘、石磨棒加工。

7400年前，黄河流域由刀耕发展到耜耕（锄耕）。狗、羊已经饲养。

7300—6300年前，黄牛已经驯化。鸡也已驯化，并进行人工饲养。

7000年前，长江流域已经种稻，经鉴定有油稻和粳稻。长江下游使用骨耜翻土和木杵加工。酸枣、菱、葫芦、薏苡等已在长江流域利用。漆树已被利用，并出现原始漆器。

6000年前，葛在长江流域已被用为纺织原料。

5100年前，莲藕已在黄河流域被利用。

4750年前，苎麻、花生、蚕豆、芝麻出现于长江流域。桃、甜瓜已在长江流域利用。浙江吴兴已利用蚕丝织成绢片和丝带。

4000年前，大豆、大麻被人工栽培。新疆孔雀河下游已经种植小麦。牦牛、骆驼已开始在青海被饲养。马已被驯化。夏禹等治水，建造农田沟洫。

3700—1200年前，青铜已用于制造农具，种类有鑺、臿、铲、斧、锛等。前13世纪，禾、粟、黍、来、麦、稌等作物名称见于甲骨文记载。使用殷历，是中国农业上应用阴阳合历之始。马、牛、羊、鸡、犬、豕等"六畜"见于文字记载。甲骨文中已有牢、厩、罕、家等字，牛、马、羊、猪等均实行舍饲。用仓、廪储藏谷物。酒的加工工艺有了新的发展。

3100—2800年前，物候已大量用来指示农时，并出现了最早的物候历《夏小正》，将星象、物候、历法结合起来作为确定农时的依据。养马业有很大发展，马被大量用于交通、田猎和战争。出现池沼养鱼。捕鱼工具有钩、网、九罭、罠、罩、筍等多种。

2700—2500 年前，发明冶铁技术，并用于农业生产。

2500—2200 年前，创造利用杠杆原理的提水工具桔槔。出现牛耕，同时创造了牛穿鼻的使役技术。开始用铁犁耕地，并使用铁锄、铁锹、耒、铁镰等铁农具。使用脱粒工具连枷。出现石圆磨。秦昭王时，蜀太守李冰在四川灌县兴建中国著名的防洪分水、灌溉水利工程都江堰。秦王政元年，水工郑国开郑国渠，长三百余里，为中国古代最长的人工灌溉渠道。谷物加工中已使用扬车（风扇车）。出现开大沟、修水利用的铃铧（大铁犁）。已有铧式犁使用。出现曲把铧锹，时称蹚铧，即后世的踏犁。提水工具中出现辘轳。

2200—1800 年前，新疆、海南岛、云南等地已种植棉花。

2100 年前左右，已开始人工养蜂，出现豆腐。[8]

我们的列述就止于公元前，中国以后的生产工具的发展只是技术上进一步地扩展和精益求精，而没有方向上的重大变革，比如，240—260 年，北方旱作出现畜拉平田，碎土工具耙、耱被广泛使用，出现利用齿轮传动和以水为动力的连机碓及连转磨。7 世纪初，出现用水力提水的工具水轮。879—880 年，长江下游出现江东犁，至此，中国水田犁定型。江南水田还使用耙、礰礋、磟碡等平田和打溷泥浆的工具。12 世纪后期，钢刃农具开始较大面积推广。宋朝，小麦在长江流域也有较大发展。11 世纪，油菜已成为江南地区的主要油料作物。1555 年，玉米从美洲传入中国。1573—1620 年，烟草从吕宋传入中国。1582 年，番薯从美洲传入中国。辣椒是许多中国人喜嗜的，但到 16 世纪才传入中国。1578 年，南瓜见于记载。1621 年，番茄见于记载。17 世纪中，马铃薯传入中国。

我们看到，从 3000—2500 年前，铁制工具产生之后，一直到清末，甚至 20 世纪中叶，中国的农具基本没有什么大的变化。张光直就曾感叹，中国两三千年前的农夫和两三千年后的农夫所用的工具和生产方式是差不多的。而这期间，中国的政治和社会生活还是发生了不少的变化。但对这些变化而言，生产工具的影响却几乎可以忽略不计。政治上，统治阶级的一次次再生产，权力、财富、地位和名望等社会主要资源的一次次再分配，决定因素也不是经济，而是政治；其中，获得官职是关键的因素，而要获得官职则越来越依赖于文化的能力，即要通过科举获得官职。

人口变化

我这里主要是从人口的数量，甚至更多是从作为"人口"（消费者）而非"人手"（生产者）的角度观察。

从西周起，中国就有连贯的正式史书记载的历史，包括正史中对纳赋人口的记录。这样，尽管还是会有奴婢、部曲、流民及僧尼、道士、隐士等一些"化外之民"没有纳入，中国仍然是世界文明史上人口记录最为连贯且比较翔实可靠的国家。

以下就是根据史料和后来学者的研究，估算的各个重要阶段的人口数据：[9]

据估计，夏朝，人口只有 250 万左右。到西周，或有 1000 万人。春秋列国约 1500 万人。战国中期，也是战国时代高峰期，约 2500 万。经过战国晚期的连年战争，在秦朝，大约是 2000 多万。在秦汉之际的战争之后，西汉初年又下降到 1600 多万。经过六十多年的休养生息，在汉武初年达到 3600 万，但因为征伐等，到其统治中期反而降到了 3200 万。宣帝时又上升到了 4000 万。西汉末，汉平帝二年（公元 2 年），有了第一个比较可靠的人口统计数字：据《后汉书·地理志》，当年统计有 1223 万户，如果按照每户 4.87 人计算，则是约 5959 万人。就是说，两千年前，汉代中国已经有接近 6000 万人了，也即从秦王朝到西汉王朝末，仅仅二百二十多年，人口就从 2000 万增加到近 6000 万，足足增加了两倍。

但这个峰值后来有近六百年没有打破。在东汉末年近三十年的混战之后，人口又降到 2000 万左右，跟秦朝差不多。而三国时代，估计更是降到接近 1600 万，跟西汉初年差不多；但三国末年，则可能恢复到 3000 万，魏、蜀、吴三国的比例可能是 5.5∶1.5∶3。到西晋，增加到 3500 万；东晋南渡之后，其大大缩小的版图内则大概只有1700 万；在南北朝期间，6 世纪上半叶，北魏大致有 3000 万，后梁有 2000 万。到隋朝统一南北，达到 5800 万，这才接近西汉末年的峰值。也就是说，从西汉初的 1600 万到西汉末的近 6000 万，再从三国时代的近 1600 万到隋朝的 5800 万，就像是画了两个圆圈。

再往后，唐王朝终于超越 6000 万这一峰值。唐玄宗天宝年间，整个唐朝的人口峰值大致升到 8000 万—9000 万。但在长期的军阀混战后，唐后期估计又降回到 6000 万左右。五代十国期间，中国再次分裂。南方的人口相对增长较快，南朝后期估计就已突破 3000 万，盛唐时估计已接近 4000 万。又经过一个半世纪的休养生息，到北宋后期的大观四年（1110 年），总户数达到 2088 万户，实际人口估计在 0.94 亿—1.04 亿。也就是说，在北宋，中国的人口首次突破 1亿。南宋虽然只剩下半壁江山，但如果以 1235 年作为南宋人口的峰值，则该年也有 1286 户以上，人口大约 5800 万—6400 万。而北方，辽国估计最高人口数应在 400 万以上；金国的人口峰值大致出现在1207 年，总数是 5353 万以上。这样，如果再加上西夏、大理和其他部族的人口，在 1200 年左右，中国的总人口应该已经超过 1.2 亿。

元朝先是灭金，后灭宋，经过多年战争，后来的经济恢复又不太理想，所以，总人口数比起宋代反而下降，估计到至正初（1341 年左右），也就 8500 多万。在元明之际频繁剧烈的战争中，人口大量损失，

其中各路武装为谋大位而杀死的人数更胜过驱元：人口的谷底大概在
洪武三年（1370年），降到约5400万；但到洪武二十六年（1393年），
估计恢复到6500万—7000万；到万历二十八年（1600年），则应有1.97
亿。也就是说，17世纪伊始，明晚期，中国的人口峰值接近2亿。[10]

　　自17世纪起，明朝就不断发生天灾和内乱，加上后来估计只有
百万人的女真族入侵，人口在17世纪上半叶减少了8000万——清初
顺治十二年（1655年），人口大概只有1.2亿。后来，长期的和平安
定，加上引入甘薯、玉米、土豆、花生等耐干旱的高产作物，以及康
熙五十一年（1712年）起又实行"滋生人丁永不加赋"的政策，使
得人口剧增。这一增长曲线大致是：1700年，1.5亿；1779年，2.75
亿；1822年，3.73亿；1850年，4.3亿。这个4.3亿大致是清代人口，
也是中国传统社会所达到的最高数字。这期间，南方人口大概已占到
72%，北方占28%。人口超过两千万的，有江苏、安徽、山东、河南、
浙江、江西、湖北、四川、广东；不足两千万的，有直隶、湖南、福
建、山西、陕西、甘肃；不到一千万的，有云南、贵州。人口最密集
的地区有太湖平原、长江流域、大运河沿线。但在随后的太平天国战
争及其他武装造反中，也是这些地区受创最重，结果1851—1865年
这十四年间，全国总人口大约减少1.12亿。到同治四年（1865年），
人口总数是3.18亿。最后，据清亡一年后的1912年中华民国内务部
的统计，人口数也只是恢复到4.058亿。

　　以上均是王朝人口，没有包括现在中国版图内的所有人口，但其
他地方也多是人员稀少，对统计的影响不大。至少从东汉以后，中国
几乎总是其时世界上各政治社会最大的一个人口群体，经常占到人类
的五分之一到四分之一。

　　中国人口众多，可耕地并不很多，和世界其他文明相比，人口与
可耕地的比值一直是一个低值。即便如此，中国还是在历史上多次解
决过"温饱"或者说"吃饭"问题，虽然解决之后又会重新出现。

在史书记载中，有的王朝的盛世，农夫们日上三竿才去田地干活，农妇们中午就送来酒食，吃饱喝足后，农夫们醉醺醺地在田边睡上一觉，太阳还没下山就收工回去了。然而，如果有天灾人祸、内忧外患，尤其是王朝晚期，人口越来越多，贫富又日趋分化，战争和饥馑相伴，又会出现大批的人饿死，乃至"人相食"的情况，结果人口锐减，有时甚至减半和过半，直到新的王朝初建，注意休养生息，资源在大大减少了的人口面前也显充裕，才又渐渐出现新的繁荣；但与此同时，人口又大量增加，直到又达到一个临界点，这时只要出现连续或相伴的天灾或者战乱，新的一轮悲剧或就开始重演。

人口是一个硬邦邦的经济现实，每个人要维持生命，就必须保证基本的食物供养。结果，人口的压力往往成为中国王权最终更迭和循环的转换器。在人类还未进入工业革命前，马尔萨斯的人口定律会在很大程度上起决定作用；而即便进入工业革命，这一定律从根本上仍未过时。

以上三种因素（地理环境、农业生产、人口数量）并不是仅有的"物"的因素，但可以说是最重要，也表现中国特色的：独特的地理环境使得中国有足够的空间，但也是相对独立地发展；农业生产达到了很高的集约程度，但可能也限制了另寻出路。这三种因素也总是处在一个互动的过程中。中国的地理环境初始就比较适合于农牧业发展，甚至人口的增长也会促进农业的发展；反过来，农业的高水平（精耕细作）也保障了一个最大人口群体的生存和延续，一般不缺少"人口红利"，但有时"人口膨胀"也带来巨大的危机和"人口锐减"的灾难。

第三章

圣贤政治与道德人文

上一章我们谈到，可以将影响人类及各个文明的因素分成三类。第一类是与自然、物质相关的因素，即地球和各个文明所处的自然地理环境。它们是很基本的，但也是长期不变的，或更恰当地说，相对于人类活动，它们的变化极其缓慢，因而往往是被人们忽略不计的；但在人类文明过去的大部分历史中，它们还是隐秘地起一个既提供人之可为资源，又限定其可为范围的基础作用。

第二类是制度或社会因素。一是人与自然、与物打交道的经济及生产、贸易和消费方面的制度；二是人与人打交道的政治制度，包括法律、军事乃至家庭制度。它们会比较长久地起作用。政治是力之所在，组织和调动其他的力，是力量的汇聚和体现，在许多特定的时段中，常常会起关键作用。

第三类是思想或个人因素。它是指存在于每个人心里的观念、心态，也包括那些具有很强思想创造力和意志力的人物及其提出的理论。在物质的基础初步具备之后，它往往对特定文明的性质和方向起一种引领和导向作用。

本章将进入对中华古代政治文明与精神价值的叙述，并准备将这两者结合起来观察，注意两者之间的互动，并在后一章叙述西方古希腊文明的政治与价值追求，以资比较对照。

制度与思想的结合在古代就堪称密切，但次序上还是以对生活环境挑战的回应促使合适的制度产生为先。在这一回应的过程中，不同文明对价值的认识也渐渐明晰和深入，最后通过一种精神的创造形成一种核心的价值体系，反过来影响着各个文明选择自己的道路，对后世两千多年的历史发挥着深远的影响。这在相对于其他文明而比较独立发展的中国传统社会（及其历史），表现得尤其明显。

一　五帝

下面我们开始叙述物质文明之后的第二个文明形态，即走向国家的时代。

走向国家的时代，也是从神话传说时代走向信史的时代——政治文明的出现意味着文字指日可待，[1] 历史可以比较可靠和信实地传给后人了。

五帝的时代基本还是传说的时代，但这些传说后来得到了古代思想家和史学家——尤其是从孔子到司马迁——的考察、整理和厘定。它也是一个走向国家的时代，一种"古国"或者说部落联盟形态的"国家"的时代。

对"五帝"究竟是哪几位，以及他们的出身、背景、事迹和言论等诸多问题，都存在争议，或者怀疑。我们下面的叙述将以《尚书》和司马迁的《史记》及注释解说为主，这不仅因为司马迁有史官的训练优势及接触档案文献的有利条件，还因为他对历史持有一种审慎的态度。他不仅利用文字的文献，还为此走访了从崆峒到涿鹿、东海与江淮的许多地方。他没有从神话居多的三皇而是从有比较可靠传说的五帝开始写他的《史记》也是有他的道理的。虽说神话和传说反映的都是当时人们真实的希望、思想和感情，但神话想象的多是人们实际上不可能做到的事情，而传说还主要是描述人们能够做到的事情，反映出更多的历史真实。它们作为一种观念和心态，在当时及后来的历史中，对人们的行为有着生动乃至巨大的影响，尤其在制度的形成和演变上发挥了重要作用，即也进入了历史。

但是，上古历史纷纭众多，自顾颉刚提出"疑古说"以来，不少人对中国上古史的真实性有了很大的疑问，有些过去认为真实的历史受到怀疑乃至否定。我们的确可以说，"三皇"的历史本来就像是神话传说，而"五帝"的历史，司马迁也有点将信将疑，但是在后来的历史中，我们却反而更加相信乃至溯前了，或者说，这种深信也是一种"层累的造成"吧。我以前曾写过"疑疑古"的文章，其精神大要是从顾颉刚到钱穆的一个回拨或平衡；但我还是部分地赞成顾颉刚的"故事系统是后人所造"的观点，比如《尚书》中的虞书、夏书甚至商书是周人根据传说整理缮写的，既有传说所能提供的部分真实，也掺入了周人自己的政治理想。

而我这里主要关注的，还不是古代圣王的历史是否完全可信。这些经过整理的传说肯定有一部分不是文字材料所能证明的，也不容易通过后来的考古材料证明或证伪。当时很可能还没有发明文字，而物质的考古材料能够证明的范围很有限。我的目的与其说是要更多地描述古代圣王期间（五帝乃至于三代）的真实历史，毋宁说是要探讨影响其后两千多年中国历史（西周至晚清）的圣贤政治和道德人文。

夏朝有没有文字还有待发现，至少目前还很难说有。商朝的甲骨文和金文都受到字数和体例的限制，不太容易表达连贯、系统的思想。所以，包括《尚书》等最古老的经典，有可能是到可以用竹简等书写的时候，书写者才根据口耳相传的传说正式成文。倘若如此，正式的成文就有可能经过书写者润饰乃至修改，这就意味着其中可能渗入了书写（整理）者的思想。所以，那些传说和简陋文字还是经典的前史，而在经典产生之后，如果它们真的被视为经典，那么就影响到后世，成为历史的一部分；甚至一些"伪书"也是如此，比如伪《古文尚书》，就真实地影响到后来人们的思想。这是另一种真实：其所托的作者是不真实的，但所产生的思想和影响是真实的。它凝结了古代中国的一种"政道"：第一，它是对以前传说嘉言与事实的一种辑佚；第二，它深刻地影响了近两千年中国历史（从东晋初到晚清）；而为什么能够产生这种深刻影响，这就要说到第三点，即它的确是对古代一些富有生命力，不仅有历史意义，而且对现代社会也非常有借鉴性的政治理念的一种概括。[2]

也就是说，五帝时期的历史最初都是传说，司马迁曾经到各地寻访这些传说，但它们在东西南北到处出现，许多内容大致相同，又可以说是不无真实的传说。它们形成文字可能是在西周时期，最后整理成我们现在看到的模样，则大都是在孔子那里完成的。而通过文字记录和整理完善，它们已经不仅是简单地记录传说的事实，还反映了一种政道；这种政道对后来两千多年的中国传统社会影响极大——这也正是我们需要重视它们的理由。在这个意义上，它们也许还可以被纳入广义的"周文"范畴。

考古发掘出来的材料当然是真实的，虽然各种解释还是会有不少差异。石头不会说话。器物不会说话。废墟默默无语。对文明遗址的考古发现，给我们有关物质文明的信息提供得最多，次之则是政治文明的信息，我们可以通过宫殿、都市的遗址和器物的遗存窥见当时社会的礼仪和制度；但对精神文明的信息，则提供得最少，除非有文字材料——毕竟建筑的石头和遗存的器物不太可能表达价值观。虽然可以猜测出一些，比如埋葬死者，比如接好腿骨以让其痊愈，而这需要时间，换句话说，这段时间他虽不能劳动，但还需要供养，而供养伤病者本身就意味着一种文明的价值观念。当然还有绘画，还有装饰品，也能反映出审美喜好，但也多是吉光片羽，无法系统化。系统表达价值观的永远是文字。这并不是说上古人类就没有丰富甚至精细的价值观，而是说没有文字遗存，故我们无法清楚他们的价值体系。

所以，《尚书》和《史记》中对于商朝之前，尤其五帝时期的历史记载，我们无法完全地予以证实，但也无法完全地证伪。它们既不是完全可靠的"信史"，但也绝不是不可信的"伪史"。它们对于其所描述的时代的政治生活而言，也许不是完全真实的，但对于了解这些文献产生之后的价值观，却非常真实；不管它们的可信度如何，在成为经典之后，它们实实在在地影响甚至主导了其后两千多年的历史。

在《史记》中，五帝的系列是黄帝、颛顼、帝喾、尧、舜。这并不是严格的代代相传的世系，而是择出古代部落联盟或古国首领的佼佼者。其中更重要的是第一位的黄帝和最后两位的尧舜。尤其清末以来，黄帝被主张"驱除鞑虏"的革命者更加突出地视为"中华民族的始祖"，虽然春秋之前的典籍并不怎么提及黄帝，其说较盛是在战国时代与西汉初年。数千年以来，传统中国人更为推崇的"圣王"是尧舜，这不仅因为他们出现在《尚书》《诗经》和孔孟著述等更为可靠的典籍记载里，还因为在他们那里第一次表现出一种可作为抽象原则且具有强烈道德意义的"政道"。

国家的构成大概有四个基本要素：第一，它是在一定地域内垄断的暴力，所以它常常也是通过暴力的战争而产生，社会也有将暴力收束为一个的需求，以及对暴力的垄断还可以更有效地防御来自外部的侵犯。国家的初步形态产生后，就可以将自己垄断的暴力变成唯一合法的，从而以司法和刑罚维持内部的和平秩序，并同时保持抗御外敌入侵的暴力。这些暴力当然可能有被滥用的危险，比如维护特权、司法不公和不断地侵略扩张。第二，除了上述合法暴力之外，国家还需要有指导思想，它可能是宗教的，也可能是人文的，可能是严苛的，也可能是比较宽容的，但总归有一种政治的原则。第三，国家需要解

决最高政治领导人或最高权力的继承，以及统治或治理阶层的连续性
问题，如此才能有国家稳定的连续性。第四，国家还需要一定的官员
系统、科层制度，有明确的权力和责任分工，这样才能让政治机器顺
利运转。

　　而五帝时期的历史也说明了这一点。我们看到，黄帝通过战争而
初步垄断了暴力，建立了国家或国家的雏形；颛顼时期，确立或重申
了具有宗教意义的指导思想，就像国家不能分散暴力、"政出多门"，
也不宜"神出多门"；在选择帝位的继承人这个问题上，尧帝更是无
比用心和精心；而舜帝则在相当程度上完善了官员体系，建立了权责
制，并在此基础上积极有为；尤其，在后来周人的回顾中，尧舜开启
了"圣王"的历史，从而后人对他们的"政道"的阐述具有了一种强
烈的道德意味。

黄帝与战争缔造国家

　　黄帝所处的时代看来是一个部落或部落联盟的时代，已经开始有
强大的部落首领成为天下推崇的共主。黄帝降生时，正是神农部落主
导的天下，但是，这个最初大概是因农业发达而得名的部落的武力已
经趋于衰弱，所以，已经不太能够制止各个部落之间的互相侵伐，乃
至暴虐百姓。而黄帝所在的有熊部落的武力，则比较强大，于是，黄
帝在这样一个时代应运而生。据说，黄帝本姓公孙，名轩辕，后来因
长居姬水，改姓姬。后世之所以称为"黄帝"，是因为其成为天下共
主之后尚土而有土德之瑞。

　　轩辕据说从小就很聪明，很早就能说话，语言能力很强，但他的
建功立业，则主要是长大以后作为部落首领领导的两场大战：一场是
与炎帝的战争，一场是和蚩尤的战争。其他战斗在这前后还有不少，
但主要是这两场大战奠定了他成为新的天下共主的基业，建立了他的

国家的基础。

当时，炎帝、蚩尤等较强大部落屡屡侵犯其他部落，被拥为诸部落首领的神农氏后裔却无力征讨。这里神农氏的"弗能征"或者说不打仗、缺乏战争能力，也许还是由于爱好和平，却成为一个将要走向国家形态的部落联盟首领的致命缺点——按照韦伯的国家定义，垄断暴力是国家的首要标志；这样就能禁止其他部落自行其是地报复其他国家，或者说不许它们自行其心目中的"正义"，更不要说用暴力来追逐不义的利益。"于是，轩辕乃习用干戈，以征不享。"也即征讨不来向神农氏朝贡的诸侯。这样使用暴力在外部关系上就有两种意义：一是维护一个最高权威；二是防止诸侯之间的互相欺凌，包括惩罚欺凌者。而如果不是由最高权威本身来行使这种暴力，那么，行使这种暴力者起的就是一种类似春秋"霸主"的作用。

其他部落虽希望轩辕来主持正义，但估计起初轩辕的力量还是不足。为此，他做了不少准备，比如，修德治兵，顺应自然，种植五谷而不再只是粟稷，安抚百姓，使人们都能安居；又驯养熊罴貔貅虎等猛兽用来作战，而不再只是作为生计。这说明，在那时，以种植驯养为核心的农业经济文明已经达到一个较高水平，成为政治文明和国家实力的基础。结果，他先是和炎帝战于阪泉之野，并战而胜之。

而在诸侵略性的部落中，蚩尤所代表的九黎部落可能最横暴也最有战斗力，甚至他本人还被视为战神。轩辕和他的这一场大战更难打。为此，轩辕不仅依靠自己的力量，也向四方部落征集军队，与蚩尤大战于涿鹿之野，终于生擒了蚩尤，并把他杀死。但是，史籍没有提到是否杀死了炎帝，甚至轩辕有可能对其采取了比较怀柔的政策，从而炎帝部落和黄帝部落的人们开始混合在一块。今天的中国人就常常称自己是"炎黄子孙"。

此前，轩辕举兵征讨了其他不来朝贡的诸部落，还主要是起一种"霸主"的作用。但在这种种"征讨"，尤其打败炎帝和蚩尤之后，他最终取代了神农氏,被拥戴或推举为新的天子,从而由维护首领的"霸主"变成自身就是最高权威的"共主"。这时,黄帝开始巡狩天下,但并不是那种和平的巡狩。那时,还四方不靖,自然条件也多处在蛮荒状态,于是,他披荆斩棘,开山通道,继续平服各地,没有过什么安适的日子。他东边到达渤海和泰山,西边到达崆峒和鸡头山,南边到达长江和熊山、湘山,北边驱逐荤粥,建都于涿鹿广平山下的平地。但实在说来,他的迁徙往来,并没有太固定的居所,也许那时还没有固定的首都;而且,那时名分或观念的权威还很强大和稳固,即便部落联盟的首领也始终不是很安全,需要随时在路上让军队环绕构营以自卫。这种远古的"巡狩"的确不是典礼意义上的,而实际是一种武力式的权力稳固和扩展。

黄帝已开始任用比较常任的官员,常常亲临主持鬼神山川的祭祀封禅之礼,这样,观念和名分的"软实力"也大大加强。据说,他还获得了宝鼎,用蓍草推算历数,预测未来的节气朔望,并顺应天地四时、幽明之数、死生之说,按时种植百谷草木,德化泽及鸟兽昆虫,勤劳心力耳目,节用水火财物。也就是说,注重庶民的经济民生。这也是垄断暴力的应有之义:除了安定天下、防止部落之间的战争和内部的冲突,还需要不同程度地顾及人们的生养。

以上的描述,从领导战争、巡狩天下,到任用百官、主持祭祀、关注民生、节用财政,都已经俨然是一个国家的样子了。只是还没有直接提到司法,但很显然,一定地域内的暴力已经开始垄断到一种权力的手中,而这正是国家的第一要素。当然,其时的国家雏形还不是很稳定,也没有建立很固定和巨大的都城。但这和三皇时代已经很不一样:在三皇时代,更多的是发明和创造;而从五帝时代开始,则出现了暴力和对暴力的控制。

而以往归于一人的发明,也变成了黄帝领导下的多个群臣和个人所发明或组织的技术创造。据说,羲和与常羲分别负责观察太阳与月亮，伶伦创制律吕以及乐器磬和钟，大挠创立甲子，隶首发明算数，容成制作乐律和律历，雍父造杵臼，夷牟造剑，挥造弓箭，共鼓和货狄造船，当然，还有车辆和轩服的发明。

而被传说归于黄帝时代的一个最重要的发明，是仓颉创造文字。但这很可能是一个附会的传说；文字的发明大概要比这晚得多。可能那时发明的，还只是一些简单的符号。对国家以及文明来说，发明文字的意义的确重大：国家的财政、法律、军事等基本功能要稍稍有效和持久地运转，无一不需要文字；而有了文字，就有异地和隔代的文化传播，也就开始有了成文的历史。从此，人类进入了一个发展快速以及功能分化和阶级分层的复杂时期。但是，人们的忧患大概也会和人们的文字与文明能力一样增长。据说，仓颉发明文字的时候，天上掉下来粮食，这自然是好事；但入夜也有鬼神痛哭，这就有些不祥了。文字是国家的一个必需，但国家初起时还不一定就有文字的系统。

以上这些发明，被后人笼统地归到了黄帝时代的名下。其实，有真有假，有些是较晚甚至很晚的时代才发生的，但黄帝时代看来的确还是一个发明众多、技术创新层出不穷的时代。而这和政治组织的形成与发展不无关系。

黄帝的妻妃众多，也是政治权力的一个象征。据说，他的正妻是嫘祖，而嫘祖发明和教会了人们养蚕、抽丝以及织出丝绸的衣服；据说他一共有二十五个儿子，得到"姓"的有十四个，但真正出自正妻且有帝王后裔的，只有两个，一个叫玄嚣，一个叫昌意。他们的后裔谱系大致如下（中间有代际的省略）：玄嚣—乔极—喾（五帝之三）—挚—尧（唐，五帝之四）—契（三代之二，商的祖先）—后稷（三代之三，周的祖先）；昌意—颛顼（五帝之二）—穷蝉……舜（虞，五帝之五）……鲧—禹（三代之一，夏）—僪—老童—重黎—吴回—陆终（楚）—（蜀）。[3]

亦即，后来的四帝以至三代的帝王，都出自黄帝的后裔；两嫡子的后代也包揽了秦以前的帝系，虽不是从一个嫡子的后代长期延续，却经常是在两个嫡子的后代中交替。也许，这有在帝族血统内部"选贤"的考虑，或者说继承制度还不很稳定，还没有明确固定的规则，也不完全排除有得帝位者附会为"帝裔"的可能，但后来帝王多从黄帝后裔而来应该还是大体不差的。

黄帝所居的新郑，号为有熊氏之墟。这里大致是中原的中央，所以我们可以说，黄帝是从中原地区发源，其政治活动也是以中原为中心的。炎帝虽长于姜水，但是"本起烈山，都于陈"，而陈在淮阳，靠近豫东南的地方。《山海经》说，炎帝之后有祝融、共工，是属于南方的系统。而上述黄帝二子的居地也一个偏北，一个偏南。玄嚣一系，如帝喾、唐尧、商、周，都在北方。昌意一系，却多在南方或与南方有关，例如，虞舜最后"崩于苍梧之野，葬于江南九疑"，夏禹生于石纽，崩于会稽，至于后来的楚、蜀，更是属于南方的诸侯。[4]

所以说，虽然南北都有，但北方在政治上显然胜过南方。这里所说的"北方"主要指中原一带，而"南方"则指中原以南，现今湖北、湖南及江淮一带。据说，蚩尤部落战败之后也是被驱逐到南方，而那就是比较远的南方了，其后人还据说成为苗民的祖先。可见，前述的经济文明四处开花，而政治文明则一般会渐渐积聚于一个中心；这个中心显然在北方，尤其是中原一带。结果，便是中原成了中华政治文明的中心。而这和黄帝的关系甚大。

颛顼时代的"绝地天通"

黄帝之后的两帝，颛顼和喾，似乎并没有明显伟大的政绩。这倒不一定是说他们治理得不好，也可能正是休养生息得好，没有大的战争和动荡，故而就没有多少传说。况且，他们也不是艰难百战的创业君王。

黄帝死后，是由他的孙子而非儿子继位，而且是第二个而非第一个嫡子的儿子，也就是昌意的儿子高阳。这就是帝颛顼。据说，颛顼沉静稳练，通达事理，大力推进农业，让民众充分利用地力种植各种庄稼，养殖各种牲畜，推算四时节令以顺应自然，制定礼仪，教化万民，祭祀鬼神。初起的政治文明还是以农立国。

据说，他的巡狩往北到过幽陵，往南到过交阯，往西到过流沙，往东到过蟠木。域内安定，全都归服。他的政策可能更多是怀柔而并无"赫赫战功"。

但在颛顼的时代，发生了一件非常重要的事。据《国语·楚语下》，楚昭王问观射父："《周书》上所说的重和黎'使地和天无法相通'是怎么回事？"这实际是问"民"和"神"是否可以自由相通。观射父回答说，古时民和神不混杂，人民中聪明通达、精神专注且又能恭敬中正的人，神明就能降临到他那里，这样的人，男的叫"觋"，女的叫"巫"。她（他）们专门管理祭祀，确定秩序，分化功能，各得其所，并让先圣的后代中有功德和通达的人担任太祝，让那些有名的家族的后代中懂得各种知识和礼节且遵循旧法的人担任宗伯。于是，就有了掌管天、地、民、神、物的"五官"，他们各自主管自己的职事，不相杂乱。百姓因此能讲忠信，恭敬而不轻慢，神灵就会降福于谷物生长，百姓再把食物献祭给神。但在这之后，少皞氏衰落，九黎族扰乱德政，民和神相混杂，人人都举行祭祀，家家都自为巫史，祭祀没有法度，百姓轻慢盟誓，没有敬畏之心。这样，祸乱灾害就会频频到来，不能尽情发挥人的生机。颛顼于是命令南正重主管天以会合神，命令火正黎主管地以会合民，以恢复原来的秩序，不再互相侵犯轻慢。这就是所谓的"绝地天通"。

也就是说，国家不仅垄断了暴力，也划定了最高的官方信仰。国之大事，"惟兵与祀"。武力与祭祀，是传统国家最重要的两个功能，也是国家力量的基础乃至合法性的来源。这不像现代国家趋向于政教分离，不再垄断宗教，但仍然必须垄断暴力，否则国家就不成其为国家。垄断暴力是国家的第一要件，也是基本要件。而在思想信仰方面，现代民主国家则往往满足于寻求一种容纳宗教多元、信仰自由的基本政治共识。这一共识也可以说是一种指导思想。颛顼时代，国家除暴力之外的另一翼，即精神的一翼，还是以宗教形式表现的，但可能还是比较原始的宗教，允许民众自行其是地拜神。当然，对国家而言，宗教事务也成为政治事务，政教趋于合一，这还是有一定危险的。

　　总之，这是在战争之后，走向国家的极重要一步。先是黄帝以战争结束部族内斗，或者说，以统一战争结束分裂状态，使明确形态的国家得以产生——战争缔造了国家。然后是国家的功能分化和加强，包括具有等级意义的分化，对某些特殊功能的垄断，尤其是对和上天的沟通权力（也是沟通能力）的垄断——这是权力的一个虚拟或象征的，但极其重要的来源。有此权力或能力者常常成为统治者，反之亦然。对统治者来说，最重要的两件事：一个是暴力，掌握用于外防和内靖的军队，另一个就是祭祀，以促使精神和信仰的统一，并为统治提供合法性。就此，政权和神权紧密地连接了起来。

　　颛顼帝生的儿子叫穷蝉。颛顼死后，却又不是由他的儿子，而是由他的侄子、玄嚣的孙子高辛即位，也就是帝喾。据说，高辛仪表堂堂，长大了也很聪慧，既了解远处的情况，也能洞察近处细微的事理。他的德行也很受称赞，将恩泽普遍施予众人而不及其自身。他敬天顺天，了解下民之所急，仁德而又威严，温和而且守信。他节俭地使用和收取土地上的物产，抚爱教化万民；他明识鬼神，慎重地加以事奉。帝喾治民，像天降雨水浇灌农田一样不偏不倚，所以天下人都顺从归服。

尧：选择继承人

帝喾生了挚，后又生了放勋。帝喾死后，先是长子挚接替帝位，但登位后不久就死了，于是弟弟放勋登位。这就是著名的圣王"帝尧"了。尧帝属陶唐氏，所以又称"唐尧"。"翼善传圣曰尧，仁义盛明曰舜。""尧""舜"实际是在他们死后根据他们的政绩给的谥号。据说，尧恭敬明察，温和宽容，善于听取各方面意见，比较清静无为，但很注意用人。他最重视的事情是选好帝位的接班人，为此，他仔细选择和持续考察了舜，最后将帝位禅让于虽属帝系但早已降为一介匹夫的舜。

对尧、舜以至三代最为原始和重要的文献记录主要来自《尚书》。而《尚书》的作者究竟是谁，写于何时，仅凭目前的材料几乎不可考。它不太可能仅仅由一个作者书写或"作"，很可能是由商朝以后历代乃至后来各国掌史的官员不断记录而成。由于夏代的文字还未发现，商代的文字文献还比较简陋，最可能是周人所为。即从西周开始，周朝乃至各国的史官将以前官方甚至民间的口头传说形之于笔，变成文字的记录。所以，其中也反映了"周文"圣化先王的思想。第一个被推崇为"圣王"的就是尧；"圣"仅有"功"还不行，还要有"德"。而推崇"圣王"，意味着开始以道德为政治评价的最重要标准。

从尧舜到西周这一条记录的线索是连贯的，先是口头，后是文字；当然，其中也有后来人对古意的推测，但也不是凭空的，而是对传说事实的推演和引申。在最早的笔录之后，也还会不断整理，直到以比较固定的形式呈现。所以，后来的这些笔录者既记录了古代的历史传说，又加入了当朝或作者的政治理想，寄托了当时人们对政治的期望。可以说，现有的今文尚书，甚至包括晚出的"伪"古文尚书，都阐明了一种深刻影响了后世数千年政治的"政道"。正是在这一意义上，我们说它仍旧有极大的历史价值，值得对其反复致意。

根据这些文献及《史记》的剪裁，在帝尧那里，政治的次序是：

首先是自己能够发扬伟大的德性，然后是和洽亲族，再后是明确划分百官的职责，这样也就可以亲和团结天下的诸侯，而黎民也能随着变得和善。这也是后来"修身—齐家—治国—平天下"次序的先声。

尧的执政有很明显的遵循自然节律、重视农业文明的倾向。据说，他顺应春夏秋冬的时令节气，首先命令羲、和二氏，敬慎地从日月星辰的运行定出一年的历法并传授给老百姓；又命羲仲住在东方迎接旭日的初升，管理督导春季的耕种；命羲叔住在南方，定准夏至的日子，让人民全力地耕作；命和仲住在西方，恭送太阳的隐没，管理督导秋收；命和叔住在北方，管理考察农作物的储藏。

以上即天时上的"春—夏—秋—冬"，大地上的"东—南—西—北"，而且是一一对应的。"东"是最早迎接太阳的地方，对应于"春"这个万物萌生的时候。"南"对应于"夏"，"西"对应于"秋"，"北"对应于"冬"。根据上天的太阳，定准春天和秋天中昼夜平分的日子（春分和秋分），以及夏天中白昼最长和冬天中白昼最短的日子（夏至与冬至）。大地上则是人们和动物在活动。人们根据天时地利工作，基本的节律是"春种秋收""夏作冬藏"。所有动物也在滋养生息。天人相应，而且人是顺应天的，非天顺应人。在五帝中，更不用说与后来的诸帝比较了，尧似乎也最具有一种仿效"天"的德性，[5] 亦即比较符合自然律。

尧帝看来并不怎么强调亲力而为，而是更多地考虑怎样用人。他虚心地广纳众言，有时甚至看来是太虚心了，比如，他觉得鲧并不合用，但当几个大臣都反复推荐的时候，他也就让鲧来试试。他也有自己明智的决断，比如否决了讙兜对共工的推荐。

当然，最重要的是考虑接替他的帝位的人。尧帝很早就把这件事放在心里了。他也并不是没有考虑过自己的儿子，但他认为其子丹朱比较"顽凶"，所以，最重要的还是"天下为公"。"不以天下之病而利一人"，最终选择了匹夫舜。但这也经历了一个漫长的征询、试用

和考察的过程。⁶

据说，舜是个盲人的儿子，父亲愚顽，继母不讲道理，弟弟桀骜不驯，但他却能和睦孝顺，把一个家处理得不出什么差错。尧考察舜的为人和才干，也是先从家庭和德性开始的。他把两个女儿嫁给舜，看他怎样对待她们。作为一介平民的舜，却也居然能使两位帝女的行为都合于妇道。尧很满意，就使舜宣扬"父义、母慈、兄友、弟恭、子孝"五种伦理；⁷使舜担任各种内政公职，舜也都处理得井然有序；使舜在国都四门接待宾客，四门的宾客都一片和穆；又使舜进入原始山林川泽之地，而即便在暴风雷雨中，舜也能不迷失方向。这样的一个考察次序大致是，先家（德性），后国（内政、外交），再个人（在自然界中的勇气和智慧）。

于是，尧选择了一个吉日，让舜代行天子的政令，自己则养老于家，看上天的意旨是不是要让舜来接班。

这时，政治的仪式和象征已经变得相当重要和精致。虽然尧帝"富而不骄，贵而不舒"，也相当自然、和善、俭朴，但作为帝王也还是有明确的礼仪：戴黄色冠冕，穿黑色衣服，乘红色车，驾白色马。而恰当的政治礼仪的确能够起到一种暴力所起不到的作用，不仅可以配合、文饰暴力，也可以减少、避免暴力。此外，它还有自己的独立的意义，即满足人们的一部分政治心理乃至精神的需求。

舜摄政后即祭祀上帝，又用禋的礼仪祭祀天地四时，用望的礼仪祭祀名山大川，又普遍地祭祀其他神灵。他收下来朝诸侯所持的各种玉器，选择吉日接见四方诸侯和各州首长，把玉器又还给他们。他在一年不同的季节去各地巡视，接见各方诸侯，到达泰山等名山后，不仅祭祀天，也祭祀山川。他校定四时月份，改正日子的误差，统一音律和度量衡，整饬吉、凶、宾、军、嘉五种礼仪。回来后，他再到尧的祖庙祭祀。就这样，舜每五年巡视一周，而在其他不巡视的四年里，四方诸侯则分别来朝见天子，陈述政见，报告政绩。

舜又开始设立十二州，疏通各州的河道（大规模的公共工程），把司法以明确的固定形式昭告民众。(司)法的精神更倾向于以宽为主，尽量用放逐来替代墨、劓、剕、宫、大辟五刑，包括以金代罚；无心的过失或因灾难而犯罪则予以赦免，但对终生为害于别人的也严惩不贷。重要的是，对涉及刑法的事情一定要非常谨慎，正如舜反复叮嘱的："钦哉！钦哉！惟刑之恤哉！"

总之，尧自己没有特意地提拔世族中的才子（"八恺"和"八元"），也没有特别地惩罚"四凶"，这或许是他的缺点，但也可以说这和他比较注重自然无为的执政路线有关。他似乎并不很依恋权力，比较清静无为。

舜：完善官员体系和权责制

帝舜看来要积极有为得多。他是平民，但也是帝系后裔。其世系是：昌意—帝颛顼—穷蝉—敬康—句望—桥牛—瞽叟—重华（虞舜）。从穷蝉一直到重华，已经六世了，都只是普通百姓。

如前所述，舜所生活的原生家庭可能是一个最难处的家庭。父亲瞽叟失明，舜的生母死后，瞽叟续弦生了性格狂傲的象。瞽叟喜欢后妻的儿子，后母不义，加上傲慢的象，三人都欺凌乃至想杀死舜。舜见是小罚的时候便接受，见大罚或可能危及生命的事情则躲避，但总是以顺从的态度对待父亲、后母和弟弟，笃谨小心，从不懈怠。他也很会保护自己，在面临危险的时候总是准备逃逸的手段。

舜也是一个很能干的人。他从底层起来，曾经在历山种过田，在雷泽捕过鱼，在黄河边上做过陶器，在寿丘做过多种手艺，又在负夏做过小生意。可以说，农工商都干过。

舜二十岁已有孝名，他个人和在家庭的德行还教化了社会，促成了一种礼让的风俗。他能吸引人们和他生活在一起。他住到一个地方，一年之后，所住的地方便成了村落，两年便成了城邑，三年便成了都市。这种能力在地广人稀的年代非常重要，而都市是国家必需的一个要件。这样到了舜五十岁的时候，尧帝就让舜"摄行天子事"了。八年之后，尧去世。过了三年，舜正式践帝位。

按照《史记》的记载，在舜试用和摄政的期间，前后处理过两次"四凶"。而在"惩恶"的时候，舜也注意"扬善""拔贤"。从前，高阳氏有八个才子，世人受了他们的好处，称他们为"八恺"。高辛氏也有八个才子，被时人称为"八元"。舜任用八恺的后人主持地政，度量各地适合生长的农作，到处都合乎时宜；又任用八元的后人，使其宣扬伦理于四方，于是，父义、母慈、兄友、弟恭、子孝，内部和睦，外部繁荣。

以上政策给我们的信息是：赏善罚恶是君主要做的重要事情，如此才能保证公平，使天下人信服。而这些善者和恶者又不是单独的个人，往往是一个家族或氏族乃至部落，从而放逐实际上也就是整族的迁徙。或也正是因此，放逐又还有"以恶磨恶"（对抗荒蛮之地的野兽）乃至扩展文明的作用，因为相对于东夷西戎、南蛮北狄，这些家族又还是文明程度较高的，且一个家族内也不会都是坏人，所以，此举又有开化、教化的作用。

在积极有为的舜的努力下，国家形态的建设看来也在逐步走向全面和完备。这特别体现在百官职能的明确分工和职权、职责的加强上。舜任命禹做司空来治理水土，任命弃主持农业，任命契推行五常之教。以上这三位恰是夏商周三代的祖先：禹是夏代的奠基者，契是商的祖先，而弃是周的祖先。对国家来说，法律自然也是非常重要的，但在尧那里，法律的作用并不很明显；舜则任命皋陶主管法律和刑罚。舜还任命垂主管工务。另外还有典礼官、典乐官、纳言官等。每三年考核政绩一次。于是，一切事业都振兴了起来。

尧舜在中国历史上往往是并举的两圣王。两人的同异已见前述，还有一点共同的是，两人都没有传帝位于子，而是禅让给了贤者。据说，尧认为自己的儿子丹朱不贤而把天下传给了舜；舜也认为自己的儿子商均不贤，把天下传给了禹。而在先帝死后，舜和禹都曾在居丧三年之后，避让于先帝之子，但诸侯还是来朝拜他们，老百姓打官司也还是找他们，于是才登帝位。丹朱与商均虽不得帝位，但都有封地以供奉先人的祀典，穿自己的衣服，礼乐也是用自己的；他们以客人的身份见天子，天子也不把他们当自己的臣下，以表示不敢专有天下。这些说法可能有理想的成分，[8]但"禅让"一事大概也不是全无可能。

　　在从部落联盟走向国家的过程中，其时去古未远，首领的权威和权力并不像后来的君主那样巨大和集中。他们去世以后，并不传子，而首领推荐或与部落推举相结合的遗风尚存，再加上个人品德的作用，以及形势的紧迫（如当时洪水的泛滥成灾），禅让还是有可能的。但在这样的事情上，个人品德可能起作用，又不是决定的作用，更重要的还是一种趋势和习惯。所以说，"禅让"一事在当时可能，在后世帝王权力大大加强之后，就不可能了。倘若强行真心效仿，或者如战国时一位君主燕王姬哙禅让于子之那样失败，或者如魏晋以后那样只是一种虚伪的夺权。但后世不可能，并不意味着在尧舜的时代不可能。前此对尧舜的描述已经俨然是一种相当完备的国家政治生活了，其中可能有后来记述者的理想化，但恰恰"禅让"还透露出远古部落联盟或酋邦的一些痕迹。

　　对古帝的圣化，也是从尧舜开始。他们被后来的儒家学者认作"圣王"。这种对历史的"美化"，实际表达的是一种价值诉求——叙述者是将他们的政治理想寄托于古代，虽然说的是古史，后面却是一种价值系统；叙述的主旨也不在完全厘清古史的真相（这在古史材料缺乏的过去不太可能，甚至到了考古学发达的现在也是难能），而在对当时和后来的社会政治发生积极的影响。

二　夏商

中国远古的传说，不可尽信，也不可全否。从过去说，不会没有以往历史的影子，只是一些事实被夸大或缩小了，当然更多是被遗漏了；从后来说，话语的传统一旦产生（影响），就已开始塑造后来的真实历史，甚至以相当大的力量。

而进入三代以后，中华文明的历史开始进入一个从传说到信史的阶段。最重要的原因当然是出现了文字。根据近一百多年来的考古发现，殷墟发现的甲骨文，作为一套发达的文字表述系统，至今已有五千多字，且三分之一以上可以解读。被认为夏墟的二里头遗址出土的卜骨只灼不刻，目前虽尚未发现类似殷墟卜辞的文字迹象，但夏朝肯定是存在的；二里头也已有都市和等级的遗存，还有精美的玉器、简朴的青铜器等。而地处四川广汉，反映 5000—3000 年前文化的三星堆遗址，也出土有高两米多的青铜大立人、宽一米多的青铜面具、高达近四米的青铜树等，以及以金杖为代表的金器，以边璋为代表的玉石器和象牙等。这些亦可说明，在四五千年前的华夏大地上，国家已经形成。

西周初期，有"我不可不监于有夏,亦不可不监于有商""殷鉴不远,在夏后之世"等文献叙述；《论语》中，则有"殷因于夏礼，周因于殷礼"；《逸周书·度邑》云："自雒汭延于伊汭，居易无固，其有夏之居。"这些足以证明，西周人不仅认为"周前有殷"，也认为"殷前有夏"。

也就是说，在夏朝的时候，中国已经有了一种围绕一个中心的政治秩序，有了政治的文明，并形成了一种粗线条的历史：三代之初，国家已经成形；三代期间，国家继续完善，开始走一条特殊的文明国家的道路，尤其重视和追求道德与人文。这也可以说是到周人才发扬光大的，但它笼罩了对整个三代的成文历史的评价：各朝均是因为有德之君而兴起或者中兴，也因为无德之君而衰落乃至亡国。

夏

古人素称"三代"的第一个王朝是夏，夏朝的开启者是禹。和尧舜比较起来，他似乎更是一个实干家。据《史记》记载，他姓姒，名叫文命，也还是属于黄帝世系。

据司马迁说，从黄帝到舜、禹，都是同一姓，只是改了国号，以显扬各人的美德。所以，五帝时代，黄帝为有熊，帝颛顼为高阳，帝喾为高辛，帝尧为陶唐，帝舜为有虞。三代帝禹为夏后，而以氏为分别，姓姒氏；契为商，姓子氏；弃为周，姓姬氏。

上述曾提及，尧任用鲧来治水。据说，鲧用的是"堵"的办法，九年过去，洪水仍然泛滥不止。这里似乎有点奇怪的是，舜又举用了鲧的儿子禹，来继续鲧治水的事业；这大概也是因为他随父已经积累了许多治水的经验和教训。禹也的确是一个特别干练的人。舜虽然罪其父，但还是信任其子，禹似乎也没有因父亲的遭遇记恨在心。据说，他后来用了"导"的办法，将泛滥的水导入主要的干河以流入大海。

禹似乎是一个自己说话不多，但颇愿意拜听别人善言的人。他以身作则，"为纲为纪"，尤其是很能吃苦耐劳，[9]亲力而为。接受舜的命令之后，他像是一个肩负重大使命的探险家，一个最早的政治家兼地理学家，一路上翻山越岭，树立木桩作为标志，测定高山大川的状貌。他一边行进，还一边考察各地的物产情况，规定应该向天子交纳的贡赋，并弄清诸侯朝贡时的交通路线。远古的道路艰难，他在泥沼中行走就乘木橇，在险滑的山路上就穿上带铁齿的鞋。

禹担任的"司空"看来还是一个总领性的官职。他让益给民众分发稻种种植在低洼潮湿的土地上，又让后稷赈济吃粮艰难的民众。粮食匮乏时，他就让一些地区把余粮调济给缺粮地区。这大概也是履行国家"救荒"乃至"平准"功能的一个最早实例。确定贡赋是"取之于民",国家的岁入则还须"用之于民"。

禹的功业似乎多和"九"有关。他平治的水土包括了九州：现在河北、山西一带的帝都冀州；济水和黄河之间的沇（兖）州；大海到泰山之间的青州；大海、泰山到淮水之间的徐州；荆山到衡山南面的荆州；荆州和黄河之间的豫州；华山南麓到黑水之间的梁州；黑水与黄河西岸之间的雍州。禹还疏导了九条大河，这对平息水患至关重要；开通了九条山脉的道路，在九个大湖筑起了堤防。但什么都是"九"就反而有点像是后人给凑齐的了。

禹下令规定天子国都以外五百里的地区为"甸服"，即为天子服田役、纳谷税的地区；甸服以外五百里的地区为"侯服"，即为天子侦察顺逆和服侍王命的地区；侯服以外五百里的地区为"绥服"，即受天子安抚、教化流风所及的地区；绥服以外五百里的地区为"要服"，即仍受天子约束的地区；要服以外五百里的地区为"荒服"，即为天子守卫边远的荒凉地区。这大致是一个以天子国都为圆心，呈放射形的"天下"体系：越是靠近圆心的地方，越是管理严密，承受义务和负担较高，但安全、文明和受教化程度也同样较高。

大禹的治水事业有助于突出政治和向中央的集权。古人重视政治，但也重视政治领域中的道德，而道德却又是约束权力而非扩大权力的。虽然可能有后人的理想化，但我们从《尚书·皋陶谟》一篇可以看到，尧舜禹的时代已经有一种对政治理念的探讨了，而且这种讨论已经相当深入；它已经不只是简单的政治经验的总结，而是具有了普遍和抽象原则的意义，其核心则是道德的原则。据说，禹、伯夷和皋陶有一次在舜面前谈话，担任执法理民官职的皋陶申述他的意见说，要"信其道德"，方能"谋明辅和"。当禹问该如何做时，皋陶说要从自身修养做起，且先使同族人亲厚稳定，这样，众多有见识的人就都会努力辅佐你，这就是"由近及远"，优先的是自身的德性。

那么，什么是自身的德性？尤其是怎样把握作为统治者的个人德性？皋陶说："行有九德。"这"九德"要从做事来检验，它们是"宽而栗（宽厚而又威严）；柔而立（温和而又坚定）；愿而恭（意强而又谦恭）；治而敬（有治理才能而又小心恭敬）；扰而毅（善良而又刚毅）；直而温（正直而又和气）；简而廉（平易而又有原则）；刚而实（果断而又求实效）；强而义（强有力而又讲道理）"。这实际是在两端之间平衡而取其中道。而统治者的德性则主要在于"知人"和"安民"："知人则智，能官人；能安民则惠，黎民怀之。"当然，保有这种德性对自己也有好处：每日宣其三德，卿大夫就能保有他的采邑；每日敬行六德，诸侯就可以保有他的封国；能全部具备这九种品德并普遍施行，那就是天子了，他可以使有才德的人都居官任职，使所有的官吏都严肃认真办好自己的事情。这里重要的是一定要让"俊乂（杰出贤能的人）在官"，而不能让不适当的人居于官位。一种"官本位"的观念和强调"官德"的思想是紧密联系在一起的。

再就是君臣关系。那时还没有特别强调臣对君的"忠"，而是强调君臣一体；当然，君是其中的头脑和主导。当舜帝让禹也说说他的意见时，禹说他只想每天勤恳努力地办事（"日孳孳"）。皋陶追问什么叫"日孳孳"，禹就把他前面做的主要事情说了一遍。他还希望舜帝谨慎对待他的在位之臣，说只要辅佐的大臣有德行，天下人就都会响应拥护舜帝。

后来，舜帝让禹作为帝位的继承人。舜逝世，禹服丧三年后，为了把帝位让给舜的儿子商均，躲避到阳城，但天下诸侯都不去朝拜商均而来朝拜禹。于是，禹继承了天子之位，接受天下诸侯的朝拜，国号为夏后。他曾讨伐过三苗，又在涂山召集部落会盟，再次征讨三苗。据《左传》记载，"执玉帛者万国"参加了涂山会盟。有一次在会稽会盟时，防风氏的首领还因为迟到而被禹处死。

如果说尧帝之德最接近于天道，最为自然，那么，舜帝则是最重视人伦了，他最初就是以家庭人伦显身，后来治国也最能用人，赏善罚恶；而禹帝，则是最接近于大地了，他大致平定了中国的水土，厘定了中国的疆域。

据说，禹被立为天子后，对继位者也还是想"选贤"而非"传子"。他举用皋陶为帝位继承人，但皋陶年事已高，没有继任就死了。禹后来又举用了益。过了十年，禹帝到东方视察，在会稽逝世。但这次与以往不同的是，在服丧三年完毕后，益让禹的儿子启时，天下真的都归向于启了。于是，启就继承了天子之位，并开启了夏朝天子世袭的系列。

以上所说可能还是有不实，因为还是有人不服。启登临帝位后，内部同姓的有扈氏就不服，启就前往征伐，在甘地大战一场。战斗开始之前，启召集六军将领，作了一篇威武的誓词，这便是《甘誓》。他说，有扈氏蔑视仁、义、礼、智、信的五常规范，背离天、地、人的正道，因此上天要剿绝其命，所以此次征伐即是代天行罚。听命的，将在祖先神灵面前奖赏他；不听命的，就在社神面前杀掉他，而且要将其家属收为奴婢。于是，启消灭了有扈氏，天下都来朝拜。启看来是很强悍的一个天子。自此，帝王就都是直接世袭了。

然而，世袭的君主虽然大大减少了继承过程中的不稳定因素，但也注定是既会有好皇帝，也会有坏皇帝。夏后帝启逝世后，他的儿子帝太康继位。据说帝太康整天游玩打猎，不顾民事，结果被东夷善射的首领羿放逐，丢了国家。他的五个弟弟还用车载着母亲，在洛水北岸等他，结果没有等到，作了《五子之歌》。

太康逝世后，其弟中康继位。中康帝在位的时候，掌管天地四时的大臣羲氏、和氏沉湎于酒，把每年的四季和日子的次序都搞乱了，胤便奉命去征讨他，作了《胤征》。

中康之后的世系是：中康—帝相—少康—帝予—帝槐—帝芒—帝泄—帝不降—帝扃（这位是弟弟继位，其他未标出的均为子继位）—

帝廑—帝孔甲（他是帝不降的儿子）—帝皋—帝发—帝履癸（桀）。

这中间除了孔甲以外，没有多少见诸现在的文献记载，可能是"乏善可陈"，但也可能是"乏恶可陈"，没有很大的事情发生。据说帝孔甲继位后，迷信鬼神，干淫乱的事。夏后氏的威德就开始衰微，诸侯相继背叛了他。到帝桀在位时，夏后的实力已衰，而桀又不修德行，用武力伤害百官之族，百官及百姓遂不堪忍受他的暴虐统治。夏桀以天上的太阳自居，认为自己惠泽天下，老百姓就诅咒道："即使你是天上的太阳，我们也宁愿与你同归于尽！"桀还召来汤，把他囚禁在夏台，后来又放了他。汤修行德业，诸侯都来归附，汤就率兵去征讨夏桀，夏桀逃到鸣条，最后被放逐而死。这样，商汤就登上了天子之位，商朝也就取代了夏朝；但还是给了夏的后人以封地。

夏对中华民族的地域和文化皆影响深远，所以有"华夏"和"夏历"之称。司马迁还特别提到，从虞舜、夏禹的时代开始，向天子进贡纳赋的规定就已完备。禹逝世的地方是"会稽"，有计算贡赋、考核功绩之意，而国家有稳定的财政收入才能延续。

以上就是有关夏朝的主要文献记载。夏朝的这些王朝世系目前还不像商朝的历史那样，得到考古材料，尤其是地下发掘出来的文字的充分证实。

商

司马迁说他是根据《诗经》中的《商颂》来编定契的事迹的。自成汤以来，很多史实材料采自《尚书》和《诗经》。上古资料很少，往往只是开国之君和亡国之君或者失位之主和中兴之主的故事。

商的始祖是契。契长大成人后，帮助禹治水有功，"帝舜仍命契为司徒"，掌管五伦教化。契被封在商地，赐姓子。其后的世系是：契—昭明—相土—昌若—曹圉—冥—振—微—报丁—报乙—报丙—主壬—

主癸—天乙。以上是建立商朝之前的世系，有些已经得到考古材料的证实。而《史记》所记的商代的王公世系，更是得到了近代发现的甲骨文的证实，这说明司马迁对三代的历史记录还是颇为可靠。

天乙就是成汤，后来建立商朝的开国之主。据司马迁的记载，从契到成汤，曾经八次迁都。到成汤时，为了追随先王帝喾，才又定居于亳，重回故地。成汤在夏朝为一方诸侯之长，有权征讨邻近的诸侯。他也重用伊尹等贤人，据说前去请了伊尹五次。

当时，夏桀施行暴政，生活淫乱，诸侯昆吾氏也起来作乱。商汤于是举兵，率领诸侯，跃马奔驰，亲自握着大斧，先去讨伐昆吾，转而又去讨伐夏桀。胜利之后，诸侯全都听命归服，商汤登上天子之位。

商汤逝世之后，因为太子太丁早亡而未能即位，就立太丁弟外丙为帝。外丙即位三年逝世，立外丙的弟弟中壬为帝，这也开启了商朝常常以弟继位的传统。但中壬即位四年后亦逝世，伊尹又拥立太丁之子太甲为帝。太甲临政三年之后，违背了汤王的法度，伊尹把他流放到了汤的葬地桐宫。此后的三年，伊尹代行政务，主持国事，朝会诸侯。待太甲在桐宫住了三年、悔过自责之后，伊尹又接他回朝廷，把政权交还给他。

商朝中期盘庚即位时，又一次迁都。《尚书》中所载的他说服贵族臣僚迁都的文献堪称一篇政治心理学杰作。武丁帝即位后，国势衰弱，他想复兴殷朝，但一直没有找到称职的辅佐大臣。于是，武丁三年不发表政见，政事由冢宰决定，自己则审慎地观察国家的风气。后来，他找到一位修路的贤人傅说，举用他担任国相，国家果然中兴。当然，时有贤君，也就会有昏君乃至暴君。据说，武乙暴虐无道，曾经制作了一个木偶人，称它为天神，跟它下棋赌输赢，让旁人替它下子。如果天神输了，就侮辱它。又制作了一个皮革的囊袋，里面盛满血，仰天射它，说这是"射天"。有一次，武乙到黄河和渭河之间去打猎，天空中突然打雷，武乙被雷击死。

乙帝的小儿子叫辛，在乙帝逝世后继位，这便是商朝的亡国之君商纣王了。但他其实能力很强，有口才，行动迅速，气力过人，能徒手与猛兽格斗。他认为天下所有的人都比不上他，对鬼神也傲慢不敬，嗜好喝酒，放荡作乐，宠爱女人，尤其宠爱妲己。他加重赋税，把钱库和粮仓装得满满的，多方搜集狗马和新奇的玩物填满宫室，又扩建沙丘的园林楼台，捕捉大量的野兽飞鸟。他设置了叫作炮烙的酷刑，把贤臣剁成肉酱，制成肉干。有人向他告发西伯昌（日后的周文王）暗暗叹息，他就将西伯囚禁在羑里。西伯通过贿赂被放回国后，悄悄修养德行，推行善政，很多诸侯便背叛纣而归服西伯。西伯死后，纣更加暴虐，且杀死劝谏者，毫无止息。周武王见时机已到，便率领诸侯讨伐殷纣。纣王的军队被打败，他自焚而死，商朝就此终结。

从以上即便较少的文献中，我们也大致可以看到，商朝和世界上其他的文明古国，尤其古国中的大国多有相似之处。比如，都有集权甚至专制的君主，虔诚地相信一种超越的存在或者鬼神，朝野之风都有些豪放但也有点欠缺文采，不是那么重视嫡亲的直系血统，君位也可兄终弟及，君主相当自信甚至太自信，相信天命始终在身。

周人虽对夏商做了一种道德的评价，但夏商，尤其从商的实际历史看，还是更重视宗教和天命，且缺乏一种人文的传统。

三 周文的兴起

周代商，不只是简单的改朝换代，也是一种新的精神和政治文化的兴起。正如王国维所说："中国政治与文化之变革，莫剧于殷、周之际。"

我把周朝开创的这种文化和礼制称作"周文"；并且认为，周文的兴起也是中国的兴起。在我看来，和西方以及世界上其他国家与文明相比较，中国形成自己相当特殊的国家与政治文明的道路，大致是从三千多年前的周朝开始的。这也说明了政治的关键作用。但是，在政治发挥效力之前，又需要执政者预先有观念和精神的创造。

周代的兴起比较彻底地改变了商代乃至商以前的政治。幸运的是，大致也是从周代开始，我们开始有了比较详尽和连贯的历史记录，尤其是对周朝历经文王、武王、周公"三圣"的兴起，有相当详细的记述。我们看到，周代君主不再像之前的君主那样相信天命，而是更加重视人事。他们相信天命更多地系于自己的德行和治理，虽然还敬畏超越的存在，但并不是像以往那样虔信了，而且，还将政治权力相当程度地分散到各地——当然首先是分封自己的亲属，但也照顾到功臣、公认的德者、贤人，乃至被战胜的前朝君主的后人。君主比较小心谨慎，甚至有点"战战兢兢"，朝野之风也渐渐从奢靡、野性和尚武，转向比较节制、文明和守礼。

用"周文"来概括周代兴起的这一政治和文化的传统，还不只是指周代的狭义"文化"，不如说是首先点明周代的政治文化传统所具有的一种"文质彬彬"的特征，说"周礼"也有接近的意思。这一"周文"大致可以用王国维所说的"尊尊、亲亲、贤贤"来概括。应当说，这一政治的大转型还是相当成功的。仅举一例，在五六百年间，上百个诸侯小国在中华大地上能基本相安无事地和平共处，不怎么互相野蛮地征服吞并，这在世界文明史上，也是难得一睹的政治奇观。

而更重要的是，"周文"的传统并没有随着周代的结束而结束。在春秋时代，虽然开始"礼崩乐坏"，但像孔子和儒家等学派还是在相当程度上保留了"周文"的命脉。而在秦朝建立强大的统一国家却二世而亡之后，代秦的汉朝经过"文景之治"的休养生息，终于在汉武时期吸纳儒家所承续且有独创发展的"周文"，找到了一条传统社会的长治久安之道。可以说，此后两千多年，中国社会政治制度的基本类型就是将"周文"与"秦制"结合起来的"汉制",且是以"周文"为其核心精神,而并不是单纯强力的"秦制"。

正是从周代开始,中国开始走了自己的路;也正是从周代开始,中国才成为世界文明体系中的一个特殊的中国。不是说没有周替代商,就不会再有强大和统一的王朝国家,但一定不会有今天我们所看到的"中国"。

重视 "德性"

我们现在来追溯周文的兴起。不像今人,古人多有自己长长的影子,或迫切地希望寻觅和找到自己长长的影子。在《史记》中,司马迁尽可能地追溯重要人物的家族历史,尤其是"本纪"和"世家"。这反映了中国文化中一种"崇敬祖先"的信仰传统,而一般人也都想知道一个人物的来历。那时距世袭社会尚不远,巨人巨室不那么容易横空出世。甚至春秋战国时期比较后起、后来却从边陲夺得天下的秦国,也有长长的一段关于自己祖先的历史。

当然,这种"追远"有时会掺入渺茫难知的传说甚至神话的因素。这有时是因为古代记录和传播手段受到限制,有时也是出于后人美化与神化祖先的愿望。故而,我们对有些人物生活的准确系年不可太当真,但一些基本的线索和事实还是比较清楚的。

我们试看文王(姬昌)之前周人一族的历史。据说,周人的始祖曾被遗弃。在世界文明中,多有从弃婴开始的领袖和英雄,比如《圣经》中的摩西。如此不幸的命运有时却往往能够激励人的大志,当然,要成功还要有良好的教育以及运气。周人的始祖就因父母"初欲弃之,因名曰弃"。但他有"巨人之志",喜爱农业(那时社会文明的根基和进步标志),在这方面多有造诣,后来被"帝尧闻之,举弃为农师,天下得其利"。所以,他又名"后稷"。这种对农耕的喜爱和成就，甚至可说是周这一部族的传家之宝和兴旺之基。周人活动范围在西陲，常处戎狄之间，但还是屡次努力回到文化中心——回到定居文化和农耕文化。另外，其兴旺也和中央政治有密切关系，其族往往得官则兴，失官则衰，如后稷之子"不窋"即"以失其官而饹戎狄之间"。周人的历史也有起有伏，有时会向比较原始的部族社会回落，只是后来又重建或强化内部的政治制度和外部的政治联系而复兴。

周族历史上的几个重要复兴领袖，如公刘、古公等，除了重视农业，还有一个突出的特点就是重视德性，且通过德性而"得人"。比如，公刘一度"虽在戎狄之间，复脩后稷之业，务耕种，行地宜……民赖其庆。百姓怀之，多徙而保归焉。周道之兴自此始"。到了商代的古公亶父期间，他"复脩后稷、公刘之业，积德行义，国人皆戴之"。而当戎狄欲攻打其居豳之地时，"民皆怒，欲战"。古公说："有民立君，将以利之。今戎狄所为攻战，以吾地与民，民之在我，与其在彼何异？民欲以我故战，杀人父子而君之，予不忍为。"乃离开豳地而来到岐下，结果老百姓扶老携幼，也跟着他到了岐下。那时"得人"其实比"得地"要紧，得"人心"比得"人身"要紧。

得人心，就需要依靠道德。暴起的利益往往容易暴落，暴得的大名往往是虚名，暴得的大利也往往是靠不住或者有污点的。道德使人不必太计较一时一事之得失，甚至不必太计较当世之输赢。一个家族不妨多去想和多去做比较长久的事情，同样，一个国家也要多去想和多去做比较长久的事情，而长久的事情莫不和德有关联。古人说："德不孤，必有邻。"我们或还可说："德不孤，必有后。"古人说："积善之家，必有馀庆。"我们或还可说："积德之国，必有后福。"而这"后福"也包括持续发展的"后劲"。

姬昌的创造

积德是重要的，但要成大事，还需要一种精神的创制。这种精神的创制是在姬昌（文王）那里完成的。姬昌是古公的孙子，在其父公季死后被立为西伯，武王翦商之后被追尊为周文王，是奠定周王朝基业的第一人。据《史记》记载，他"遵后稷、公刘之业，则古公、公季之法，笃仁，敬老，慈少。礼下贤者，日中不暇食以待士，士以此多归之"。说他当时已经"三分天下有其二"或许过了，但这种人心和人才的归依是显然的。于是，崇侯虎向殷纣王告发说："西伯积善累德，诸侯皆向之，将不利于帝。"纣王便将西伯抓起来囚禁在羑里。

据说姬昌在羑里被关了七年。按韩愈《羑里操》一诗设身处地的描写，他被囚禁的地方是一个地牢，被囚的姬昌张眼望去是一片昏暗，凝神细望，也还是有如目盲，仔细谛听，也是毫无声息。他早晨不知道太阳升起，晚上也看不见月亮和星星。久而久之，连他自己也怀疑自己是有知还是无知，甚至是活着还是已经死去。[10]

的确，这是一个非常孤独的时刻，姬昌远离了他的故土、亲族和人民，独自一人被关在这牢房里。这也是困厄的时刻，冤屈的时刻，他并不是因为犯下了恶行，而恰恰是因为他的德行而被囚禁在这里。当然，这也是非常忧伤的时刻，就像《周易·系辞》所揣想的："《易》之兴也，其于中古乎？作《易》者，其有忧患乎？"

但这更是一个伟大的创造的时刻。的确，并不是所有人在这样的时刻都能创造，更多的人会被这一厄运打垮；而姬昌没有被打垮。在这样一段孤独和忧伤的时光里，他一定是想了很多很多。从他出狱后的行动与安排来看，他也一定对未来的社会及政治有了深远的谋划。

如果古人所言不虚，姬昌的创造主要是：一，一种周易哲学。据说，正是在被拘羑里期间，他将伏羲创制的八卦演为六十四卦。自此，这种哲学贯穿了未来中国几千年历史，对中国人的思维和行动方式有莫大的影响。二，一套政治礼乐制度。他也一定深入思考了商朝的政治得失，乃至可能的政治变革，以及新起的政治应当是怎样的大致面貌。而这一自此萌芽的"周文"，深刻地影响了中国几千年。

有时，在历史上的关键时刻，某个人的一个无意行动甚至仓促决定也能改变历史。但这谈不上具有精神意义的创造。最具思想和精神意义的创造，往往并不发生在轰轰烈烈的时刻，反倒是发生在寂静和孤独的时刻；而那些波澜壮阔、波谲云诡的行动和场面，则只是其铺陈和展现。因为一个人往往在这样的时刻，才会从繁忙的事务中脱出，进行专注和深入的反省——伟大的创造还必须是从自己的内心生发，而这时，他有的是时间，也恰好是仅仅他自己和自己待在一起的时候。这种孤独的困厄还会使那些意志坚强的人更加奋发，也即司马迁《报任安书》中所谓："盖文王拘而演周易；仲尼厄而作春秋……大抵贤圣发愤之所为作也。"

武王与伯夷、叔齐

姬昌去世后，其子姬发（武王）继立。姬发曾到孟津检阅军队，据说，并未约定而来了的各方诸侯，有八百之多，说可以讨伐残暴的商纣王了，姬发则说，"还不知道天命如何，不行"。过了两年，"纣昏乱暴虐滋甚，杀王子比干，囚箕子。太师疵、少师彊抱其乐器而饹周"。于是，姬发遍告诸侯："殷商王有重罪，不可以不讨伐了。"

但在浩浩荡荡的讨伐路上，却有两个人拦住了队伍；而这两个人从西伯起就受着周人的供养。他们就是《史记》列为首传的伯夷和叔齐。两人拦住姬发的马，说："你的父亲去世不久就动兵，这样做难道孝吗？你作为商朝的臣子却要去讨伐君主，这样做难道仁吗？"左右欲用兵器驱赶他们，姜太公制止说："此义人也。"还下马扶他们走开。当然，大军还是进发。武王不久就取得了胜利，天下也都服从和拥戴新兴的周朝，而伯夷、叔齐却为此感到羞耻，不愿再吃周的粮食，于是隐居到首阳山，采野薇作为食物。在快要饿死的时候，他们还作歌，其中有一句批评武王伐纣的名言，这便是："以暴易暴兮，不知其非矣。"

我们在此看到了一种政治与道德的紧张，也是一直存在的政治伦理难题：如果最高统治者残暴无道，下面的人可不可以用武力推翻他？如果不推翻，他会继续实行暴政，造成许多的伤害；但如果要去推翻，大概也非暴力莫能为，而暴力也会伤害许多人，还不一定能成功。或者说，这里有一个"度"：过了某个限度，也许就可以采取行动了。但即便如此，也还有对暴力属性的恒定评价。对暴君，你的确不太可能通过说服或用某种合法程序让他下台——像用定期的民主选举程序不流血地更换最高领导人，就世界多数国家而言，那还是比较晚近的可选项。当然，立宪和法治的意义就在于，力图预先在统治者当权的时候就防止他变成暴君，有时甚至还可指望某个暴虐统治者的自然死亡。

即便过了上千年，人们都还在为武王的"革命"是否正当而争论。汉景帝的时候，黄生认为这不正当，而辕固生则认为这合乎转变了的天命人情。这让汉景帝很为难：如果完全否定暴力的鼎革，则否定了并不久远的过去，本朝权力来源的正当性就可能出现问题；但如果明确主张暴力鼎革的正当性，对本朝的现实或未来，则将构成严重威胁，乃至伤及更一般、更长远的政治伦理原则。所以，他只好让他们别争论了。

不争有时是明智的，但难题却不会因为不争论而就此消失。也许，我们可以同时观照武王与伯夷叔齐各自的意义——扶走而不是赶走甚至杀死伯夷叔齐的姜太公，或在某种程度上已看到了这两方面的意义；或者同时保持两种不同的观点。"经"或者说"常"还是反对暴力，维护能够保障人们安全与和平的政治秩序；但在有些特殊和紧迫的形势下，政治家可能也还会有因时制宜的"权"，不得不采取某种断然的、道德上一般不应采取的措施。但即便如此，也不要趾高气扬地去这样做，更不要为此大唱赞歌，动辄号召人们这样去做，尤其是绝不能轻易地发动大规模的暴力或战争这样的事情。故老子以兵器为凶器，以战胜为丧事，并有言："兵者不祥之器，非君子之器，不得已而用之，恬淡为上。"

新朝以至后来史家多认为，姬发率军推翻商朝乃替天行道，合乎正义，换句话说，是一种"顺取"。但在伯夷叔齐看来，这还是以暴力去推翻商纣王的暴虐，严格来说，道德上还是有其不正当的一面——也就是说，即使不是完全的"逆取"，也有一定的"逆取"成分。

这里所谓的"顺取"还是"逆取"，衡量的标准似乎应当首先是实质性的道义标准——是否符合天命天道或者说不违基本正义。但这一标准很容易引起争议，甚至还可能成为以更残酷和全面的统治取代相对温和局部的统治的所谓"理由"，或者打乱仗的借口。所以，有时还不如选取从程序上比较容易判断的标准，看程序是否基本合法，看是否使用大规模暴力和阴谋诡计来"取而代之"。

而纵观世界历史，真正的"顺取"，即非暴力地更换政权或其他最高权力，除了君王本姓的世袭之外，和平的方式有两种：一种是传说中的"禅让"，在位的统治者将权力主动让渡给他认为"贤明"或更"贤明"的人，或指定这样的人来接班，乃至采取像罗马帝国那样将精选的好苗子过继为子的方式（这也可以说是一种广义的"禅让"）；一种是选举，但这一选举在传统社会往往只是局部的，如一定范围内的贵族或官员选举，天主教的教皇选举便类似于此。至于通过所有公民的普选来和平更迭权力，则主要还是近代民主发展的结果。

在近代以前的历史中，除了少数的小城邦一度实行的"古典民主"，一定程度的"逆取"，或者说使用大规模的暴力更迭政权，大概难免，甚至相当普遍。但这里还是有必要辨别所要反抗的既定权力的暴虐有多严重；而在诸多反抗的暴力中，也还要区分哪是首发暴力，哪是后发暴力，哪是趁火打劫、谋取私利的暴力，哪是收拾残局、试图结束暴力的暴力。

更重要的是，如果其中一种暴力取得优势、夺得政权，乃至统一了天下，那么，新王朝究竟是"逆取逆守"（继续执着于武力，乃至迷信武力），还是"逆取顺守"（适时地转变"打天下"的思维，改而实行使天下安定乃至走向繁荣的政治思维和治理方式），对所有在血火中产生的新政权来说，都是重大考验。而新政权的寿命，也与是"逆守"还是"顺守"大有关系。这就像古人在《史记·周本纪》注释中的引语所云："以仁得之，以仁守之，其量百世。以不仁得之，以仁守之，其量十世。以不仁得之，不仁守之，不及其世。"

应当说，周武王夺得政权之后所采取的许多政策，都是有利于长治久安的。他释放了被囚禁的百姓，寻访受冤屈的贤人箕子，表彰有德之人商容等，还命令散发鹿台仓库的钱财和钜桥粮仓的粮食，赈济贫弱的民众。在分封诸侯时，他不仅赐封本族和功臣，也赐封古代圣王神农氏、黄帝、尧帝、舜帝和大禹的后人。这与秦王朝的逆守从而"二世而斩"形成鲜明对照。

周祚延续数百年，不为无因。

周公与"周文"

周武王在以周代商之后不几年就死了，姬诵（周成王）被立为成主。商朝多有"兄终弟及"的，但周朝改为固定地立子，且一般是传给嫡长子。王国维认为，这优于"兄终弟及"，比较稳定，而在君主制的时代，对于天下生灵来说，最高统治者不起战端的平稳接班非常重要。但姬诵那时尚幼，天下还很不稳定，武王的弟弟姬旦（周公）恐诸侯叛周，没有去就他的封国鲁国，而是留在成王身边，亲自摄政，代理国事。这时，武王的另外两个弟弟管叔、蔡叔怀疑周公别有所图，流言于国曰"周公将不利于成王",会同纣王之子武庚发动武装反叛。周公用了三年才完全平定叛乱,诛杀武庚、管叔,并放逐蔡叔。等成王长大了,周公将政权交还成王,自己再面朝北而回到群臣的位置中。

周公主政有这样几个特点:一是善于招贤用贤,礼贤下士。据说,他因为担心失去天下来访的贤士,"一沐三握发,一饭三吐哺"。二是非常勤勉。他常常夜以继日地工作,从不敢放逸,在军中席不暇暖,也常以此叮嘱成王,说"文王日中昃不暇食",故飨国多年。三是特别谨慎,敬畏天命,戒骄戒躁,就像告诫代其去封国的儿子伯禽所言:"子之鲁,慎无以国骄人。"四是政治决断。对政治家来说,这是最重要的。周公绝非一味谨慎,该果断的时候还是非常果断。他出来代成王行政,平定武装叛乱,都显示出一种大的政治气魄和勇气。而且这种政治决断不是仅仅善于果决地处理政治危机,更需要富有政治远见。他为营造洛邑,反复视察,一再卜择,终于选定好适中的位置并建造完成,将九鼎迁置在那里。

而最重要的,是他为周代奠定了一套完备周密的礼乐制度,"作周官,官别其宜,作立政,以便百姓",为长治久安打下了道德和文化的根基。他还作有多篇流传久远的政治文告,为后人留下了丰富、深刻的政治思想和智慧。当他辞世的时候,天下已经相当稳定和太平,人们安居乐业,和睦相处,兴起了颂扬之声。而在这所有作为的后面,的确要有真正的诚心诚意和天下为公的胸怀。在周公私下向上天吁请代武王、成王生病的祷词中,我们也可以看见这种诚心。

但诚心还须用行动来证明。白居易《放言五首·其三》曾感叹这一情势云:"周公恐惧流言日,王莽谦恭未篡时。向使当初身便死,一生真伪复谁知?"其时,周公是否代成王行政,以及日后是否还政,对于周之兴衰来说,的确如此前文王能否带着一种创造性的精神复出、武王是否要发动翦商一样,是必须决断的关键时刻。圣人还是罪人,大忠还是大奸,似乎间不容发,细微莫辨,最终必须以行为和时间来证明。而该做的事情（例如还政于权力本来的主人）还须及时做，一旦错过就可能来不及了。

"周文"在周公那里初步完成，由此奠定了周数百年的和平基业。但更重要的是，其影响了此后中国数千年的精神文化和制度塑形。孔子就对自己是"周文"的传人有特别自觉的意识。《论语》记载孔子说："周监于二代，郁郁乎文哉！吾从周。"[11]孔子先人是宋国贵族，是殷人的后裔，然而，他最崇尚和遵从的却是周代文化。他还有言如："周之德，其可谓至德也已夫！""其或继周者，虽百世，可知也。""如有用我者，吾其为东周乎！"卫公孙朝曾问于子贡："仲尼焉学？"子贡回答说："文武之道，未坠于地，在人。贤者识其大者，不贤者识其小者，莫不有文武之道焉。夫子焉不学？而亦何常师之有？"[12]各个文明社会或族群的核心价值观念和生活方式，往往其形成也长，影响也长。它们能够起一种引领人们究竟想要什么，以及将精力和聪明用于何处的作用。这种作用也特别地体现出人的特性：人是一种有意识，有理性，以及人所特有的意志和情感的动物，即人还是一种精神性的动物。也因此，我们才需要特别注意对中华文明起引领和塑形作用的"周文"。

孔子的发扬

这一"周文"在西周"三圣"那里发端，在孔子及其创始的儒家那里发扬光大。

孔子继承了"周文"重视道德和人文的两个特点。有鉴于商亡的历史教训，周人不再以天命在身而自信，将眼光从天上拉回人间，强调人事，以德配天。商人文献中多见"帝""上帝"字样，而在周人那里，"上帝"则开始隐退，他们虽然并不完全拒绝宗教因素，但也无对一个超越存在的唯一神的绝对信仰，而是更加强调人事和德行。"周虽旧邦，其命惟新"[13]的另一个特点，则是由尚武转为崇文，注重礼乐和人文。也就是说，从那时起，中国就开始强调人文理性与文治，正如梁漱溟、钱穆等学者所认为的，是一个人文理性早熟的国家。这和世界其他古代文明所走的信仰上帝、政教合一、崇尚武力、不甚留意文化修养的道路很不一样。流风所被，到《左传》记载的春秋时期，我们还能够看到贵族们重视礼仪、吟诗观乐的盛景。

在一个礼崩乐坏、烽烟四起的时代，对"周文"薪火的保持和发扬光大，孔子及其创立的儒家起了最大的作用。但孔子个人及其弟子的从政活动，却屡屡陷入种种困境。在五十岁以后的周游列国期间，孔子在匡地被拘禁五天，匡人并有加害之意。弟子们害怕了，孔子却说："周文王死后，文明礼乐不是保存在我这里吗？上天如果要消灭这种文明礼乐，那我这个后死之人也就不会掌握这种文明礼乐了；上天如果不想灭除这种文明礼乐，匡地的人能把我怎么样呢？"[14] 去宋国的时候，他与弟子习礼大树下，宋司马桓魋欲杀孔子，拔其树。去郑国的时候，孔子与弟子走失了，被郑人讥之为"累累若丧家之狗"。又有一次是在陈、蔡之间，两国大夫派人"围孔子于野"，不让走，乃至于绝粮，孔子仍"讲诵弦歌不衰"。

在十四年颠沛流离之后，孔子回到鲁国。他十五岁就"有志于学"，一边做"委吏""乘田"之类的小吏，一边好学不倦，三十岁后则辞仕而专一讲学。他招收学生不限国别、出身和阶层，"有教无类"，实际已经在民间教育上打破了世袭士大夫的贵族传统，且将尚武之士彻底转变成了崇文之士。儒家主张"学而优则仕"，这意味着在政治上也要打破世袭。回国后，他完全专注于文化学术工作，和弟子一起搜集与整理《诗经》《尚书》《周易》等古代经典，使其既成为儒家的特有经典，更成为华夏文化的共同经典。当时，"周室微而礼乐废，诗书缺"。经过他及弟子的搜集和整理，"礼乐自此可得而述"，并且他还自撰微言大义的《春秋》。孔子一生以诗书礼乐教，有弟子三千，身通六艺者的贤人有七十二。这已经俨然是一所民间的大学。

孔子既是"周文"最伟大的传承者，也是最伟大的发扬光大者，还是一个根据时代形势而变通的创造者。再有德的王朝也会衰朽，也会崩溃，也会被取代；但其中富有吸引力和凝聚力的文化价值，却可以影响长久。除了上面所说的打破世袭，孔子还阐发了"礼"之后的"仁"，"文"之后的"道"。他对西周"三圣"，尤其是文王和周公，始终尊崇，甚至到了日思夜梦的地步，和他们心灵相通。他经常梦见周公，又曾向师襄子学一首琴曲，先是得其曲，接着得其数，再后得其志，最后得其为人。经数十日反复练习和揣摩后，孔子说："丘得其为人，黯然而黑，几然而长，眼如望羊，如王四国，非文王其谁能为此也！"师襄子辟席再拜，曰："师盖云《文王操》也。"[15]

孔子还是一个伟大的平衡者。在他的思想里，不仅有承前启后的平衡，也有内圣外王的平衡。在战国时代，继承他思想的儒家就分别有孟子的心性之学与荀子的制度之学。其后两千多年，先是在外王层面，有从董仲舒到韩愈的努力，至唐朝，各项基本制度，尤其科举制度，已大致框定；而在内圣层面，则有朱熹理学与阳明心学的不同进路的发展，到宋明已臻其高峰。他是渴慕圣人的，也主张一种贤能政治。而他建立的儒家是周文的主要传人。[16]

四　战国到秦汉

我现在倾向于将周朝的前后两端（建立与结束），视作中国近代以前的两次大变局。周朝的建立，意味着"周文"的兴起；而周朝的结束，意味着经过战国的大动荡，一个统一王朝的建立。但后一个大变局并不随着秦朝的建立就结束了，而是一直延续到汉武帝时期——作为一种精神文化的"周文"，非但没有熄灭，反而在汉武"更化"

的时候重新成为以后中国历代王朝的主导思想。

与 20 世纪类似，战国时代的重要性，不是其作为"盛世"、作为社会理想的一个体现，而在于社会性质由此开始巨变，在于根本的制度转折由此开始启动，即是说，经过这个关键的激烈变革时代，其前后的两个社会——西周至春秋的社会和秦汉以下的社会，已经迥然有别。在此之后，这样性质的社会巨变，只是到了 20 世纪才又发生过一次——虽然这一百多年来变动的深度、广度和烈度都超过了战国，但它主要还是在世界外力的刺激和挑战下发生的。因而，战国时代的重要性，还有其乃是在中国本土所发动的巨变这一面。

当然，我们也可以将已经开始发生社会结构之变的"春秋"纳入这样一个变革的长时代，也即将整个"春秋战国"都看作一个过渡时代，这样，春秋就是其中的"渐变时代"，而战国则是其中的"激变时代"。这类似于说，中国的 19 世纪或还是一个"渐变时代"，20 世纪则是一个"激变时代"。当然，影响到后世的决定性变化还是发生在"激变时代"。在春秋，社会演变还呈现出几种可能的方向，还有多种重整天下的可能选择，比如，恢复周礼，齐鲁政治文化统一天下；但到了战国中晚期，就越来越只有一种可能了，即严格的军国主义和君主集权与官僚制结合。直到汉代，这种严酷性才渐趋柔化，社会也才重新走向长治久安的轨道。

传统思想家对这一巨变的认识，最著名的有王夫之、顾亭林的论述。王夫之说："战国者，古今一大变革之会也。"[17]顾亭林也在其《日知录》卷十三论"周末风俗"时，对《春秋》终笔之后"史文阙佚"的一百三十三年与春秋时代作了鲜明对比。当然，他们主要是从政治道德和社会风俗的角度观察，故而他们并不推许这一巨变，而是给予相当严厉的批判。王夫之认为，战国时代是"侯王分土，各自为政，而皆以放恣渔猎之情，听耕战刑名殄民之说，与《尚书》、孔子之言，背道而驰"。[18]顾亭林则说："邦无定交，士无定主，此皆变于一百三十三年之间，史之阙文，而后人可以意推者也，不待始皇之并天下，而文、武之道尽矣。"[19]

当然，他们这里主要批评的还是战国时代本身，是战国之中的现象；倘若注目于结果，注目于后世更长远的变化，比如，一统天下终于结束了连年不断的血腥战争，世袭制的废除为选举制度的发展开辟了道路，他们又多有肯定。自然，这并不是说秦始皇就有如此的主观意愿，而是如王夫之所言："秦以私天下之心而罢侯置守，而天假其私以行其大公。"

战国固然重要，也是一个大时代，却很难说是一个好时代，尤其对老百姓来说，肯定不是一个好时代。说"打出一片新天地"是痛快的，但是，且不论这"新天地"将是什么，在它到来前的惨烈战争中，已经有无数的生灵涂炭和家破人亡。

而在此前的西周年间，中华大地上虽曾有数十个国家并存，但因有"周文"的软硬约束，却也大致维持了相互之间的和平。即便是春秋时代，虽然各诸侯国之间冲突加剧，强国轮番成为"霸主"，但"霸主"也实际主要是通过尊崇和代表周天子而充当一种"世界宪兵"的角色。虽然它们不是没有私心，但有些面子还是要的，有些规矩也还是要讲的，一定程度上维护了"国际秩序"，约束了强国的野心，保护了一些小国与弱国。

但到了战国，这些礼仪规矩已经越来越无力，乃至最后荡然无存。"周文"基本上丧失了——这里特别是指作为政治制度礼仪的"周文"。"周文"的失落恰恰构成战国这一过渡时代的一个基本特征。而一个明显有讥讽性的例子是，即便在其故乡，"周文"的政制精神也早已失落。到战国时，原来的周天子之国已分裂为东周、西周两个小国，周人风俗也变得相当逐利，还互相争斗，甚至即便己方不得利也要加害对方。这两个小国实际上已经变得相当猥琐不堪。所以，后来秦国相继灭掉这两个名义上承续周祚近千年的周国，不仅没有引起震惊，甚至几乎没有引起什么反应，也就不足为奇了——因为"周文"的精神礼仪在其故国也已衰亡。

刘向《战国策》中有一段话，很好地说明了这个时代的特征：

> 周室自文、武始兴，崇道德，隆礼义，设辟雍泮宫庠序者教，陈礼乐弦歌移风之化，叙人伦，正夫妇，天下莫不晓然。……及春秋时，已四五百载矣，然其余业遗烈，流而未灭。五伯之起，尊事周室。……小国得有所依，百姓得有所息。……及春秋之后，……遂相吞灭，并大兼小，暴师经岁，流血满野，父子不相亲，兄弟不相亲，夫妇离散，莫保其命，潸然道德绝矣！晚世益甚，万乘之国七，千乘之国五，敌侔争权，盖为战国。……力功争强，胜者为右，兵革不休，诈伪并起。

"兵革不休，诈伪并起"这句话道出了战国时代的政治，尤其是国家间政治最突出的两个特征：一是讲究计谋甚至诡诈；二是推崇强力以至暴力。也就是说，战国不仅是一个在目的上崇尚功利和富强的时代，还是一个在手段上崇尚强力和计谋的时代。这两者又相互呼应，在诉诸暴力的军事方面，自然是"兵不厌诈"；在诉诸诡计的外交方面，也是为"以兵致胜"开道，最终还是由暴力解决问题。而诸侯国的目标也发生了根本的变化，原来的强国满足于成为"霸主"即可，现在则开始要"并吞天下"了。世界不再是一个有礼制观念和中央权威约束的世界，而是演为一个只重视功利和以暴力计谋竞争的世界。

当然，说"周文"丧于战国，主要是指在国家政治层面上的"丧失"，真正的"周文"的精神其实已"隐退"到民间，乃至准备着日后可能的复兴。

游士时代

那么，战国巨变的主体和主要动力是什么呢？在此，我们将不得不把注意力主要集中于"游士"，甚至我倾向于将战国称为一个"游士时代"。

所谓"士"，曾经是封建时代贵族的最下一级，但后来凡有一定技能，尤其是政治和文化含义技能的人，都可以被称为"士"。现在，这最下的一级不仅人数众多，而且远比卿大夫有活力。所谓"游"，一是指上下的"游动"，一种垂直的社会流动。这是不言而喻的，战国的"士"常常一步登天，但也常常一朝落难；但这还不是我想观察的重点，一种垂直的向上流动也是后来的中国通过察举和科举所实现了的。我这里想考察的"游"更重要的是指士在各国之间的游动，即一种"横移"或"漫游"。这种士人在列国之间大规模游动，且对社会变革起了关键作用的现象，是战国时代所独有的。

我之所以称战国为"游士时代"，是与我考察从西周到春秋的"世袭社会"、从秦汉至晚清的"选举社会"[20]的标准一致的：一是从社会上层资源（权、钱、名）的分配或个人出头的主要通道来看；二是从战国时代巨变的主体、动力和主要活动形式来看。

换言之，首先，我不是仅注意最高权力，而是更注意一般的政治权力以及财富、名望的分配；不是只注意政治上层的运作，而是更注意政治与社会、上与下之间的联系。其次，我也更注意从变化的角度着眼。君主制度在战国之前和之后都存在，这一点并没有发生根本的变化，所以，如果只从君主制度这一最高政治权力的层面，是不能充分显示战国前后的巨大社会变动的。尤其是，在战国时代，作为社会上层资源（职位、权力、身份、钱财、封号，尤其是官爵）的最高把控者，列国诸侯君主是将这些资源大量地分配给流动的、外来的士人和客卿，而不是分配给自家的亲戚或国人的。

　　这和战国之前很不一样，那时的优越资源主要分配给自己的宗室和贵族，那时的社会是一个"世家的社会"；和战国之后的皇朝也不一样，那时的优越资源主要分配给由固定的制度选拔和监督的本国官员。而这也是不能不如此的：在列国抗争的生死存亡之秋，不能不唯"才"是举，不管这"才"来自何处，处于何种身份。所以说，各国诸侯重用游士也是社会形势所迫。于是，战国就成了一个有各种——当然主要是政治、军事和外交——才能的人们适逢其会的时代，甚至冒险家的乐园。

　　但最重要的是，"士"是创造新文化的主体。诸子百家大都来自"士"这一阶层。"士"原来虽是西周贵族的最低一层，但到了东周战国，这种身份越来越不固定和明确，和上层贵族（如"卿大夫"）的界限也越来越不清楚，或至少很容易越过。而且，随着武士向文士的转变，随着孔子兴办私学以及"有教无类"理念的广泛传播，"学"越来越不在官府，有"学"乃至有一特殊"技艺"即可成"士"，从而"士"就越来越多地摆脱身份和血统的约束，完全可以通过个人后天的努力达成。换句话说，"士"越来越像是一个泛称，泛指那些有一定学问或才华，对思想或政治有兴趣和才能的人。这些人在社会上自然仍是少数，但他们的来源和功能相当广泛。

　　所以，到战国晚期，泛指的"士"，往上可以包括过去的卿大夫子弟乃至宗室的流落公子，往下可以包括各种社会职业出来的人，甚至那些暂时隐于"挽车屠狗者之流"的人。但也不是说什么人都是"士"，"士"还是与社会上稳定地从事生产和交换职业的"农工商"迥然有别，是一个具有政治性或观念性的阶层，社会中的一个"活跃的少数"。总之，"士"是一个广泛的概念，但也有其确定性，这一确定性主要是相对于两个方面：一是与之相对而言的、身份比较固定的多数农工商生产者；二是同样身份比较固定的少数宗室贵族。但是，如果宗室贵族也不得不背井离乡，或者有才的"劳力者"尝试改变身份，他们都可称为"游士"。

孟子说："无罪而杀士，则大夫可以去；无罪而戮民，则士可以徙。"有时，士之出国是为了实现自己的政治理想，或者为了道义，这是因为，倘若本国是一个小国或弱国，或者恰恰宗室当政而政见不合，在本国往往会受到限制。他们不是没有故国之思，但同时还有一种天下兴亡意识和政治抱负。此外，也还有为了避世的游，为了逍遥的游，为了生计的游。当时诸侯国甚多，"东方不亮西方亮"，除了国君的任用，还有公子的养士备用，所以士人游走的空间是相当大的。

士不为一世家所有，也不为一国家所有，甚至其自身的家族意识也相对淡薄。战国时代的士，大概是中国历史上最为自由也最有个性的士人，甚或可说自成一个没有阶级意识的"客观阶级"，一个缺少自为意识的"自在阶级"，一种无组织的巨大"组织力"，有时甚至凭一己三寸不烂之舌而能调动千军万马或"不战而屈人之兵"。尤其有些纵横之士，就像是职业外交官，而他们所握有的权力远远超过现今往往只是本国政府"传声筒"的外交官。也有时，其"职业伦理"似乎还胜过爱国之心或忠君之心。还有同时为数国之相，或者今天在这一国为相，明天又到另一国为相的现象。这都是现代民族国家中的人所不可思议的。

"士无定主"，出自顾亭林描述战国时代的士人之语。当时的士既不像战国前的贵族之"士"，也不像战国后的官员之"士"，或者说，不再像战国前的"大夫士"，也不再像战国后的"士大夫"。他们没有固定的"主人"（家主或君主），而是可以在各家各国之间自由地流动。也就是说，战国之士已成"游士"。"士无定主"既可以说是失落，又可以说是解放。士人虽失去了某种保障和庇护，只能依靠自己的才能，但同时也卸掉了一国一家一姓的约束。过去的"贵族伦理"要求他们死忠一个主人——往往是他们出生地的主人，而现在则出现了一种新的"士人伦理"，使他们不再将自己视为一国一家的臣仆，而是在某种意义上掌握自己命运的主人。就当时各诸侯国互相竞逐的中国社会来说，这样一种自由流动资源也的确使社会充满活力，使战国既是一个血火蹂躏的悲惨时代，也是一个人才辈出的壮观时代。[21]

战国时代除了"士无定主"这一面，还有"游者主事"的一面。漫游的士人之中固然有落魄者，有失败者，但也有成功者，有风云际会者。综观战国时代的主事者，竟然大部分都来自游士。

"游者主事"，语出《史记·李斯列传》。李斯从荀子学，欲西向说秦，辞别老师荀子时说："斯闻得时无怠，今万乘方争时，游者主事。"这是他对当时形势的一个判断，而他后来的行迹和成功也印证了这一判断。

许倬云曾列出过一份战国时代的宰相表，他注意的主要是社会的垂直（上下）流动，尤其是宰相这种总揽中枢的最高官职与世家大族的关系。他得出的结论是："春秋时政治上具有决定地位的强宗巨室似乎绝迹于战国政治。""春秋卿相中无别国的公子（出亡而且无归国希望的公子不在此例），更没有周游各国的游士，他们的出处则大率出于少数家族。战国则事事反是。"[22] 如果也从平面而不仅是垂直流动的角度，再来观察游士所占的比重，结果更是惊人的：在所有有史可寻的当时各国宰相中，并非本国人的游士占了大多数。

我们还可从《史记》看游士的重要性。《史记》篇目中载有战国人的列传共二十三卷，在目录上载名者共二十八人，其中，吴起、商君、苏秦、张仪、甘茂、孟子、荀卿、虞卿、范雎、蔡泽、乐毅、鲁仲连、吕不韦、李斯这十四人，本身就属于"游士"，主要活动和事迹也都是在故国之外。而蒙恬，起先也是齐人。孟尝君、平原君、魏公子和春申君是当时著名的养士四君子，有的也曾为他国客卿、宰相，甚至客死他乡。韩非也是客死秦国。田单是齐国的复国功臣，拜为相国，但后受齐王猜忌，曾前往赵国出将入相。仅余下的七人，则主要是在本国活动，且与游士无涉；其中，樗里子、穰侯、白起、王翦是秦国的要臣名将，廉颇、蔺相如是赵国的将相，屈原则是战国时代很罕见的不肯离开故国的贵族。

如果加上姓名不见于《史记》篇目，但在其中有事迹小传的战国人物，则可再增加二十八人。而这些人中，游士的比重就更高了。除了赵奢、赵括、李牧三位赵将，以及誓死忠于齐国的王蠋，其他都是游士或游士出身（其中，甘罗、乐闲、蒙武、蒙毅是游士的后代）。在司马迁记录的这所有五十六位战国人物中，竟然有四十四人属于广义的"游士"，所以说战国这一场轰轰烈烈的军事外交大戏的主角是"游士"，殆不为过。

总之，"游士"是战国时代变革的主体，而"游仕"则构成政治变革的主要动力。这里对"仕"的理解也可以是广义的，它不仅指担任官职，而且泛指一般的参与政治活动乃至只是以思想言论来影响社会政治的行为。而"游"不仅指一种社会的垂直流动，更特指一种社会的平面流动，即在当时各个诸侯国之间的流动。当然，这两种流动是互相影响乃至互相促进的。这种情况或在近代早期的欧洲诸国也曾出现过，但其规模和重要性都远不如中国的战国时期。

游士时代立基于各诸侯国君主与外来游士的结合。从游士来说，他们没有强烈的家国意识的束缚，反而有强烈的主体（个人）选择意识；而且，当时既是列国争强，又仍然在传统和文化上保有一种一致性和连贯性，有一个共有的"天下"观念，各国政治经济有着密切的联系，曾经共同尊周天子，语言文字大致一致，所以不会有太大的交流和心理障碍。游士个人虽有生存的压力，但更想出人头地，实现自己的政治理念和才能。而战国期间，除了国君所代表的国家，常常就只见个人：社会上没有强有力的中介组织，不见强大的宗族、宗教、政治机构或游士的联盟，只有极其松散的学派和同乡，虽会有推荐，但同时也有激烈的竞争。战国时代的"士"基本上是以个人为本位的。

从各诸侯国来说，在紧迫的政治和军事竞争压力下，也是求才甚急，求才若渴，最需要那种除了才能几乎没有其他资源的外来人士。而"游士"往往都是这样的"穷士"，且也不乏那种有大才或能游说的游士和君主一旦遇合即一步登天的。当然，游士在君主那里虽然容易暴起，却也容易暴落，根基并不很稳固，况且，那时也没有制度的保障，常常要看君主的一时喜怒。不过，虐士杀士固然在君主的权力范围内，但君主也相当忌惮天下的舆论，倘若蒙上"动辄杀士"的恶名，对其统治不仅相当不利，也将堵塞今后求才的路，所以往往只是驱逐或冷藏了事。

刘向《战国策》曾言：

> 故孟子、孙卿儒术之士，弃捐于世，而游说权谋之徒，见贵于俗。是以苏秦、张仪、公孙衍、陈轸、代、厉之属，生从横短长之说，左右倾侧。苏秦为从，张仪为横。横则秦帝，从则楚王，所在国重，所去国轻。

王充在《论衡·效力》中也说："六国之时，贤才之臣，入楚楚重，出齐齐轻，为赵赵完，畔魏魏伤。"以上所说或有夸张，而且说的也主要是外交方面的影响，且以否定居多，但我们若是中立地察看游士在更广泛的（包括内政外交、政治经济军事等）领域内的作用，当知"游者主事"不虚。

商鞅之法与"周文"

从历史看，秦国是战国时代崛起最快，也是后来统一了天下的国家。秦国最突出地展现了战国政治的特点，也代表了战国政治的方向。而商鞅变法则是秦国富强的关键。

商鞅也是一个著名的游士，他本是卫国的公子，在得到秦国商之封地前叫公孙鞅，也被称为"卫鞅"。他"少好刑名之学"，志在功利强盛。但卫国是一个弱国，要在战国时代争雄看来是没什么希望的，所以他在去秦国之前就已经到了魏国，依附于魏相公叔座。公叔座知道他有能力，但还未来得及向君主推荐。有一次，公叔座恰好生病，魏惠王亲往问病，担心他会有不测，就问他后面怎么办。公叔座便举荐了年轻的卫鞅，但也看出魏王不想用，就说若不用卫鞅就得把他杀了，不能让他到别国去。之后，他将这些话全盘告诉卫鞅，说我得先公后私，现在你可以逃了。公孙鞅冷笑说，既然魏王不肯用我，也就不会杀我。

于此，我们可以看出，商鞅的确有过人的眼力，也十分镇定，或者说有表现为镇定的胆略。而他到秦国去，也是有勇有谋，沉着冷静，先是故意说帝道和王道，让秦孝公很不耐烦，吊足了胃口之后才说霸道，果然一拍即合，对谈几天也不厌，终于被秦孝公信任，委以重任，实施变法。

这也涉及商鞅之信与不信的问题：他究竟是将信视作手段还是视作目的，是诚意地取信还是非诚意地取信？当商鞅制定了法令还未公布之际，他恐怕老百姓不相信其赏罚，就真的重赏了能把一根木头从南门搬到北门者。后世也有人认为这就是"信"了。但商鞅显然将其"信"只是作为手段，且只能是一次性的博弈。所以，当他为将而伐魏时，"魏使公子卬将而击之。军既相距，卫鞅遗魏将公子卬书曰：'吾始与公子驩，今俱为两国将，不忍相攻，可与公子面相见，盟，乐饮而罢兵，以安秦魏。'魏公子卬以为然。会盟已，饮，而卫鞅伏甲士而袭虏魏公子卬，因攻其军，尽破之以归秦"。看来，他不仅尚力，也尚诈。

商鞅对人性，包括百姓之性与君王之性，看来都有冷峻的认识。他知道如何取"信"于君，也知道如何取"信"于民。他对民众能力的评价是很低的，变法之初，卫鞅明确地说："民不可与虑始而可与乐成。论至德者不和於俗，成大功者不谋於众。"他对君主的评价恐怕也不会太高，只是权力集中在君主那里而不得不趋奉。商鞅是一个非常强势的功利主义者，一个进攻型的国家主义者；为了达到自己的目的，在手段上他是不会有什么顾忌的。他对民众其实是不信任不关心的，但你也可以说他对人性有一种清醒到冷酷的认识；他认为，只有赏罚能够调动和规范人们的行为。他大概完全不理解或者不屑于人情、人道，更勿论功利之外的精神境界。这是他思想上的盲点。

商鞅尽管看人甚明，但终究有可能是自视过高了。所以，当赵良批评他"相秦不以百姓为事"，劝他施政适当宽松，不要"积怨畜祸"，也为自己留条后路时，他完全不听。而这也许还如太史公所说，他本就是一个"天资刻薄人也"，最终作法自毙。政治思想上的峻急刻薄者会大量伤人，最终也一定会伤到自己。依古人言，法家思想就是这样一种峻急刻薄的政治思想。结果，不仅韩非这样一个思想上的大法家，还有商鞅、李斯这两个行动上的大法家，尽管有其成功显赫，但即便是其辅佐的君主霸业也终究难以长久，更不要说他们本人最后都不能得其天年、顺命而终了。

今人谈到变法，多有推崇商鞅变法者。而且商鞅还有一种悲剧英雄的意味：变法成功了，他自己虽然一度荣华富贵，最后却还是逃不出其自制的密布罗网，被抓住处死了。但我们的确还是可以更仔细地观察商鞅变法究竟是一种什么性质的变法，它的目标是什么，手段又是什么。可以这么说，商鞅之法就是"周文"的对立面。

战国的时候，天下的规矩已经大坏，各诸侯国已经不太尊奉，更不要说遵从名义上的周天子了，遂开始比较野蛮的竞争，不过也还没有到以侵伐并吞为能事的地步，还有一定的舆论的约束。秦国其时处在中原的西陲，算不上很强的国家，但秦孝公却很有一番霸业雄心。而正是在这时，商鞅作为一个游士来到秦国，说动了孝公，克服了阻力，开始主政实行变法。

　　商鞅变法的目的是富国强兵，而且要采取尽量彻底和迅速的手段。在经济上，主要措施有"决裂阡陌，教民耕战"；另外，还统一度量衡，重农抑商（生产粮食和布帛多的可免除本人劳役和赋税，因弃本求末或游手好闲而贫穷者，全家罚为官奴）。为鼓励小农经济，还推行小家庭政策，规定凡一户有两个儿子以上的，到成人年龄必须分家，独立谋生，否则要出双倍赋税。可以说，这些政策都有利于增殖人口，繁荣经济，增加国库。

　　在政治上，则"集小都乡邑聚为县"，郡下设若干县，开始形成秦的郡县制；商鞅的确是打破了过去的宗法世卿世禄制度，但并不像后世那样以德行文学为标准分配高位资源，而主要是以军功论爵行赏；严格禁止私斗，一切强力和勇敢都必须用于国家；即便轻罪也要重罚，百姓只是在路边倒个垃圾，也要被砍去双手；实行严格的户口制度，居民以五家为"伍"、十家为"什"，登记并编入户籍，责令互相监督，一家有罪，九家必须连举告发，若不告发，则十家同罪连坐。不告奸者腰斩，告发的与斩敌同赏，匿奸者与降敌同罚。旅店不能收留没有官府凭证者住宿，否则店主也要连坐。这样，一旦国家宣布谁是敌人，这个人将无处可藏，亦无处可逃。商鞅还"燔诗书而明法令"，一切是非均以官方的法律为准。

　　商鞅是否达到了变法的目的呢？应该说，他的确是在相当程度上达到了，这甚至不以他的生死为转移。由此，秦国的国力和士兵的战斗力大大增强，奠定了日后统一中国的根基。商鞅前后，山东六国也有类似的变法，但都没有像商鞅变法这样彻底。可以说，是商鞅变法将秦国打造成了一台极其高效的军国主义机器，其实行的或可说是一种古代的"先军政治"，将一国变成了一个大兵营，农夫与士兵结为一体。法律既有罚，又有赏，重罚高赏之下，人们的举手投足都以国家意志为准，国家能力极其膨胀，一切都是为了国家富强，而富强又是为了在与他国的战争中取胜。于是，其他国家都渐渐不是秦国的对手，直到秦国扫灭六国，一统宇内。但的确也可以扪心自问，会有谁愿意生活在这样一个"内行刀锯，外用甲兵"，以杀人为能事，因告密而得赏的国家？

两千余年皆汉制也

以上的政策造成了秦国的富强，后来的另一位游士李斯则辅佐秦始皇统一了天下。那时，秦朝的国家能力的确可以说是超强，也奠定了日后传统中国两千多年的郡县制、君主集权和官僚制的基本政治格局。所以，近人常常认定："两千年之政皆秦政也"，或者说，"百代皆行秦政制"。当然，有人这样说是着眼于批判；也有的，是暗含肯定。

先不论褒贬，我们有必要弄清这一非常重要的事实：中国历史文化，尤其是两千年传统政治的观念和制度主体，究竟是不是"秦制"？

秦朝用强大的武力统一了中国，建立了郡县制和官僚制，但它的指导思想还是严酷的法家思想，没有解决君主之下的统治阶层如何再生产等重大体制问题，也没有解决如何促进文明、繁荣文化的问题。它一直是坚持集权的君本而非民本。汉初一度以黄老思想为主导，比较清静无为，使民休养生息。道家思想对于个人精英来说或许是一种很好的修养，但在政治上还是难以成为一种长治久安之道。而作为两者之间的某种中道的儒家学术和思想，在经过漫长的战乱与秦火，又在汉初的朝野积蓄相当的文教力量之后，终于成为历史的选择。

汉武帝即位，举贤良文学之士前后百数，而儒者董仲舒则以贤良对答武帝三次策问，史称"天人三策"。他提出的主要政策建议有三条：

第一，主张推明孔氏，"抑黜百家，独尊儒术"，解决借此可以长治久安的统治思想问题。这一"独尊"主要是从政治上考虑的，即百家思想不可以在政治仕进上与儒家一样"并进"，但还是允许百家思想在民间社会"共存"。历代王朝也基本没有在民间禁止其他诸子思想（包括道释两教）的传播。

第二，主张"察举"，开日后两千多年选举制度先河，"使诸列侯、郡守、二千石各择其吏民之贤者，岁贡各二人以给宿卫，且以观大臣之能；所贡贤者有赏，所贡不肖者有罚"。由此，将"特举"变成"岁举"，即变成固定的、定期的，日后连皇帝也不能轻易改动的制度。

第三，主张"兴太学"，"夫不素养士而欲求贤，譬犹不琢玉而求文采也。故养士之大者，莫大乎太学；太学者，贤士之所关也，教化之本原也"。此后，不仅太学，各级地方政府的官学，尤其民间的书院和私塾，也渐渐有了长足的发展。

这一岁举和养士的制度开始似乎只是一个分量不重的政策，但随着它的日益有效，随着它的使机会平等、人尽其才的道德正当性充分显露，它的分量越来越重，最后成为不仅改变了政治基本结构，而且改变了社会基本结构的制度。中国传统社会虽然还是一个等级社会，却是一个上下流动、权力开放的等级社会。

这种类型的中国传统社会，选拔统治阶层的标准有二：一是看德行，二是看学问。换言之，也就是道德与人文。在察举也就是推荐选举的阶段，还是更多以德行来评判一个人，但有不易客观化的弊病，乃至容易受偏见甚至徇私的影响。到了隋唐以后的科举阶段，则是通过越来越客观化的考试制度来选拔官员，这样其实就是更重学问和文采而非人品了。但是，这种学问是一种人文的，而且是以儒家的道德经典为核心的，所以，道德又还是发挥着一种主要的引领、熏陶和感化作用。人文学问更依赖个人的天赋和才情，而不是更依赖于知识的灌输和训练，道德则对规范统治阶层和塑造其整体面貌有一种主要的意义。

所以，自此以后两千多年，"公卿大夫士吏彬彬多文学之士矣"。而且，也的确包括不少道德君子。另外，由于道德人文的努力不太依赖于出身、经济等外在条件，本属下层的人们也可凭努力取得成就。所以，士大夫也"多出草野"，经常有一半以上的统治阶层来自社会的基层，尤其来自农民子弟。由此，中国在世界诸种文明中就决定性地走上了一条自己的道路：它更重视文治而非武功，更依赖德行与学问而非血统与暴力。它是以和平的途径，而且是以文化修养为标准来解决权力的延续和更迭，这与古代其他一些文明要么权力世袭，要么采取粗暴甚至怪诞的强制方式形成鲜明的对比。[23] 当然，如果说提出和推行上述政策建议的董仲舒（更不要说汉武帝）当时完全意识到了自己行动的意义，肯定是不确的，但这些举措的确开启了后世新的制度与社会类型的先河。

故此，我们也可以说，经过周代数百年的发展，更通过孔子及儒家的发扬光大，"周文"最后在制度上基本落实于"汉制"。"汉制"是"周文"与"秦制"的一种结合，它在原先的制度上吸纳了"周文"，使之成为一种政治精神和灵魂性的东西。

我曾尝试用"三种传统"来描述影响、塑造和制约当代中国的三种主要力量，其中，在改革开放之后开始的、变化迅速的"十年传统"（Decades Tradition），主要是以全球化和市场化为标志的，关键词是"全球市场"；从近代开始的"百年传统"（Century Tradition），主要是以前期启蒙和后期革命为标志的，关键词是"启蒙革命"；而对"千年传统"（Millennium Tradition），即中国数千年的历史的主要文化和制度特征，我认为可以用"周文汉制"这一对关键词来概括。

所谓"周文"，就是从西周"尊尊、亲亲、贤贤"的礼制文化发端的，主要以春秋孔子为代表的儒家文化。孔子整理古代经典，推崇六艺、周礼，相当全面和充分地吸收周人的文化，且又加进"仁为礼本""为己之学"以及"有教无类""学而优则仕"等"开放的贤贤"的许多新内容。而战国时期，在列国纷争、尚无文化统制的情况下，还出现了诸子百家思想争鸣的盛况，这些也都可以包括在"周文"的大范畴之内，是"轴心时代"的伟大精神创造。但如果从政治文明的角度看，"周文"还是以始终重"学"的儒家为主要代表，而在后世两千多年的中国思想文化中，儒家文化也的确占据着主导地位。

所以，我们很难说日后两千多年的传统中国"皆秦制也"。在延续了两千多年的制度的建设上，秦王朝至多只是完成了一半工作，即在一个统一大国的"郡县制"基础上建立了一种官员制度，但并没有解决如何良性地延续和发展这一制度的问题；而在精神文化方面，则更是丢掉了比较适合于长治久安的"周文"的灵魂。所以，成为后世典范的比较完整的政治制度和文化结构，实际是到汉代，尤其是从文景之治到汉武帝期间形成的。一方面，汉代推崇儒学，重新拾起和发扬"周文"，甚至进一步地实现"周文"。当然，"周文"本身也有调整和变化，在后世也的确更多地在精神文化领域起主导作用，比如，王族贵胄的"亲亲"就退出了政治领域，结束了西周的封建制度。但另一方面，汉代也致力于儒家所发扬光大的"周文"理念，最重要的则是开始实行制度化的选举，逐渐使统治阶层的来源向全社会开放，从而走出了一条政治文明的新路。

秦朝虽建立了一个强大的统一国家，但这一统一只是对"战国"而言，在此之前的夏商周三代，中国也是基本统一的，只是方式相对松散、有些方面类似于现代的联邦而已。秦朝不同于它们的，只是在战争中铸就的更为强大的国家能力和高度的中央集权，包括它在统一后明确选择了非封建世袭的郡县和官员制，故而，它的确曾经是一个强大的国家，但不是一个长治久安的国家。它没有确立一种比较合乎人性和人道的统治思想，反而继续迷信暴力专制，以打天下的方式来治理天下，很快便分崩离析。而后来的西汉"更化"，则听从儒家建议，采用儒家思想解决了制度和文化建设的两大问题。所以，我以为比较合乎事实的说法是，传统中国两千余年非"秦制"而"汉制"也，且是经过了"周文"洗礼和落实了"周文"的"汉制"，或者也可以说是一种秦制与"周文"的结合，且"周文"在其中起着一种精神主导的作用。从而，这也就是一种以"圣"（高尚道德）来约束君臣，试图建立以人文君子和贤能之士与君主共治天下的政治秩序。

总之，虽然经过战国时代的激荡和曲折，古代中华文明的政治秩序终于还是回到了它的常规。这种久常的类型，我将其称为一种"圣贤政治"，亦即，一种受道德约束的精英政治和等级秩序，一种回顾中的"圣王"与强调道德人文的贤能政治相结合的秩序。

但是，中国传统的理想是向后看的，所以，对于后来的君主，儒家并不轻许为"圣王"，至多是将其认作"明主"或"英主"。真正被儒家视作"圣王"的，只是很少的几位——五帝中的尧舜和三代中的"三圣"（周文王、周武王和周公）；而孔子则被儒家视作第一等的、作为"素王"的"圣人"。也就是说，"圣王"是一种理想，而且是放置在过去的理想；如果说它也是一种乌托邦的话，它只是一种逆溯的，并不准备以强力实现的乌托邦。但我们不可不注意的是，这一理想对权力还是有一定的引导或限制作用的。虽然有的学者批评说，在现实政治中，真实的"由圣而王"是极罕见甚至不可能的，而名义上的"由王而圣"（通过权力而给自己加上"圣"名）倒是很有可能的，但无论如何，"圣"还是构成一种道德的约束，或者说，它更像是起一种形容词的作用。

而在"任贤"方面，后世的中国倒是相当成功地实现了一种通过稳定的察举和科举来选贤举能的"贤能政治"。这种"贤能政治"和世界上其他地方的"贤能政治"很不一样，它是和平的、稳定的、连续的、跨越朝代的；它也是特别重视道德和人文学识的，虽以道德为核心，但人文的各种形式在中华历史上也有各自独立且蓬勃的发展，尤其表现于文学与史学的繁荣与灿烂。

第四章

民主政治与卓越中道

除了中华本土的政治与精神文明，在早期的域外文明中，我选择将古希腊城邦雅典的民主政治和精神文化作为另外一种类型以参照。这首先是因为，雅典在公元前 700 年到前 500 年之间的民主历程堪称典范，其所达致的民主政制更是非常彻底；其次，它还伴随着精神文化的繁荣；再就是，它有相当丰富和可靠的史料和二手研究；最后，也是最重要的，民主的政制在现代成为主要的潮流，大行其道，对我们思考和写作"下编"帮助甚大。

民主政治并不是古代政治文明的常态。大约 5000 多年前出现的苏美尔城邦可能是人类史上最早的政治秩序。它并不是民主制的，而是政教合一、神授王权。它也有官僚机构，由一个掌握文字和算数的少数群体协助王权。后来的埃及王国，以及在两河流域不断更迭和收扩的亚述帝国、犹太王国和波斯帝国，也都实行一种君主的集权制度。

观之于古代文明史，古希腊城邦，尤其雅典的民主制度，其实是一个例外，且只是在 3000—2500 年前左右产生和发展。它真正的盛期大概只有百年。希腊的诸多城邦，虽然都程度不同地存在民主制因素，但历史上也还有过君主制和僭主制，以及贵族制和寡头制，包括雅典也是如此。不少城邦实行的可以说是一种混合政制。在希腊之后，古代罗马的共和国也难说是一种民主制度，而更像是一种贵族权力主导，辅以民众权力制衡的共和制或混合政制。

现代民主政治立足于政治平等的价值观念，不过在古希腊人那里，还有一种源远流长的追求卓越的传统。平等和卓越之间肯定存在着紧张，但是同时也重视平衡和中道的希腊人，却利用这种张力，通过对卓越的追求推进了民主，也曾在民主中依旧保留了一段时间的卓越，乃至创造了灿烂的精神文化。

本章就以雅典为中心，阐述这一奇特的过程。

一　在卓越中演进民主

英国古典学者基托曾经谈到，古代雅典取得的政治和文化成就是"奇迹"，但又是"自然的"。[1]我在这里试图探讨这种"奇迹"的一些"自然之理"；当然，我还是主要在价值论的层面思考雅典的民主，即考虑推动民主的主要价值动力是什么，民主又促成或保持了一种什么样的精神文化。

雅典演进民主的过程，是一种历经近两百年的、比较坚实的缓进，避免了大而持久的流血动荡，基本上保持了和平，却又把民主发展到一种非常彻底，乃至今天范围已广大得多的现代民主也无法企及的程度。[2]在雅典，最高的权力最后非常平等地为所有公民执掌，不仅是"多数裁决"，更有"轮番为治"。那么，这种彻底的民主是何以产生和演进的？在这一演进过程中，志在卓越、本身的能力和影响也足够卓越的少数政治家，又与民众各自起了什么样的作用，扮演了什么样的角色？[3]为什么在雅典民主的上升过程和巅峰状态中，都是一些家世优越乃至累世显赫的贵族成为民主的领袖？[4]以及，少数个人对政治上

的卓越的追求，与公民群体对政治上的近乎绝对平等的诉求，这两者
为什么竟然能够长期且相当好地共存甚至协调？

先说"卓越"。这里的"卓越"基本上是在基托的意义上使用的，
或者说更加扩展。基托说：

> 希腊人不会认为自己仅是处于某种固定环境中的存在物，
> 而是从最广泛的角度来设想自己作为人的种种可能性。……他
> 们称他们的理想为"阿瑞忒"（arete），……我们将它翻译为"德
> 性"（virtue），结果是令其丧失了所有的希腊风味。至少在现
> 代英语中，"德性"完全是一个道德方面的词；而与之相反，"阿
> 瑞忒"这个词被普遍地运用于所有领域中，其含义简单说来就
> 是"卓越"（excellence）。它的用法可以由其所处的特定上下文
> 得以限定。如一匹赛马的"阿瑞忒"在于它的速度，一匹拉车
> 的马的"阿瑞忒"在于其力量。如果这个词用在人身上，在一
> 般的语境中，它意味人所能有的所有方面的优点，包括道德、
> 心智、肉体、实践各个方面。[5]

也就是说，这种"卓越"虽然包括道德的"德性"，但又绝不仅
仅是道德的"德性"。它是要使"人之为人"的可能性发挥到极致，
使人达到尽可能的高度。它并不完全就是一个褒义词，尤其在政治上。
这里"卓越"的含义可能包括：地位和能力本身的优越；作为一个价
值目标的卓越；最后也的确达到了某种"卓越"，即对社会有相当重
大的影响，产生了重大的结果。但它其实不仅可能产生好的结果，也
有可能产生坏的结果。[6] 作为一种价值目标，在追求和欣赏"卓越"
的人们看来，"卓越"自然是好的，是值得追求的。但"卓越"的主
客观因素在各个人那里的组合或者组合的程度也是不同的：有的人社
会地位和财富更优越，有的人政治抱负更优越，还有的人则是两方面

都强，或者，本有多方面的卓越，但政治企图心反而较弱，却被政治推到了首屈一指的位置，比如梭伦。

　　或许我们可以简要通俗地说，"卓越"在这里的意思就是"出众"，即突出于大众，做出多数人做不到的事情，产生多数人产生不了的影响。从技艺或领域的角度来说，"卓越"就是尽量做到各种技艺或领域内的"最佳"或"影响最大"，或者做到某个群体的"最好"、最为重要或最引人注意。在多数中常常是安全的，但只有在少数中，在很少数乃至最高一人中，才能引起最广泛的注意，或者说获得最高的"荣誉"或"声名"。

　　我这里主要谈政治上的卓越，而且是民主政治中的卓越。在一个民主社会中，政治上要做到"最好"或"最成功"，往往要通过面向大众、吸引大众才能做到。这样，要突出于大众恰恰要通过融合于大众，服务于大众，哪怕这对有的个人只是一种表面的姿态。对真正的民主政治精英而言，他们绝对不能够脱离大众，更不能敌对大众。脱离和敌对大众就是他们的失败甚至死亡。这样，民主制度下的卓越就必须是"在众"，而卓越却意味着"出众"，这两者之间肯定会有一种紧张，甚至很难兼容。但为什么雅典人却在民主政治和卓越个人两方面都创造出了"奇迹"？

古希腊人的观念

　　雅典的民主与卓越的关系，需要在整个希腊的文化背景和价值追求中来考虑，亦即，雅典这两方面的光荣不可能脱离整个希腊民族及其早期的历史来阐述。

　　公元前7世纪以前，雅典在希腊诸城邦中并不突出，但在其后的两三百年里，雅典却在某种意义上变成了民主政治与卓越文化的"首都"和"学校"。这一切是怎么发生的？希腊文化为雅典注入了怎样的活力和价值源泉？

2800—2700 年前，开始结成城邦的古希腊人所接续的是一些"中断的文明"，所面对的是一个"纷纭的世界"。在那些土地上，曾经有过灿烂的文明，但又湮没无闻，直到大约公元前 8 世纪，希腊人才又重新根据腓尼基字母创造自己的文字。但他们所面对的地中海世界，却确乎是近代以前最接近于一个世界的"世界"。

希腊人主要受两种精神文化的哺育，一是希腊神话，一是以荷马史诗为代表的一系列史诗。两者又常常糅合在一起。而无论是其中的神或人，又或者半神半人，几乎都有一种争强好胜的性格。希腊神话中，不仅有具备各种才能和志趣的神，就是其中的半神半人和人类也是如此，除了像战斗、计谋方面的英雄和出类拔萃者，还有诸如能工巧匠代达罗斯、德性的卓越者菲勒蒙和包喀斯等。雅各布·布克哈特写道，在希腊神话中"已经建立起来而且到很晚的时候还一直起作用的希腊人生活的一个基本原则是：'要一直做最好的，去超越他人'"。[7]

在那个战争比较常见的时代，最普遍的自然是与追求自由联系在一起的勇敢的德性，而且不仅要勇敢，还要战而胜之。膂力过人、武艺超群的胜者，会得到更高的赞赏。还有一种主德则是正义，这里的正义主要是"报的正义"，报答朋友或报复仇敌。在《伊利亚特》中，无论是阿喀琉斯（勇敢仗义、作战能力杰出），还是奥德修斯（足智多谋），以他们为代表的几乎所有英雄都在追求卓越。这些史诗和神话传说，通过游吟诗人，在希腊广为传播，成为希腊人的基本教育材料，甚至不识字的人也耳熟能详。亦如布克哈特所言：

很早以前在荷马史诗当中存在过一种优雅，以一种最高贵的美感为形式。希腊人确信，他们听过诗人的歌声的祖先们一定能够从道德上理解人类行为中那些最好的和最值得称道的东西。这自然会影响他们当中那些最优秀的人；其他人则恪守着一般的生活方式，这就是在城邦政体的影响下生活。[8]

奥林匹克等赛会兴起之后，吸引了无数的希腊人同场竞技，争取桂冠。在注重"万物一体"和个人的统一性与完整性的希腊人那里，体育不仅是体育，更是整个人格和精神的体现。他们最在意的并不是不断地刷新和打破纪录，而是展现人的全面优秀。所以，并没有专业的运动员，只有"业余的"（amateur）参与者。的确，夺得桂冠者总是很少数，但即便大多数人做不到卓越，也能欣赏和鼓励卓越——希腊人给予竞技的优胜者以极大的荣誉。当然，战场上的勇者和胜利者更会得到普遍的赞誉。

不过，我们要看到，对卓越的追求在古代社会并不是陌生的（相反，倒是在现代社会显得比较陌生或单一）。在其他的古代文明（如波斯、埃及文明）中，也普遍有一种对优越的追求，那么，古希腊人有什么特别之处？

希腊人对卓越的追求是多方面的，要实现各种人（及在各种技艺上）的优秀和"德性"，而这些优秀和德性也并不完全处在同一个等级；在希腊人的价值观念体系中，还是有一种先后次序乃至高低不同的分类的。布克哈特列举了古希腊人的多种价值追求，从比较一般的"幸福""福分"，到比较具体的荣誉、声名、财富、权力、健康、俊美、友谊，等等；但在他看来，"和其他的时代和其他的民族相比，希腊人的生活中把对荣誉的追求放在了更加重要的位置，天才的希腊人的目标，从荷马开始，荣誉或'对荣誉的热爱'（philotimia）就是'永远处于第一位的和最耀眼的'"。[9]

在荷马史诗以及其他历史文献中，我们经常看到，当一个人物出现的时候，都要介绍说他是谁的儿子。他们都渴望着光宗耀祖，不负父辈的光荣。他们教育自己的孩子时，也总是将荣誉放在第一位。在

《奥德赛》中,涅斯托尔呼唤着雅典娜:"尊敬的女神主,请你广施恩惠,赐给我和我的孩子们及贤惠的妻子崇高的声誉。"[10]

财富固然重要,但古希腊人并不想以之为最高目标,无止境地追求财富。"中等财富是最好的"是一句出自贤人们的著名箴言。如布克哈特所言,在梭伦的诗歌中,首要的是 Olbos ("幸福""福气"或"财富"),接着则是声名、朋友的爱和尊重,财富在这幸福中的分量却越来越弱化了。

> 如果一个人发达了,在他的家里有万贯家财,但没有高贵的雄心壮志,那么我就不会称之为有福气的人,他只是一个生活舒适的守财奴罢了。(欧里庇得斯《安提俄珀》)[11]

也就是说,在希腊人那里,除了追求卓越,还有一种对平衡、匀称、节制和中道的重视。德尔斐神庙有两条铭文,一条是"认识你自己",另一条就是"不走极端"。"认识你自己"也意味着认识自己的可能性和限度:要努力争取实现自己的最好可能性,但还是要知道自己的限度。而"节制"也被视作古希腊的四大主德之一。希腊人强调中道并不是说他们不知道极端,而恰恰是因为他们知道自己容易走极端,容易追求极致,所以才更需要考虑节制与平衡。[12]希腊人的"中道"是一种"叩其两端而执中"的中道。

所以,完整地来说,古希腊人的主流价值观是中道与卓越。中道,首先是一种平衡,这平衡的其中一个意思是说人的比较全面的发展,正所谓"君子不器",只是单纯一项技艺的娴熟甚至是奴隶的事情。当然,这平衡并不是平均。"周文"兴起之后,古代中国人的主导价值观是追求道德与人文,这也是一种对卓越的追求。而古希腊人对卓越的追求,显然比古代中国人更为广阔,而且还长期尚武而非尚文,其道德的含义也不那么明显。荷马史诗把最多的赞美给了勇敢的德性，其次给了智谋。后来，古希腊人则更加重视作为优秀公民的卓越，到了柏拉图那里，就是智慧最高了——亚里士多德也是将哲学的沉思看作最高的德性和最大的幸福。

总的来说，古希腊人几乎是同等重视智慧和勇敢以及各种各样的优越，或者在它们之间始终有一种平衡。他们歌颂战斗中的英雄，但也颂扬智慧的贤人。此外，也还有许多其他的德性得到颂扬：伟大的公民，卓越的领导者，公正者，廉洁者，慷慨者；坚守关隘而死的三百斯巴达壮士；以及从马拉松跑回来，报告完胜利消息即力竭而死的传令者，都被视作卓越。奥林匹克赛会的被颂扬者，不仅有那些夺得各种优胜奖项的人，也有经长途跋涉将自己的母亲拉运到赛会观看的孝子。

中道还意味着节制，不走极端；甚至，对卓越的追求也因此受到一些限制。就像上面所说的赛会的优胜者不会不计一切地争取桂冠，爱好音乐者也不会单一地只是将技巧推到极端。当然，最重要的是，古希腊人也意识到人性的限制，对人能做到什么还有一种清醒的认识：人是介于诸神和野兽之间的；人不可能成为神。他们尽管热爱自己的城邦，但也并不认为它是或者期望它成为人间的天堂。乌托邦在他们那里没有存在的位置。他们也意识到，甚至在追求卓越时也要保持节制，首先是手段的节制，不能为了取胜就采取不正当和不名誉的手段。人要有自律才能有自由，而自律首先就是遵守法律。他们引以为豪的文明也是要在自我节制中才能发展和繁荣。当然，希腊人并不总是记住这些道理，雅典最后卷入战争并随之衰落就说明了这一点。

在希腊人那里，还有一种深沉的命运感。命运也是限制。古希腊的戏剧尤其突出了悲剧性"命运"的概念。英雄并不总是成功者和胜利者，有时恰恰是不幸者和失败者。当然，英雄更可能是死者而非生者。这也是一种对卓越的限制。他们会希望规避不祥的命运，但不会像一个胆小鬼那样做，如果灾难就是发生了，他们也会坦然接受，不去怨天尤人，而是与自己所必须承担的命运和解。在他们看来，这悲剧性的命运也是一种责任乃至使命。他们并不想要廉价的快乐和幸福。他们甚至认为，神灵赐给他们运气和福分的时候，也常常会将祸患降临给他们。就像《伊利亚特》中，阿喀琉斯从一开始就表现出对阿伽门农的强烈愤怒，但他还是克制了自己，没有对他拔刀相向。他也知道，倘若自己全力投入战斗，将会丧失自己年轻的生命，但他并不畏惧，而是宁愿轰轰烈烈而死，也不平平庸庸而生。[13]

另外，除了荷马史诗和希腊神话中追求卓越的思想，古希腊还有一种思想传统，那就是赫西俄德这个倔老头的坚守常识和本分。他对人类历史的看法是悲观的，认为人类经历黄金种族、白银种族、青铜种族、英雄种族而到了现在悲惨的黑铁种族。自宙斯让潘多拉打开盒子，人类就陷入了对各种欲望的追逐之中，从而产生了许多悲苦和不幸。神的意愿正是压抑高傲者。但赫西俄德并不主张人放弃自己的努力，而是要在自己的本分中努力。他反复叮咛，不要把心从工作中移开而去注意法庭上的争讼。不论你的运气如何，对你来说，劳动都是上策。饥饿是懒汉的亲密伴侣。活着而无所事事的人，会遭到神和人的痛恨。倘若你心里想要财富，就该如此去做：劳动，劳动，再劳动。天天早起，今天的事不要拖到明天。完婚别太早也别太迟，娶到一位贤惠的妻子胜过获得其他任何东西。人还要倾听正义，完全忘记暴力。善待邻居，邻居对你有多好，你也应该对他有多好，如果可能的话，还应更好些。永远不要随便责备一贫如洗、苦受煎熬的人。人类最宝贵的财富是一条慎言的舌头。尽管希腊人也是一个航海民族，但赫西俄德重视的是农事。他劝告不要做不舒适的远航，而是妥当地安排农事，出力耕耘、播种和收获，让谷仓及时填满粮食。把握好尺度，在诸事中，适当是最佳原则。最大的快乐是有分寸的活动。人要做自己本分的工作，不冒犯永生的神灵。除了对神的虔诚，赫西俄德的箴言颇像中国的《增广贤文》，也和富兰克林《穷理查年鉴》中的那些格言类似，说明了这类基本的生活和道德常识的普遍性。

希腊人还追求自由，尤其是城邦公民的平等自由，这是他们的一个特性，甚至成为他们划分自己与蛮族的一个标志。在他们看来，只有在自由中，卓越才能得到训练、培养和充分展现。基托谈到古典时代的希腊人将人类区分为 Hellenes（希腊人）与 barbarians（蛮族）时认为，这里的"蛮族"并没有现代意义上与"文明"相对的贬义，不涉及厌恶或蔑视，也不意味着非希腊人就没有取得辉煌的文明成就，而在于，他们认为希腊人是自由的，非希腊人则总带有某种被奴役的印记。换句话说，"希腊人在灵魂深处觉得专断的政府对他是一个冒犯"。[14] 而追求自由也就意味着不将奴役他人的权力视作首要的追求，这和许多专制的国家很不一样。虽然阿喀琉斯对阿伽门农有着强烈的不满，但他丝毫也没有想过夺取其统帅权力（"彼可取而代之"）；他是为荣誉而战，为友谊而战，为复仇而战。

这种自由也与古希腊人对个人与城邦独立的热爱紧密地联系在一起；希腊人是如此热爱他们的城邦独立和自由，不管这城邦多么小。这从宁死不降的米洛斯人身上也可以看出；对希腊的各个小城邦来说，他们并不羡慕大邦的荣耀，而更珍视自己的小城，珍视自己的独立和自由。所以，组成一个城邦联盟是可能的，但统一为一个强大的希腊国却是几乎不可能的。他们甚至都没有这样的意愿。因为倘若如此，则意味着需要改变城邦内部的政治体制，而这是连在联盟中称霸的城邦也不愿意的。

当然，这种政治独立和自由在邦国之间并不总是平等的，但在城邦内部是平等的。在政治上，不平等也就无以言自由。可以说，也正是这一价值追求，构成了发展民主的强大动机和必要条件。诚如库尔特·拉夫劳伯与罗伯特·华莱士两位学者所说：

　　　　以某种方式存在的早期政治与军事平等，公民（特别是"中间阶层公民"）的个人独立与自治，希腊人对让自己受赞助人、领主、滥用权力的贵族支配的拒绝，个人意见与选择的公开与宽容，与一种强烈的平等主义的对共同体的承担相称的个人自由，所有这些要素都植根于希腊民主的根源处。它们都是发展为后来最终的民主的必要的虽非充分的条件。[15]

其中尤其重要的是自由。如前所述，公民平等与个人卓越这两种价值追求是容易发生冲突的，而正是仰赖自由为中介，我们才得以沟通两者和寻求平衡。这里的自由，主要是指普遍的政治自由，它给了所有公民以平等和尊严，也给了卓异者以机会和荣誉。这种自由主要或首先是指政治领域内的自由，在这个领域内，自由和平等其实是等同的。[16]可能马上会有人批评说，希腊城邦不是也有过王权、僭主和寡头统治吗？但是，这种君主或僭主显然没有东方君主那样的专制权力，他们更像是贵族的或平民的领袖，有时比民主制下的领袖还更能认识和迎合民意，而且后来也基本绝迹。希腊的寡头统治，则只是相对于彻底的民主制度而言，保留了元老的一部分权力而已。其实，它们更像是一种混合政制，而且还受法律的统治——法律面前人人平等也就许诺着公民自由。以斯巴达为例，它的国家大事其实是要通过公民大会的辩论由多数来决定的，而国王主要是作为战时的世袭军事指挥官起作用，甚至在征战时还要受监察官的监督，其权力甚至还有不如雅典那种可以涉政的常任"将军"之处。

的确，在希腊人的价值观念中，没有给予怜悯很重要的地位，也似乎还有着比其他古代民族更多的矛盾。比如，既有对自己的高度责任感[17]，但也高度关注他人的评价（突出地表现为荣誉感）；追求优越，也注意节制、平衡和中道；希望在某一方向或领域中做到最好，却又渴望个人人格的全面性与统一性；有昂扬的斗争意志，也有对命运的深刻体认与和解；追求平等自由，同时又追求个人的卓越。它们是矛盾的，容易冲突的，但也有着巨大的张力和深度，从而使人的追求更加丰富和多面，并源源不断地给人们提供强大的动力来创造"奇迹"。

雅典的民主历程

公元前594年，梭伦改革，标志着雅典民主奠基；前508—前507年，在梭伦改革的基础上，克里斯提尼又一次实行社会改革，标志着雅典民主成形；前322年，被马其顿征服，则标志着雅典民主政制的结束。这中间，雅典民主大概经历了近百年的准备和演进、六十年的辉煌和百余年的余晖。

我们这里稍稍追溯一下信史之前的雅典建国传说。据普鲁塔克《希腊罗马名人传》首篇《忒修斯》的描述，是忒修斯集结了阿提卡一带的居民，在卫城山上建立堡垒并给城市取名为"雅典"。虽然准确的年代或难以确定，也不一定是忒修斯一人所为，但它还是反映了雅典建立为一个大城邦的起点。忒修斯走遍了各个部族和城镇，以安抚和说服的方式努力使大家团结起来成为单一城市的民族。当然，这后面也有他的权威和权势，但他许诺削减王者的权力，说他以后的职责仅是战争的指挥官和法律的保护者，其余的事项由公众决定。他兴建了一个公有的市政厅和大会堂，规范了共同的节庆和祭祀活动，还邀请外乡人来加入城邦，但将人们区分为三个截然有别的阶层，那就是贵族、农民和工匠。"贵族居有的优势是地位，农民是利润，工匠是数量。"[18]

虽然亚里士多德说忒修斯倾向于民治政府，但正式开启雅典民主之路的是梭伦。公元前594年的梭伦改革，首先是要解决最迫切的贫富差距，尤其是负债的贫民变成奴隶的问题。这就不仅是经济问题了，还是政治问题。梭伦首先颁布了"解负令"，废除一切债务，解放一切因为债务而成为奴隶的人们，且以后不允许再因为经济债务而剥夺一个人的自由。不仅如此，梭伦还考虑到长远的政治架构，重新按照财富的等级规定了政治上的权力：所有公民，包括最低的日佣等级，都获得了选举权，但只有比较富裕的三个等级（五百斗级、骑士级和双牛级）有担任官职的被选举权，最高的官职则只从最高的等级中选举。这的确还是不完全平等的，比起过去却是一大进步。原来主要是按照不可改变的家族血统来分配政治权力，现在却是按照可以改变的财产。这样，随着社会富裕程度的增加甚至某种"通货膨胀"，所有人就都有机会进入政治上层。梭伦还创立了四百人议事会，由雅典的四个部落各选出一百人组成。他还设立了民众法庭，认为行政官员判决不公的人有权向民众法庭上诉，每个公民也可以就公共事务向民众法庭提出控告。这些都是未来民主可以发展的基础要素。

　　但是，梭伦也拒绝了重新分配财富和土地的要求。他说他力求在穷人和富人之间保持平衡、适度和中道。他主要是通过法律来解决问题——他利用当时赋予他的极大的优越地位和立法权力，制定了这些法律。不久，他就离开了雅典到国外游历。据说，这是为了避开想要他朝着对自己有利的方向改变法律的政争各派，因为雅典有一条只有立法者才能改变法律的规定。当然，这其实是对法律传统的尊重，甚至此前严酷的《德拉古法典》也增强了这种法律的威严。总之，在梭伦离开之后，虽然还是有党争，甚至有两年没有选出执政官，但基本上还是贯彻执行了梭伦的政策。

　　公元前561年，在一场不乏阴谋、欺骗和强力的政变中，被称为"山地党"一派的领袖庇西特拉图战胜了他的竞争者，成了雅典事实上的僭主。他是以僭越的方式夺得政权的，却没有以僭越的方式进行统治。他仅仅是设法保证自己的支持者能当选为执政官。他虽然也力图在各方之间协调，与其他贵族和解，但他的政策还是明显更倾向于普通民众的。他处理国政比较温和宽厚，拨款借贷贫民，设立地方巡视法庭，包括自己也经常下乡处理争端，所以颇得民心，两次被驱逐又两次都能回来。他也确定了荷马史诗的地位，使这一史诗广泛流传。他和他死后执政十三年的儿子希庇亚斯基本上维护了梭伦的法律，保障了城邦的秩序和稳定。

公元前510年左右，僭主政治出现了危机，斯巴达派兵推翻了希庇亚斯，但接着又出现了党争，出身于贵族世家的克里斯提尼依靠普通民众的力量取得了胜利。由于历史资料的限制，我们对克里斯提尼的个人情况了解不多，但他的家族一直是很有名望和权势的，乃至能和僭主分享权力——其父亲曾经驱逐庇西特拉图，又设计欢迎他回来，因为自己还有其他的贵族政敌。克里斯提尼自己曾担任庇西特拉图死后的首任执政官，后来在推翻僭主之后，也是因为要和政敌竞争，感到力量不够就转向诉诸人民的力量。他在公元前508—前507年创立了一系列新的立法，以"demo"（村社）为基础，将原先的四个大部落打散重新划分为十个部落，而且每个部落都是由互不相连的沿海、山地与平原三个区域组成。他又将四百人议事会扩大为五百人议事会，由每个部落抽签选出五十人组成。这样，部落就变小了，而且不容易集合起来，无疑可以防止任何一个部落坐大，再加上制定了"陶片放逐法"，可以经过公民投票将最具有政治优势或威胁性的政治家放逐十年。

这些均是可以防止僭主、单个或几个贵族联合攫取权力的措施。正是在这些意义上，克里斯提尼的改革意义深远，从根本上倾覆了僭主或贵族统治的根基。后来，伯罗奔尼撒战争时期的"四百僭主"、战败之后"三十僭主"的尝试，即便有外力支持也很快失败，说明了民主制度经过一百多年打造磨炼之后的稳固性。而这样的大改组竟然能够贯彻实行，可能还是与克里斯提尼的个人能力与家族势力有关——尽管据说克里斯提尼在划分区域时对自己的家族还是有照顾的，但总的趋势还是有利于民主的，甚至可以说是出于公心的。

地米斯托克利可能是平民领袖中比较少有的家世相对寒微、不那么显赫的，但他对政治与军事的权力、功业和荣誉的追求却是最强烈的。他小时候还是受过良好的教育，很早就有强烈的政治企图心，乃至对最高权力和最大荣誉的抱负——第一次希波战争的英雄米提阿德的战胜纪念碑，"使他无法成眠"。但他也的确对政治是富有远见卓识的，认为第二次希波战争势在难免，唯有大力发展海军，获得海上控制权，才能最终拯救雅典。为此，他说服雅典公民放弃劳里昂矿场的分红，用这些收益建造了一百余艘三层桨战船，使雅典战船由七十余艘增至两百艘，从而跃居海上强国。如果不是有这些战舰，他们几乎是完全无力与后来的波斯海军抗衡的。他努力将雅典人民的注意力转向发展海军，认为未来胜负的关键将是在海上；发展海军无疑也增加了雅典政治中民主的力量。还有一个结果就是，当第二次希波战争爆发，他有了再次说服雅典人撤离城市的依据，最后真的以海上力量取得了战争第一阶段的胜利。

地米斯托克利渴望荣誉，喜欢盛大的场面和富丽堂皇，但在需要妥协的时候，他也能够妥协，甚至在危急关头，为顾全大局，不惜与昔日政敌阿里斯提德和衷共济，接受斯巴达人来统领希腊海军。他非常勇敢（甚至冒险），善于抓住战机，同时也富于谋略，很会使用诡计来迷惑和误导敌人。他可能不是特别雄辩的理性说服者和演说家，但他善于运用奇迹和神谶的力量影响民众和士兵。当胜利使他得到巨大的荣誉之后，有一个小城邦塞瑞法斯的人说他如此享誉是靠他有伟大的城市，他说："是的。如果我是一位塞瑞法斯人，当然不会出名；但即便你是一位雅典人，你还是会默默无闻。"这倒是颇为准确地揭示了个人荣誉和城邦，乃至英雄和时势的关系。

但即便是这样，他最后还是被雅典人用陶片法放逐国外。他后来在波斯得到礼遇，但据说当波斯国王要征召他去对抗希腊人时，他自杀了。不管怎样，在几乎所有那些性格和才能迥异的卓越人物那里，我们还是可以发现一些共同的东西，其中最突出的，可能还是对城邦和自由的热爱。这和他们心目中的希腊与蛮族之分是分不开的。

　　伯里克利出身于雅典最显贵和有大量产业的家族。他的母亲是克里斯提尼的侄女，父亲是希波战争的功臣。他受教于第一个给雅典带来哲学的外邦人阿那克萨戈拉和音乐家戴蒙。但在民主政治下，他在家世、财富、教养和才能方面的优势可能同时也是一个劣势，一旦张扬甚至显露，就可能招致放逐。所以，他相当小心谨慎，也非常慷慨大度。他可能在暗中支持了埃菲阿尔特剥夺战神山议事会权力的行动（这些权力被分配给了公民大会及其议事会和民众法庭）。他自己的第一个公开的政治行动是控告代表贵族派的将军客蒙。客蒙当时权势最大，得到高阶人士的普遍支持，所以，尽管伯里克利的优势也在贵族一边，自己的天性也是不喜取悦民众，但他只有依靠人民的力量才有望在日后跃居高位。据说，他的财富并不如客蒙，客蒙也大量散财，颇能得到民众的欢心。这时，有人就建议伯里克利用城邦的财富接济民众以得到他们的支持，于是，他提出并实行了给参加公民大会和民众法庭的人以津贴的政策，从而使穷人也能积极参与政治。公民大会大概就是在伯里克利时期完全享有了最高权力。

　　伯里克利的权力主要是通过文武两个途径——在公民大会发表演说、在议事会发挥影响和连任十五届将军——取得和保持的。他是非常雄辩的演说家，但并不愿意频繁地演说以招致人民的恶感，而是更多地通过朋友来发挥作用。作为将军，他可能并没有最高的军事天才，打仗比较保守和谨慎，但他善于用人或者说"将将"。他也通过兴建如帕特农神庙等辉煌建筑提升雅典人民的自豪，而大兴土木的公共工程能给许多人带来机会和好处。他发展了戏剧表演，甚至为使人们娱乐还给予观剧津贴。他也懂得妥协，以城邦为重，在发生战事的时候，提出让流亡在外期限未满的客蒙回国。他后来对民众也不只是取悦、宽容和顺从，而且注意说服引导他们看到更加长远和整体的利益。普鲁塔克评论说：

伯里克利能够获得极其卓越的成就，并非仅仅靠高超的演说才华，而是如同修昔底德所说，在于一生的声望和名誉，那是品德所建立的信心，廉洁所创造的认同，以及视金钱如粪土的态度。[19]

我们这里对这些人物和卓越的关系及卓越的性质再作一点考察。

梭伦出身高贵，资产中等，看上去也并不特别追求政治上的卓越，这也许是因为他有多方面的才能，比如说，写作优美的抒情诗，喜欢游历和知识的活动等。他开始的时候是抱着勉强的态度来对待请他处理政务的呼声的，结果还是被选为执政官，并被授予超越于全体官员、战神山议事会和公民大会的全权来解决纷争和制定法律。他之所以被授予如此的全权，一定是他已经有了很大的贤者和智慧者的名声。作为希腊"七贤"之一，他已经在智慧、公正、诚实和其他方面的才能上证明了自己的卓越。他就像是《理想国》中那种不愿从政的好人，但出于对自己所生活的城邦的责任感和对穷人的同情心才毅然从政。当然，如果他执意放弃，他自己也终将受一种激烈冲突和衰败政治的损害。他力求在富人和穷人之间保持适度和中道，虽然总的倾向还是有利于穷人。最初，对于他的中道政策，富人和穷人都不满意，但他虽然温和低调，却也性格坚定，刚柔并用，一旦下定决心就会贯彻到底。而且一旦完成任务，他就不再在权力上恋栈，拒绝执掌最高权力，告别雅典达十年之久。

再以阿尔克迈翁家族为例。这是一个对公元前7—前5世纪的雅典政治，尤其是民主政治的推进，发挥了重要作用的家族，也是雅典历史上最显赫、记载最连贯的贵族家族。它的政治谱系与时间对应大致是：老墨伽克勒斯（前7世纪）—阿尔克迈翁（前6世纪）—小墨伽克勒斯—克里斯提尼—伯里克利（前5世纪）—亚西比德。

公元前620年左右，库隆试图夺取卫城做僭主。老墨伽克勒斯时任执政官，挫败了这一夺权，但是，在答应已经逃到雅典娜神坛下的库隆同党会保障他们的生命安全之后，却又杀死了他们。结果，这个背信弃义的行为受到了谴责，他的家族被判犯有渎神罪，被驱逐出境。公元前6世纪的最后十年，其子阿尔克迈翁又重新取得了他在雅典的地位。希罗多德的《历史》记述了他是怎样从吕底亚国王的金库中拿取尽量多的黄金，但这可能只是传闻。然后，阿尔克迈翁的儿子小墨伽克勒斯，娶了西锡安僭主的女儿阿伽里斯特为妻，其子则是大名鼎鼎的民主改革者克里斯提尼。而最为持久的民主领袖伯里克利，又是娶了克里斯提尼的侄女为妻。亚西比德的母系也是来自这个家族。

我们这里可以举希罗多德《历史》第六卷中记载的一件轶事来说明阿尔克迈翁家族的特点。西锡安的僭主老克里斯提尼想把自己的女儿阿伽里斯特嫁给他在希腊所能物色到的最优秀的人物，于是公开招婚，希腊各地许多对自身能力和出身门第都十分有信心的人自然都来求婚。老克里斯提尼首先仔细询问每一个人的籍贯和家世，然后把这些人留在自己的身边一年，既和个别人，也和他们全体交往，体察他们的德行、气质、教养和日常举止。结果，最使他中意的是从雅典来的两个人，一个是阿尔克迈翁的儿子小墨伽克勒斯，另一个是雅典当时最富有且风采也最好的提桑德洛斯的儿子希波克里代斯，而且他更看好后者。到了举行宴会要宣布他选择谁的那天，他让求婚者比赛音乐，并就某一题目进行辩论。饮宴正酣之际，表现远出其他众人之上的希波克里代斯命令吹笛者给他吹奏，开始尽兴地跳起舞来，过了一会儿，他还命人搬来一张桌子，又在桌子上跳了好几种舞蹈，最后还把头拱在桌子上，两腿朝天表演各种花样。这时，已经产生疑虑的老克里斯提尼再也不能保持缄默而喊道："提桑德洛斯的儿子啊，你跳得好，但也把你的婚事跳跑了。"而希波克里代斯则回答说："希波克里代斯根本不在乎！"

这两人都体现了雅典人的某些特征，不过是一些不同的特征。希波克里代斯的才能也是多方面的,但在关键的时候却没有节制。当然,他也不在乎。他尽兴,潇洒,奔放,更具有艺术家的气质。而小墨伽克勒斯显然更像是从一个政治家族出来的人,他应该也有多方面的才能,且能持重、节制、思考。

应该说,这一政治联姻对这两个家族和雅典都非常重要。提桑德洛斯家族后来几乎不再听说,阿尔克迈翁家族则名望日隆,更重要的是,对雅典民主影响最大的几个人物,几乎都出自这个家族:正式建立所有公民权利平等(isonomia)的民主改革家小克里斯提尼;将雅典民主发展到鼎盛期的伯里克利;以及才华横溢却缺乏操守的亚西比德,他对伯罗奔尼撒战争时期的雅典有很大影响,甚至对雅典的战败和衰落负有某种重要责任。可以说,这个家族的历史几乎贯彻了雅典民主兴衰的始终。

站在民主一边的贵族似乎是反对这个阶层自身,但这并不影响身为贵族的个人仍旧可以实现自己的政治抱负,成为民主政治中的卓越者和主导者。作为贵族出身的人,他们的祖先实际上本身就经历了首次筛选。没有突出的才能、优点或贡献,他们不可能成为或跻身于贵族;然后就是传承,但这种传承可能是两面的,并不总是更优,也很可能变差。这时,他们就可能要被人取代了。倘若用强力来压制"取代"反而有可能酿成造反或革命:前者是新贵族取代旧贵族;后者是民主或僭主取代贵族政制。而假如有的家族能够顺应时代潮流,又连续出了几个富有政治才华和德性的人的话,就往往能够长期地影响和主导政治。

有这些出类拔萃的人物投身和引导民主,民众与贵族同僭主的斗争就不会那么激烈和动荡,对人们的生命财产也不至于造成很大的损失,从而对民主事业也不至于构成大的伤害。在雅典民主进程中,有限的流血斗争大致如下:梭伦改革的前夕和中间,矛盾虽日渐紧张,但似乎不见有大规模暴力冲突的记载。庇西特拉图夺取政权虽然使用了诡计,收缴了他人武器,但他夺取卫城的保镖使用的只是木棒。因杀死僭主希庇阿斯之弟而被处死的两个同性恋青年,后来被誉为推翻僭主、争取自由的英雄,但据亚里士多德的《雅典政制》,他们的刺杀看上去主要源于与希庇阿斯另一个同父异母之弟的情感纠缠,是遭到侮辱而引发的个人复仇。当然,激烈行为往往会导致另一方同样的激烈。[20] 暗杀发生之后,此前已经统治了十多年,此时感到自身不安全的希庇阿斯开始了镇压,最后导致反抗的一方引入斯巴达人干预。而当驱逐了僭主的斯巴达人开始支持倾向贵族的一方,克里斯提尼则因为站到了人民的一边而取胜。此后的一百余年,雅典虽然外战频繁,但内乱几乎没有;有个别的暗杀,但是否是政治暗杀不得而知。只是到了伯罗奔尼撒战争的末期和刚刚结束的危急时刻,雅典内部围绕着是恢复“祖先政制”的少数统治还是继续保持全体公民决策的民主,出现了激烈的内部流血冲突和镇压。总的来说,在雅典民主的历程中,流血还是不多,虽然可能因此而比较缓进,但也基础稳固,即便是经历了那么多年残酷的战争且失败之后,雅典的民主也还是在公元前 4世纪活跃地维系了近百年。

没有发生大规模的流血却能达成非常彻底的民主,这在很大程度上也许要归因于最有可能反对民主的力量——贵族中的一些最优秀的人——站到了民主一边,并且是由他们来领导和节制民众。另外,这一比较和平的过程也和雅典民主进程的另一特点有着密切关系,即在这一民主进程中,对雅典人而言,无论上层还是下层,并没有一个预先的民主理想蓝图,甚至没有专门的民主理论,就像汤因比说的,重要的是解决和回应社会中出现的严重问题和环境危机。在这里,没有高调理论的先行,有的只是经验的长期累积和谨慎的反省。

而在这一回应挑战的过程中,雅典人对自由的热爱,对伟大城邦的珍惜,对好的生活的希冀,对卓越的追求,对民众的同情心,对平等自由的正义感,既斗争又妥协的策略,既坚持自己一方的利益又不破裂城邦的基本共识，还有对法律的普遍尊重，等等，[21] 所有这些因素都起了作用。幸运的是，在这所有问题和动机的交织中，雅典人做到了一种恰当与适度的平衡，从而造就了雅典的辉煌。

在雅典的民主进程中，民众与政治精英都是不可或缺的因素，是他们合力创造了历史。但我们还是可以说，政治家在其中扮演了主角，起了主导作用。而民众，则是基础，或者说主力，尽管他们不可能留下自己的名姓，却通过持续给政治精英施加压力，有时甚至是坚决地反抗或抵制，迫使政治精英必须正视自己的力量。但他们所起的仍然不是主导，也即不是设计和建立制度的方向性作用。民众更不可能是舞台上的主角，主角只可能是少数人，甚至很少数，乃至有时只有一个，整个时期或时代都以他的名字来命名。这当然有功劳或罪过都归于一人的"简化"，不会是完全真实的，但我们还是可以说，变革的方向，变革最后呈现什么样的面貌，尤其是落实为什么样的制度，和领导变革的这少数人（政治精英）更有关系。

尽管如此，我们还是要说，这一民主进程是客观的"演进"而非主观的"推进"。民主领袖的动机和目标并不全然都是要推进民主，而且，他们（作为卓越者）尽管常常表现出一种远见卓识，但也并不全然清楚自己所做之事的全部意义或长远结果。其实，他们最直接的动机可能也就是追求个人在政治上的卓越和事功，或者为了解决城邦当前的紧迫问题，当然，也不乏对城邦的热爱、捍卫和促进公益的正义感以及对弱势者的同情。作为平民领袖，在雅典民主兴起的前后两端的梭伦与伯里克利，应该说是相对最为智慧和公正的了。但是，梭伦不做僭主，固然有为了城邦但也未尝没有个人的考虑——对他来说，僭主的地位易进难退。与其说梭伦改革的主观动机是追求民主，不如说是追求中道。而伯里克利选择站在民众一边，其实也是有和政敌竞争的考虑，虽然这些都是不可以苛责于前人的。

我们说政治精英起一种主导的作用，并不等于说他们就是民主的主因。在因果链条中，还有各个时段的各种不同环节，还有一系列的偶然性；但是，在这些偶然性后面，的确有长期的变化趋势和力量在起作用，比如经济的发展和军事力量的变迁，尤其是后者，在一个最后还是以力取胜、战争频繁的时代，军事力量的主体是哪些人对政治的影响很大。对雅典人来说，军事力量的主体（战场的决定因素）渐渐从最早人数较少的骑士，到人数较多的重装士兵，再到水兵，也推动了从贵族到有限民主再到彻底民主的变化。当然，还有雅典乃至希腊人普遍热爱自由的传统。再追溯远去，则和希腊的自然地理有关，比如，依托山地与面向海洋的环境，适合户外集会的整年温暖气候。

平等、自由与卓越

对雅典民主政制后面的主要价值动力，我们还可以通过伯罗奔尼撒战争初期伯里克利在阵亡将士葬礼上的演说来作进一步分析。他的这篇演说可以说是对雅典所取得的成就及其原因（雅典人特性）的一个概括。

在演说中，伯里克利谈得最多的优秀德性还是勇敢（这可以理解，因为这是在战争时期，尤其是在阵亡将士的葬礼上发表演说），但他也反复谈到了自由、自由城邦，而这是更为根本的。并且，他还说明了自由和勇敢以及幸福的关系："要自由，才能有幸福；要勇敢，才能有自由。"人都追求幸福，但在希腊人那里，自由是幸福的核心要素，而勇敢是争取和保卫自由的一个前提。毫无疑问，这种自由必须是平等的，且首先是一种政治性的自由。所以，他会强调雅典人的先辈传承给后人的是一个"自由的国家"，政治生活是自由而公开的，所有公民在法律上都是平等的。

伯里克利在演说中没有谈到自己，也没有具体谈到以前的卓越者的贡献。[22] 在我看来，在雅典民主的进程中，实际有两种主要的价值追求，一种是比较显性的、对平等的政治自由的追求，一种是比较隐性的、对个人卓越的追求；且后一种其实更早就比较持久地存在，前一种则在民主进程中逐步加强。雅典人将追求卓越与追求平等这两方面的外在成果发展到了极致，前者的表现是包括政治、艺术、文学在内的最广义的文化杰作，后者的表现是一种彻底的民主制度。

这两种价值追求本来是冲突的，比如在现代社会，对卓越的追求甚至会被对平等的追求完全淹没而"失声"。当然，对卓越的追求即便在舆论上不显，也还是会始终存在。另外，一种彻底平等的政治自由可能会对其他方面的自由（如良心自由和信仰自由）构成限制，也会对一些卓越者的政治自由和权力构成限制乃至打压。我们此前主要注意的是卓越与民主的正相关，即卓越促进民主，民主容有卓越，但这并不意味着两者之间没有负相关，即卓越误导民主，民主压制卓越。这两者之间其实一直存在着某种紧张。一些巩固民主的措施固然能够防范僭政，但也可能压制优秀人物，乃至不公平地对待那些对社会有巨大贡献和功劳的人。公元前5世纪雅典的著名政治领袖多命运不佳，比如，第一次希波战争的功臣米提阿德被监禁；第二次希波战争的功臣地米斯托克利被放逐，另一功臣阿里斯提德也被放逐，其中有人投票放逐他的理由仅仅是因为老是听到他"很正直"而听烦了；伯里克利算是幸运的了，只是被罚款，但他的老师一个被迫害，一个被放逐；密亚提德之子客蒙和修昔底德也都被放逐；尼基阿斯和亚西比德差点被放逐，直到他们串通而让人们投票放逐了另外一个没有多少名声、并非真正卓越的人。此后，雅典人对陶片放逐法就意味索然了，形同废除。因为陶片放逐法还有一个被放逐者配得上配不上的问题，按其本意，只有真正的"卓越人士"，也就是可能对城邦构成威胁的人才够资格被放逐。当然，这一放逐法有预防卓越人士与民众的激烈冲突、释放民众负面情绪的一面，甚至对卓越人士也算是一种保护；它并不杀戮，也不没收被放逐者的财产，开始是放逐十年，后来改成五年，有时还可提前被征召回来。

所以，总体看来，在古代雅典，这两种价值追求还是基本维持了一种不仅同时存在，并行不悖，甚至互相促进的关系。它们之间当然还是会有紧张和冲突，甚至到某一阶段，这种紧张还不可避免。但至少在相当长的一段时间里，正是政治卓越引领了平等自由，而平等自由也不仅保留甚至支持了对政治和文化卓越的追求。

希腊人是追求卓越的，不仅是其中的少数人，甚至从整个民族的特性来说，他们也比其他民族更为追求卓越，尤其是追求实现卓越的那个基本条件——自由。但是，多数人却实现不了这种价值。卓越的含义本就是高出于多数，但至少这多数是看重和欣赏这种卓越的。这也就为少数人实现这种价值创造了条件，而他们，至少其中政治上的最卓越者，却恰恰是通过面向大众和服务大众来追求这种卓越的。

从卓越者来说，形势也使得他们只有站在人民一边才能够实现自己的政治抱负。还有竞争者，但雅典的竞争不是政党的竞争，而是个人的竞争。而且，小城邦也使阴谋和秘密的组织活动很难得逞，从而他们可以通过公开的竞争实现自己的目标而不必搞阴谋。

从民众来说，正是因为民众的限制，雅典才没有出现凶恶的僭主，没有出现少数冥顽的贵族或骄横的富人的统治。大多数人在正常情况下的政治判断还是比较健全的，何况雅典人还是一个富有政治意识和有着长期政治训练（包括基层民主和地方自治）的民族，很早就开始有了地方村社的自治、民众法庭以及百多年渐进到执掌最高权力的公民大会。这许多政治活动，或者所有公民都可以参与，或是通过抽签必须参与。它是一种政治权利，但同时也是一种政治义务。由此，我们大概也可以说，正是因为有真正卓越的政治领袖，雅典的民主才走向了一个健康的方向。换句话说，不仅君主需要驯化，民主也需要驯化。

但即便发展到了公民政治权利非常平等的时期，对政治权利的实际行使也不会完全平等。政治的最后决定权可以握在多数的手里，但少数的日常治理常常就是政治的真相。不仅公民在雅典（包括外邦人、奴隶和妇女的居民人口）还只能说是少数，参加公民大会的人相对于全体公民来说也是少数，在公民大会上发言的人相对于公民大会的参与者来说也是少数；而真正起重要作用和发挥积极的政治能量的人，则更是少数。[23] 当然，所有公民都有平等的政治权利，并没有什么外在的社会地位和财产的限制，如果说有限制的话，那就只有个人能力和主观意愿的限制了。因为，即便是担任同样的职务，各人也会因为能力和意愿的差距而造成实际的不等。结果，事实上还是少数人在其中发挥着相对重要的作用。在一些重大的转折关头就更是如此——在一个迅速崛起的地方和处理危机的时刻，我们几乎总能看到一个或几个卓越者的巨大身影。

当然，如前所述，如果在民族之间进行比较，可以说雅典人乃至希腊民族本身就是相当追求优秀和卓越的，他们即便知道不可能人人都达到卓越，但还是相当欣赏他人的卓越和个人在某些方面的突出与卓异。他们在政治上要求甚高，但经济上要求甚低。在艺术上相当敏感，即便不能创作也能欣赏。这些都有助于协调平等与卓越这两种价值追求。

促成这种协调的还有普遍的希腊精神：不走极端，强调平衡、适度与中道。这也是梭伦从一开始就奠定的雅典民主政治的基调。另外，还有对法律的普遍尊重，重视立法，乃至尊重传统规则。在雅典，没有多少内部的街头骚乱，没有群众运动，因为这一切都可以在公民大会等会议上解决。立法改革代替了暴力革命，而一旦立法，就被相当普遍地尊重和遵守，如果需要改变，则要通过公民大会和立法来修改。

还有最后但绝非最次要的一点就是，雅典人不像现代人那样重视物质，重视财富。他们的物质生活比较简单，不太以物质生活的不断提高为意。不仅卓越者如是，普通公民也是如此：卓越者常常散财，慷慨大度是普遍被尊崇的德性，比如，他们的果园就常常是开放的；而民众也没有表现出对财富和富人的强烈不满与嫉妒。他们所重视和珍爱的，是切实保障公民政治的平等权利而非不断扩大经济的平等福利。

二 在民主中保持卓越

雅典民主是一种重大事务均由公民大会投票决定，任职则多由抽签确定，"轮番为治"的民主。在其两百多年的发展历程中，它先后拒斥了一人统治的僭主，又剥夺了少数支配的贵族议事会的权力，并在公元前 5 世纪中叶将这种制度推向巅峰。这种在其公民团体范围内的直接民主的彻底性，迄今也没有被超越。

耐人寻味的是，雅典人获致这一最彻底的民主，靠的并不是理论的指导；在民主的实践之前，他们并没有一个民主的理论，更不要说完美的民主理论，甚至他们的政治理论是不发达的——后来发展起来的政治理论，反而多是对民主政治的反省与批评。在民主政治之前，希腊也并没有一个大众"思想启蒙"的时期，当然，这并不意味着雅典人没有对政治的思考，也不意味着民众没有对利益与政治的透彻理解。[24]雅典的人民并不要求一个最优政府，也没有一个天堂社会的梦想，被其史诗和文化反复告诫的反而是人的限度与节制、中道的德性。这似乎也说明了政治与理论的距离乃至某种分离，即政治并不以某种先验理论为指导；但另一方面，它也赋予了思想和艺术以自由。

雅典的民主是彻底的，但并不是全面的。在政治领域内，它要求彻底的平等与自主，但并不试图将民主扩展到一切领域，并不要求经济民主、文化民主、家庭民主等现代民主所蕴含的广阔的社会领域。它的民主是纯粹政治性的，甚至在这方面也是不包括所有社会成员的。

雅典的民主政制，一方面权力相当集中，法律规则和执法相当严明，公民大会决定的事情必须坚决贯彻执行，如需改变也必须通过公民大会；但另一方面，它的权力范围又相当收拢，不像现代政府管那么多事情。城邦不管教育，没有教育的规章制度，甚至没有任何公立的学校；没有多少常任的官员，也没有常备军队，不负责如何促进社会经济的发展，而只负责军事、公共工程等政府财政的收支；不管民间经济活动带来的利益的再分配，也不是福利国家，但会负责阵亡者家属的抚养，负责事关公民生存的物质救助；也不管如何缩小社会教育与文化差距的事情，不是文化艺术标准的评价和判断者，但会鼓励乃至要求富有的人们资助文化事业。当然，它更没有试图将一种思想理念推广到全社会。所以，用现代的"小政府"概念来描述它都不是很贴切；在某种程度上，甚至都不是常设的、固定的政府，而是经常更换的、人员流动的政府。政治权力不仅不可能在世代之间世袭，就是在当世的一个人或一个家族那里也不会有制度性的长久保持。

那么，为什么恰恰是这样一种有限（既有外部人员限制，又有内部功能限制），但本身非常彻底的民主政制保持甚至引发和推动了文化的繁荣？这就是民主与卓越关系的另一面：为什么在这种公民多数统治最为彻底的城邦中，反而产生了少数极为出众的卓越天才，在戏剧、雕塑、历史、哲学等精神文化和艺术领域创造了许多后世也难以企及的文化奇迹？简言之就是，雅典民主是如何保持甚至支持了一种卓越的精神文化的？一种有限和彻底的民主为什么能够与文化的卓越同生共存？

这个问题也来自与现代社会的一个隐含对照。现代民主社会似乎陷入了一个"托克维尔问题"："几乎所有的最高的东西将会逐渐下降，并为中等的东西所取代。"[25] 托克维尔认为，现代民主可能会把底层的文化拉高，但也会将高层的文化降低，最后成为比较中间状态的文化。亦即，现代民主社会的文化在精神领域将达不到卓越的高峰，甚至会从过去的高峰衰落。但是，政治民主与卓越的精神文化是否就一

定是不相容的？是否古代民主和现代民主的确有一些根本的差异？为
什么是雅典，或者扩大一点说是古希腊的民主城邦提供了从古至今几
乎唯一的特例？

总之，雅典民主提供了一个与现代民主不同的反例。古代雅典的
彻底民主与文化繁荣已经是非常奇特的了，而更为奇特的是两者共生
或并存的关系。

雅典文化的奇迹

在这方面自然要有所限定，即只谈与政治有别的文化的卓越。也
不谈经济和技术的卓越，虽然从雅典的公共工程与舰船建造来看，雅
典的经济还是相当繁荣的，技术也相当高超。也不涉身体竞技的卓越，
虽然这也是希腊人普遍重视的。

我们这里将主要谈人文精神文化的卓越。与物有关的成就，如经
济、技术和身体的竞技纪录，是累积性的，是可以在它的历史顶点上
提升和超越的；而与精神有关的成就则难以被超越，或者说新的发展
往往是别开生面，另攀高峰。

[**视觉艺术**]我们首先从视觉艺术开始，而视觉艺术又从公共建
筑开始。按照现代人的标准，雅典的私人居所是相当简陋的，无论平
民领袖还是贵族派领袖，他们的住所与平民差不多一样简朴。但雅典
人却不惜耗费巨资兴建公共建筑。公共建筑是所有人都可看到的，而
且所有人都可进入和享用，这也可以说体现了一种平等。

但是，规划、设计并具体实现，使这些公共建筑不仅是实用的场
所，还成为一种伟大的艺术品，却需要天才和自由。这种艺术的王冠
非雅典卫城上高高耸立的建筑莫属，那是几乎全城的人在自己的家里
就可以看到的。

　　我们在这里只说说这一艺术王冠上最璀璨的明珠——帕特农神殿。在伯里克利时代,雅典公共建筑的总规划师和设计师是他的朋友、著名的雕刻家和画家菲狄亚斯,设计帕特农神庙及卫城山门的建筑师则是伊克梯诺和卡里克利特。帕特农神庙从公元前447年开始兴建,九年后,大庙封顶,又六年,各项雕刻也告完成。它是壮美和优美的结合,是简洁大气和精致典雅的结合,是沉稳单纯和富于变化的结合。我们首先看到的是它的巨大的长方形的轮廓和白色大理石柱子,不使用任何灰泥,就依靠精密的度量,细致的加工,牢牢地吻合在一起,经过了两千多年,依然稳稳地耸立。它的外表也不是单调的光滑,而是做成了富有立体感的棱形,而且考虑到人们视觉产生的误差,还在直径和倾斜度方面作了一些调整。它的上端有各种各样的雕塑和装饰,庙内有富于美感的雕饰立柱和雅典娜的雕像。即便在今天只剩下了一个大致的外观,我们也仍然能够感受到它在饱经风霜和战火之后的伟大与壮美。

　　我们接着谈雕塑,且不再说帕特农神庙内的雕塑与塑像,而是谈一些比较独立的作品。我们常常感叹古希腊人的俊美,古希腊人也一直有这样的观念:身体也是精神的体现,是人的全部丰富性的展现。而视觉艺术正是通过外观和体形来展现这种精神的。比如,米隆在大约公元前450年创作的青铜雕塑《掷铁饼者》,就抓住了一个年青人蓄势待发正要掷出铁饼的瞬间,在一种看来很难稳定的时刻,展现出一种力量与俊美的匀称,全身的肌肉则预示着一种即将到来的激烈爆发,但整个姿势又是安静、平衡和优美的。波留克列特斯的《持矛者》,则是相对安静与稳定的,但又是富有变化的,尤其主人公的胸肌和双脚,他正在等待,可能解散,也可能发出突然的一击。两者的面容都有一种青春的俊美和精神的专注。

　　这的确首先是一种青春的美。希腊年青人的俊美既有天赋的因素,又是长期的训练所致,他们渴望着奥林匹克赛会的荣誉,往往在一年的大部分时间里都做着准备，每天清早来到训练场，然后赤身裸体地进行各种身体的训练。艺术家们不需要特别的模特，全场的俊美少男就是模特。古希腊的男子雕塑大都是裸体的，但女子的很少是裸体或全裸的，对她们身体的美的精细描绘，除了面容、神态，还表现于衣着。今天我们还能看到留存的许多女神和女性的雕像，如菲狄亚斯的《利姆诺斯的雅典娜》和普拉克西特列斯的《尼多斯的阿芙洛狄忒》，还有些尽管已经残缺不全，失去了臂膊甚至头部，但依然是最杰出的艺术品——即便只是从那些亚麻轻衫的折缝里，我们依然可以感受身体的美的韵律。还有一些动物的雕塑，尤其是马。马大概是各种动物中最被艺术家关注的对象，中西皆然。在雅典人的雕塑中，有诸多俊美的马，这种俊美既是运动的，又是静止的；马既可以像牛羊那样驯良，又可以像狮子那样暴烈。这样一种在紧张中保持和谐的形象也是深植雅典人的心中的。

最后，我们谈一下雅典人的绘画。他们的绘画作品多是画在木板上，几乎没有多少存世，但器皿上的绘画却有许多得以保留。据说，目前发现的瓶画有三万余件，其中许多是雅典或居住在雅典的艺术家的作品。阿提卡陶器就曾在公元前 6—前 5 世纪风行整个爱琴海乃至地中海海岸。这些作品基本上是众多的无名者制作的，主要用作日常生活，但也有商业的考虑。即便在这些相对大众化的作品中，我们也看到了许多杰作。它们对生活的反映和艺术化也更加多样和广阔，更具有故事性和情节性。它们也可被视作整个城邦和民族的艺术水准的整体呈现。瓶画虽没有雕塑的那种立体感，但也自有魅力。阿提卡的瓶画先主要是红底黑绘，然后是黑底红绘，光是这两种颜色的基调与搭配就是绝妙的，包含有热烈，但也蕴含着命运。许多画面相当写实，但也有浪漫化的杰作，比如，在一幅雅典娜举盘给赫拉克勒斯喝水的、黑底红绘的画面中，雅典娜的脸虽显得很小，却有一种出奇的优美。

据说，有位画家曾经画了一幅一个小孩拿着一串葡萄的画，引得鸟儿都下来啄食葡萄，当人们夸赞他画得惟妙惟肖时，他却沮丧地说，如果我把孩子也画得那么传神的话，鸟儿就不敢下来了。对他来说，人的真实要比物的真实更重要。的确，古希腊人更看重的是人，他们的艺术是以人为中心的；诸神其实也是人，只不过是能力大大超越人的人，是不死的人，完美的人，体现着一种高于人的优秀和卓越，但他们的性格和德行与人其实又是差不多的，照样有争斗、嫉妒、吵闹、诡计和暴力。故而，他们的艺术作品中往往用诸神来代表人，且诸神也生活在人中间。当然，它们也提醒人们要有虔敬和畏惧之心，不要惹怒神——你尽可以追求卓越，但也要知道自己的限度与分寸，或者说，当逾越界限的时候，也坦然承担一定要来的惩罚。

　　总的说，雅典的视觉艺术，尤其是建筑和雕塑，配得上温克尔曼对希腊艺术的概括：一种"高贵的单纯和静穆的伟大"。[26] 当然，雅典人的创造是在整个古希腊的文化土壤中酝酿和生长的，雅典吸引了希腊诸邦的众多艺术家和能工巧匠来到这里创作。我们不否认雅典和希腊的艺术中有不少可能来自东方和他国的因素，但他们对这些因素进行了选择和再造，再加上他们自身的艺术敏感性和创造力，从而创造了甚至今人在许多方面也难以企及的艺术奇迹。

　　[戏剧] 雅典只是在公元前 6 世纪后半叶，也就是僭主庇西特拉图时期，才开始比较正规地形成戏剧。是雅典人泰斯庇斯在公元前534 年最先把庆祝酒神大节的歌舞变为了悲剧。那是放松的一刻，甚至是放纵的一刻，是诉诸感情的时候。尼采强调悲剧的酒神精神的特征和起源，但即便在那样的时刻，雅典人也还保留着节制，没有暴力杀害的场面（那一般都是在幕后进行，由演员宣告），演出的结果还是要使感情得到净化和升华。

　　悲剧的形式虽然经历从歌队分化出一个，后来是两个、三个乃至更多演员而渐趋复杂，但如果按照现代的眼光，还是相当简陋的，更谈不上有声光色电等手段。但这一形式和技术上的缺点也可以说是雅典戏剧的优点，它使观众更集中注意于戏剧本身。雅典的剧作家和演员也为他们拥有的观众而骄傲：他们的每次演出都有一万多名观众观看，妇女、外邦人和奴隶都可以到场，甚至连囚犯这时也能出来看戏。他们的剧作在演出之前就被人们久久地期待，而在演出之后又被人们久久地谈论。绝大多数的官职不能连任，但剧作家却能连续折桂。[27]

雅典戏剧还有一个特点，就是它们的故事题材和情节可能不是最重要的；它们往往取材于希腊的神话与传说，是观众一般都知道的故事，但也有扭转和重塑，更有细节的丰富和思想的升华。如埃斯库罗斯就把神话中类似"混混"的普罗米修斯变成了英雄。[28]而技术简朴和情节熟悉恰恰使观众极其专注于诗性的语言、古典的思想与精神。而古典的精神则是承担命运，承担某种必然性，也包括接受某种神律（也是某种自然律）和人律（城邦的法律）；这两种律令自然会有冲突，索福克勒斯的《安提戈涅》就尖锐地表现了这种冲突，它反复告诫人们，人显然不是完全和绝对自由的。

雅典的戏剧是面向公众的，但和公共建筑与雕塑的面向公众又有不同。人们面对静静耸立的建筑和雕塑时是默默地观看，偶尔交谈，而戏剧则是要调动全场观众全心投入，这种参与有时竟然到了虚拟的场景与真实的生活真假不分的地步。它既是有大众参与的，同时又是非常精英化的，剧作家乃至著名的演员并没有多少，在一段时间里往往主要由少数几个剧作家竞争和获奖。雅典的戏剧繁盛期有百多年，但有剧作传世的就是三大悲剧作家（埃斯库罗斯、索福克勒斯和欧里庇得斯）和一位喜剧作家（阿里斯托芬）。

雅典悲剧，尤其早期的悲剧，继承了荷马史诗的精神乃至某些形式，但英雄主义的色彩稍稍淡化了一些，或者说更为突出了一种面对苦难和命运的英雄主义。就像在荷马史诗中一样，保持了一种公允，并没有对战斗或冲突一方的极度歌颂和对另一方的刻意道德丑化，而是深入人性之中，展现一些难以避免的矛盾与冲突。

　　现存的雅典悲剧中，只有埃斯库罗斯的《波斯人》是反映现实的，但它所描写的第二次希波战争却是从对方的宫廷来着笔的。在这些悲剧中，看不到多少时政，[29] 更无对时下政治人物的歌颂，而主要是此前王政和英雄时代的家族与个人的悲剧命运。家事重于国事，当然，家事也是国事，因为这些家族都是王族；但重要的是他们的家族与个人的命运。个人命运的故事比政治的事迹更永久；具有道德含义的天条或神律，比城邦的政治与法律的地位更高，更不要说比城邦的统治者了。这也许正是希腊悲剧最伟大和卓越的地方，也是它们能够留传至今仍然保有巨大魅力的原因。它们深深地植根于人性，专注于人，以人为中心，有对人的赞颂，但更多的是对人的悲叹。世事无常，无论是荣耀、权力还是财富，都不会长久地保存在一个人或一个家族那里。剧中的主人公必须以一种英雄的态度来承担命运，要完成他们认为正确的事情，而不管利益，也不计性命。

　　但在欧里庇得斯的名篇《美狄亚》中，就开始有些离开那种不惜命也要做正当的事或勇敢承担自己命运的精神了。俄狄浦斯的母亲选择了上吊自杀，俄狄浦斯则刺瞎自己的双眼而流浪，但美狄亚在杀死公主和她的父亲，尤其在杀死自己的两个孩子之后，却还是活着，甚至预先为自己谋划好了逃走之地。诚然，她丈夫做了对不起她的事，美狄亚也是为了一种爱的激情，但这种爱情却像是一种占有者的激情，一种自利的激情。或者说，她一开始为了这种激情而背叛自己的父亲和祖国，杀死自己的兄弟，后来乃至为了报复而杀死自己的孩子。的确，欧里庇得斯不是在展示"人应当是怎样的人"，而是展示"人实际是怎样的人"。现实生活中的确有这样的人——虽然也只是一些人。

　　面对这样的行为和激情，观众将不容易在感情上得到净化和升华。亚里士多德在讨论悲剧的时候强调了模仿，但这模仿不是模仿他人的作品，而是模仿生活，摹写人性。他说，观众在同情与恐惧的感情中净化：同情是对他人的痛苦所生发的；而恐惧是对类似的痛苦也可能降临在自己身上的恐惧。两种感情可以互相加强，但归根结底还是因为同情而得到升华。[30]

　　那么，像《美狄亚》这样的悲剧是否反映了作者所处社会的衰落？欧里庇得斯毕竟是在伯罗奔尼撒战争中长大的，那场战争使人对人的生命已经不太在乎了，道德也已经开始衰落了。而这一衰落也意味着悲剧的衰落。悲剧之悲最集中地体现在人面对难以抵抗的命运时的抗争与服从，以及善善相争的难以解脱。但在这悲剧的"悲剧时刻"，欧里庇得斯的雄浑笔力还是将这一形式推向了一个艺术的高峰。据说希腊人，甚至连叙拉古人，都非常喜欢他的剧作，当雅典的远征舰队惨败于叙拉古之后，许多俘虏因为会诵读欧里庇得斯的诗句而得救，辗转回到了雅典。这大概是雅典悲剧最未曾意料到的一个贡献了。

　　阿里斯托芬几乎是独力开启乃至就代表了一个喜剧的时代。他的想象力几可说其时无人出其右。以前的悲剧题材和情节多是大致划定了的，而他的《鸟》《财神》等剧，则无论在情节还是细节上都富于想象的虚构，同时又紧密地联系现实生活中的人的形象。他讥刺他不喜欢的人，如民众煽动家，但对朋友也不乏夸大的挖苦，如苏格拉底。我们不要忘记，喜剧是要让人笑的，但他的笑不是果戈理那种"含泪的笑"，没那么严重和忧郁，但肯定还是有无奈的。尽管讽刺，他却不是价值虚无主义的，而是包含许多正能量，如主张和平主义、同情农人、怜悯穷人等。所以，他的挖苦并不是一味刻薄的，挖苦中也还是有厚道；他的嘲笑也是"谑而不虐"。

　　[**史学**] 雅典人对公共建筑很关心，对戏剧也很重视，但对史学并不如是。这也许是因为他们的历史还太短，或者他们对现实与未来更有信心，历史还不足以构成诸多的教训。甚至哲学对当时雅典人的影响都超过历史。在相当程度上，史学是一种私人的写作，也只获

得小部分人的欣赏。不过，这并不影响雅典史学对后世的巨大影响和开创性地位。

　　一个城市的卓越，不仅要看它产生了怎样的人，还要看它吸引了怎样的人，是否能够包容、刺激和鼓励他们，将自己的辉煌与这个城市的名字联系在一起。历史学家希罗多德和哲学家阿那克萨戈拉、亚里士多德就是这样的人。希罗多德生于小亚细亚的一个希腊城邦哈里卡纳斯，曾广泛游历，大概在公元前 445 年来到鼎盛期的雅典；他非常兴奋，积极参加各种文化活动，和伯里克利、索福克勒斯都有深厚的友谊；后来参加雅典人的殖民团队到了意大利南部建立图里翁城邦，在那里开始写作《历史》并终老于此。

　　历史的第一要义还是要力求真实，要尽可能多地收集、分析和鉴别史料，包括对自己书中使用的史料作出交代，也就是说，作者首先要抱一个诚实的态度。在这方面，希罗多德和修昔底德都作出了表率。对有些事件，希罗多德会给出他听到的好几种说法，然后坦诚地说明他自己还无法判断哪一种说法更符合事实；包括他听到的一些近似神话的说法，他也会叙述出来。对于处在开端期的史学家来说，这是在所难免的，现代史学家不必过多诟病且也不难分辨；况且，这些记录也反映了时人的某种心态与追求。在史学中，真相应当是第一位的。真相自己会说话，甚至自己会说理。力求真实是对史家的第一要求，胜过要求史家具有批判的、解放的观点。因为批判和解放还可能出错，而真实就是真实。如果说有些真实比较局部，也最好是通过更多更全面的真实来修正。当然，事实也需要阐述、分析、比较和对照，但这些工作不宜脱离事实来进行，更不能扭曲事实。所以，好的史学家应当首先会叙述，而与雅典联系在一起的三大史家希罗多德、修昔底德与色诺芬，都是很会叙述的。

　　修昔底德对史料的考核有更为自觉的意识，他清醒地意识到历史的真理是不容易发现的；即便是对同一个事件，当场的目击者也常有不同的说法。所以，对各种传说和故事必须尽可能地识别真伪。他也坦率地承认，他书中的演说词有些是他亲耳听到的，有些是他根据当时的情景和说话人的身份拟出的；但我们也不必据此就认为这些演说词都是他虚构的，只是代表他本人的观点，因为即便其中有些虚构的成分，他也比今天的我们更了解当时的真实情境和思想观念。

要力求真实，就必须持一种比较客观中立的态度。他们的史学著作也像雅典的悲剧一样，没有对一方的尽情歌颂和对另一方的刻意诋毁和道德丑化。但这并不意味着他们就没有一种道德感，不将战斗的敌方痛诋为应该消灭的丑类就是一种道德感，更有一种人道的同情与怜悯始终存在。比如，希罗多德写到十个科林斯人被派去杀死一个初生的婴儿，当这个婴儿突然微笑的时候，没有一个人忍心杀死他。在修昔底德似乎冷静的笔触下，城邦之间和内部的血腥争斗，雅典远征西西里的失败，大批俘虏被抛入一个大矿坑不断地死去，都让我们感到一种深深的怜悯。色诺芬在《长征记》中讲述了一个细节，一个士兵要掩埋一个看来死了的重病号，这时那个人的腿却动了一下，但士兵说他已经不想再背着这个病号了，色诺芬责骂道："我们全都是总归要死的，难道说因此我们就该被活埋吗？"[31]

他们都是写自己亲闻乃至亲历的历史，却尽可能地避免了自己与这历史相隔很近，乃至是利益的一方而容易楔入强烈的立场和先见的缺点，相反，他们充分地利用了亲历亲闻的优势。而且，他们的著作也都有足够的篇幅与分量。历史不像诗歌或道德的格言警句，它是一定需要较大量的文字的，希罗多德、修昔底德与色诺芬的史著就都各自有数十万字之多。正是有赖他们的如椽巨笔，不仅对希腊政治与文化影响最重要的两场战争——希波战争与伯罗奔尼撒战争——的全貌基本上得以展现，后续的历史，包括一些重要人物，我们也能大致知其端倪。

谈到撰写历史的目的，希罗多德说是为了保存人类的功业，使之不至因年深日久而被遗忘，也是"为了使希腊人和异邦人的那些值得赞叹的丰功伟绩不致失去它们的光彩，特别是为了把他们发生纷争的原因给记载下来"。[32] 修昔底德说，"如果那些想要清楚地了解过去所发生的事件和将来也会发生的类似的事件（因为人性总是人性）的人，认为我的著作还有一点益处的话，那么，我就心满意足了。我的著作不是只想迎合群众一时的嗜好，而是想垂诸永远的"。[33] 撰写历史的人如果抱着这样一种态度写作，他们的书写肯定会更加慎重。伟大的史学家应当也是历史的，应当考虑让自己的著作也进入历史。事实上也是如此，他们都是在异域的冷落中撰写自己的历史的，其著作甚至在死后也长期没有受到重视，但随着时间的流逝却越来越显示出它们的光彩。

作为撰写如此大篇幅史学著作的第一人，希罗多德作为"史学之父"的地位不可动摇。他也有史学家最宝贵的对事实的好奇心、忠于事实和条理化的叙述能力，对事件的原因也有细心的探究，比如谈到雅典兴盛的原因时，他说："雅典的实力就这样地强大起来了。权利的平等，不是在一个例子，而是在许多例子上证明本身是一件绝好的事情。因为当雅典人是在僭主的统治下的时候，雅典人在战争中并不比他们的任何邻人高明，可是一旦他们摆脱了僭主的桎梏，他们就远远地超越了他们的邻人。因而这一点便表明，当他们受着压迫的时候，就好像是为主人做工的人们一样，他们是宁肯做个怯懦鬼的，但是当他们被解放的时候，每一个人就都尽心竭力地为自己做事情了。"[34]

修昔底德应该说主题更集中，对史料的剪裁更为精炼，史识或思想更为深沉，也更加投入，而不像希罗多德那样超脱与宽广。他的史著是一种分析的甚至批评的，是更理想的或者说要求更高的，不仅要从真实与否，还要从思想的角度整理、叙述和分析史料。而且，修昔底德对人性还有深深的体察，文字中也有一种命运的悲怆。他知道，有些人性的局限与弱点是很难解脱的，所以，他希望后来的读者尽可能地吸取历史的教训。

色诺芬也许没有像修昔底德那样对希罗多德是一个推进或者别出，但也中规中矩。他比前两位史学家更哲学一些，但他的哲学主要是实践和道德哲学；他也比同样是苏格拉底弟子的哲学家（如柏拉图）更经验一些，但也还是有一种思辨，所以除了《回忆苏格拉底》，还能写出像《居鲁士的教育》这样虚构性的作品。他接着突然中止的修昔底德的伯罗奔尼撒战争晚期的历史继续往下写，为我们提供了后续连贯的希腊与雅典的历史。而他更具个人风格的《长征记》，则描述了一队雇佣军所处的危险处境和艰难征战，他们必须表现出极大的勇敢、坚韧和团结，而就在那样的环境下，他们也还保持着一种"行进中的民主"或者说"流动的共和"，大事由众人投票决定。

[**哲学**] 伯纳德·威廉姆斯说："希腊留给西方哲学的遗产就是西方哲学本身。……在哲学中，希腊人开创了几乎所有的主要领域——形而上学、逻辑学、语言哲学、知识论、伦理学、政治哲学和艺术哲学……，而且逐步区分出这些领域中许多恒久公认的最基本问题。"[35]换言之，没有古希腊，尤其是雅典，就不会有西方哲学。从苏格拉底到柏拉图再到亚里士多德的这一百多年，是一个连后来德国古典哲学也没有超越的奇迹。而今天世界上的哲学，基本是在西方哲学提供的概念和基本问题中运行的，中国哲学整理自己历史上的思想成果，也大致是借助西方的概念框架。

和史学一样，哲学也并非雅典人的首创，但雅典人好像学什么都快，而且还能在他们爱好的领域迅速地超越自己的老师。哲学据说是阿那克萨戈拉在公元前5世纪才带入雅典的，而在一百多年里，就出现了一个类似于史学从希罗多德、修昔底德到色诺芬的"三人行"：苏格拉底—柏拉图—亚里士多德。而且，他们三人有一种直接的师生关系：柏拉图在二十岁的时候跟从了六十多岁的苏格拉底，自此苏格拉底的谈话他基本一场不落；亚里士多德则在十七岁的时候进入雅典的柏拉图学园（当时柏拉图六十多岁），跟随柏拉图学习哲学二十年，直到柏拉图去世才离开。公元前 335 年，四十九岁的亚里士多德又回到雅典，建立了自己的学园。虽然是师生三人，但他们的哲学风格以及思想观点相当不同。苏格拉底只说不写，柏拉图写了上百万字的著作，而亚里士多德的著作更有上千万字之多。[36]

　　希腊一直重视口头语言，甚至到 20 世纪还有不识文字者能口头背诵荷马史诗。在雅典民主政治下，演说很重要，戏剧也是要大量地借助口语，如果没有近百年的对演说的重视，雅典的哲学大概不会从谈话开始，并采取对话体的形式。它是奇迹，但又是自然的。苏格拉底并不完全是"横空出世"，他只是将言说和推理从讲坛和舞台带到了集市与街道，从公共场所带到了私宅，并在谈话中注入了系统推理的哲学，即带入了一种最深的智慧。换句话说，苏格拉底的出现具有一种"革命"的意义，是他把口头语言从政治带向哲学，从体制转向民间，从公共场所的演说转为朋友之间的对话，从主要追求城邦的利益转向追求哲学的真理。由此，真正的哲学的系统推理出现了，真正的持久的沉思出现了，后来，具有一定体制性的哲学的学园也出现了。

　　当然，纯口头的运思还是不易流传和留传。苏格拉底的口头对话实际还是要有赖于柏拉图的文字以行远，尤其是如果要传承到后世的话。是柏拉图将一种对话的哲学文体发展到前无古人后无来者的地步。他不仅展示了思想的结晶，而且展示了思想的生发过程。当然，我们也要承认，这种对话与其说是完全真实的不同个人之间的对话，毋宁说是自己与自己的对话，即变成了一个人徜徉于哲学的"林中路"。

　　哲学家并不是当时的风云人物，也不像此前的戏剧家赢得大众的赞誉，更比不上政治精英。他们实际是处在雅典城邦的边缘思考，如要有所行动就可能需要远走他邦。他们的处境相当清冷。但雅典的哲学与民主政治的确发生过一次尖锐的冲突，这就是苏格拉底之死。本真的哲学与政治的确本性不合，天生有隔离，某种矛盾和冲突是难免的；但是，在民主政治中，一个哲学家被处死，又的确带有一些偶然性。我倾向于认为，苏格拉底被审判固然是一个悲剧，但他本可以不死。不过，苏格拉底这样做又可以说是一种个人的选择，展现了一种行动的哲学。正是因为他的这一行动，哲学与政治冲突的可能裂度被呈现于世人，民主政治的限度乃至危险也被展现给了世人——当然，也由此将哲学本身的限度和危险展现给了哲学家。哲学家不必对政治抱过高的"实现自己的哲学"的梦想，但还是可以乃至应该对人世间的一切，包括政治，持一种反省和批评的态度。这是它的本分。哲学与政治或许都应当各守自己的本分，它们的交集和交锋应当主要是在思想言论的领域。

苏格拉底与柏拉图的思想不易精确地划分，对于我这里的目的来说，或许也不必很精确地划分。苏格拉底有一个从自然哲学向人生哲学的转向，而柏拉图则不仅对真理、至善与美有全面的探讨，他的《政治家》《理想国》《法律篇》等则还对政治哲学（从最理想的国家到最可行的政体）有深入和细致的探究。他们都通过"爱智"的活动，将自己与一些交换乃至出售知识的"智者"区别了开来。

比起柏拉图，亚里士多德在某些方面的深度或有不足，但广度却更为拓展，而且也绝对没有降低哲学的高度；哲学的沉思仍被视作最高的德性与最大的幸福，有死者也应当尽力地追求不朽。他还是一位百科全书式的学者，后世的诸多学科，甚至包括自然科学的不少学科，就从他的著作发源。他将经验的观察与天才的猜测结合在了一起。

柏拉图在思想的各个方向上都力求彻底，而亚里士多德则在涉及社会和行动的领域相当推崇中道。一个思想家可能会对柏拉图更感兴趣，"思柏拉图之所思"；而一个行动者，尤其是一个政治家，可能会愿意更多地倾听亚里士多德，"行亚里士多德之所言"。

哲学家后来还有了自己的固定团体——学园，在这方面，他们没有受到太多干涉，还是被相当宽容，像"苏格拉底的审判"那样的"对哲学的第二次犯罪"再也没有发生。雅典的哲学在黄昏才起飞，却能够在漫漫的长夜中闪光，直到迎来又一个黎明。

雅典文化兴盛的诸种原因

最后我想大略探讨一下雅典文化兴盛的诸种原因或条件。对于像雅典这样一个紧密的共同体城邦来说，最重要的当然是政治的原因。文化的兴盛首先需要一个良好的政治平台，芬利写道，正是在民主体制下，"雅典在几乎两百多年的时间里，一直是希腊世界最繁荣、最强大、最稳定、内部最和平、文化上最富有的城邦"。[37] 但这必须是一种良性的民主。

而且，一种良好的民主政治，与其说是支持或引导了文化的兴盛，不如说是保持或保障了文化的兴盛。文化兴盛的强大动力和精神资源并不是由民主提供的，而是更多地来自希腊人追求卓越而又节制的价值追求，来自他们对优秀和卓越的各个方向上的努力探索。但是，雅典的民主政治给了文化的兴盛以基本的条件或外部环境，其中最重要的，是给了它自由的空间。除了对公共建筑给予直接的资助，对戏剧演出给予间接的资助（倡导乃至规定富人出资来支持这些演出），政治和文化艺术也不发生多少经济上的联系。政治不是文化艺术资源的垄断者，更不是文化艺术的评判者；它本身也没有需要在全社会实现的思想和艺术理念。

反过来说，文化艺术也不必直接支持民主政治，它们可以与政治无涉，甚至反省和批评民主政治。悲剧不怎么涉及时事政治，而喜剧则讽刺民主政治，包括讽刺一些最有影响力的民主政治家。即便在战争时期，阿里斯托芬也敢于讥刺当时炙手可热的平民领袖克里昂，反对当时的好战政策，主张和平主义，而克里昂也无法用政治机器来压迫他，据说只能派自己的亲信去打他。后来的哲学家则更多地对民主政治持批评态度，这是因为他们更多地看到了民主政治的弊病。在伯罗奔尼撒战争结束前后的一段时间里，民主派与寡头之间斗争激烈，形势严峻，雅典内部出现了两百年来罕见的大规模流血，但基本上还是在行动的领域内进行斗争。苏格拉底的悲剧是一个例外，他的弟子们在一段时间里感到了压力，一些人避居到异邦，但后来形势和缓，民主恢复，他们又回来继续从事哲学思想的研究，包括对民主体制进行反省，兴办学园——虽然有与其他学园的竞争，但看来也没有受到政治的干预和压迫。

雅典的民主毕竟和僭主不同，更有别于东方的君主专制。它在很长的时间里都能够提供相当大的自由空间。正像温克尔曼所写到的：

> 从希腊的国家体制和管理这个意义上来说，艺术之所以优越的最重要的原因是有自由。……整个民族没有承认过任何人是唯一的统治者。因此，没有任何一个人在自己的同胞中能专横独尊，或者在牺牲他人的情况下使自己流芳百世。[38]

雅典人很明智：永远需要警惕的是政治的卓越，是防止某个政治的卓越者变成僭主；而文化的卓越是不需要如此防范的。所以，官职不可世袭甚至连任，而艺术家的桂冠则可以重复地给予某些伟大的天才。

温克尔曼与丹纳等学者还谈到雅典文化兴盛的其他一些原因，如气候、地理环境、种族、社会气氛等。这里我们还需要特别谈到的是，雅典"民主"中的"民"是一些什么样的"人民"。他们对精神文化与艺术有相当大的关注，也有相当好的鉴赏力。这也得益于他们并不紧盯着物质与福利，而精英也不专以不断提高人们的物质生活水平与缩小收入差距为己任。社会主导的价值观只是要求政治权利的平等，而并不要求财产的平等。当时雅典的社会状况，如芬利所言：

> 尽管共同体的概念根深蒂固，但它却从未包含平等主义或是对此的追求。至多，一些城邦（以古典时期的雅典和斯巴达为例，方法各有所异）曾采取措施以保障其公民出任公职并行使政治权利的同等机会；在饥馑或城邦被困期间，甚至更多地采取紧急措施以保护那些弱势群体。但是，共同体成员财富、能力及生活方式的不平均却是一种普遍的情形，而且被普遍地看作是"自然的"。[39]

亦即，雅典民主政治给予社会以充分的经济自由，而不追求经济财富和收入的平等。只有两点除外：一是为了保证所有雅典公民无甚顾虑地参加公民大会、民众法庭的活动，会给比较贫穷的参会者发放补贴；二是在特殊时期（饥馑和战争）给贫困者或所有人平等发放食物或金钱。但都不是为了追求和实行经济平等，而是为了保证政治平等及满足所有人的生存原则。对此，芬利写道："任何一个城邦对饥荒均不能等闲视之。'多数人'对此不可能忍受；共同体的理念——他们的感受是——可与不平等兼容，而不能和饥饿共存。"[40]

也就是说，在物质方面，雅典人追求生存平等，但并不追求财富平等。这样，自由与平等也就不发生矛盾。无论是上层与下层、富人与穷人，还是文化精英与普通大众，他们都没有紧盯住物质。富人当然也不可能将财富的差别带入政治与文化，使之转变成政治与文化的差别。穷人也没有愤怒地要求"均富"，而将主要精力用于争取经济的平等。对于公共事务，他们更关心是不是可以平等地参加公民大会，是不是可以尽兴地观赏壮观的神庙、宏大的祭祀仪式和戏剧。

再就是，雅典在公共生活与个人的创作及评价之间也有一种平衡。

在创作的意义上，不可能"每个人都是艺术家"，但在欣赏的意义上，"每个人都是艺术家"。我们可以试想一下，那些戏剧作家和公共建筑的设计者，在一种久久的公众期待中写作，以及在演出后给予的巨大光荣中写作，岂能不自重和奋发？演出并不能给他们带来直接的财富和权力，甚至更多的是付出，但是演出的成功能够给他们带来巨大的荣誉。

艺术家受到普遍的尊重，他们得到极大的光荣，在城市中声名远扬。"艺术家的荣誉和幸福不受粗暴傲慢者的恣意行为的影响。……他们的作品由全民最英明的代表在公民大会上来评判和奖赏。""他们得到的奖赏使他们有可能把艺术放在高于任何生财之道和金钱利害的考虑。"[41] 民众也谨慎地不根据自己的好恶来判断一个剧作的高下；为了给出正确的评价，往往组成特别的评判团，由同行或者说内行来评价。人们为得到优美的作品不吝钱财，争相为神像和竞技会的优胜者的雕像提供费用。优胜者的雕像安放在最神圣的地方，供全体人民欣赏和瞻仰。"其他任何一个民族的艺术家都没有如此多的机会施展自己的才能。"[42] 雅典人并不要求一切平等，而是承认事实上的某些差异，乃至接受某些对待上的不平等，比如名望与评价的不平等。

还有一点也绝非次要，即各类精英与天才之间的互相吸引和正当竞争。这也包括政治的精英。伯里克利（政治家）与阿那克萨戈拉（哲学家）和希罗多德（史学家）都是好友。在一些饮宴的场所，经常看到来自不同领域的精英在讨论哲学或者艺术；华美的食物和房间都是不重要的，重要的是交谈，是谈话的质量。他们甚至常有彻夜的交谈。在一个不大的城邦里，他们也很容易互相识别和密切交往。他们也有这样的愿望。甚至，即便志趣不一、观念不同，他们也能够互相欣赏。同一个领域的精英之间自然也会有竞争，但一般都会按照规则来竞争。他们的荣誉感与正义感会本能地排除那些下三滥的手段。一个领域的精英也不是仅仅需要本领域的竞争与交流，要取得伟大的成就还需要与其他领域的精英的交流。而幸运的是，雅典，一个小小的城邦，在一个短暂的年代里，却荟集和吸引了那么多各领域的精英，不仅有本邦的，也有外邦的。这是一个群星灿烂的时代，一个天才会集的城邦。

但是，当我们说"在民主中保持卓越"，即便这是因为雅典的民主是一种良性的民主，是不是还会有一个固定的时间限制？即便在雅典，这种精神文化的繁荣也没有持续很久。是否民主的本性还是与卓越不太吻合，而托克维尔定律终究还是会起作用？毕竟雅典文化的最盛期，可能还是有卓越的民主领袖的时期；虽然文化有一种惯性，在使其辉煌的土壤和条件削弱之后，也还是会持续一段时间，尤其是像哲学这样不太依赖外界条件，本身也必须在黄昏才起飞的创造领域。但希腊最伟大的几位哲学家恰恰不是赞扬民主，而是反省民主。柏拉图思考的是，究竟应该以智慧治国还是以平等治国？是法治优先还是民主优先？他得出了更倾向于前者的结论。亚里士多德则认为，民主并不是最好的政体，甚至也不是正常的政体，而只是"坏处最小的变态政体"。

我们还要注意到，任何领域的伟大创造都需要一种长期的专心致志乃至全力以赴，所以可能还要允许一些人有一点政治的冷淡主义，甚至允许少量"消极公民"的存在；如此，他们才能集中精力与闲暇进行文化和艺术的创造。后来的哲学家实际就有点像这样的"消极公民"。自然，他们也要承担政治的一般义务，但在政治上并不活跃，而是将自己的主要精力用于哲学的思考及与同道的切磋。在某种范围内，学园比城邦也许对他们有更重要的意义。当然，在城邦危急时，他们也要勇于承担自己的责任。但是，在平时的生活中，这些哲学家可能表现得更像是城邦中的边缘人甚至外乡人。当然，这多是发生在公元前4世纪城邦已经开始衰落的时候。他们对当时的政治可能已经相当失望却也无力改变。在这少部分人里，亚里士多德基于城邦政治给人下的那个著名定义——"人是城邦（政治）的动物"——已经有些变异。在他们看来，可能人并不全然是政治的动物，人还有许多其他的乃至更高的方面需要关心。

不过，这已经是城邦政治的末期。公元前 322 年，亚里士多德离开雅典，不久就去世了；而雅典的民主政治家德谟斯提尼也在当年身死。这就仿佛一个象征，雅典城邦的民主政治就此结束了。此后，以雅典精神为核心的希腊文化再也没有攀登上更高的峰顶，但扩展了开去。地中海世界由此进入了一个希腊化的世界。

下编

现代文明的反省

第五章

现代科技奇迹

我们略过漫长的传统社会，直接进入文明的现代一端。那么，近代以来，在人类文明的三大领域内主要出现了一些什么新的变化呢？

先说物质文明。科技蓬勃发展，人的控物能力飞速提升，极大地推动了经济的发展和人们物质生活水平的提高，也引发了社会生活的巨大变迁。尤其是 20 世纪以后，技术成为笼罩性的支配力量，对经济活动和物质生活发挥了一种发动机或火车头的作用，也深刻地影响到政治文明与社会心态。

但是，这并不是说科技发展的初始和持久动因就来自它本身，而毋宁说来自价值的转换。先是知识精英的探求从主要关心精神转向主要关心物质世界的奥秘，然后是社会的追求也经历了一个如此乃至更深入和全面的转换。技术和经济也并非直接对政治和价值的转变发挥作用，而是通过政治和价值的中介，直到从政治和价值观那里获得一种巨大的、坚定的支持而不断壮大。作用链条和绞合机制依旧是物质为基础、价值为主导、政治乃关键，但在现代文明中，价值的初始发端和持续主导作用更为明显。

在价值追求或广义的"精神文明"领域内，平等开始成为首要的价值。平等的观念广为传播，深入人心。人们持续地追求平等，乃至包括全面和结果的平等。平等解放了社会身份的束缚，但彻底的平等同样解放了物欲，物欲的解放反过来又极大地推动了科技和经济的发展。控物能力和物欲开始成为主要甚至最高的价值追求。

在政治文明的领域内，也是一个平等价值追求的自然引申，出现了持久的民主浪潮、大规模的民主实践，乃至一种旨在彻底平等的美好社会的理论。但如果要全面地观察现代政治领域的变化，或许"民权、民族和民生"是一个更好的概括；也就是说，除了民主革命，还出现了民族国家的建构和强烈的民族意识，以及国家对经济和民生物用的重视与大规模管理。

人类也因此取得了前人难以想象的巨大成就，尤其在物质和科技方面。但也有一个根本的问题，一个未来将给人类带来巨大挑战和危机的问题：物质文明本来只是基础，也的确是必须优先满足、不可或缺的，但到了现代，这基础却还要变成上层建筑，变成最高的价值目标，似乎所有的成就都需要通过物质的收益来衡量，所有的聪明才智都需要投到促进物质成就的事业上去。如果不断地提升人的控物能力和物质生活水平成为我们追求的最高目标乃至全部，那么，人何以为人，何以区别于文明状态之前的原始人，乃至区别于动物？亦即，文明何以为文明？

这些内容都是后续各章要讨论的内容，本章将集中于探讨现代科技奇迹的来龙去脉。

一　古代的科技状况

为了明了现代的科技成就，需要回顾一下古代文明的科技状况；而两者恰形成一个鲜明的对照。

　　我们大致可以用下面五个词来概括古代科技的范围：天、地、农、医、数。其中，医学和农学是比较技术和实用的，它们一个管身体，一个管身体的食物和能量来源。在任何时代，它们都是人们必须最为优先关注的技术，它们始终存在，始终在积累和发展。"天"是指天文，它既有很不实用的一面，一个人观察天文可能只是好奇，甚至只是为了探寻一种神秘的壮美后面的原因；但又有很实用的一面，它可以帮助人们确定历法、节气、位置、方向等。"地"是指地球表面（大地）上存在和生长的东西，既关涉初步的物理、化学和生物学，也包括对物质的根本成分或元素的猜测。"数"是指算术和几何，它也是既实用又抽象的，一有生产活动、交易和产权，就必须有计算、丈量等技术，但是，算术和几何又可以脱离具体事物，做一种非常抽象的公理化探讨。

　　与当代科学与技术的紧密结合相比，古代的科学与技术却是相当分流的。古代的一部分自然科学家，甚至更准确地说是自然哲学家，并不怎么关心实用，而技术工匠大概也不会对自然哲学家的猜测太感兴趣。技术在不断积累（但手工的工艺常常也要在每个人那里重新训练和开始），而古代自然哲学的一些天才猜想则常常后继无人，静默百年乃至千年。

　　在这些自然哲学家之外，还有一批和技术有联系的理论家，像欧几里得、托勒密、盖伦等，他们有综合知识的能力，将知识系统化了，从而在各自的领域内支配上千年。科学与技术并不总是很好划分的。在某种意义上，我们也许可以把那些不是为解决具体的实际问题，但具有普遍性的知识，统称为"科学"。

　　技术肯定是走在科学的前面。制造更为精细多样的新石器，是人类进入文明的标志。此外，还有建造简陋的房屋、聚落、陶制厨具、粗陋的轮车和小舟等。然后出现了木犁、铜器，还有金银。医疗技术也总是要伴随着人的，一有身体问题就必须想各种办法，诸如草药、正骨等。而对天象的观测也早就开始了。中东的苏美尔在物质和政治文明方面都居于前列，或者说被发现的文明早期的遗物最多。近五千年前，它就有了和占星术混合的天文学，以及以 6 和 12 为基础的进位制与计算方法。巴比伦人规定的 60 秒为 1 分、60 分钟为 1 小时、7 天为 1 周也沿用至今。而埃及、中国、克里特岛和印度等在天文、算法、建筑等方面也有可观的发明和进展。埃及很早就有了纸草，后来是羊皮书的文卷，其制造木乃伊和建造金字塔的技术，更是有相当综合性的精细或者说宏大的技术。

据说中国在三千年前就有了算盘。铁也在世界各地纷纷出现，郭沫若就曾经说，"铁的出现"是中国在战国时代进入封建社会的"铁的证据"，虽然他的"封建社会"概念跟中国古代与西方的流行含义并不相同，但铁制工具的出现的确是造成当时社会大变的一个关键因素。相对铜器来说比较低廉而又坚固的铁的出现，让金属从庙堂走入了社会和民间，成为各种生产工具和兵器而不再限于礼器，由此出现了早期的战车、投石器、战船、刀剑和甲胄。的确，和救生的医学技术一样，杀生的军事技术和武器也总是伴随着人的。

从公元前 6 世纪起，希腊前苏格拉底的自然哲学家纷纷开始探讨世界的本原，或认为是水，或认为是火，或认为是气，或更为抽象的，认为是不以某种具体物质为象征的"原子"。这些虽多是猜测和推论，却是具有科学性质的猜测和推论。毕达哥拉斯还在数学上有突出建树。中国先秦也有了对世界元素和动因的种种解释：最根本的是气，然后是阴阳互动，又有金木水火土的"五行说"，还有周易的结合数形的世界和人生图景的解释。

后世归于公元前 4 世纪的希腊医生希波克拉底名下的论文有六十篇，在其中，他用四种体液失调解释疾病，并通过解剖动物获得了较多的解剖学知识。欧几里得的《几何原本》运用演绎推理的方法，第一次使一门学科公理化。而更早的亚里士多德则是古典学科门类的集大成者，其中就包括科学知识的分类：他的《物理学》虽然尚非现代的物理学，但收集了大量的当时尚属推论的物理、天体和矿物学知识；他的《动物志》可以说创立了古代的动物学；当然，更重要的可能是亚里士多德开创的理论和系统思维方法，尤其是他对形式、质料、动力、目的四种原因的分析和探讨，点明了日后科学的基本任务——探讨事物的原因和规律。在他之前，在柏拉图的著作中，就已经有不少对天文物理、宇宙理论的宏妙构想和传说记载了。这体现了希腊人一贯的科学精神，但亚里士多德比较兼重经验和理性，所以对科学的发展具有更大的意义。

这种科学理性的精神还体现在一些相对比较纯粹的科学家身上。公元前3世纪的阿基米德在物理和数学方面都富有建树，且表现出一种为追求科学真理而愿付出一切代价的意志。还有2世纪的亚历山大城的托勒密，他著有《地理》一书，书中附有一张世界地图和二十六张分国地图；当然，他最重要的贡献是他的《天文大全》，他的"地球中心说"虽然是错的，却是一种以地球为中心视角的对天文现象的系统思考和总结。在观测手段很不足的情况下，这样一种努力尝试用系统的理论把握世界的意义，远比其错误重要得多。大致同一个世纪，还有一位罗马名医盖伦，被认为古罗马时期仅次于希波克拉底的医学权威，撰写了超过五百部医书，根据体液说提出了人格类型的概念，并进一步发展了解剖学。他和希波克拉底的医学理论支配了西方一千多年，直到近代的来临。

中国对人类技术发展的贡献也是巨大的，而且有一些还是对文明和文化发展具有关键作用的技术。公元105年左右，蔡伦发明了造纸术；3世纪，有了使用"司南"的记载；868年，雕版印刷的《金刚经》问世；大约在11世纪，出现了最早的活字印刷；12世纪初，中国人发明了火药，后来又将其用于军事目的，有了简单的火枪、火炮；此外，中国人还发明了让古代生活精细甚至高雅化的丝绸和瓷器。在西方进入近代之前，这些技术就已经传到了那里，而且得到了更为广泛的使用和长足的发展。

但正像中外许多学者探寻的，中国科技为什么在近代反而落后了？其中一个重要的原因，可能是中西在求知的主要目的和思维方式上的不同。虽然中国人也是相当重视实用和"利用厚生"[1]的，但整体而言，古代中国人比古代西方人更重视人生而非外在的物质世界，或者说，没有那种全面的好奇心，所以相对而言，理论思维就有所不足。尽管技术与科学都有自己的独立性，可以相对分流，中国古代的技术也可以相对单线突进，但到了要对外在世界作一种比较统一的综合性解释、努力发现普遍规律的时候，传统的学问就相当不足了。科学的理论，尤其中层理论，是比较容易转化为技术的应用的，但技术的经验则不易上升为科学的理论，那还需要一种公理性的思维。

古代世界推动科技发展的动力是什么？对技术而言，有王权，比如宫殿、巨大的陵墓等；有政治和公共事业（包括公共娱乐），比如雅典的剧场、罗马的水道和斗兽场等；有神灵信仰，比如神庙、教堂等；有战争，进攻性的，如弓弩、火药和枪炮、船舰技术等，防御性的，如长城、堡垒、城防等。当然，最持久不竭的动力始终还是经济，所有人都需要最基本的衣食住行，富贵者还需要奢侈品。但恰恰在这一方面，古代世界对社会的物欲是有节制的，不仅有主流价值的引导，甚至也有政治措施的管控，比如，政府不鼓励所有人都追求物质，除了一些救济性的措施，政府一般也不组织和计划生产，不进行大规模和常规的收入再分配。这些都在古代政府自视的正常功能之外。

在科学方面，推动其进展的主要是求知心和好奇心。古希腊人是一个比较具有全面的好奇心的民族，对天上地下的事情全都关心。但真正投入的还只是少数人。古希腊哲学首先是自然哲学，后来在苏格拉底那里有一种转向，更关心人间的事情。但即便如此，他的学生柏拉图也还是探讨了世界和宇宙。据说，柏拉图学院还规定："不懂几何者不得入内。"当一位青年质问:"你的几何学有何用处?"欧几里得对身边的侍从说:"请给这个小伙子一些钱,因为他想从几何学里得到实际利益。"他还有一句名言是,在几何学中,"国王没有特权"。科学的领域不应成为求利的场所,不应让孜孜求利者混入其中,他们最好另寻他途,甚至直接把钱给他们都行。而权力也不应干预科学真理,更不能垄断真理。

当世界即将迈过近代的门槛,科技即将爆发的时候,我们盘点古代的科技,可以有一些什么样的初步结论呢?一方面,我们的确可以看到,古代的科学理论比较薄弱,技术与科学的结合还没怎么形成(比如数学的成就还多是发展了和实用有关的部分),而不太需要理论也能推进的一些技术领域(如农作),也还没有统一的理论。最需要有统一的理论解释的领域可能是天文,比如日月星辰的运动,医学也需要对人的身体有一个统一的解释,比如体液、气脉等,但它们基本上还都是经验的,是观测的甚至是猜测的,主动的实验还缺乏条件进行。在物质的结构和因果方面,古代虽有一些猜想,但真正作为科学理论的物理、化学等学科还没有分化出来,各门物质科学也还没有和数学紧密结合起来,天上的力和地上的力还没有被统一起来思考,更没有以数学的精确形式表现。古人虽然有丰富的博物学知识,有动物学、植物学、矿物学等方面的丰富经验,但在理论上还是相当依赖于一些有限的古老经典,如亚里士多德、欧几里得、托勒密、盖伦等人的著作。

但奇怪的是,就是这样一些在今人看来可能非常薄弱的科学理论知识,对于古代的人类世界却也几乎够用,基本能够满足人们当时的物质需求。古代的科技状况也没有太影响当时农业生产的发展,没有太影响社会财富的积累,乃至其中一些错误的理论在当时也还足敷应用,比如托勒密的"地球中心说",并不太影响人们制定历法和规划经济活动。

　　而在政治和精神文化生活方面，甚至古人还有许多我们迄今没有超越的成就。上层建筑和精神生活的繁荣与实用技术看上去也没有太紧密的联系，更没有那种物质基础直接决定一切的因果关系。政治和精神的成就也更依赖于自身的传承和创造，虽然还是要有一定的物质条件，但并不需要很多它们就可以含苞怒放。希腊城邦的政治体制丰富多彩，包括其后罕见的彻底民主制、各种混合政制，从波斯帝国到亚历山大帝国以及罗马共和国和罗马帝国，从埃及王朝、波斯帝国到后来的拜占庭、奥斯曼帝国的各种虽复杂繁密，但也长期有效的政治结构。中国更是通过察举和科举制度展示了一种持久流动和开放的等级制文明。精神文化也是如此。世界的几大宗教都是在古代就已经确立；古希腊的哲学和戏剧等艺术达到了后人也难以企及的深度；科学所不及的地方产生了大量美丽的神话；甚至文艺复兴的伟大创造，也可以说和自然科学基本无关。古代社会的幸福指数不易衡量，我们只能根据许多历史的文献资料说，古人似乎并没有坐拥无数先进科学技术和物质财富的现代人那样的焦虑和不安，人们似乎还在广阔的"无知"乃至一些"错误"中安之若素。古人在科技和控物能力上相对于现代科技奇迹的不足，并不有损雅典的光荣、罗马的伟大乃至文艺复兴的荣耀；我们要注意，文艺复兴其实是在科技并不发达的年代里兴盛的。

　　但另一方面，我要指出，古代的科技历经两千多年的积累和发展，为现代科技奇迹准备了一些条件。首先在科学理论方面，古希腊人留下了一种对于日后的科学发展极为有效的理性方法，虽然还缺乏实验条件，却有严密的论证、推理和辩驳，而不只是停留在单纯猜测、个人构想的阶段。我尤其要指出的是，这种理性方法和精神不仅表现于像《几何原本》这样一些科学的理性著述中，还表现于人文理性甚至神学理性的著述中：柏拉图和亚里士多德的哲学体系，乃至托马斯·阿奎那的《神学大全》，都是这种理性方法的显示。的确，它们的主要内容还是对人生和信仰的探讨，但这种高度发达的理性精神和系统思维方法在有动机和机会的时候，是可以转移到自然物上去的，亦即，这种公理性的思维即便没有在古代自然科学中充分展现，也在古代人文、哲学和神学的领域得以保存和发展。

而且，科技的发展不像哲学和宗教的发展，后者往往创始者鼎鼎大名，最富有创造性，后来者不容易超越他们——如果没有遇到新的大挑战或出现大师级人物，容易开始衰落，经常是一条下降线或至少是曲折线。而科技的始创者可能开始无籍籍名，但后人却能够在其基础上不断积累和走向完善，一般都会是一条层累式上升的路线。只要有和平，有需求，科技总是会不断积累和进步的，尤其技术总是永远向前，甚至理论科学的不足也不会窒息技术的发展。技术是积累性的，永远有紧迫的需求在驱动，毕竟，改善物质生活和发展经济永远是人们愿意和希望的。就像传统技术工匠在传统社会与上层保持了距离一样，他们的价值观也和上层主导的压抑物欲的价值观保持了距离。他们无望进入政治上层，却能够改善自身生活。而且，技术也可以为宗教服务，为王权服务，比如建造巍峨的大教堂、宏伟的大宫殿和陵墓，而军事的需求更是始终为技术的发展提供源源不断的动力。科学的发展可能停滞乃至中断，但技术一般不会中断。

总之，即便在技术和体制方面，在临近公元 1500 年之前，科技的大发展已经具备了一些很好的条件，比如，活字印刷术的出现、罗盘在航海领域的广泛应用、地理大发现的热潮以及更早出现的大学体制。当然，最重要的是，人们的心态已经发生微妙的变化：开始重视此生，开始追逐物质的世界。

一个新的世界，一个科技爆发的时代，到 15 世纪与 16 世纪之交已经蓄势待发。

二　科技飞速发展的五百年

对近代以来的科技奇迹，我们大致从公元 1500 年开始，主要叙述 16 世纪以来的科技成就和特点。

[**16 世纪**] 16 世纪是一个突破的时期。首先是地理大发现。1519—1522 年，麦哲伦的航队完成了第一次环球航行，地理学知识得以大幅扩展。但这个世纪更重要的是天空的发现：天文学是最贯通古今的一门学科，既有实用价值，又可超凡脱俗，在理论和观测、玄想与事实方面都大有可为。古代科学中的天文学算是相当发达的了，而且建立了自己的理论。近代科学就是从天文学开始突破的。

在临终前，哥白尼看到了他的《天球运行论》的出版。这部著作已经不是科学猜想，他参考以前的主要天文理论，依据长期的观察数据，始终用推理和论证的方式，乃至应用数学的公式，得出了是太阳而非地球居于可见宇宙的中心的结论。当然，按照托马斯·库恩的说法，哥白尼的研究成果本身也许不是全然革命性的，却是引发革命的。其实，在哥白尼之前就有"日心说"的观点，从当时的时势和条件来说，即便没有哥白尼，这种观点发展成科学理论也应该不会耽搁太久；但这并不影响哥白尼的著作是一个极具影响力甚至杀伤力的科学贡献。它不仅对科学有意义，还是对基督教价值观的第一次重击——虽然哥白尼本人还是一个虔诚的神父。

天文学理论在第谷那里继续发展，尽管他不同意"日心说"。第谷建立了两座天文台，编制了包含一千颗星的恒星目录。而伽利略则发明了流体静力秤，发现了力学的"黄金规则"（机械能量守恒定律）和摆的等时性定律。

当时与哥白尼齐名的维萨里出版了《人体构造》（与《天球运行论》同一年出版），这是一部人类解剖学的划时代巨著，纠正了盖伦的许多错误。此外，还有一位亦科亦幻、想超过塞尔苏斯（被称为"医学上的西塞罗"）的医生，同时也是炼金术士，给自己取名帕拉塞尔苏斯（意思是"赛过塞尔苏斯"），著有《大手术》以及《大天文学》。

[**17 世纪**]17 世纪是近代第一个科学大发展时期，尤其是古典物理学体系的创立，最重要的人物是伽利略和牛顿。

在 16 世纪和 17 世纪转换之际，还出现了一位科技新时代的预见者和代言人——培根。培根大力呼吁人们应该把知识兴趣转向对物质世界的探讨，而不应该再像过去那样主要指向宗教与人文。此后，知识和思想的天才们越来越多地投身于这新的事业和新的方向。更重要的是，他还试图提供新的知识工具和方法，强调事实、经验、分类、归纳，是近代实验科学和归纳法的创始人。当然，培根提倡的还不是近代以来科学方法的全部，我们还必须观察另一位近代新思想和新方法的奠基者笛卡尔，才能得到一个近代方法论转变的全貌。笛卡尔更重视数学和公理的方法，更强调演绎的推理，而这对近代科学的发展尤为重要。

17 世纪初，天文学继续在开普勒那里得到长足的发展。1621 年，开普勒发表了扩展后的第二版《宇宙的奥秘》（发表于 1596 年），迈出了将"日心说"理论现代化的第一步。开普勒还写了《新天文学》（1609 年）和《世界的和谐》（1618 年），提出了关于行星运动的三大定律（轨道定律、面积定律和周期定律），为他赢得了"天空立法者"的美名。同时，他对光学和数学也作出了重要贡献，是现代实验光学的奠基人。

1608 年，荷兰的一位眼镜商汉斯·利伯希偶然发现用两块镜片可以看清远处的景物，受此启发，他制造了人类历史上的第一架望远镜。后来，伽利略改进了汉斯·利伯希的望远镜，开始用以天文观测。这无疑是让人激动和兴奋的时刻。由此，他发现了月球的山脉、木星的卫星、金星的位相、土星之环和太阳黑子等。他当然是肯定"日心说"的,谨慎地写了《关于托勒密和哥白尼两大宇宙体系的对话》(1632年),但伽利略也因此被认作是"强烈怀疑异端的人",被迫违心地口头放弃,在软禁中度过了余生。伽利略是一个科学全才,他还发现了自由落体等诸多定律,著有第一部近代物理教科书《关于力学和位置运动的两门新科学的对话》(1638年),主要内容是关于机械学和落体运动以及数学证明。

17世纪上半叶最耀眼的科学光辉来自伽利略,但对科学作出最大贡献的还是牛顿,而且牛顿的影响也更为深远。牛顿发明了反射望远镜,做了许多光学的实验,使阳光通过棱镜产生光谱,提出了光学的微粒说;他在"流数法"中阐述了微积分的基础[2];1687年问世的划时代的《自然哲学的数学原理》是牛顿最为重要的著作,在书中,他以公理的形式阐述了万有引力定律、惯性定律、力学定律、冲量定律等,建立了经典理论物理学宏大且精致的体系。

数学不仅在物理等其他学科成为公理化的基础,它自身也在继续发展。纳皮尔制作出第一个对数表,贡特发明对数尺,费马用微分法解决切线问题,并与笛卡尔共同创立解析几何,在数论中提出"大定理"问题。

其他一些古老的科学和新的科学也在更新或者新生。荷兰物理学家惠更斯提出了光的波动说,发现弹性碰撞定律,观测到土星的第一颗卫星。英国的波义耳是近代化学的奠基人,著有《怀疑派化学家》,强调"元素"概念,动摇了中世纪化学的四元素假说,发展了化学分析。他还和马略特先后发现了气体压力和体积关系的定律。医学方面,继英国御医威廉·哈维1618年发现血液双循环之后,意大利医生马尔切罗·马尔皮基发现了通过毛细血管的血液循环,开创了显微解剖学。此外,英国医生托马斯·威廉通过尝尿的方法确定了糖尿病——直到1841年人类才用化学分析检验糖尿病。

科研工具方面，除了望远镜，探讨微观世界的有力工具——显微镜，得到了英国科学家胡克的改进，细胞（cell）一词即由他命名。其实，显微镜早在胡克生前就已发明，但直到胡克的《显微术》（1665 年）出版，科学界才发现显微镜下的微观世界和望远镜中的宏观世界一样丰富多彩。胡克对其他科学仪器也改进甚多，还提出了弹性定律。在酒精温度计之后，又出现了水银温度计，意大利科学家托里拆利进行了"托里拆利实验"（1643 年），第一次制造出真空。1650 年，德国的奥托·冯·格里克发明了真空泵，并于 1654 年进行了马德堡半球实验，证明了大气压强的存在。1676 年，丹麦的罗默利用木卫食测光速，第一次用天文的试验方法证明了光以有限的速度传播。此外，不可不提的还有一个特别的天才帕斯卡尔，他虽然他只活了三十九岁，却在哲学、文学（1658 年写成的《思想录》是世界思想文化史上的经典）以及数学和物理等领域有诸多成果。他十六岁发现著名的帕斯卡定理，十七岁写成《圆锥曲线论》，十九岁设计并制作了一台能自动进位的加减法计算装置，为以后的计算机设计提供了基本原理。他自 1655 年隐居修道院，但还是于 1658 年写成《论摆线》，对莱布尼茨创立微积分有很大启发。

在 17 世纪，还有一点尤为重要：英国皇家学会、法国科学院、维也纳科学院、莫斯科科学院、普鲁士科学院等学术机构相继成立，有了定期会议，开始出版学报，发表和出版的规则相当严谨，对优先权也很敏感，由此，一个跨越国界的欧洲学术共同体正式形成。这个学术共同体虽然人数还很少，许多学术交流还是通过私人书信，但质量很高，狭小而紧密。

[**18 世纪**] 18 世纪是一个科学继续发展，技术也开始大发展的时期，最具代表性的人物是詹姆斯·瓦特，最重要的发明是蒸汽机，最重要的事件是工业革命。

　　在此之前，科学的发展虽然成就巨大，但对社会的经济和普通人的消费生活并没有多大的直接影响。直到 18 世纪，这种情况才开始发生变化。工业革命率先在英国发动。1711 年，英国工匠托马斯·纽卡门造出最早的蒸汽机，在英国和欧洲其他国家陆续投入使用，多用于排除矿山坑道积水和城市人工喷泉的动力。1733 年，钟表匠约翰·凯伊发明飞梭。1738 年，工程师约翰·怀特发明滚轮式纺纱机。

　　但工业革命真正的铺开，是在 1760 年代以后。1764 年，詹姆斯·哈格里夫斯发明了珍妮纺纱机，极大地提高了生产率，被后人称为第一次工业革命的开端。1776 年，瓦特制造出第一台真正有实用价值的蒸汽机，经过一系列重大改进，被用在越来越多的工业领域，使人类从此进入"蒸汽时代"。后人为纪念这位伟大的发明家，把功率的单位定为"瓦特"。

　　人们对电的认识也开始有了进展。1745 年，德国的克莱斯特发明了可储存电的莱顿瓶。1750 年，英国的米切尔设计测静电力扭秤，并提出磁力的平方反比定律。1747 年，美国科学家富兰克林经过各种实验，得出电不是摩擦产生的，而是通过摩擦集中起来的结论。他认为，电是物质中的一个元素，有正（+）有负（-），从而创造了（+）（-）概念。1752 年，富兰克林带着他的儿子在雷雨天利用风筝取到了电火花，将天电和地电统一起来，雷电之谜终于被揭开，这就是著名的电风筝"费城实验"，富兰克林也由此发明了避雷针。1786 年，意大利的伽伐尼发现蛙腿肌肉收缩现象，认为是动物电所致，并于 1791 发表论文《论在肌肉运动中的电力》。正是伽伐尼的一个偶然发现，引出伏特电池的发明和电生理学的建立。伏特真诚地赞扬说，伽伐尼的工作"在物理学和化学史上，是足以称得上划时代的伟大发现之一"。但电气时代的真正来临，还要到下个世纪。

　　此外，英国在 18 世纪初首先把天花疫苗直接从病人身上接种到健康人身上。1796 年，爱德华·詹纳发明接种牛痘法，为后人的研究打开了通道，被称为"免疫学之父"。这个世纪还出现了最早的飞行器——热气球，并飞越海峡。

比起 17 世纪，18 世纪物理学的成就稍有些沉寂，但化学方面却有巨大的发展。1702 年，德国的施塔尔提出燃素说，认为燃烧是燃素在燃烧过程中溢出，虽然在 1774 年被拉瓦锡否定，但巩固了"元素"的概念。舍勒、普里斯特利发现了氧气。卢瑟福发现了氮气。1789 年，拉瓦锡发表了《化学基本论述》，定义了元素的概念，列举出三十一种化学元素，否定了燃素说，指出燃烧是和氧气的化学结合，呼吸和燃烧类似，都是消耗氧气，并通过总结大量定量实验，证实了化学反应过程中的质量守恒定律。这部书也因此与波义耳的《怀疑派化学家》一样被列入化学史上划时代的作品。拉瓦锡虽开创了现代化学，却不幸在随后的法国大革命中被处极刑。

这个世纪在自然志或博物学方面也有长足的进展。这个领域需要长期积累和悉心观察。1735 年，瑞典的林奈发表了自己最重要的著作《自然系统》，发现植物有性繁殖体系，并提出动植物"双名命名法"，创立了生物的分类学体系，是近代生物学的奠基人之一。法国的布封毕生从事博物学研究，用四十年时间写成三十六卷的巨著《自然史》，包括地球史、人类史、动物史、鸟类史和矿物史等几大部分，综合无数的事实材料，对自然界作了精确、详细、科学的描述和解释，破除了各种宗教迷信和无知妄说，把上帝从宇宙的解释中驱逐了出去。

[19 世纪] 19 世纪则是一个科学和技术及各个学科均全面蓬勃发展的时期，不仅各种古典学科得到了新生，还产生和细分出许多新的学科。尤其达尔文的"进化论"，是继哥白尼的"日心说"之后，对传统宗教价值观的第二次重击，堪称石破天惊。工业革命继续扩展，尤其在交通运输方面成就卓著，而电气时代也已来临。不仅英、法、德等主要欧洲国家科技成果竞相涌现，大洋彼岸的美国也已崭露头角。

电学方面，1820年，丹麦的汉斯·奥斯特意外地发现电流磁效应，法国的安培马上集中精力研究，发现电流之间会产生磁场及相互作用力，很快就提出了"安培定则"（即右手螺旋定则）和"安培定律"。1826年，德国的欧姆发现了电阻中电流与电压的正比关系，即著名的欧姆定律。1831年，贫寒出身的法拉第首次发现电磁感应现象，进而提出电磁感应定律，为电动机、发电机的发明奠定了基础。不仅如此，他还发现了电解定律（1834年），用电力线的概念来解释电磁现象（1838年），证明了电荷守恒定律（1843年），引入磁力线的概念，为经典电磁学理论的建立奠定了基础。1850年，德国的克劳修斯和英国的开尔文勋爵提出热力学第二定律。1873年，英国的麦克斯韦出版《论电和磁》，集电磁理论之大成，被尊为继牛顿《自然哲学的数学原理》之后最重要的一部物理学经典。简言之，没有电磁学，就没有现代电工学，也就不可能有现代文明。1897年，英国的汤姆逊从阴极射线证实了电子的存在，轰动了整个物理学界。

在科学的其他领域中，德国数学天才高斯在1801年出版代数论的基本著作《算术研究》，后又用图表说明"虚数"，于1816年创立非欧几何（高斯关于非欧几何的信件和笔记在他生前一直没有公开发表，只是在他1855年去世后出版时才引起人们的注意）。1803年，英国的道尔顿继承古希腊朴素原子论和牛顿微粒说，提出原子论，使化学领域自此有了巨大的进展。1838年，德国植物学家施莱登发表《植物发生论》，第一次提出所有植物都是由本质相同的细胞组成。1839年，生理学家施旺将此概念扩展到动物界，从而形成所有植物和动物均由细胞构成的"细胞学说"，被恩格斯誉为19世纪自然科学的三大发现之一。1850年，法国的傅科测量了光在空气和水中的光速，1851年则进行了著名的"傅科摆"实验，证实了地球有自转。1847年，德国的赫姆霍兹第一次以数学方式提出了能量守恒定律。1857年，法国的巴斯德发表《关于乳酸发酵的记录》一文，奠定了微生物学的基础,其发明的巴氏消毒法直至现在仍被应用。1859 年,达尔文的《物种起源》出版,提出了"物竞天择,适者生存"的进化论。1864 年,在修道院担任神父的孟德尔经过长达八年的豌豆实验,发现了遗传学三大基本规律中的两个,并将其探究成果整理成《植物杂交实验》发表,但直到 1900 年才引起学术界重视。从此,遗传学进入孟德尔时代。1869 年,俄国的门捷列夫发现并归纳了元素周期律,依照原子量,制作出世界上第一张化学元素周期表(德国的达尔也同年发现,但完善性不及前者)。1887 年,德国的赫兹用实验证明了光的本质是电磁波(这一理论是发明无线电的基础),发现了光电效应(后来由爱因斯坦予以正确解释)。

技术方面,1800 年,意大利人伏特发明伏特电堆。1802 年,蒸汽机车已经出现。1803 年,美国人富尔顿发明的第一艘以蒸汽机作动力的轮船在法国的塞纳河成功试航。1811 年,德国的克虏伯建立钢厂。1825 年,第一条铁路,即英国的斯托克顿—达林顿铁路正式通车。1835 年,美国的摩尔斯发明"摩尔斯电码"(又称"摩斯密码"),1837 年制造第一台有线发报机,并于 1844 年从华盛顿向巴尔的摩发出人类历史上的第一份电报。1876 年,贝尔与他的同事实验了第一台可用的电话机,发出了世界上第一条电话信息。同年,德国的奥托制造出第一台四冲程内燃机。美国的发明大家爱迪生继 1877 年发明留声机之后,又发明了螺口碳丝灯泡,在纽约建立了第一座火力发电站。1887 年,德国人戴姆勒研制成四轮汽油发动机汽车,成为现代汽车工业的先驱者之一。1893 年,特斯拉在哥伦比亚展览会上展示了交流电照明,成为"电流之战"的最终赢家;此外,他还发明了用于远距离输电线的变压器。其他的重要发明还有:1828 年,德国韦勒首次把无机物合成有机物(尿素);1838 年,法国画家达盖尔发明银版摄影法和显影法;1867 年,瑞典人诺贝尔发明安全炸药;德国的科赫在 1880 年和 1882 年先后发现伤寒杆菌和结核杆菌;1885 年,德国的本茨发明汽油内燃汽车；1895 年，德国的伦琴发现 X 射线；1895 年，意大利的马可尼首次成功收发无线电报；1898 年，居里夫妇发现镭等放射性元素。

[**20 世纪**] 20 世纪是又一个科学技术大突破的世纪，也是人类的日常生活、社会结构和价值观念都发生巨变的时期。在这一百年里，人均寿命大致翻了一番，从平均四十岁左右到了七八十岁。现在最贫困国家的人均寿命也超过了百年前最发达国家的人均寿命。这一切主要是因为有了科技包括现代医学的迅猛发展，加上农业机械、化肥、农药、水利等技术的长足进步，食物和营养的充分供应与保障在技术上已经完全不成问题；如果出现问题，那一定是因为一些另外的人为因素（战争、政策等）。人类文明第一次出现了人口猛增到几乎达到人类进入文明以来的全部人口总数的一个颇大百分比的状况。

科学方面，首先是物理学理论的新发展和大转折。古典的物理学到 19 世纪末已经发展到相当完善的地步，以至有物理学大师觉得自己的弟子都可以改行了。但是，在 20 世纪初，本来坚固的物理学却出现了新的思维和新的方向，将过去人们以为是全部的物理学打入了"古典"的范畴。

1904 年，荷兰的洛伦兹提出时空坐标变换方程组，也就是现在为人熟知的"洛伦兹变换"，填补了经典电磁场理论与相对论之间的鸿沟。然后，人类迎来了 1905 年，一个爱因斯坦的"奇迹之年"，他在当年发表的数篇论文，真正开创了"物理学革命"。1905—1906 年，法国的庞加莱阐明了电磁场方程对洛伦兹变换的不变性，并提出了四维时空理论。1907 年，德国的闵可夫斯基提出狭义相对论的空间-时间四维表示形式。1908 年，德国的普朗克提出动量统一定义，肯定了质能关系的普遍成立。1931 年，美国的劳伦斯建成第一台回旋加速器。1932 年，英国的科克罗夫特和爱尔兰的沃尔顿发明高电压倍加器（科克罗夫特-沃尔顿加速器），用以加速质子，开创了原子核物理的新纪元。1932 年，美国的安德森在宇宙射线中发现正电子。

这场"物理学革命"主要表现为两个方面：一是爱因斯坦开创的狭义和广义相对论；一是由普朗克、波尔、海森堡、薛定谔、泡利、玻恩、费米、狄拉克等一众杰出科学家所代表的量子力学。至此，现代物理学发展到了一个"匪夷所思"的程度，不仅对普通人，就是对许多传统的科学家可能也是如此，但其成果却可以得到观测和实验的验证。关于时空和引力的相对论否定了牛顿的绝对时间和绝对空间的概念，提出了"四维时空""弯曲时空""同时的相对性"等新的概念。时间和空间、物质和能量再也不可分开了。爱因斯坦写出了他的著名公式：$E=mc^2$。这意味着一点点质量就能产生巨大的能量。比如，一个人的身体的质量就可能产生相当于十五颗氢弹的能量。

量子力学则试图探讨微观世界中基本粒子的运动规律。原子不再是不可分的了。量子可能就是一个能量包，可能是你认为的物质又不是，可能是这个又不是这个，甚至可能同时是这个和那个。它的位置和动量无法同时测准。连爱因斯坦也觉得量子力学不可思议，不能完全接受，为此，他极力想驳倒海森堡的"不确定性原理"，相信即便极微观的世界总还是有确定性和规律存在。他相信"上帝不掷骰子"，却被批评为"你怎么能规定上帝可以做什么"。

这些理论彻底改变了我们对世界的惯常思维，我们真的感到有些手足无措了。一方面，我们惊叹人竟然能够想出这么多东西，探究得这么深广；另一方面，我们又发现，当探究到这么深广的时候，这世界让我们更难以理解了。但这些理论的确得到了一些最聪明的头脑的支持，而且得到了相当的验证和应用。当然，古典的物理学在目前日常的生活中还是基本够用的，但是如果人的眼光投向极广阔或者极细微、极高速变化和运动的物体，它就不够用了。从古典物理学走向现代物理学反映了人们对世界的无穷探索到了一个新阶段。

20 世纪的科学发展，除了崭新的物理学，还有新的天文和地理。在本书第一章我们已经介绍了宇宙大爆炸的模型，这里不再赘述。地理学则有了大陆漂移说和板块构造说。这些理论假说在被拒斥多年之后，也渐渐得到承认。

生物学在这一百多年也有惊人发展，最重要的成果是遗传基因DNA 双螺旋结构的发现，而人类的基因图也在 21 世纪初完成。基因工程的各种技术因此得到迅猛发展，克隆动物、基因编辑等技术给我们打开了一个可能的潘多拉盒。但是，各种先进的诊断设备和技术，先进的手术，尤其是先进的制药技术，无疑对人均寿命的提高贡献极大。尽管环境污染肯定加剧了，但人们的寿命却还是延长了，身体和生活的质量也大为改善，许多过去的不治之症不再是绝症。各种抗生素和疫苗的发明，甚至让人们一度以为人类从此要告别大规模传染病。

20 世纪还有一个科技奇迹是航空和航天事业。1903 年，莱特兄弟第一次用动力飞行器飞行，当时飞行距离仅仅三十六米，空中逗留十二秒钟，却开启了一个人类飞向天空、探索太空的新时代。到今天，我们已有各种类型和大小的航空飞机，有人造卫星、可回收火箭、空间站，实现了人类登陆月球，探测器登陆火星，甚至有的探测器还在飞出太阳系。而这仅仅花了一百余年。

而一个和我们普通人更有关系，不仅带来震惊，还带来方便和实用，带来生活方式的巨大改变的科技奇迹，则是我们进入了信息时代。在 20 世纪中叶才出现的计算机和后半叶开始的互联网络与移动终端的发展，已经和我们每个人的日常生活息息相关，乃至具有根本的重要性；一旦离开它们，我们几乎就无法正常生活。在许多人那里，智能手机已经替代甚至逐步在消灭过去的电话、电视、收音机、相机、钱包、商店、地图、书籍、指南针、手电等许多物件，它几乎成为我们生活、娱乐、交通和工作都须臾不可离的东西。而这也就发生在近十多年之内。"手机"的确可以说是比"移动电话"更好的译名。人手一部，一机在手，就几乎可以走遍天下。

　　工业革命的一个外在突出象征是雷霆万钧的蒸汽机车，而今天的高科技革命的核心象征，则可能只是一个小小的芯片。据说 IBM 最近已开发出 2 纳米的芯片，一个"手指甲大小"的芯片将可以容纳多达 500 亿个晶体管，每平方毫米就可以容纳 3.3 亿个晶体管。而 1946 年开始使用的第一台电子计算机 ENIAC 共使用了 18000 个电子管、1500 个继电器以及其他器件，总体积约 90 立方米，重达 30 吨，占地 170 平方米，运算速度为每秒 5000 次加法，或者 400 次乘法，虽然比当时的机械计算机快一千倍，但比起现代计算机，可就是极慢了——现代大型计算机的运算速度可达每秒 1000 万亿次以上，一个普通的智能手机的计算能力早已超过支持阿波罗登月飞行的大型计算机。我们今天参观微软等高科技公司的展览馆，再也看不到工业革命时期的那些庞然大物了，然而，极小的芯片和看不见的软件却成为那些庞然大物的"心脏"，而且正在趋向于万物互联。如果说技术对人类的使用价值主要在"省力赋能"，那么可以说，工业革命节省的还主要是人的体力，赋予人的能力还主要是体能，而信息时代的革命节省的则主要是人的脑力，赋予人的能力就主要是智能了。"赋予"可能还不准确，而是代替人的某些智能，甚至自行开发新的智能。如果还能获得一种不同于人的主体的自我意识，它甚至有可能完全取代人。

　　公元 1500 年以后的五百年也许可以分作两个大的时期，前二百五十年主要是一个科学发展的阶段。16 世纪的代表是哥白尼和伽利略，他们主要是仰望天空，17 世纪是牛顿，他把天上的力和地上的力统一了起来，而数学也有了长足的发展。那时的科学家的动机还主要是求知，虽然重点已转为对物质世界的求知，但还没有多少实利心，人们也都还信仰虔诚。18 世纪则是一个过渡的世纪，前半叶还是科学为主，后半叶就开始转向大规模的技术利用，开始和经济紧密地联系在一起，持久地影响到社会了。

技术替代科学成为重心的这一过程是逐渐发生的。19 世纪各门分支科学还在不断建立和完善中，不仅如此，20 世纪理论物理学还别开生面。但技术已经以它雷霆万钧的力量登上物质舞台，首先是动力能源：先是煤炭石油，然后是电力电气。一般人不容易理解科学的原理，却太容易看到和震惊于铁路、汽船、飞机、汽车、核弹、火箭、摩天大楼、巨型游轮、宇宙飞船的力量与壮观。各种表演，尤其是各种世界博览会，将新奇的成果展示给世人。直到今天，还有许多人喜欢和怀念蒸汽机车（只要不住在铁路旁边）：喘着白气的乌黑火车头拉着长长的一列车厢，风驰电掣地穿过森林，穿过荒漠、峡谷、群山、江河，尤其是穿过皑皑的雪原。蒸汽机车的时代似乎还未离开自然太远，或者说它的巨大力量还是以比较自然的方式显露。人们现在还喜欢去看蒸汽机车博物馆，但是，如果去参观一个现代电子博物馆，你看到的可能就只是一些芯片，一些模拟，一些绘图。尽管如此，我们知道它们的确有巨大的控制力。

一方面，我们感叹，智人只是在数万年前才从东非迁徙到各个大洲，其后竟然产生了那么大的分离歧异，到 20 世纪，有的进入了工业社会，有的还在农业社会，有的甚至还停留在原始部族社会。另一方面，我们也要感叹，至少占人类绝大多数的几大文明，又有相当接近和趋同的一面——尽管分离为数支，但几乎都在一万年前左右走向了农业文明，随后又走向了政治社会。

一万年前左右是人类文明的起点，是人类进入进步快车道的真正起点。回顾人类一直发展到今天的历程，我们将再一次感受演变的不断加速和时间的不同标尺——

数十亿年：地球上的生命用了近三十亿年，才从单细胞生物进化到极其简单的多细胞生物。

数亿年：然后又花了七亿多年，才演化出像恐龙那样巨大的爬行动物。

数千万年：再用了大约五千万年，才从灵长总目动物中出现了猿。

数百万年：人猿揖别，人类用两百多万年才从直立行走学会了制造最简单的石器工具，以及用火。

数十万年：人类用了数十万年才从制造比较简单的石器到学会制造比较复杂的石器工具。

数万年：一万年前左右，才出现农耕文明、定居，然后是陶器、青铜器和铁器。

数千年：然后有了有文字的历史，出现真正意义上的国家。这才是政治文明的真正开始。这样的历史只有五千六百年。

数百年：工业文明的历史从18世纪英国开始则只有几百年。

数十年：从1980年代开始算起，飞速发展的高科技信息文明则只有几十年。

如果将人类在旧石器时代的发展比之为步速，那么，人类进入农业文明和青铜、铁器时代后的发展就像是音速了，而人类在工业革命以来的数百年，尤其是最近数十年的发展，则近乎光速了。

对此，我们会不会"一则以喜"，"一则以惧"？

三 走向"机事"和"机心"

现代科技的走向和动机，或可用庄子的"机事"和"机心"来描述。《庄子·天地篇》记载，一位汉阴地方的老人不愿用"用力寡而见功多"的机械——杠杆来灌溉他的园圃。他说：

　　　　吾闻之吾师，有机械者必有机事，有机事者必有机心。机
　　心存于胸中则纯白不备。纯白不备则神生不定，神生不定者，
　　道之所不载也。吾非不知，羞而不为也。

　　对于那机械的知识，他不是不知道它马上可以带来的好处，他担
心的是长远，是它将导致的心地不纯和心神不宁。亦即，他顾虑的
是"机事"将带来的"机心"（利用知识谋利和事功的"心"）膨胀。
他认为有了这种"心"，人的心灵就不会洁净和宁静了，就可能产生
无穷无尽的焦虑不安。

　　"机事"者，技术也，狭义的是机械技术，广义的可以指所有技术。
庄子似乎要防微杜渐，从源头就截住——似乎他意识到，技术发展到
后来就不可能截住了。但人类是否能够不要基本的物质文明？不要的
话，精神文明也就没有赖以存在的基础了，不仅创造、维系以及欣赏
精神文化的人们需要较好的物质生活，精神文明的产品也需要物质的
媒介。但如何把握和平衡这个度，是一个太大的难题。

　　"机心"者，利用之心也，功利之心也。"机心"也可描述机械的
自然观，乃至对人本身的观念，即人也被视作机器。这正是18世纪
一些启蒙学者的看法。把人视作机器，说人就是机器，几乎是无视人
所特有的精神生活的微妙性、复杂性和创造性，也就等于没有给人留
下什么特异于机器的余地了。这甚至比说人是动物，是"第三种黑猩猩"
或"裸猿"还彻底，毕竟动物还有感知和感情。广义的"机心"也包
括所有的谋利之心。物质欲望不可完全没有，但如何把我们的利益和
欲望处理得恰如其分，同样涉及如何把握度的难题。

　　庄子这里是说"有机事必有机心"。其实也可以反过来说，"有
机心必有机事"。庄子在此处虽没有说，但在其他地方反复叮咛让
"心""无欲"的重要性。老子也反复说到"寡欲"的根本性。我们需
要始终看到动机和价值观的主导性。为什么会有今天的技术笼罩和功

利滔滔？因为需要满足人们日益高涨的对物质生活的欲望，这种欲望已经成为当代社会的主导价值追求，故而一切知识的探求最终都朝向实用：知识需要变现，需要变成提高人们物质生活水平的力量和工具。为此，科学一定要促进技术，以技术为旨归；而技术也就必须和商业紧密结合起来，哪怕只是为了自身的发展。所以，人们求知和求力的目的因还是起根本的作用，不过这种目的因已越来越不再是荣耀上帝或支持精神文化的发展，而是以得到实利为最终和最高目的。

　　在现代科技动机的初始奠定上，培根是一个突出的代表，一个"机心"的杰出阐发者。培根点明了新时代的方向，他是一个被推动者，又是一个推动者。他敏锐地察觉到了时代的暗潮，而且把这潮流揭示了出来，并为之推波助澜。于是，思想的天才纷纷投身于这新的事业，新的方向——人类控物能力的提升。培根推动和创造了新的知识与社会氛围，而这一价值扭转也和社会平等的潮流不谋而合，为崛起的大众提供了谋求福利的手段，由此它自身也在追求福利的强大浪潮推动下奋力向前。

　　培根本人并没有多少科研成果，他的方法论也不是全面的。他主张充分收集资料和知识，进行经验的观察和实验，这对纠正过去的学术研究方法很有助益，但他的这种经验归纳法却看轻了理性推理和演绎的作用，看轻了数学等普遍和精确的公理作为前提的理论假设的作用。他的最大作为在于推动价值的转换。在他那个时代，没有几人像他那样准确地把握住了时代的潮流，率先提出了价值的转换。他注意到人类此前两千年的价值追求主要并不在研究自然和物质，遂大声呼吁学者应当把精力转投到提高人们对外在物质世界的认识上来，乃至设想了未来的科研组织和机构。他也明确地把知识作为手段，提出了"知识就是力量，但更重要的是运用知识的技能"这一经典论断。很显然，后面这句才是培根要重点强调的。当我们说"知识就是知识"时，知识就是目的本身，而当我们说"知识就是力量"时，知识只是手段。

前者主要是出于求真的好奇心，后者则已经是以利用心为主导。类似的话语如"时间就是时间"和"时间就是金钱"，前者可以将闲暇用于许多方面，包括精神文化的创造，后者则可能只是考虑将时间用于创造物质财富。

现代科技为什么突然加速？从古人乃至文艺复兴时期的各种政治和精神文化杰作中，我们可以看到，并不是古人不够聪明，只是他们志不在此。所以，重要的还是一种价值观或者说志向的转变。价值还是起了主导的作用。你想要什么，你就得到什么。你努力于什么，你就会推动什么。当然，全面地看待，人类依然还有从希腊以来的一种追求彻底的精神，一种对于知识的强烈兴趣，一种科学理性精神和公理化方法。不过，最深广和根本的动力还是来自人性，来自大多数人已将对物质的追求放在了首位。但除了少数人的不可遏制的好奇心和多数人同样不可遏制的利用心之外，甚至还有一种不安分和无聊感。人们不耐烦了一种单纯的追求。宗教的信仰是单纯的，是从最深处吸引人的，但它也不会占据人的大部分时间。人不能不关心物，不能不关心物的知识，也不能不关心输赢和出众。那和人的日常生活息息相关。人也有大把的时间可用。所以，人还会去打仗，去竞争，去求知。在战场上争胜的人们，也还会在知识场和商场上争胜。

要弄清这一变化，我们还需要对科学和技术有所区分，尤其是了解技术的本质。最笼统的定义是，"技术是一种实践"，换句话说，技术是为了解决实践问题的，所以，政府统治和治理的技术，甚至艺术创作的技术，如绘画和作曲的技巧，都可以视作广义的"技术"。但说"技术是一种实践"还有一种意义，至少可以将其与理论区别开，尤其是和一种相当抽象的哲学性质的理论区别开。如此，我们这里所说的"技术"显然是一种有特定目的和特定对象的技术，它是以物质为对象的，旨在提升人的控物能力。

厄休拉·富兰克林很推崇技术和强调技术相对于科学的独立性，

在《技术的真相》中，他认为技术有自己的逻辑，基本是自我发展、自我创造的，新的技术往往是通过组合过去的技术而产生的。[3] 公平地说，富兰克林也表达了对技术过度发展的担忧，他还是希望人和自然结合在一起，而不是和技术结合在一起。他不赞成太违拗自然过程的技术。布莱恩·阿瑟定义"技术是一种实践"，但正如前述，这含义过于广泛，或许我们可以修正为，"技术是这样一种专门的实践：它是以物质为对象、为人类省力赋能、解决实际问题的实践"。阿瑟在《技术的本质》中区分了"整全性技术"和"规范型技术"，前者指完整地制造一种产品，古代社会的手工艺往往就是这样一种技术。他更欣赏"整全性技术"，比如中国古代的青铜制造技术。[4] 尼尔·波兹曼对技术则是持尖锐批判的，在《技术垄断：文化向技术投降》中，他认为，技术的发展经过了三个阶段：第一个阶段是工具使用阶段，那时候人还是技术的主人；第二个阶段是技术支配阶段；第三个阶段是技术垄断阶段，在这方面，20 世纪以来的美国表现得最为典型。不过，技术支配和技术垄断这两个阶段并不容易区分。[5]

　　古代中国无需科学理论也能发展出精湛的技术，古希腊的技术发展也和自然哲学家基本无缘，甚至中外古代的医学有时通过玄妙而非循证的"理论"，乃至一些错误的理论，也能治病救人。那些理论似乎主要是用来说服人和建立人的信心的。技术永远向前，技术总是在积累中。但有时技术也会中断。古埃及建造金字塔的技术，古希腊迈锡尼王国建造宫殿的技术，复活节岛上建造石像的技术都曾经失传过。还有，技术总是在传播中。人们和异域文化接触，最先感兴趣的可能就是新奇的器物技术。一些类似的技术发明也会分别在不同的文明中出现，比如各种因地制宜地用来书写文字的载体，还有如活字印刷术等。但的确，技术无需科学也能积累和发展。只是说，没有科学，单靠技术，不管怎样发展，不容易有大的突破。技术主要靠经验积累和摸索，当然，也会有一些很新奇的想法；但倘若仅仅是技术，总是要遇到它的天花板，甚至进入某种"内卷"。而且，有时从科学到技术的转换很快。比如，1939年核裂变被发现时，有许多科学家还认为没什么实用价值，但仅仅过去了六年，到1945年，原子弹就被制造了出来。说"科学是技术之母"，或者反过来说"技术是独自发展的"，又或者说"是技术推动了科学发展"，可能都是不确切的。古代的技术并不受科学的指导，两者甚至是相当分离的，只是到了近代以后，技术与科学的结合才越来越紧密——技术后来甚至成为两者关系中主导的那一个。

从"好奇心"走向"利用心"

近代科技飞速发展的强大内驱力的演变，大致就是一个从单纯的好奇心走向急切的利用心，先是从原先的精神信仰走向对物质科学的探求，又走向技术和商业的世界观和价值观的过程。不仅科学，最后连技术也越来越紧密地同商业和实业结合在一起，成为孜孜于谋利的工具。

达芬奇处在一个科学技术将要大发展的隐蔽期，也就是15世纪末到16世纪初。他是一个在艺术和技术两个方面都具有极高天赋和兴趣的巨人。但在达芬奇的时代，他绝不会想放弃绘画而专门研究科技。而到了19世纪，则形势有变。比如，发明汽船的富尔顿和发明电报的摩尔斯都曾是画家，甚至是有名的画家，但最后还是选择了科技，且因此而成名或更为有名。

尽管达芬奇的许多构想专注的是技术而非科学，但他对技术的关注显然也是出于一种强烈的好奇心而不是谋利心。他自有他的艺术为他带来名声、地位和利益，但的确还有一种强烈的、不可遏制的好奇心使他不断地设计各种新奇的"玩意儿"——他并不一定要将这些构想付诸实践，也没有考虑发表而传诸后人。近代之初，无论是达芬奇的技术，还是哥白尼的科学，都还是默默无闻的：达芬奇的技术构想默默地隐藏在他的一万多页的笔记里，哥白尼的科学理论也在几十年里不为人注意。他们的想法长期都是空谷足音。

哥白尼家境富裕，从小上的中小学都是当地最好的，十岁时，父母在瘟疫中先后亡故，但他的舅舅，一位天主教大主教担负起了他的教育，先是送他去了位于当时首都的克拉科夫大学，后又以神父助学金的形式，送他去了意大利（当时欧洲的政治和文化中心）的几所大学学习达十年之久，他也由此掌握了好几门外语，包括希腊语和拉丁语这两门古典语言。那时的大学课程门类少而精，没有那么细密的专业化，甚至基本上都可以说是"通识课程"。他学教会法，也学医，还学天文学和数学。在取得博士学位后，他回到教会工作，兼任医生。他多才多艺，负责过行政，研究过货币，担任过城防指挥官。他有着今人亦可羡慕的教育履历和学习内容，很早就学习过天文学，并且长期浸淫于研究和观测。他有强烈的好奇心，那个年代要研究科学，尤其是证明"日心说"，不会有任何收益而只可能带来坏处甚至灾难。推动哥白尼这么做的，只能是一种强烈的对知识的兴趣，一种纠正他认为是错误的支配性理论的愿望。因此，他希望发表他的研究成果。但他的本意无疑不是要打击教会，而只是要追求科学真知。他曾经感叹："生命的短暂、思想的迟钝、麻木的粗心和徒劳的忙活，使我们无法获得更多的知识。而我们所知道的东西，随着时间流逝也逐渐忘却。多么可憎可怖的忘性呵！"

伽利略的一生也表现出一种对知识的强烈好奇心。他是一位毕生追求科学真知的科学家，职业也最接近于现代学者，曾先后在几所大学任教，的确也以此谋生。但坚持真知是要付出代价的。他不愿意牺牲真知，但还是会作出妥协。他自认是极虔诚的教徒，说："除了自然界那部大'书'之外，还有一部救世的书。前者属于物的真理，须待人们去发现；后者属于灵的真理，是人们所不能发现的。"笛卡尔的观点和他很接近。笛卡尔也是天主教徒，也执着地认为不可把对宗教和对自然界的研究混为一谈。波义耳的家族在爱尔兰声势显赫，他是家里最小的儿子，衣食无忧，曾出资请人把《圣经》翻译成印第安语。换句话说，宗教和科学在他的一生中也是如影随形，平分秋色。

牛顿的一生也是被科学的真理所吸引。而且，和伽利略一样，他在这方面的巨大天赋也起了作用。他是科学的天才，不仅善于观测和实验，还善于科学地总结。而时代又给他提供了发现的初步条件，他怎么会不使用自我也意识到了的这份巨大天赋？牛顿在理论和数学方面甚至比伽利略更为擅长，但他并没有忘记宗教，还花了许多时间试图对《圣经》中的预言作"科学"的推测。当然，他在这方面无法成功，信仰是信仰，科学是科学。他要富裕也有另外的途径，除了巨大的科学名声带来的优裕待遇，他还有过收入优渥的职位，无需为生活担忧。

的确，19世纪以前，有许多不考虑谋利的科学家；19世纪之后，这样的人在科学家里面也还不少。他们有的有丰厚的遗产，有的自身就没有迫切的物质欲望，或者限定在一个侍奉神的职业里面。早期的许多科学家都是绅士科学家甚至教士科学家。孟德尔常年在修道院里做豌豆实验，那并不是他的本业，也不会带来什么利益，但这就是他的兴趣爱好。他只是想弄明白一些事情，甚至也没有特别地宣传和推广他的研究成果。爱因斯坦这位20世纪最著名的理论物理学家，也没有去追求利益；他的理论发现如此重大，自然就带来了巨大的名声和相应的待遇。他不需要，也没心思去想财富，对他来说，这些待遇也就够了。相比而言，霍金作为一个残疾人需要更多的费用，但这个问题通过他的畅销书《时间简史》应该也是很好地解决了。

理论科学家的研究不一定需要他人或国家的大量投资，而知足或专注于研究的科学家也多有良好的基本待遇。但是，技术专家和发明者就不一样了。技术的实现甚至探究都需要大量资金，所以，当技术成为主导，开始直接影响大多数人的生活时，资金就越来越重要了，不仅是启动资金，还有在竞争中需要不断扩展才不致被打败的大量后续资金。

瓦特家境贫寒，父亲后来又较早去世，他需要考虑甚至开始更多地考虑生计问题。但由于他的发明天赋、持之以恒和适时的技术改进，他很快就得到了启动资金，尤其后来又得到了一个企业家的鼎力支持和助手的帮助，可以心无旁骛地进行研究和发明。他是幸运的，美国的本杰明·富兰克林也是如此，他有另外的印刷实业，不用忧虑钱财。

爱迪生也是幸运的。他也是从基层开始奋斗，不断获得专利，而且将自己的实验室办成了实业，创办了工厂、电站。与之形成对照的特斯拉，则既幸运，又不那么幸运。幸运的是他来到了美国，开始有精明的专家帮助他申请和管理专利；但不幸的是他后来失去了这些专家，加上也不是美国本土成长的人，没有雄厚的家族亲友根基，也可能还由于他后来的有些发明过于超前或奇思妙想，所以，他在1890年代达到事业最高峰之后就开始走下坡路了。

到20世纪下半叶，高科技的发展已经不是单纯的技术竞争，而更像商业和产业的搏杀了。第一线的耀眼英雄和风流人物已不再是科技专家和发明家，而是懂一些技术，或者说是洞悉技术的发展趋势及其与商机的关系，能够筹集大量资金，发现和雇用从技术到管理的各种人才的人了。技术从机械时代发展到电气时代，再到太空、核能、网络和基因时代，连技术发明家的地位似乎也下降了：他们作为大众英雄的地位大大降低，取而代之的是能够将市场与技术紧密结合的商业巨子和实业巨头，诸如福特、盖茨、乔布斯、扎克伯格、马斯克等，他们是今天的"时代英雄"。他们懂技术，尤其懂技术的发展趋势，但他们本人并不是最好的技术专家。

现代技术的飞跃发展还需要实业的推进和金融的介入。福特是一个典型例子。他并没有发明汽车，但他能够找到最大量、最廉价的生产汽车的办法：分解动作，系统管理，统一模式，降低成本，直接将高端产品变成大众商品。金融也是另外一个巨大的助推器，从摩根、洛克菲勒到今天的天使投资人，他们能够支持最好的发明和商业模式，哪怕这些技术和模式起初非常弱小。实业家和银行家容易倾向于垄断，他们心中暗藏的一个理由可能是：既然政治可以垄断暴力，那么巨头也可以垄断资本和实业，这样不仅更有效率，更降低经营成本，而且走向集中和垄断的过程可以是自然的，合法的；反垄断倒是不那么自然的，必须借助政治的权力。但是，垄断也可能压抑技术的创新并一定会影响利益的平等分配。

那些创造科技奇迹的人并不一定就是家境和出身特别幸运的人。哥白尼的父母在他十岁时去世，伽利略是私生子，牛顿的父亲在他出生前就去世了，母亲又改嫁，瓦特则因为家庭的贫寒不得不长年做学徒。但他们或者依靠亲戚的接济，更重要的是依靠自身的努力，还是改变了自己的命运。科学更依赖天才，也更突出名人，重大的技术突破也是如此；但相比而言，在技术领域还是有更多的无名英雄。尤其到了今天，个人的发明早已不像近代之初那样突出了。发明常常是团队的，集体的，某个实验室的，许多专利汇聚到一起的。换句话说，古代的技术发明常常笼统地归于一人，现代则是归于一个大公司或实验室。他们的名字还能找得到，但再也不容易有遮蔽其他身影的技术巨人。连那些佼佼者的名字也往往淡入历史。科学的发明者还保留着很少数的权威，而技术的发明者则不像过去那样风云——那些开创和经营高技术的商业或实业巨头要比他们著名得多，名声也越来越多地用挣得的金钱来衡量。

技术与艺术和人文的关系以及各自的地位，似乎也倒过来了。这一时代的变迁或可从达芬奇与乔布斯的比较略见一斑。在达芬奇那里，艺术是主要的，仅仅靠艺术也足以给予他地位、名望和财富，技术只是他附带的一个兴趣领域；但在乔布斯这里，艺术只是为了让技术产品更加完美，最后作为商品卖得更好。

　　客观地看科技发展的内在动力，对科学来说，求真的好奇心贡献最多，对技术来说，求利的功利心贡献最多。当然，科技发展的动机具体到个人那里，经常是多面和混合的。许多科学家并不孜孜求利，但他们未必能充分认识其发明的长远影响和后果。诺贝尔发明的"安全炸药"可以用于和平年代的经济活动，但也可能会更大规模地用于战争——对施用对象来说，它恰恰是最不安全、最危险的武器之一。

　　高科技时代没有多少单纯的科学家了，甚至没有多少单纯的个体发明者，大多数发明必须同商业（投资）与实业结合。20 世纪也提供了这种可能，资本的流动性更大，而和铁路、石油、汽车相比，高科技产业往往也不需要大规模的工厂，不需要管理许多人，甚至启动资金也不需要很多，不需要马上赢利，获得流量、占领市场可能更重要。

　　在信息时代创业的公司，技术是很重要的，但也不是最重要的。有些新技术的先进程度相差不多，赢利的机会稍纵即逝，这时重要的是得到资本的支持，迅速占领市场，获得最大流量，所以，开始的创业差不多总是要大量烧钱的。有了钱，有了市场，再找优秀的工程师和发明家来改进和完善技术也来得及。一切都瞄准能否让想法变成产品，让产品变成卖得最好的商品，或者说，一切都指向能否最大限度地谋利。技术与商业结合的力量是如此巨大，就像投资的复利，是一种滚雪球式的扩展。今天商业上的成功者已经不需要掌握很多科学了，甚至不需要懂得多少技术了；他们只需要善于管理和利用科技人才，善于捕捉商机。科学家依然财富平平，甚至清贫，技术家可能也只是中产，但他们的成果却造就了亿万富翁。新的商业和产业不再仅是满足需求，更重要的是创造需求。一切都是流量为王，占领市场为要。

　　科学的发展并不需要靠很多人，团队作战和人海战术往往没有多大作用，但少数人取得的成果有的确是可积累、可传播和传承的。每个巨人都站在前面巨人的肩膀上。技术是科学的应用吗？可能不是很直接的应用。没有雄厚的理论科学的基础，以及这些科学的互通，技

术的发展肯定是要受限的，大的突破往往也很难产生。科学和技术并
不总是很好划分的。基因理论是科学，但它很容易转化成基因工程和
技术，甚至我们也不易区分某些实验究竟更多属于科学还是技术。但
是，也许还是有一个区分的标准，那就是动机。一般来说，科学研究
的动机主要是追求真知（虽然求名也混合其中），而技术的动机主要
是解决实际问题和追求更大的利益（虽然也有追求真知的成分）。

为什么技术会成为主导，甚至说发展到某个阶段，它一定会成为
主导？因为它直接面对实际问题，面对实际利益，直接满足人们对物
美价廉的产品的欲望。所以，这后面还是社会，是大众的物质欲望在
起作用。发明家只是制造出可供大众享用的产品还不够，还必须有产
业的组合、商业的营销和市场的占领，也就是说，还必须加上商业的
才能。所以，我们说技术在主导和支配的时候，某种程度上也是说，
是欲望在主导和支配。

这里还可以考虑一个也发生在其他领域的"第一线原理"，比如，
艺术和体育领域的收入乃至名望，一直在向直接面对观众、听众呈现
的实际操作者倾斜。在今天，一个名演员要远比一个编剧收入高，一
个名演奏家要远比一个作曲家收入高，一个名运动员也远比他的教练
收入高，而且前者的名望也是大大超出后者。这也表现出现代文化突
出体能，有时甚至只是容貌的特点；尽管编剧、作曲家和教练常常要
更智慧。换句话说，会思考往往抵不上有身体的天赋和会表演。

人是不安分的动物

一个人指向一个行为的动机经常是混合的。许多科学家研究的主
要动机是追求真理，追求真知，是那种不可遏制的好奇心，但科学家
当然也不是没有自利的动机。也许我们可以说，在科学家那里，还有
一种求名的重要动机，虽然并不是完全自私的，也有为了学术的价值。

名声也和名誉联系在一起。有时人们并不是为了追求更高的名声，而只是为了捍卫自己遭到攻击的名誉，比如牛顿和莱布尼茨及双方的拥趸争夺微积分的发明权，比如长期淡泊的达尔文看到华莱斯有关进化论思想的论文也坐不住了，开始将自己多年的想法整理发表。追求或重视自我的名声，比起追求财富来，也许是一种更好的动机，当然，名声也能够带来物质利益，带来一定的权力和影响力。

　　科学家和宗教的关系也值得注意。开普勒认为有序的天体印证了自己赞赏的"上帝造物"的神秘理论。帕斯卡尔在中途突然放弃科学事业，而回归到了宗教。麦克斯韦的宗教信仰根深蒂固。莱尔的均变论大胆地摒弃了灾变论和对挪亚大洪水奇迹的盲信，把地质学家从宗教的束缚中解救出来，使他们得以自由地破译地球的历史，但他本人又有很深的宗教信仰。爱因斯坦年轻时一度热衷于犹太教，虽不久就离开了，但也还是因为宇宙的美丽和谐而始终认定有一种超越的存在。霍金不相信上帝，有时还暗暗嘲讽教会，但他不参与争论，他的第一任妻子和一个特别好的学生还都是教徒。不过，主流的趋势是科学家的信仰日益淡化。

　　到 20 世纪末的高科技时代，那些叱咤风云、最为成功和耀眼的科技巨头，已经很少有宗教信仰或强烈的宗教信仰了。按照马克斯·韦伯的看法，这种信仰曾经是资本主义兴起的动力，许多新教徒希望以地上的业绩来响应上天的呼召，证明自己增加了上帝的荣耀。而现代的科技巨头更渴望的是在商业的竞争中胜出，他们不仅不是科学的巨子，甚至也不是技术的巨子，却是商业和产业的巨子。他们不需要懂很多科学，但他们有对新技术和新商机的敏感，也善于获取资金和客户。一切都要带来利益，带来客户，带来利润。即便注重科研也更多是为了企业的竞争和发展；的确，这种竞争是相当残酷的，稍微落后就可能全盘皆输。所以，他们不得不竞争。而他们的竞争也进一步加剧了竞争。技术与经济就在这种激烈的竞争气氛中急速前行。已经很少有人愿意停下来想想，我们是不是必须不断创造新的产品／商品，已有的产品／商品是不是也必须不断更新换代呢？谁不更新就要落后，我们被卷入了一种巨浪，似乎谁都不是这巨浪的源头，但又谁也不能完全脱离干系。

是"有机事必有机心"，还是"有机心必有机事"？或者说，两者中哪个更起作用？可能还是"机心"所起的作用更大。"机心"和"机事"肯定是互相推动和促进的，但根源和关键还是在"机心"。这"机心"也就是价值的转换，从虔诚的宗教信仰转向世俗化，从彼岸转向此世，然后从世俗化转向平等化。宗教改革和地理大发现本身就是价值转换的表征，它们反过来也作为动力推动了这种转换。宗教改革试图恢复基督教的原始精神，这就决定了日后它还能不时地掀起福音和再生的热潮。但是，它终究还是去掉了统一的教会权威，减弱了教会组织和礼仪的力量，而这对多数人的信仰保持是很需要的。它取消了修道院，允许教士还俗和结婚，从而削弱了那最少数的虔诚者的立足之地。它没有充分意识到少数和多数的区别，似乎认为每个人仅仅通过自身的力量就可以保持信仰。它推动了信徒内部的自主和平等，之后则是社会的自主和平等。而这种自主和平等注定不会导致宗教改革的发动者所期望的更加虔诚，只会是更加世俗，直到最后淡化甚或抛弃信仰。地理大发现亦是激动人心的，一个新的世界，新的人们，还有财富的希望。这种转换不无益处，但一切都在于"度"，在于适时的平衡和节制。古希腊人在追求卓越的时候还知道这种平衡和节制，还注意保持某种中道，而现代人似乎要义无反顾地朝着一个方向突进。

为什么会发生这样一种价值的转换？这是一个太复杂的问题。但一个直接的原因可能是，等待最后审判和彼岸的时间太长，通向天堂的路太远，而人类还有很多的时间和精力，或者就是人类心灵的一种节律：它不会持续千年地固定在一件事情上。因此，我们不能不追溯到人性。人正是因为他的意识和语言而脱离动物界，他怎么可能不在发展和运用人的意识和理性上继续探索，怎么可能为自己的意识和理性限定一个有限的范围？人是不安分的动物，或者说，总是要进取的动物，尤其那些创造奇迹的人，他们怎么可能停止？他们怎么可能不想把世界的万事万物都弄个明白？如果一个科学家觉得某个他擅长的领域有无数新奇的知识在吸引，乃至觉得离揭开某种奥秘只差一步，难道他会突然收手或放弃？这看来不符合人的天性。人们常常是在行动中，在探索中，在实践中，考虑实现具体的目标，而不是考虑行动的全面和长远的后果。

还有技术与社会的互动。技术对社会的影响，尤其是对普通人的影响越来越大。一开始的科学，如天文、理论物理，对普通人的影响相当小，甚至一些技术发明开始也只是让人们观瞻，例如气球。而在工业革命之后，这种影响不断增大。比如，蒸汽机和纺纱机的诞生，使纺织业日渐发达，从而人们可以用比较便宜的价格得到更多更好的衣物；火车、汽车、飞机等交通工具，开始也只是比较富有的人们使用，但不久就变成普通人也能消费的工具；电灯、电话、电视、电脑等，也是如此。

而且，随着技术同商业和实业结合，不断从满足人们的自然需求走向创造人们的物质需求，越来越多的奢侈品变成了必需品。有些物品是对过去自然需求的提升，出于对温暖、光明乃至美观的欲望，比如，从火把、蜡烛、油灯到电灯，从兽皮、粗布到各种各样的衣服和装饰品。还有些物品，如电视、电脑和手机，则是此前的人们完全不知为何物的，几乎是全新的需求。但只要这些新物品用惯了，也就会变得离不开了。少数人即便想抵制，也抵制不了——不仅不可能动员社会抵制，自己也很难在抵制中过一种"正常"的生活。

反过来，社会的需求又对技术的发展产生了深远的影响，为其提供了源源不断的强大动力。社会的平等化，包括价值的平等化，似乎在造成多元，但慢慢还是变成一元——多数人的价值追求成为主导，还是更重视地上的"面包"而非天上的"面包"。无论民主还是民本的政治，都需要重点和优先考虑多数人的价值追求，所以最后基本还是走到以经济为中心的政策。而要发展经济，就必须以科技为火车头，以科技为第一生产力。

近代之初，科技的发展还是半心半意的，最初的成就也常常是默默无闻的。但是，如果有了可以探索求知的条件，人怎么可能不努力去求知？我们又怎么可能低估人在求知方面的渴望，发现新知时的兴奋和满足？这不也是一种人性？而即便这种人性只存在于少数人那里，不也还是可以满足许多人对于科学技术所带来的巨大便利的欲求？此可谓"两全其美"。所以，近代以后，人们对外部的世界就不再只是好奇而"不求甚解"，而是"必求甚解"。好奇者不再是"闲心以对"，而是"全力以赴"。

有时即便是非常良好的动机，也会带来灾难性的后果，只是这后果是非常隐蔽且长期不会显露的。科技家并不容易了解他们行为的长远后果和"危险"意义，不仅如此，他们还互相支持，互相促进，以至于无法止步。停止即死亡，偏执狂才能生存。技术不仅垄断生活，而且笼罩生活。这不是某个国家或社会的内卷，而是整个人类的内卷。换句话说就是，目标单一，竞争类似，科技虽然极大地解放了生产力，但相对于人们不断增长的物质欲望来说，资源还是"稀缺"。

近代的价值转型有诸多原因和条件，有一种解释是说，十字军东征带来了东方人的享乐观，欧洲发生的大瘟疫让人们更加珍惜肉体生命，重视此生。这可能还只是一个表层的原因。如果我们将这志向转型的原因继续追溯下去，或许可追溯到西方文明的特性，即它有一种追求彻底的精神。

18 世纪下半叶开始的工业革命是一个转折点，人类对物质世界的探索，从以科学为重心转向以技术为重心，从着重于求知转向着重于利用，这带来了 19 世纪动力与能源科技的发展，尤其是铁路和石油的应用，还有电学。20 世纪下半叶开始的高科技革命则是另一个转折点，技术不仅成为中心，而且已经到了必须与金融、商业和实业结合的阶段，它不仅必须变成产品，而且必须变成商品，还必须是能够迅速占领市场的商品，否则，它甚至无法维持自己的生存和发展。

16 世纪，许多技术产品还主要是为科学服务，而后来技术越来越成为自在的目的，或者说成为追求利益、财富的手段。新的技术本身也必须迅速获得大量投资才能发芽、生长和结果。当然，首先必须造成新颖的、大有前途的产品，这个时候，初创者的技术水平还是很重要的，但是，必须让产品变成商品才能继续发展。如果能够获得大量资金，后续寻找新的有创造性的技术人员也就不是很难了。成功者必须有商业头脑。而且，对创业者来说，商业头脑比技术水平重要得多。通过性价比高的新颖产品占领市场变得极其重要。Facebook 的技术含量很难说有多高超，在它前后都出现了一些技术不错的社交软件，但扎克伯格抓住了市场和商用的先机，在它迅速变成一个巨无霸之后，其他产品在技术上再努力甚至再优秀也无法与之竞争了。为了占得先机，扎克伯格挑战了一些传统的道德但又不违背法律，比如，他口头答应与更早有社交软件设想的同学一起编程，却偷偷自己干；他接受了一个同学的投资，却又通过"巧妙"的合同让这个最早的投资者失去了权益。在巨大的成功面前，其他都变得不重要了。

从满足"自然"的需求到满足不断增长的"文明"的需求，从满足已有的需求到不断创造新的需求，技术不仅让科技人员好奇，更让整个世界都变得好奇了；不仅让科技人员热望，更让整个世界都变得热望了。产品不断要求更新，不更新甚至只是更新步伐不够快的产品就很有可能被淘汰。人们不断期望着产品从 1.0 到 2.0 到 3.0……技术具有了一种垄断性，一种支配性。你本来可以走路，但是，当人行道变得越来越紧仄，甚至没有人行道的时候，你就不得不考虑使用交通工具了。同样，你本来可以不用手机，但是，当手机的应用铺天盖地，没有手机几乎步难行的时候，你也就不得不考虑使用手机了。

尽管技术在今天已经有一种垄断性的力量，但技术本身还是被人们作为手段，而不是最终的目的。这手段的目标就是利益。我们不断发展技术，还是想通过技术得到什么，而不是为技术而技术。我们想通过技术得到方便、实用、利益。也许我们还想通过技术看到一种技术的美——不仅技术本身能给艺术带来一些美的东西，它还能帮助艺术实现一些本来难以实现的愿望，比如超越时空距离的欣赏。我们在技术中也可以看到人类的潜力，可以通过技术赞美人——人通过技术变成了一个巨灵。但无论怎样，我们通过技术得到的主要还是物质层面的东西，满足的是物质方面的欲求。

* * *

概括起来，近代以来科技的走向大概有三大趋势或三个阶段：

首先，社会的主导价值追求转向物质的领域，知识的探求转向以自然科学而非宗教和人文精神为主，越来越多的人将自己的聪明才智用于探索物质的奥秘；科学主义兴起，科学研究的实验和公理方法也不断加强，科学的各个分支领域不断地交叉互补乃至融合。这一阶段大致是从 16 世纪到 18 世纪上半叶。在这一阶段中，好奇心或求真心还是作为主要的动机在起作用。

其次，科学与技术的结合日益紧密，科学的理论不再那么宏观、单纯、高尖和追求全面的统一，而是发展出许多中间理论，乃至直接和技术融合。技术不再仅仅依靠自身的积累，而是充分吸取科学的理论，同时，技术也不断为科学的发展提供先进的工具和仪器。这一阶段大致从 18 世纪下半叶开始。技术开始带来利益，最初多是通过专利权和与实业的结合，从瓦特到特斯拉皆如是，但到了爱迪生，则已经在创办自己的实验室和工厂了。在这一阶段中，求利心开始上升为主要的并列动机，但发明家的好奇心和求真心也还是非常强劲。

再次，技术同商业、金融和实业的结合越来越紧密，甚至抓住商机、吸纳资本、占领市场变得越来越重要。其中一个发展方向是，在技术和实业的结合中，侧重于技术上的时间、动作的分解，管理水平和效率的大幅提高，从而为大众提供价廉物美的产品，如福特汽车；还有一个发展方向是，不断发现新的技术，开拓新的领域，创造新的需求，为社会提供层出不穷的新商品，从而获得最大利润。这一阶段大概从19世纪中叶就开始了，但其最突出的表现则是20世纪以来。这时，不仅科学家，连技术发明家也退居次要，而将商业与高新技术结合的人，则成为新时代最耀眼的英雄。这时的求利心就变成最重要甚至唯一重要的动机了。

概括而言，大致的顺序是，首先是科学登场，其次是技术支配，然后是商业逻辑，但它们都有共同的一点，即都指向物的探索和追求。而且，这也是科技不断扩大对社会的影响的过程，直到与商业紧密结合的技术开始笼罩和支配社会。这也符合一个走向平等的现代社会的价值体系：物欲由平等而来，而技术可以为物欲提供强有力的支持。我们又一次来到了几乎所有人都最为重视物质和经济的大时代。这是文明的两端的共同特点。不同的是，轴心时代的精神文明产生前的八千年，为的是夯实人类物质文明的基础，而近代以来的数百年，则是越来越将人类控物能力的不断提升作为人的主要目标。

我们人类其实并不充分了解自己这种行为的意义：每个人都增加一些，那似乎都只是带来便利，造不成什么危害，但这些"增加"汇聚起来，却只会是洪流：它的确是一次物质上的大进步，但也可能是一次精神上的大停滞。

第六章

最初的反省与解决方案

　　科学技术的发展让所有人感到惊奇，也让大多数人欢喜。上帝创造的奇迹慢慢退场，人类创造的奇迹取而代之。人类似乎处在一个仅凭自己的力量，就可以创造一个光明灿烂的未来的时刻。但依然还是会有人感到不安乃至愤怒：那些因为机器而被剥夺了工作的人，那些觉得自己的祖传手艺突然变得无用的人，那些认为自己的优势被剥夺了的人文学者，还有那些从青萍之末预感到狂风骇浪的神职人员。但是，时代的潮流浩浩荡荡，的确也是势不可当。

　　科学技术带来的人类物质文明的高速发展，只是近代以来发生的两个最引人瞩目的潮流之一，另外一个则是启蒙思想所引领的社会在不断地追求和走向平等。而最早对近代文明乃至文明本身进行一种系统反省，乃至激烈批判的，却也是同时被视作"伟大的启蒙者"的卢梭。卢梭敏感地同时介入了追逐物质和追求平等这两大现代潮流。其实，这两者是互相配合和促进的。但卢梭似乎没有意识到这一点，而是谴责前者，赞扬后者。从他提倡以一种道德（乃至信仰的）精神对抗物质文明来看，他似乎是一个反动者；从他努力推动社会平等来看，他又是一位进步者；他还建构了一个理想社会的政治方案，试图通过公意来建立一个完全自由平等的共同体，就更是走向了激进。

他的思想伸展到了遥远的原始时代，却对后世产生了巨大和长远的影响。下面，我们就通过仔细分析卢梭反思文明和建构新社会的主要文本，来考察和"反省"他的"反省"，"建构"他的未来社会"建构"的思想逻辑，看看他是如何把这一切奇妙地结合在一起的。他究竟拨动了人们内心深处的哪一根心弦，唤起了一种什么样的感情和渴望？他的最终解决方案是否可行？

一　道德与文明

我们从分析《论科学与艺术》一文开始。它是卢梭成名的起点，也是这个很早就背井离乡的、敏感的流浪者系统思考社会政治问题的起点。我们甚至还可以说，它是"卢梭之所以为卢梭"的起点，表明了卢梭的道德初衷和本心。这篇论文，也是他蓄积已久的感受和思想的一次爆发，换句话说，他多年来感情和思想的郁结找到了一个适当的突破口，而其中的大部分思想是他后来的著述中一以贯之的，包含了他后来思想著述的许多萌芽。[1]下面我就试图分析其中思想的一些主要特征，中心则是道德与文明的关系。

1749 年，法国第戎学院给出了一个有奖征文的题目："论科学与艺术的复兴是否有助于敦风化俗？"这个题目让当时三十七岁的卢梭很是激动，那时，他已经在巴黎生活了七年，虽然还不甚有名，但已经和当时巴黎的一些最优秀的启蒙哲人（如狄德罗等）结交，也是当时巴黎上流社会沙龙的常客。当然，也正是这篇论文所表达的观点，埋下了他与百科全书派等许多启蒙哲人反目的伏线。

卢梭写下的征文是一篇具有强烈论辩色彩的论文。卢梭在序言的开头其实已稍稍改变了一下问题的提法，他写道："科学与艺术的复兴是有助于敦风化俗呢，还是伤风败俗呢？”这加上的后半句，就使问题处在一种尖锐对比的态势，使回答者必须站在一种赞成或者反对（或者说正方与反方）的立场之上。这已经隐约地透出卢梭后来大大发展了的一种整全的对峙思维的倾向。如果不是这样提出问题，人们还是可以考虑有其他解释的，比如，认为科学艺术可能与道德风俗不太相干，没有直接的联系；或者说，科学与艺术的敦风化俗或者伤风败俗这两种作用同时存在，以及科学与艺术还有自己独立自存的价值，等等。

卢梭明确地站在反方的立场之上，在当时，这可能是很少数人的立场。就像他自己意识到的，他反对科学艺术的复兴是“在反对今天人人都尊崇的一切事物”，但他认为重要的是用“天启的光明”追求真理，是获得“内心的酬报”而非外在的酬报。而且，他可能还正是走在时代的前面。

从征文的题目可以看出，卢梭的论文所要讨论的是科学艺术与道德的关系——或更确切地说，是科学艺术的“近代复兴”与道德的“社会风俗”的关系。这里的“科学”和“艺术”都是广义的，而“道德”却是有卢梭特定的含义的。卢梭所说的“科学”不仅仅指自然科学，也包括人文和社会科学，只不过他主要批评的对象还是自然科学。而“艺术”也是广义的，包括了文学、绘画、雕刻、建筑等许多样式。卢梭对经院哲学等形而上学的论辩不感兴趣，那是他更否定的东西，它们也不属于应在近代复兴的范畴。而从征文由“风俗”所指明的意义上说，他所说的“道德”主要是指一种社会的道德，众人的道德，是道德的习俗和风气，是涉及多数甚至全体的道德面貌，而不是少数人的道德修养和境界。

《论科学与艺术》这篇抨击艺术的作品，其实本身也闪耀着艺术的巨大才华和动人力量。卢梭的气质基本上是一个文人——一个有着卓越才华的文人。艺术和科学是自文艺复兴以来，近代西方文明最开始绽放且最灿烂的两朵花：首先是文艺的复兴，然后是科学的昌明。文艺复兴的运动经由古希腊—古罗马—拜占庭和伊斯兰—意大利而来，然后是法国和欧洲又发现了意大利。接踵而来的是科学理论的复兴，甚至可以说是真正意义上的高等数学、天文、物理、化学、生物等各门科学理论的创始。卢梭也赞叹人类在近代以来取得的辉煌成就，说正是由于有了这种文明，"我们的世纪与我们的国家才会超越一切的时代与一切的民族"。

二千五百多年前的"轴心时代"，古代犹太先知、印度的佛陀开启了一种宗教性的精神文明，而古代希腊和中国则开启了一种人文性的精神文明。这些精神文明的侧重点自然有所不同，但其核心的精神还是一种信仰或信念与道德的结合。它们大大推动了人类对外部世界和自身及其关系的认知，也都包含了艺术和科学的内容，比重自然不同，取向更有差异。这些精神文明和一些民族、国家订立了某种"精神契约"，自此各个文明发展的道路就相当的不同了。

这种精神的创造可以视作一种以价值和规范为核心的创造。有些社会的道德和宗教信仰紧密地联系在一起，将这种信仰视作最高价值，视作至善，视作支持道德的最强大精神力量；有些则是比较独立的道德追求，或者说和一种人文科学结合在一起，通过人文教化来培养道德。尽管有不同的价值取向，但一种共同的文明基本形态还是存在的：所有的成熟文明都包含物质文明、政治文明和精神文明这三个方面，而在精神文明中，又有自然科学、人文社会科学、艺术、信仰体系、社会伦理等各个要素。其中，社会道德又是所有文明的价值和规范的基础，没有某种基本程度以上的包括制度的和个人的德性，任何文明社会都难以持久存在。

然而，卢梭似乎只把科学艺术视作文明，而将道德排除在外。这跟他对道德的特殊理解有关。这样，他对科学艺术的批判就几乎变成了对整个文明的批判。但真正成熟乃至成形的人的社会伦理是在人类文明出现之后才出现的，也就是说，道德也是文明的产物，它和科学、艺术等都是精神文明的基本要素。道德并不在文明之外，道德与文明甚至不时被人们作为近义词并称或合称。比如，人们将文明与野蛮或残忍对立时所说的"文明"，就几乎等于道德。

不过，在讨论卢梭对科学艺术的批判时，我们不妨就按照卢梭的理解来阐述他的观点。在某种意义上，科学和艺术，以及它们所带来的礼仪风尚，的确也构成近代西方文明的主要形态，甚至就代表着近代文明。为什么卢梭要强烈地批评它们呢？这是因为卢梭要捍卫自己心目中的道德。捍卫道德是他所持有的坚定的、毫不含糊的立场。那么，他心目中的道德具有怎样的内容呢？他为了道德而批评科学与艺术的主要论据又是什么？这些论据是否能够成立，或者说是否足够有力？这论述后面的思维方式又表现出怎样的特征？

卢梭主要是从两个方面来批判科学与艺术的，一是紧扣征文题目，论述科学与艺术对道德风俗产生的影响；二是考察科学与艺术本身的动机和性质，指出其动机和性质与道德不相容，甚至相反对。

全文分为两个部分。他自己后来也说这篇文章的逻辑和结构尚不周全；的确如此，他在两个部分中都谈到了一些历史影响结果的例证，而第二部分如其所言本来应该重点分析科学与艺术本身的目的和性质。但这不是主要的问题，他的论点是鲜明的，行文是充满激情的。这甚至可能是他最充满激情的社会论著，其中多有警句格言式的表达。

卢梭首先对当时社会的道德风尚表达了高度的不满和强烈的批判。他认为，人们在组成"社会"的那种群体中都处于同样的环境，故而"流行着一种邪恶而虚伪的一致性，每个人的精神仿佛都是在同一个模子里铸出来的，礼节不断地在强迫着我们，风气又不断地在命令着我们；我们不断地遵循着这些习俗，而永远不能遵循自己的天性"。这里已经表现出一种对天性与习俗、自然与人为的对立的看法，只是还没有充分地展开。当然，有心的读者或许已经可以提出问题：人的这自然天性是什么呢？如果我们不能通过社会习俗去认识它，如何去发现这天性呢？

卢梭以下的话颇有英国保守主义奠基人埃德蒙·柏克的风格："再也没有诚恳的友情，再也没有真诚的尊敬，再也没有深厚的信心了！""我们不再用赌咒来玷污创世主的名字了，然而我们却以亵渎神明的行为在侮辱他。"但下面的话就不一样了：

> 怀疑、猜忌、恐惧、冷酷、戒备、仇恨与背叛永远会隐藏在礼仪那种虚伪一致的面孔下边，隐藏在被我们夸耀为我们时代文明的依据的那种文雅的背后。

柏克也重视道德和宗教，但他强调的恰恰是通过社会习俗所保持的，或者说通过礼仪文雅所表现出来的道德和信仰。

不管怎样，卢梭的确认为当时的社会风俗是败坏的、堕落的。在他看来，这败坏的原因正是科学与艺术，以及逢迎科学与艺术的社会舆论和政治。对征文所提出的问题，他提出了历史和现实的论据，有反面的，也有正面的。其中，反面的例证是，古代埃及、后期的一些希腊城邦（包括雅典）、晚期的罗马帝国及拜占庭帝国等；正面的榜样则有希腊的一些城邦（尤其是斯巴达）、波斯、早期的罗马及日耳曼人等。

卢梭举出的这些反面例证，大致遵循这样的时间逻辑：先是走向科学艺术发达，接着是社会风俗衰坏，最后是国家被征服和战胜，而且常常是一系列地被征服，从此一蹶不起，昔日强大的国家乃至帝国再也不能复原。

如果说这些论据都是历史的，那么，在卢梭看来，有一个现实论据给文学艺术败坏道德提供了再恰好不过的例证，那就是18世纪的中国：在那里，文人通过文章就可以得到荣誉，获得国家的最高禄位，然而，却几乎"没有一种邪恶未曾统治过他们"，"没有一种罪行他们不曾熟悉"，他们也不能使自己"免于愚昧而又粗野的鞑靼人的羁轭"。结果，中国成了卢梭现成的反面教材。

而正面的例证，如波斯，则是通过重视德行建立了强大的帝国。卢梭尤其崇拜斯巴达人，认为他们不是谈论德性，而是实践德性，从而战胜了雅典——虽然没有艺术和科学的宏大遗产，却留下了更为宏伟的德性的遗产。

罗马则是一个由正面转为反面的例子。它的早期，科学与艺术是不发达的，生活是简朴的，人们是勇武的，元老是德行的模范，所以罗马称雄世界。但是，后来随着文艺和学术的发展，风气就变坏了："从前，罗马人是安心于实践德性的，但当他们开始研究德性之后，一切就都完了。"

这里我们且不谈这些因果描述和解释是否都符合事实，重要的是，卢梭理解的"道德"究竟何指？从社会的角度来说，良好的风俗是如中国儒家所认为的人们安居乐业、伦常和谐、文教兴盛，还是别的？卢梭曾经谈到判断良好社会的一个标志是人口的增加和繁盛，而中国显然符合这个标准，虽然有时也困于此。卢梭并没有给他所说的"道德"或"德性"下一个定义，所以，我们很难断定他所说的"道德"是什么，而只能努力从他所举的例证中去梳理。卢梭心目中的良好道德，大概是淳朴、自然、原始、本真、真实、本分、力量、单纯、强壮、勇武等。

卢梭认为，包括道德科学在内的科学，其主要的问题是表里不一，言行不一。但他的言辞看来又常常是针对整个科学的，乃至于赞美无知和贫穷，赞美"永恒的智慧为我们所安排的那种幸福的无知状态"。他说："人类是邪恶的，如果他们竟然不幸天生就有知识的话，那么他们就会更坏了。"这就涉及对整个人性和人类命运的普遍看法了。

人们或许可以说，这一切绝对意味的断言来自卢梭所特有的文学修辞，来自他的作品的浓重的文学风格。他的真实意思可能不完全是这样的。的确，这种文学修辞有助于有力地刺激和唤醒沉迷于奢华和侈靡风俗中的人们，但也会失去理性说服的力量。卢梭后来有关人类不平等的"二论"以及《社会契约论》等著作比此文更重视说理，但文人的理性建构如果还是基于感性，是不是将更加可畏？全盘否定会不会带来另一个方面的全盘肯定？它适合作为一种批判的武器，但如果将其投入实践，变为一种武器的批判，乃至变为一种强力的建构，是否合适？

卢梭在文章的第二部分转入对科学与艺术本身的动机和性质的批判，其中著名的一段话是：

> 天文学诞生于迷信；辩论术诞生于野心、仇恨、谄媚和撒谎；几何学诞生于贪婪；物理学诞生于虚荣的好奇心；所有一切，甚至于道德本身，都诞生于人类的骄傲。

因此，他推论说："科学与艺术都是从我们的罪恶诞生的。"而文明的其他一些要素，如法律等，也是因为有了罪恶或者为了对付罪恶才出现的。这里的动机描述肯定是过于简化了，结论也有专断之嫌。人们从事科学与艺术的动机是比较复杂或混合的，除了求荣誉和利益，应该还有单纯的也是宝贵的好奇心，还有造福于人的愿望。或者在更好的"真善美"的意义上说，如果说道德主要是求善的，那么，科学是求真的，而艺术则是求美的。

不限于考察科学与艺术本身，卢梭在第二部分还使用了历史因果的论据。他在文章的第一部分赞美无知，而在第二部分甚至赞美贫困——通过谴责奢靡来赞美贫困。他认为，历史上常常是那些贫困的民族取胜，当两个有名的共和国争雄世界，那就必将是贫国摧毁富国——我想他是想到了迦太基和罗马。当罗马帝国吞噬了全世界的财富之后，就轮到它自己成为那些甚至不知财富为何物的人的战利品了。法兰克人征服高卢人，撒克逊人征服英国，都是勇武和贫穷者取胜。卢梭谴责"奢靡"可能是因为痛恨"物欲"，也正是在这个意义上，如果富与强只能取一的话，他宁愿要强而不是富。

说科学与艺术削弱了武德，可能是因为它们本身就是柔弱的或者说文弱的职业。在卢梭看来，当生活日益舒适、工艺日臻完美、奢侈之风开始流行的时候，真正的勇敢就会削弱，尚武的德行就会消失。故而，古希腊各共和国的制度中大部分都闪耀着一种智慧，禁止公民从事一切文弱的职业。罗马人也承认，他们武德的消逝是随着他们赏识图画、雕刻和金银器皿以及培植美术而开始的。

> 的确，连一点点物质缺乏也经受不起、连最微小的痛苦也可以把他们拖垮的那些人，我们设想他们会以怎样的眼光来对待饥渴、疲倦、危险和死亡呢？

这一批评至少对当代人是切中时弊的。人是文明的，但有时又太文明了——变得脆弱和敏感的文明。

而最大的问题还是造成不平等，或者说，是重视才华的差距而非重视德行的差距。卢梭认为，正是才智的不同和德性的败坏在人间造成了致命的不平等，才带来了这一切的谬误。这种不平等是我们种种学术研究的最显著的后果，也是一切结果中最危险的后果。对这种不平等的起源和基础的探讨与批判，将是卢梭下一篇应征论文的主题。在这一篇论文中，卢梭却特别强调人的才华的差别性。

卢梭认为，今天的社会过于轻视德性而重视科学与艺术。它对聪明才智滥加犒赏，对德性则丝毫不加尊敬。结果，我们有的是科学家和艺术家，却再也没有公民，或者说，如果还有的话，也是分散在穷乡僻壤，被人漠视和轻蔑。科学家和艺术家追求荣誉，而社会也滥施荣誉给他们。这样，在卢梭看来，科学与艺术除了推动物质的奢靡，还促使人们普遍追求炫耀、声望和赞誉。而社会舆论则对这种只赞美才华（常常还只是浅层的、表演的才华），而不赞美德性的风气推波助澜。卢梭提醒我们注意科学的性质，也注意人性的性质，注意人们中的差别性，考虑是不是所有人都能从事真正的科学与艺术工作。

卢梭对科学与艺术的性质是如此认识的：它们是需要创造性的，至少其中第一等的工作是需要创造性的，那些创造的天才"不需要老师"。它们其实是少数人的事业。不要给许多人不切实际的梦想，似乎通过富裕和闲暇，通过教育和训练，他们就能达到那些创造的天才的水准。他说："如果一定要有某些人来从事科学和艺术的研究，那就只能是这些自问能独自追踪前人的足迹，并能超越前人的人了；为人类精神的光荣树立起纪念碑，就只能是这样的一些少数人。"这一看法与其他的启蒙者，包括他后来的一些追随者很不一样，他们相信所有人都是可无限完善的，但卢梭深信有科学和艺术方面的创造性的只可能是少数人。

因此，他批评一些人轻率地打开科学的大门，把不配进入科学的芸芸众生引入科学的圣堂；他主张把所有在文艺事业上不能深造的人都摒除在大门之外，使他们得以投身于有益社会的工艺："终其一生只能成为一个蹩脚的诗客或者一个低劣的几何学家的人，也许能成为一个伟大的织造匠。"

在卢梭看来，至少对大多数人来说，道德的科学也没什么必要，道德在于反求诸己，认其本心。我们不需要知道太多的东西。重要的是行动，是履行德性。德性就是淳朴的灵魂的崇高科学，"难道非要花那么多的苦心与功夫才能认识你吗？道德的原则就铭刻在每个人的心里，关键是在感情宁静的时候谛听自己良知的声音就够了。这就是真正的哲学了"。

所以，他以告诫众人安于其分的话，结束了他的这篇文章：

> 就我们俗人来说，上天并不曾赐给我们这样伟大的才能，也没有注定给我们这么多的光荣，那末就让我们安于默默无闻吧。让我们别去追求一种永远得不到的名誉吧，……让我们不必嫉妒那些在文坛上永垂不朽的名人的光荣；让我们努力在他们和我们之间划出人们以往是在两个伟大的民族之间所划的那条光荣的界限吧，让他们知道怎样好好地说，让我们知道怎样好好地去做吧。

卢梭希望大众和文化精英都能够各安其分。这样，卢梭似乎从其原先所持的立场有所退步。他不再完全否定科学与艺术的存在和意义，或者说至少不完全否定第一流的科学与艺术的存在和意义，而是设想将社会至少在科学与艺术方面划分为两个部分：少数人从事创造性工作，多数人从事其他的工作。但是，在他看来，要特别注意防止这些少数人的言行在道德上影响到社会。他仿佛在对他们说："你们去创造吧，你们去获得荣誉吧，甚至你们可以保持某种怪癖，但是，你们不要影响社会，不要败坏普通人的道德风俗。"而众人更要安于其分，不去觊觎他们所得到的荣誉。

卢梭这篇文章的主线是科学艺术同道德的关系，这三者本都可以说是文明的要素，但卢梭将科学艺术同道德对立了起来，将科学艺术视作文明的外表，也即一般人所看到的文明。和欢欣鼓舞者不同，他认为，这个文明失去了道德的精神实质。应该说，这种批判是富有前瞻性的。

但卢梭提出的与代表文明的科学艺术相对立的东西，也就是他所说的"道德"，似乎是文明之前的东西。他诉诸道德与宗教，并不是

希望退回到中世纪，也不是退回到原始基督教或《圣经》时代，甚至
不是退回到文明的开端，而是将道德的理想形象寄托于文明之前的、
处在"太古时代"的原始人身上。

　　他没有意识到，他强调的道德其实也是文明的一个要素。如果
否定文明，也就等于否定了道德。文明不存，道德也就没有了。我
们不否认，原始人那里存在着单纯、淳朴、勇猛，有一定的类似道
德感情的萌芽，如恻隐之心，有一定的行为规则，还有高出其他动
物的智力，但是，道德是包括了道德判断、知识、理性、意志以及
升华了的道德感情的综合。这只有在人类文明诞生之后才可能实现。
像"好坏正邪"，尤其是"正义与否"这样一些基本的道德评价词及
其理据，本身就是得到充分发展了的精神和意识的产物，也就是说，
是文明的产物。

　　在原始的自然状态中，并不是没有宗教、道德、艺术乃至科学的
雏形或者说萌芽，尤其是在宗教方面，几乎所有原始人群都有泛神论
或多神论的信仰，在道德方面也有相当强烈的同情心和初萌的是非心，
但这种同情心和是非心是狭窄的，往往只局限在一个小的群体之内，
是在一个小群体内部的友善，以一个小群体的是非为是非。由人是群
居动物看，在文明的史前人类中，就已经有了"社会"的雏形，虽
然不是政治社会，不是产生了国家的社会，但已经有了许多活跃的
群体。人从来就是合群而非独居的，将原始人视作"孤独的个人"，
可以说是卢梭对原始人的看法的一个基本的错误。[2] 卢梭对"社会"
的道德批判所指出的一些问题，其实在原始群那里会表现得更为严重
和明显。

　　卢梭用以反驳的论据还有一些历史和逻辑的错位。事实上，在这
篇文章中，卢梭所诉诸的反对科学与艺术的历史论据，几乎都是来自
文明时代，而不是来自原始人（他在第二篇有关不平等的起源的征文
中才开始叙述了这方面的一些论据）。得到后一种论据是困难的，但

也不是不可能的。大量的人类学和考古学论据都表明（也为学者所公认，包括卢梭思想的拥护者）：首先，原始人并非卢梭想象的那种孤独个人，而是总生活在一些小的原始群中，甚至离开自己所属的原始群就几乎无法生存。原始群实行两种严格的"内外有别"：一种关系到食物和生存，内部的分配比较和平与平等，但对外部则相当暴力；另外一种关系到性欲和延续，往往是一个原始群和另外一个原始群结成一种群婚关系，但内部的性禁忌相当严格，并不自由任性。

如果否弃了文明，人类获得的将不是道德，而是野蛮和残忍。还有就是，人类进入文明之后，且不说愿不愿意回到前文明，事实是根本无法回去。用"自然状态"作为对文明社会的弊病的一种警醒，并不是不可以，甚至可以说是必要的，比如庄子也有类似的对文明的批判和对原始状态的向往，但他并不提出一个全盘改造现实社会政治的方案，他主要是对个人说话，对少数文化精英说话，故而其思想对淡化功利和权力意识有一种永久的意义。

卢梭则试图对大众说话，试图诉诸政治权力。他也不是不明白人类不可能回到自然状态，所以他要进行改造，但由于一种趋于极端的思维方式，他并不主张改良，而是提出一个理想的政治方案，全盘改造现有的社会和人类。在《爱弥儿》中，他设想了一个使一名儿童一步步成为"新人"的教育方案；在《社会契约论》中，他设计了一个通过政治来塑造一代新人，通过政府将一个民族变成道德上最好的民族的方案。在《论科学与艺术》中，卢梭的这种整全的极端思维特征就已经表现了出来。

卢梭对相对主义和怀疑主义是拒斥的，甚至表现出一种保守主义的风格，但主要的倾向还是激进主义。他说到那些文人和哲人："他们以他们那些致命的诡辩武装起来自己以后，就在摇撼着信仰的基础并在毁灭德性了。他们鄙夷地嘲笑着祖国、宗教这些古老的字眼，并且把他们的才智和哲学都用于毁灭和玷污人间一切神圣的事物。"他讨厌他们的好新骛奇，说"专求标奇立异的人，还有什么事情做不出来呢！"但他又有一种把真理的表现形式绝对化的倾向，说"错误可能有无穷的结合方式；而真理却只能有一种存在的方式"。他自己在《忏悔录》中也承认："我对任何事情都是走极端的。"[3]

我们可以同意：从根本性质来说，真理就是真理，谬误就是谬误。但真理的存在方式，在个人那里的表现方式，以及在制度政策中的体现方式，却不会是仅仅一种。少量具有绝对意义的真理常常会和大量相对的、随着时代改变的真理结合在一起，甚至常常会在表现形式上与错误混合在一起，这也就是我们需要尊重社会习俗和既定制度的一个重要原因。我们要做的工作是仔细剥离和扬弃，这当然要比彻底推倒、全盘换新困难得多，但也恰当和有效得多。

卢梭实际是在用文明反对文明，用文明的一个要素（道德）反对文明的其他要素（科学与艺术）。虽然为了寻求和达致某种平衡，这常常是必要的，但他却有进一步否定整个文明的倾向。且不谈科学与艺术自身的价值，科学及其应用技术首先对人们保持一个基本的道德水准是富有意义的，不仅可以防止那种为了基本的生存而无视或损害道德的情况发生，更可以让人过上"人之为人"的那种体面和富裕的生活。而艺术也绝不仅仅是文明的"点缀"和"装饰"，它有助于淡化人们的物欲，使人们去追求或关心那些不仅是财富和权力的目标。

科学与物质文明的关系最为密切，尤其到了科技成为经济和国力的火车头的当代，更是科技兴则国兴，科技强则国强。卢梭一方面批判科学，另一方面又强调道德也在于国家的强大和不被征服，而这两者是有矛盾的。正是科学带来了人口的增加，尤其 20 世纪人类平均寿命的大幅提升，在相当程度上有赖于卢梭常常诟病的现代医学的飞速发展。

在艺术方面，卢梭恰当地区分了真正具有创造性的一流艺术和二三流艺术，他还正确地指出：如果这些二三流艺术泛滥，甚至荣誉都流向它们，那么天才的艺术家可能会去迁就低俗的标准，宁愿写一些生前为人称道的平庸之作，而不再写可能唯有死后很久才会被人赞美的作品。所以，他反对那些末流艺术家进入艺术的殿堂。

但是，在科学尤其技术的领域，是可以有很多中介的层级的，而且都各有其用，更何况再高雅的艺术也需要普及和推广。大多数人固然成不了哥白尼、伽利略、牛顿，却可以努力做一个好的科学理论的应用者；固然成不了但丁、米开朗琪罗、巴赫，却可以努力成为一个好的艺术作品的推广者和欣赏者。这样，我们可以既是他们的创造的受惠者，同时也是施惠者。

前面我们评论了卢梭的一些不足，但也要看到他的独特意义。从卢梭的整个思想看，他还是属于启蒙哲人的范畴，但由于他对道德乃至宗教的救赎精神的推崇，他又显著区别于其他有限的、功利主义或开明利己主义的理性启蒙派，这反而赋予卢梭一种特别强大的吸引力，因为几乎任何人都需要一点精神，都有道德的情感乃至隐秘的信仰热望。尤其是今天，科学的进展和艺术的普及已经发展到了卢梭难以想象的程度。卢梭写这篇论文时，科学还没有转变成可以大规模应用的技术，工业文明也才刚刚开始在英国酝酿和兴起，艺术作品也多只是在上层社会的少数人中流行。即便在今天这样一个互联网和多媒体发达的时代，虽然各种艺术手段和作品已经可以轻易获得，但艺术创造的质量并不是说就有了提升，甚至可能正像文化史家雅克·巴尔赞所认为的，西方文化艺术这五百年反倒是从黎明走向了衰落。[4] 另一方面，科学尤其是其应用技术，的确可以说大大地兴盛了，带来了经济的迅速发展和人们物质生活的普遍提高。然而，科技的兴盛固然带来了普遍的福利，却也走进了这样一个门槛：像基因工程、人工智能等高新技术，在给人类带来无数方便与好处的同时，也带来了难以预测的，可能改变人类文明命运的后果。与人类的控物能力不断大幅提高相比较，人类的道德自控能力并没有相应提高，这种不相称无疑会是人类文明内在的一个持久的基本矛盾。

由此而言，卢梭下面这段话对我们就不无警醒的作用：

> 人们啊！你们应该知道自然想要保护你们不去碰科学，正像一个母亲要从她孩子的手里夺下一种危险的武器一样。

这段话虽然带有一些他特有的绝对意味，但我们还是可以将其看作不如此不足以震动我们心灵的有益提醒。

卢梭对他心目中未来的人的期许也是如此，虽然语气同样比较绝对乃至夸张，但也可以看作一种试图振聋发聩的警醒。他说，如果未来的人们哪一天看到这科学与艺术的全部发展的信史，一定会举手向天满腔悲怆地喊道：

> 全能的上帝啊！你的手里掌握着人类的心灵，请把我们从我们祖先的那些知识与致命的艺术里面解救出来吧，请赐还给我们那种无知、无辜与贫穷吧，唯有这些东西才会使我们幸福，并且在你的面前也才是可贵的。

今天的人们看来并没有这种感受，或者说，这未来还很远，未来未来。但有一点是可以确定的：为了道德，我们必须保全文明；而为了文明，我们也必须强调道德。有意识的自觉道德体系本是文明的一个要素，文明存则道德存，但如果我们将其从文明中抽出来思考，则它还有可能是拯救文明的要素：唯有人类的道德自制能力与控物能力达到平衡，文明方能延续。

二　平等与文明

置身启蒙学者中，卢梭是罕见的对文明进行批判的一位，而他所依据的批判武器，除了道德，恰恰又是启蒙的一个主要价值——平等。卢梭的文明批判虽然富有启发意义，却建立在一个对原始人认识有误的基础上，包括他那种整全的对立思维方式也带来了许多问题。人类文明从开端到当代的一万余年的发展和演变，与平等或者说不平等实际有着一种更为复杂的关系。

卢梭有关平等与文明的论述主要见于他的第二篇第戎科学院的有奖征文，即 1753 年的《论人类不平等的起源和基础》。如果说第一篇征文主要是强调文明与道德的不相容，第二篇则是强调平等与文明的紧张关系。"平等"当然也可以说是一个道德范畴，但还是更多地具有社会正义或制度德性的含义。卢梭也不只是在政治上否定不平等，而是追溯到了文明与平等的全面对立。

这篇征文的题目是"人类不平等的起源是什么？人类的不平等是否为自然法所认可？"这后一问常常被人们所忽视，它实际是在问"不平等在道德上是否正当"。但卢梭很快从自然法转向了对自然状态的探索，把人类不平等的起源追溯到了原始人生活的自然状态，而且独树一帜地认为：自然状态才是人类真正美好的状态，进入文明社会之后，反而给人类带来了种种不幸和痛苦，带来了各种灾难。

卢梭的这篇征文尽管没有得奖，但其实写得比得奖的《论科学与艺术》更为用心，准备得也更加充分。如果说第一篇还更多是激情的爆发和文学修辞的闪耀，在这篇文章中，他则试图应用理性和人类学的资料，更为注意语义和逻辑，结构也更周全，有许多富有启发性的思想和前瞻性的预见。但他使用的一些关键概念的语义存在着含混，他的推理过程也存在着跳跃，而这影响了他的立论。

初看起来，《论人类不平等的起源和基础》的主题是有关不平等的，或者说是不平等与平等的关系，不平等打破原始平等（更准确地说，是原始自由）的起源与社会基础，以及通过反抗回到平等的过程。但是，从全篇以及卢梭生平著述的思想主线来看，也从他在启蒙思想潮流中的特殊地位和近代文明的发展趋势来看，则可以说，卢梭这篇文章另有一个更隐秘也更重要的主题，那就是借助平等的视角把他更深层的、一贯的，也是最想说出来的思想——对文明的反省和批判——表达出来，虽然这可能并不是完全有意识的。这也是他在《论科学与艺术》中所表达的思想的延伸。从文明发展到今天的情况看来，"二论"中更有意义的可能还是这一超前的警醒。

卢梭认为，我们必须从认识人类的自然本性开始，才能认识人与人之间不平等的起源。虽然很难给自然法下一个完善的定义，但他倾向于认为自然法的观念就是关于人的本性的观念。他也意识到这样做的困难，因为我们接触到的都是已经进入文明状态的人，要从人类现有的性质中辨别出哪些是原始的、哪些是人为的并不容易。他对人类本性的理解与斯多葛学派的很不一样。斯多葛学派也主张人要"按照自然生活""按照本性生活"，但是，这一自然本性是充分反思的人所认识到的宇宙理性，也是人的德性。而卢梭认为的"自然本性"则是指原始人那里天然存在的本性和本能。他大力赞美这本能，认为这种来自自然或者说造物主的天然本性是好的，后来文明社会带来的一切却使它变坏了。

他提出了两个先于理性存在的人的本性原理：一个是所有人都热烈地关切自己的幸福和自我的保存，也就是自爱心；另一个是所有人在看到同类遭受灭亡或痛苦时的同情心。卢梭这里所说的同情心甚至不是高调的，而是低调的，不是积极的，而是消极的，甚至都没有强调看到别人遭受痛苦而施予援手，而只是说不予加害。他也没有区别由自爱之心生发的同情和纯粹的恻隐之心的不同。但应该说，这样低调的同情心更具有普遍性。

卢梭认为，自然法的一切规则正是从这两个原理的协调和配合中产生出来的；这两个原理并不是基于理性，而是基于感性；并不是因为人是一个有理性的生物，而是因为人是一个有感觉的生物。他还提出要以现在已不复存在，甚至过去也没有存在过、将来也不会存在的一种状态，也就是他所谓的人的理想和完善状态，来判断人类现在的状况。这是否意味着卢梭自己也不敢完全肯定美好的原始生活就一定真实存在过？或者说，这是他后来试图提出一种完美的社会政治蓝图的思想伏线？

卢梭认为，人类存在着两种不平等：一种是自然的或生理上的不平等，即基于年龄、健康、体力以及智慧或心灵的性质不同而产生的不平等；另一种是精神上的或政治上的不平等。卢梭这里所说的"自然的不平等"并不是指原始的自然状态中的不平等，而是人的自然天赋的不平等，这种不平等在原始自然状态与文明社会状态中同样存在。只是在卢梭看来，在文明状态中，这种先天的不平等不仅大大扩展了，而且增加了文明社会带来的新的、严重得多的不平等。

卢梭承认，自然状态中的人当然还是有一种比如体能上的自然的不平等，但这种自然的差距很小。由于卢梭把原始人看作孤独的个人，所以在他那里，这种自然的不平等或者说平等甚至都没有多少意义。平等是一个比较性的概念，是一种人际比较，如果人就是单独的个人，那和谁比较，和谁平等？而卢梭不仅否定原始群，甚至也否定家庭。无论怎样，人至少是有性需要的，但在他看来，这种需要一经满足，两性便"拜拜"了，以后再不认识。生下的孩子，就像其他动物一样，母亲还会抚养一阵，但一旦孩子能够离开母亲独立生存，也就与她毫无关系了。

这样的原始个人也许可以说是"自由自在"的，但和社会意义上的"自由"完全无关，甚至连"独立"都不好说——"独立"也常常是相对于他人和社会的。卢梭心目中的原始人是分散的、个别的、孤立的，他可以完全放任自己，独往独来，不需要别人也不被别人需要。只要有一点互助的需要，问题就来了，他的自由和平等就可能要受损害了。这大概就是卢梭所理解的"人生而自由"，在他看来，一切社会性的东西都是"枷锁"和"奴役"。

那么，具体来说，不平等究竟是怎样出现的呢？卢梭认为是和私有制一起出现的。但问题是，在私有制出现之前，人应该就已经有比较密切的交往了。在文章的第二部分，卢梭一开始就给出了一个象征性的说法，说谁第一个把一块土地圈起来并想到说"这是我的"，这就是私有制的起源了，也是文明社会的基础。当然，卢梭马上又说这种私有观念其实并不是一下子就在人类思想中形成的，而是有一个漫长的演变过程。

卢梭也承认，正是产权构成了文明的基础，只是，他这里对产权持一种批判的态度。人们还可以进一步说，产权也构成了文明社会中的人的自由的基础和保障，尤其是它强化到了"风能进，雨能进，国王不能进"的地步的话。大自然的因素对个人财产的侵蚀、破坏乃至毁灭是可以接受的，但人为政治的因素对财产的任意侵蚀、掠夺或没收则是不可接受的。当然，产权也不是绝对的。产权，以及立足其上的市场经济，也会自然而然地产生不平等，甚至说，这是它们的自然趋势。为此，有时需要作出必要的调整，比如，一旦受到生命权、紧急避难权的限制，产权的主人就应该作出必要的改变，否则社会会予以恰当的干预。正像历史上的国界经常是变动的一样，产权的变换，甚至包括一些并不合理合法的变换，也是很难追溯和纠正的。

卢梭多次说，人的最原始的感情就是对自己生存的感情，最原始的关怀就是对自我保存的关怀。他认为，人最初也完全可以单独满足这种自我保存的需要，无需交往，也缺乏任何内心情感。但是后来困难出现了。树木的高大阻碍他采摘树上的果实，其他野兽和他争夺食物，还有一些凶猛的野兽甚至要伤害他的生命。其实这种困难一开始就存在。更重要的是，卢梭似乎始终没有认识到，自然资源总是会有匮乏的问题。他也极其淡化人与人之间（其实是原始群与原始群之间）的生存竞争，在对人类自然状态的描述中，他很晚才提到人学会了同其他人争夺食物，然后是心理不平等的萌芽。卢梭认为这些现象出现得很晚，但其实它们在人类真实的群居生活中早就出现了。

"原始人是孤独的个人"这一前提使得卢梭不断提出一些错误的看法。他认为，人指望同类的帮助是稀有的情况；由于彼此间的竞争，人也不能信任同类。但其实，正是因为越有竞争，人才越需要结成群体；而这种竞争也常常就是群体之间的外部竞争，在群体的内部，互相之间还是相当平等、非常信任和依赖的。卢梭还说，人和他的同类后来结合成群，至多结成某种自由结合的团体。但其实，这是基于血缘和家族的群体，一个人一出生往往就属于这个群体，并无自由选择可言。

无论如何，卢梭还是不得不承认，当出现了家庭的时候，便出现了某种形式的私有制，许多争执和战斗也就产生了。但如果认为家庭与私有制是并生的，那么也可以说，在原始人那里，一开始就有私有制了，财产（或者不如说主要是食物）只是在这个群的内部为群的成员共有。

卢梭注意到，冶金术和农业的发明引发了巨大的变革，使人开始文明起来。当然，这两种技术不必等量齐观，重要的是人类进入了农业文明，而冶金术则为此提供了金属工具。农业带来了在某块土地上耕种的连续期，年复一年，连续占有就很容易转化为私有，而不同大小的占有就造成了贫富的差别。这样，文明就随着不平等的发展而发展起来了；反之亦然。

卢梭承认许多人是因为勤劳致富的，但他却奇怪地质问比较富有的人说：我们并没有强使你劳动啊，另外，你不知道还有许多同胞正因为缺乏你所拥有的过多的东西而受苦乃至死亡吗？你们占有超过维持自己生存所需的东西，应该取得全人类明示和一致的同意啊。他认为，对此质疑，富人没有为自己辩护的有力理由，[5]也没有足以自卫的力量，很容易被成群前来抢劫他的财产的人制服。

而卢梭以下的说法就更是有点阴谋论的味道了。他说富人终于想出了一种最深谋远虑的计划，那就是利用攻击者的力量为自己服务，把原来的敌人变成自己的保卫者。富人造出了一些动听的理由，以诱骗穷人来达到自己的目的。他呼吁他们联合起来，以保障弱者不受压迫、野心家受到约束、每个人都能占有属于自己的东西。也就是说，要把各人的力量集结成一个至高无上的权力，创立一种公正的规则，根据明智的法律来治理，以保卫所有团体中的成员，防御共同的敌人，从而生活在永久的和睦之中。于是，穷人也就受骗了，大家都前去迎接他们的"枷锁"——国家了。

这是社会契约论的一种雏形。但它即便真的在历史上产生过，也不会这么戏剧化，不会有一种明确的仪式，而更可能是一种隐含的约定或默认，甚至是一种通过暴力获得权力的"逆取顺守"。而且，它的实际性质也很难说就是仅仅一方的阴谋和通吃，而更可能像《理想国》中的格劳孔所说的，激烈的争斗导致各方不胜其害，从而都愿意达成一种妥协，寻求某种平衡。用设计论或阴谋论解释国家和法律的起源，并没有多少说服力。

但在卢梭看来，政治社会和法律就是这样通过某种阴谋和欺骗的方式起源的，虽然也采取了一种社会契约的方式。他认为，这种原初的"社会契约"只给了弱者以新的桎梏，给了富人以新的力量，消灭了天赋的自由，把保障私有财产和承认不平等的法律永远确定了下来。从此以后，整个人类就都要忍受劳苦、奴役和贫困了。他希望的是另外一种新的公意的社会契约。

卢梭认为，不平等发端以后，会以这样一个圆圈在文明社会中继续演变：第一阶段是法律和私有财产权的设定；第二阶段是官职的设置，而这些官职有可能变成世袭的；第三阶段则是合法的权力变成专制的权力，君主只依靠暴力进行统治，从而变成暴君。这就是不平等发展的顶点了。而对暴君就可以用暴力去推翻他，在这方面，暴君是没什么好抱怨的。这也就意味着国家的解体，人们重新回到自然状态。但这已经不是原来那种淳朴的自然状态了，而是一种堕落的自然状态，所有的人都是平等的，或者说都等于零。然后，从这种自然状态中，慢慢又会开始新的一轮循环。

不平等的根源到底是什么？或者说，在卢梭提到的贫富、强弱、主奴，以及地位、声望等的诸种不平等中，哪一种不平等最为根本？对此，卢梭说得不是很明白。他开始说个人的身份是其他各种不平等的根源，财富是最后的一个。这可能是指在一个君主制和贵族制的社会，人们首先注意到的是地位和身份的不同。但他又认为，各种不平等最后都必然会归结到财富上去，而且其他的不平等一开始也都是来自财富。他还谈到，正是由于每个人都渴望别人颂扬自己，每个人几乎都终日如疯似狂地想出人头地，才产生了人间最好和最坏的事物，而这似乎是说对地位和声望的追求才是最根本的或者说最初的了。所以，权、钱、名的不平等都起了重要作用。但总体来看，卢梭更倾向于认为，财富或经济上的不平等是根源。

当然，卢梭也抱有改变的希望：即便不太可能回到原初的自然状态，还是有希望改变文明社会中这种不平等的怪圈。但卢梭希望的路径不是改革，而是彻底的变革——就像莱库格斯在斯巴达所做的，首先扫清地面并抛弃一切陈旧的材料，以重新建造一座美好的大厦。在这一过程中，就需要一个无比贤明的领袖。这个领袖的主要工作是重新立法，之后，通过自儿童就开始的严格教育，以及对所有官员的严格监督，乃至使这个国家不再需要官员甚至也不需要法律。卢梭向往的还是最接近于原始自然的那种几乎无政府的状态，他心目中的斯巴达是文明社会的历史中达此成就的"唯一例外"。

　　简要地说，卢梭认为，不平等就是起源于社会，就是产生于文明，其基础是建立在强力上的法律，尤其是保护产权的法律。他先描述了人的起源和最初生活，描述了原始人的自然状态，然后探讨了从这种自然状态转变到社会的过程，他还是更重视经济的因素，更重视贫富带来的差距，然后是权力的差距。社会将自然的不平等强有力地固定化和扩大化了。

　　他最后的结论性断言是：在自然状态中几乎不存在不平等，或只有一些微弱的生理差别。不平等的产生和发展源自我们能力的发展和知识的进步，并最终由私有制的出现和法律的实施而变得牢固和合法。他对文明基本是持否定的看法的。卢梭认为，法律所认可的不平等，只有与自然的、生理的不平等相称时，才是符合自然法或者说符合道德的。但卢梭几乎把社会中的所有不平等都看作与自然的不平等不相称。[6]

　　卢梭的这一结论和他使用的思维方法有紧密的关系。他为写作此文读了大量旅行者的笔记，也曾独自走到圣日耳曼的树林深处，面对比较原始的自然景象沉思默想。他承认他的书中有不少猜测，但认为这些猜测是从事物本性中作出的、最接近于真实的猜测，可以成为推理的依据。

　　但猜测并不是卢梭思想方法的主要特点。任何学科都免不了猜测，有些直觉的猜测还是天才的。卢梭思想方法的主要特点还是一种整全思维，一种"要么全好，要么全坏"的思维，即他的思想不仅容易趋于两个极端，而且给这两端加上全部的道德褒贬。这一思维方法的特点几乎贯穿于他的全部著作。他后来著作的一些名句，都表现出这样一种特点，比如《爱弥儿》中的"凡是来自造物主之手的都是好的，一到了人的手里就全变坏了"。又比如《卢梭评判让-雅克》中的"自然让人曾经是多么幸福而良善,社会就使人变得多么堕落而悲惨"。

这些话也是他思想的基本立场或者说大原则，那就是自然与社会的对立，原始与文明的对立。在论不平等的"二论"中，卢梭也是同样的风格和立场。

卢梭喜欢大胆地使用判断和定论，而且动辄是全称判断和格言式的定论。我试举卢梭叙述不平等的发展的一段话如下（括弧内是我的点评）：

> 总之，一方面是由于竞争和敌对，另一方面是由于利害冲突，人们个个都暗藏有损人利己之心（"个个"是一个涉及"所有人"的全称动机判断，且不仅是"利己"，而且是"损人利己"之心）……富人一开始尝到统治他人的甜头，就不去采用其他的致富之道了；他利用他旧有的奴隶去压制新的奴隶，想方设法要把他的邻人置于奴隶的境地；这种情形，同饿狼一样，只要吃过一次人肉，它就不愿意吃其他动物的肉，而专吃人肉了。（这是非常形象化但也绝对化的一种描述）……在强者的权利和先占有者的权利之间发生了无休无止的冲突，最后以战斗和屠杀告终（这也是完全对立的冲突，以及最后也只有一种你死我活结果的思维）。[7]

在仅仅一段话中就出现了这么多全称判断的语句，说明在卢梭的著作中，这种思想方法和风格是相当普遍和定势的。这在批判方面是非常有力的，但如果沿用到建构，则很可能是无力、无效甚至反面后果的——如果仅仅是无力、无效倒还是幸事。持这样一种极其浪漫的风格思考，并用生动有力的语言表达出来，卢梭在这方面是有巨大的才能的，因此也产生了巨大的感染和号召力；但这种思想风格也容易取消分析，乃至回避和取消一些重要的问题。比如我们前面谈到的，自然的、天赋的不平等与社会的不平等是否"相称"？这是一个关涉主题的重要问题，如果说"相称"，那么，后者就有一定的理由为自己辩护，有些不平等就可以为自然法认可。卢梭是否定相称的，不过是通过一种整全思维的模式来否定的。他说，问这两种不平等之间有没有实质上的联系，就等于问"所有发号施令的人是否一定优于服从命令的人，就等于问人们的体力或智力，才能或品德是否总和他们的权势或财富相称"。但为什么一定要"所有"和"总"呢？难道要全部相称、一无例外才行？两者有没有一定的实质联系？两者"相称与否"可能是一个程度或比重的问题，两者之间不可能不存在着实质的联系。换句话说，这不是一个"全无"或"全有"，而可能是一个多少，或者说根据具体社会的情形寻找这一社会的通则的问题。卢梭要求"所有"发令者都"一定"要在自然禀赋上全都优于服从者。这是一个过分的要求，似乎只要有一个例外，就可以否定这个问题。这个逻辑是不能成立的。卢梭还说，这样的问题让"奴隶们"去讨论好了，但不适于有理性的、自由的、追求真理的人去研究。这就等于从一个道德制高点取消了这个问题。

卢梭几乎不给他使用的概念下定义，尤其是不下分析性的定义。但至少一些基本性的概念，如"平等""文明""自由""奴役"，是应该予以说明的。他倾向于把一切推到极端，比如把所有的社会约束都说成"奴役"，把任何接受这种约束的人都说成"奴隶"。而当卢梭将几乎一切社会差异和约束都看作"奴役"的时候，那么，它的反面就是一种绝对的自由了。但问题是，这样一种绝对的自由怎么可能？即便退一步，说所有政治社会的法律约束都是压迫，但轻易地一概说是"奴役""奴隶"，也容易混淆压迫的不同等级，结果倒是有可能将最残酷的压迫在某种意义上"脱罪"了。这样做且不说容易混淆必要的社会约束与不必要的社会约束，甚至为少数掌握权力的个人践踏必要的约束打开了绿灯。如果接受这样的理论，众人可能因为幻想能摆脱一切约束，最终却可能接受一种最残酷的约束，真的变成奴隶了。

卢梭说原始人生活美好，德行高尚，也是将其强调到一个极端的程度。他几乎完全回避原始人生存的问题，不谈自然的匮乏和原始人互相之间的竞争。真实的原始人按其体能来说，开始常常只是处在自然界的食物链中较低的地位，而且要特别小心自己不要成为猛兽的食物。只是通过协力合作和发明工具，原始群才逐步提升了他们在食物链中的地位。而后来人上升到了食物链的顶端，则是智能发达和工具发展、接近或进入文明的结果。卢梭说人性的首要法则是自我保存，但又鄙视人有时为了保存生命而不得不放弃自由。而一般说来，生存还是应该优先于自由的，尤其对社会而言是这样。

卢梭还经常将"自由"与"平等"、"生存"与"自由"混用，甚至他的这种含混有时倒是给了他的概念和观点以一种笼统的，却常常是巨大的吸引力。比如，他的一些话能够吸引热爱自由的人，但实际他说的可能是平等；也有相反的情况，他的一些话能吸引热爱平等的人，但他实际说的可能是自由。就像有学者指出的，卢梭尤其容易得到"左派中的左派"和"右派中的右派"，也就是同样持比较极端和浪漫思维的人们的支持。如果说卢梭对文明的批判表面上更强调自由，那么，从深处，尤其是从他后来的社会政治理论看，他还是更强调平等。卢梭在这方面的一个秘密是，他经常高举自由，但实际是为了反对不平等而不是反对不自由，是提倡平等而不是珍视自由。

文明与平等之间自然总是有一种逻辑上的紧张关系。文明天然就意味着社会、分工以及一定的差序和等级。正是卢梭这位平等的最有力捍卫者指出，文明必然会带来不平等，产权必然会带来不平等，发展必然会带来不平等。我们要接受文明，也就要接受某种不平等。当然，平等与文明也不是完全对立的。这一点我们在现代社会中看得比较清楚：要求平等，包括地位平等、经济平等和价值追求的平等，恰恰可能会在更大范围内和更高程度上，刺激和释放人们对物质、财富、权力与名声的欲望，从而大大地推进物质文明的发展，但同时也会引发实际上的自然分化和严重不平等。现代文明就是在这种平等与不平等的复杂的辩证关系中前行的。文明的全面发展，哪怕只是物质文明的高度发展，都需要容有某种不平等或激励机制存在。至于文明的精神成果的创造，更是存在着巨大的差异，这也是卢梭在《论科学与艺术》中承认的。除非我们看轻或不想要这些文明成果，否则我们就不得不接受某种不平等。如果人们就是要全面彻底的平等，那就要面临抉择了：是要文明的持续发展还是要全面彻底的平等？卢梭提出的鲜明对照，有助于我们认清这种选择的性质，认清文明与平等在有些时候会有一种非此即彼的紧张对立关系，但在文明迄今的全面发展过程中，又还会有一种相辅相成的关系。

在人类文明的入口，文明与平等的对立是很明显的。但如果也联系文明发展到今天的这一端，则可以说，平等对文明又有一种促进的作用。大致说来，在人类刚进入或准备进入文明的时候，不是平等，而是不平等，同文明处在一种相互促成乃至互为因果的关系之中。我们可以同意卢梭所说的，不平等是文明的一个结果，是文明带来了不平等，但另一方面，我们也可以说，文明也是不平等的一个结果，是不平等推进了文明，而且不平等处在更先的位置。先是出现了差别、大略的分工，然后这些差别促使人类进入文明：首先是物质文明，分工使得一些人专注于工具的改善和技术的创新，他们也因此得到更多的尊重和更多的剩余产品；然后是政治文明，保护人身财产和交易的需要，以及差别所造成的矛盾和冲突等，导致了国家的产生，明确建立了保护性的，但同时也是固化差别的法律；再后是精神文明的产生，作为"劳心者"的人们，开始了宗教、艺术和人文的种种创制。

所以在某种意义上，我们可以说，没有不平等，就不会有文明。当然，也可以反过来说，没有文明，也就不会有不平等的强化和刺激。在传统时代，大致也都保持了这样一种关系。而饶有意味的是，无论中外，传统时代的主导精神价值对人类的控物和享物欲望都是相当压抑和节制的，所以，文明的物质水平并无飞速的发展，甚至常常处在一种循环之中，只有包括艺术、信仰、哲学在内的精神生活相当精致和丰富。

当人类文明发展到近代，则可以说开始了另外一种潮流，开启了另外一种关系，即文明与平等（而非与不平等）的相互促进。在文明发展的当代一端，我们可以看到，这里所说的"文明"已经主要是物质文明而非精神与道德文明。社会的走向平等和物质文明的高速发展这两者也经常是相互大力促进的。平等大大释放了人们对控物能力和物质生活不断提高的欲望，并发展出新的欲望，使之成为物质文明发展的强大动力；而物质发明和各种高端技术也促进了对扩大平等的进一步的了解和要求，并使之成为可能。只是，这两者哪一个更为根本呢？我想还是作为主流价值观的平等，以及平等所赖以实现的社会机制，更为根本。各种平等的要求，尤其是价值平等的要求，终于摆脱了传统道德和宗教的约束，释放出了物质文明发展的强大动力，即对不断提升人类控制物质的能力和提高人们物质生活水平的欲望。

卢梭试图在现代社会追求原始的平等和共契，但那种平等和共契只是在原始的小群体里才可能实现；卢梭甚至没意识到，他对原始的小群体也没有认识清楚，而他个人在朋友的小圈子里也是失败——当然，这种失败可能恰恰使他更强烈地追求一种共契。现代知识分子对社会的批判往往只是到资本为止，他们追求平等，却不知正是平等造成了物欲的"汪洋大海"。

*　　*　　*

鉴于卢梭之后近三百年人类文明的发展越来越多的只是呈现出物质文明繁荣昌盛的面貌，甚至还时而伴随着血火、恐怖、极权和战争，对于处在这种危机中的文明来说，卢梭对文明及其动力机制的批判是富有意义的。人类文明有可能从摆脱彻底的原始平等，即以不平等的分化始，而以全面和彻底的平等终；以物质文明的初见成效始，而以物质文明的达到顶峰终。当人类社会临近一种全面彻底的平等时，当其物质文明单面地发展到一个匪夷所思的峰顶时，也就有可能意味着人类离结局不远了。也正是因此，卢梭的文明批判和欲望分析的意义将会更加凸显，就像马丁·海德格尔在《科学与沉思》中写到的："我们现在已经要得太多，但不要某些东西对人类也同样重要。"不过，这已经属于另外一个需要仔细探讨的论题了。

卢梭对近代中国曾产生过巨大的影响。北京猿人的化石被发现不久，曹禺创作于1940年的剧本《北京人》中，就有对"北京人"的文学想象。这是一个类似原始人的形象。长得七尺多高，充满力量，巨大的手掌似乎轻轻一扭便可扭断任何敌人的脖颈。野得可怕，但"充沛丰满的生命和人类日后无穷的希望都似在这个人身内藏蓄着"。剧中一个研究人类学的学者袁任敢还富于感情地描述他们的生活说："这是人类的祖先，这也是人类的希望。那时候的人要爱就爱，要恨就恨，要哭就哭，要喊就喊，不怕死，也不怕生。他们整年尽着自己的性情，自由地活着，没有礼教来拘束，没有文明来捆绑，没有虚伪，没有欺诈，没有阴险，没有陷害，没有矛盾，也没有苦恼；吃生肉，喝鲜血，太阳晒着，风吹着，雨淋着，没有现在这么多人吃人的文明，而他们是非常快活的！"

但真正的"北京猿人"其实没有作家想象的那么高大和孔武有力，寿命也很短。他们在自己的力量范围内肯定是相当自由的，也是勇敢的，可能还是快活的，但也可能是"无知无畏"地快乐着的。他们可能是勤劳的，但不一定有节俭的意识，甚至也没有节俭的手段，还没有保存多余食物的办法甚至愿望。"饥则寻食，饱则弃之。"他们的生活计划还不会太长期和遥远，那也在他们的能力范围之外。但他们的确没什么预先的焦虑和事后的痛苦，也免去了许多现代人与周围的人比较而产生的烦恼和"羡慕嫉妒恨"，因为他们各方面的状况在原始群内都是相当平等的。

《北京人》中的上述话语有明显脱胎于卢梭思想的影响痕迹，但这只是表层的影响。这当然不是对过去的原始人的简单赞美，不是想要回到过去，在这种赞美中隐含着对现实文明的严厉批判，也有对未来崭新社会的巨大希望。卢梭的思想在晚清传到中国，当时就掀起了一阵热潮，以后的影响也经久不衰。也因此，从最早接受卢梭思想影响的一批中国人开始，卢梭的名字就与"民约""人民主权"以及被误解了的"民主共和国"紧密联系在一起而受到高度赞扬。

概而言之，从上述两篇征文我们可以看到，卢梭是要彻底地批判文明，不仅批判人类的现代文明，也几乎是要全盘否定人类进入文明社会以来的全部历史。

我们会同意卢梭对文明的许多批判，但我们和他之间的关键分歧在于：我们还要不要珍视人类的文明及其成果？人类不进入文明真的能够更加健康快乐，甚至更加"道德"？相对于"美好"的原始时代，卢梭似乎对人类进入文明后取得的科学、艺术和其他精神成果并不在意，甚至对政治秩序和物质成果更不满意。但人类还有没有可能回到原始状态？即便是卢梭，似乎也不认为人类可以。

那么，现代人还可以建立一个怎样的好社会？于是，他提出了一个政治社会的理想解决方案。

三　通过公意建立完全自由平等的共同体

卢梭对文明有严厉的批判，那么，他对此提出了什么解决问题的办法吗？在《论科学与艺术》中，他弘扬道德，节制科学的发展，希望众人在科学艺术的事业中严守其分，只让少数人去从事。在《论人类不平等的起源和基础》中，他认为原始平等的被破坏是文明的根本病源，所以，根本的是要恢复平等，以追求平等为主要的价值追求。但是不是重返原始的人，恢复原始的平等呢？大概也不是，他应该知道这不是可行的办法。

在后来的著作中，卢梭更多的还是试图在文明社会中尽量采取比较原始或自然的办法。他对教育寄予了厚望，《爱弥儿》描绘了一种顺应自然天性的教育方法，但那种方法看来只有在很富裕的人家才能实行。而根本的办法，应该是他在《社会契约论》中提出的一种政治的全盘解决方案。政治本来也是人类进入文明社会才产生的，是文明的一个要素，而激烈批评文明社会的卢梭似乎想通过这个文明的最重要的制度来清除文明的弊害，就像有的理论试图将政治推到极端重要的位置来最后消解国家——通过强化政治来弱化政治。

卢梭对政治制度是寄予了莫大希望的。既然文明人不可能再回到原始状态，或者说错过了时机，他开始较多地说到人类进入文明状态的好处，认为这可以克服许多不便和阻碍，也让人的智力和理性有长足的发展。现在是考虑文明人应该如何解决自己的问题的时候了。有没有可能尽量恢复原始人的高度道德和平等，甚至达到更高的水平呢？文明的问题必须通过文明本身来解决。在这一过程中，他认为政治是最有力的杠杆。在《忏悔录》中，他认为一切问题在根本上都取决于政治，任何民族永远都不外是它的政府的性质使它成为的那种样子；而最好的政府是能够造成一个最有德、最开明、最睿智并且从而是最美好的民族的政府。[8] 这是一种制度决定论，甚至是政治决定论。极端的政治制度决定论容易忘记人性的限制，似乎政治可以无所不为，无所不成。但政治与民情总有一种互动，前者还是后者更起作用一直存在争议。不过，我们会承认政治的确在相当程度上可以改变民情或国民性，虽然看来还是无法从根本上改变人性。

从上述卢梭认为的政府目的可以看出，政治和道德总是联系在一起的。政府要培养有良好德性的人，因此，政府本身也要有德。那么这种既用于政府也用于个人的德性是什么呢？卢梭的理解是权利或者说正义。在权利与功利之间需要达到一种平衡。这种权利不是出于自然，也不能由强力造成，而必须建立在"约定"的基础上。但是掌握权力的强者善于将自己的强力变成权利，也即变成道德和正义，从而让对他们的服从变成义务。由此，卢梭认为，我们应该考虑政治服从义务的道德基础。

卢梭的思路大致是这样的：按照他在《山中来信》的第六封信和《忏悔录》中的叙述，人类走向政治社会的结合还是必要的，由此就会产生统一的国家。但这种结合所产生的义务的来源或基础是什么呢？此前有来自利益、神权、强力、父权、天意等种种解释。但他主张，所有政治社会的结合的唯一道德基础是"约定"。约定才能产生合乎道德的义务。那么，这种约定又是什么呢？是一种非常特殊的"社会公约"，它是每个个人和所有的人订约，所以它永远不可能是不正义的或者会被人滥用的，因而也是绝对的、无条件的、无保留的，因为共同体不可能想要伤害它自己，全体也只能是为着全体。这样也就形成了"公意"。这种"公意"是至高无上的秩序与律令，这一普遍的、人格化了的律令，也就可称为"主权者"。这就是著名的"人民主权"。主权是不可分割的、不可转让的，它本质上就存在于共同体的全体成员之中；它把所有订约者联系在一起，使他们不被任何人奴役，而且在仅仅以他们的意志为律令时，它还使他们仍然像在自然状态中那样自由。

这里还有许多不明朗之处：这种约定是不是先由单个立法者拟定，再交全体大会审议，并且要获得全体大会的一致同意才形成"公意"？找什么样的立法者？谁来找？谁来召集和主持全体大会？人未到齐怎么办？达不成全体一致怎么办？对不同意的人怎样处理？"公意"的大致内容是什么？是以什么样的形式公布？是像宪法那样吗？而如果一切顺利，产生了"公意"，日后又要如何通过立法和行政来落实和维护这"公意"？谁是公意的解释者？谁来判断"公意"是不是被违反了？怎样惩罚这违反？这具体的落实还是继续通过定期的全体大会来决定吗？如果是这样，这不是也会遇到上面对全体大会提出的问题？而要紧的还是，如果说一旦形成公意，成为主权者，它就是不可更改、不可转让，更不可反抗的了。"公意"的解释者、判断者、执行者就会拥有莫大的权力，或者陷入一种众意不决的状态，乃至这一新建的美好共同体不得不再次解体。

当然，最关键的还是主体和程序问题。我们需要始终把这个问题放在心里。我们不能笼统地说"人民"或"主权者"就是主体；那是抽象的"主体"，它一定还要有具体的人来代表或执行，要有具体的程序来实现。

对上述问题，卢梭在《社会契约论》中有些做了说明，有些他说他知道意思，但说不清，还有些则没有回答。在卢梭的一些具体论述中，是不乏真知灼见的。他毕竟有丰富的人生经历，也有一些实际的政治经验。他在日内瓦共和国出生和长大，小时候有过欢乐的"广场"经验，还做过一年多法国驻威尼斯大使秘书。少年起，他就在社会上颠沛流离，有过多种在底层生活的经历。他只是偶然凭其天才进入了巴黎的上层社会和启蒙知识界。而且在其中依然保留了他个人的独特性。他热爱大自然，喜欢隐居和在散步中思考。他对波兰和科西嘉的政治和宪制的建议，也不是从他的理想方案中直接推出来的。但在我看来，主要表现在《社会契约论》中的卢梭理想的政治解决方案，在总体方向上却是有误的，在理论逻辑上也是很难成立的。经过其后受其影响的这两百多年的政治实践验证（这不是我要论述的主要内容），他的方案是达不到他想完成的革除文明弊害、建立一个美好新世界的目的的。

如果向前追溯，在卢梭看来，他所设计的方案当然也不是现实的政治社会已经达到了的，在世界上几乎还没有先例——或许在卢梭眼里，只有古代斯巴达和近代日内瓦等几个小城邦庶几近之。相反，卢梭认为，现实的社会状态是，虽然"人生而自由，却无往不在枷锁之中"（《社会契约论》第一卷第一章第一句话），他们实际上还处在奴隶状态，故而有强有力的反抗现行政府的权利。

卢梭的方案几乎不是说要改良国家，而是要创建国家。所以，他也遇到了政治哲学的首要问题：政治社会有没有必要？它缘何形成？国家主要有些什么功能，尤其首要的功能是什么？这也正是我想质疑卢梭的第一点：他忽略了生命原则。

卢梭还是想要国家的。在经过反复的思考之后，到1760年代，卢梭改变了他在1750年代非常赞美原始人和否定政治文明的态度。他不仅要批判，也要建构了。现在，他认为进入政治社会有其必要，但也很快就对政治社会提出了很高的希望（政治制度决定论）和目标要求（完美的国家）。这一大转换有点让人吃惊，但也比较符合这位浪漫哲人的特点。

在物质文明达到了一定基础之后，世界上的几大主要文明都开始走向国家，进入政治社会。这一过程是逐步的，甚至是被环境不断逼迫的，并没有一个预先的计划蓝图。小的氏族群体联合成大的部落和部落联盟，最后形成国家。这里的动力首先是寻求生命和财产的安全，而国家的首要功能也就是保护这个政治社会内的人们的生命和财产安全，抵御来自国外的侵犯，但并不是以抽象的"自由""平等"之名。直到近代以来，国家才开始在"自由""平等"的旗帜下，给予所有公民平等的政治权利，不断扩大国家的诸如管理乃至管制经济、促进经济和财富平等的功能。

这些被视作政治的启蒙、解放和进步，但是，也不应该因此而忘记，政治的本意和国家的首要功能是优先保障人们的生命和生活。而恰恰在卢梭的政治理论中，这一保障生命的原则被严重地忽视了。

卢梭认为，人性的首要法则是要维护自身的生存。但他对"生存"的理解主要不是生命的保存，而是"自由""平等"，说自由是人性的产物。在我们看来，自由、平等固然重要，却和生存是不同的价值，三者之间有联系，有结合，但也有冲突，所以，需要将这三者排出优先满足的次序。相对于政治自由和经济平等，生存才应该是第一位的，不能生存，自由和平等都无从谈起。对有些个人来说，可以"不自由，毋宁死"，但作为一种良好或合格的政治社会的根本大法或者社会契约，应该首先保存的是这个社会所有人的生命安全和基本物质生活资料。

格劳秀斯在《战争与和平法》第一卷第三章中说，"一个民族完全放弃自己的主权并把它交给某一个人，是有着各种理由的：例如，当看到自己受着死亡的威胁而又找不到任何人能在别的条件之下保卫他们的时候，或者是受着缺匮的压迫而只剩下一点难以自存的物资的时候"。[9]也就是说，生存第一；而生存的两个基本条件，一是生命不受到直接的威胁和戕害，二是生命必须有不断的物质生活资料来供养。

更早的社会契约论者霍布斯也认为，如果我要通过社会契约绝对地转让权利给国家，那只能是因为我要保存我的生命。他甚至说，国家在我转让之后，我还可以不服从让我放弃生命的命令。而卢梭的观点却是，如果我要绝对地转让我全部的权利给国家，那是因为我要自由和平等，"放弃自己的自由，就是放弃自己做人的资格"，生命似乎是无所谓的，或者说，没有自由平等的生命就不是生命，而且卢梭认为要放弃的那种自由平等是绝对的，换句话说，哪怕是减弱一点自由平等都不行。

当然，自由和平等也能够促进生命原则，它们之间也有一种正向的关系，甚至互相促进的因素比互相冲突的更多。比如说，经济的自由肯定有助于创新和促进生产，带来物质生活资料的丰富，政治的自由和平等权利可能遏制掌权的战争狂人。但重要的是，它们大致遵循这样一种次序：保存生命第一；政治自由第二；经济平等第三。这一次序可以被质疑，但我认为，生命第一的原则不应撼动。

卢梭似乎把自由放在第一位，但他不说明这些自由的具体内容，也不区分其中的轻重缓急。这自由主要是哪些自由？是人身自由、迁徙自由、经济活动的自由、信仰或良心自由、言论和结社自由，还是政治参与的自由？哪些更为重要或优先？他看来最为推崇反抗的自由，但是，是合法的还是非法的反抗？或者，轻微违法的"公民不服从"，是暴力的反抗还是非暴力的反抗？以及反抗成功之后将做什么？也开始通过社会的约定建立新的政府，而且是通过卢梭设计的全体一致的公意来建立？

人是生而自由的吗？就事实而言，人出生伊始其实是最不自由的，甚至比其他动物还不自由。他在幼年有比其他动物更长的哺乳期，甚至到童年、少年还是置于比其他动物更需要父母亲人保障安全和供养的状态中，现代社会的趋势甚至还在继续延长这种保障期。那么，"人生而自由"就只能从价值和道德判断而言，也就是说，他应当是自由的，更准确地说，他达到了某个年龄，就应当被作为自由平等的人来对待。但即便是像我们这样把"生"理解为出自人的本性的应当，也无法说"人生而自由"，大概只能说"人是生而自由又不自由的"。因为人要享有真实的自由，还必须有自律，要有规则，要有法治。

但是，卢梭放在《社会契约论》首卷首章开头的这句话却是何其鲜明有力："人生而自由，却无往不在枷锁之中。"它朗朗上口，让人过目不忘，对人们的思想、感情乃至行动具有巨大的感染力和动员力。设想一个人读到了这句话，他马上的反应很可能就是，"这样的被奴役状态再也不能继续下去了！"而如果是"人是应当拥有自由或足够的生活空间的，却无往不在约束和限定之中"这样一句朴素但正确的话，肯定不会像卢梭的原话那样激动人心，唤起内心的强烈冲动。

我们还可以说，"人是生而活着的，但时常还是会遇到生存的危机"。从事实说，人一出生甚至还在胚胎的某个时期就拥有生命了；从价值说，人的生命是不可被任意剥夺和戕害的。但人的确还是会遇到战争、谋杀、饥馑、瘟疫等种种对生命的威胁。因此，人的生命安全和物质供养，是最重大、最优先的人之基本权利，也是政治社会产生后需要解决的首要问题。我们看孟子的论述，他的"仁政"的政治建言首先是反对政府发动战争，其次是政府要让民制产，保证小康生活。总之，最优先的考虑是不让人们因战争和饥荒死于沟壑之中。

卢梭之误可能也来自他从一开始就抱定的信念，他认为，人从一开始就是一个自由而平等的存在，从原始时代起，就过着自由平等的幸福生活，他们保护自己的生命安全和谋取食物似乎一点都不成问题。其实，这才是原始人要面临的最大问题和挑战。他用这样的预设来判断过去的历史，也用这样的预设来构想未来的理想社会。但是，他甚至没有区分这样一个预设究竟是一个事实判断还是一个价值判断。

卢梭在自己的政治著作中，谈到了许多自由平等，却几乎没有谈更优先的价值：生命的保存。人要想自由平等，应该还是首先要能够活着，能够免除对生命的威胁和毁灭，保障生命保存和成长的物质生活资料的供给。而且，他似乎相信，通过反抗强力一定能够建立比以前更好的政治秩序。但他在谈到为了自由平等而反抗强力时（对强力的反抗往往必须使用强力），似乎没有意识到这可能造成大量的保障生命和生存所需物质资料的丧失和毁灭。他反复谈到"权利"和"正当"，但保存生命这一最大的权利似乎并不在这些"权利"之中。那么，卢梭希望达到的绝对"自由"是什么呢？实际上，它可以在新的政治秩序中被强迫、被剥夺，完全被吞没在"公意"之中。

对是否重视生命的第一个重要的验证是看其对战争和暴力的态度。战争有外战也有内战，是大规模伤害生命的形式。即便没有战争，也会有个人对个人的暴力侵犯和伤害，比如谋杀。而卢梭的思想中却有一种为了他想要的那种自由平等而不惜使用暴力的倾向。如果把这一思想推到极端，合法的强力是一种暴力，反抗的强力也是一种暴力，而且很可能还是一种无所约束的暴力——即便它是在一种吸引人的思想、一个严密的组织领导下的暴力，当它夺得最高权力，它不是也要变成一种合法的暴力，不是也要遵循这种可能被腐化、被滥用的暴力，甚至比原先的合法暴力还糟糕？那么，按照同样的逻辑，不是要重新反抗这种合法暴力吗？从而，人类的历史难道就是不断的暴力反抗？

卢梭赞美原始人的自由、平等、高贵，但对原始人的生存状态几乎视而不见。原始人的确在自己的小群内部是比较平等的，但对于其他的人群却是完全不平等的，何况也很难说他们的自由就有确切的保障。其实，他们的生命处于一种悲惨状态，不仅要和野兽搏斗，还常常要和其他的人群搏斗。换句话说，人不仅捕食野兽，也会杀人吃人。他们需要食物，也没有不能吃人的道德观念，平均寿命常常只有二三十岁。而在人类进入文明之后，建立了国家，提高了物质生活水平，虽然还是会有战争、内乱和饥馑，但人们的生命在通常时期有比原始社会更大的保障，寿命普遍提高，人口数量大幅增加。

卢梭看来不畏惧暴力和战争，不畏惧原始人的暴力冲突，也不畏惧政治社会的内乱和战争，尤其是"公意"新社会的战争。他只考虑目的，而不考虑手段。他知道手段是和某些冒险甚至牺牲分不开的。他认为，个人的生命不单纯是一种自然的恩赐，而是"国家的一种有条件的赠礼"。主权者希望谁去效死，他就应该去效死。公民也不应当自己判断法律要求他去冒的是哪种危险。个人的生命是国家给的，当他们听从号令冒死去捍卫国家时，他们所做的也不过是把自己得之于国家的东西还给国家。但是，主权者如果犯了错误怎么办？他只是告诉我们"公意"永远不会出错，主权者永远不会犯错，而且说生命是国家的赠礼，还是有条件的赠礼，这不是不吻合权利和正当的理论吗？生命的权利难道不是一个人生下来就自然拥有的最基本权利吗？

卢梭还把可能的异议者或抗命者的"罪过"说得很重。他在《爱弥儿》中写道：

> 自然人完全为自己而生存，……公民则是整体的一部分，……良好的社会制度是最善于改变人性的制度，它剥夺人的绝对生命，赋予他以相对关系的生命，把所谓"我"移植在共同的单一体中，也就是说移植在社会的"我"之中；这样，他就不再以为自己是一个单一体，而是整体的一部分，只有在共同体之中才感觉到自己的存在。……在社会秩序中，一个人如果还要保存他的自然感情的优越地位，不知道自己想要干什么，永远跟自己相矛盾；那么，他就永远既不是人，也不是公民。

这样，牺牲个人的生命就是有理由的了。在众多的个人死于境内或境外的敌人手里之前，有一些人可能先死于自己的国家之手。

> 社会可以把任何不信仰它们的人驱逐出境；它可以驱逐这种人，并不是因为他们不敬神，而是因为他们的反社会性，因为他们不可能真诚地爱法律、爱正义，也不可能在必要时为尽自己的义务而牺牲自己的生命。

他甚至认为应该把他们处以死刑。

生命还是自由应该更优先？或许还是会有人觉得自由比生命更珍贵，但我们现在要从社会或者说绝大多数人的角度来评判。一个例子是关于战俘的。大多数战俘是宁愿被杀死，还是有不少人会宁愿选择成为奴隶？而奴隶其实也有多种，比如，家庭管家，或是悲惨的矿山奴隶，甚至有些还有获得赎回或解放的机会。这与全部杀死战俘的残暴行为比较起来，可能也还是一个进步。虽然都是坏事，但全部杀死战俘比让他们活着做奴工更坏。另一个例子是死刑和徒刑的比较。对一个罪犯来说，是愿意失去自由（监禁），还是愿意失去生命（死刑）？社会是不是也把死刑看得更严厉？

当一个地域内生活的人们面临生存危机，就必须处理危机，这个时候就需要权威，需要某种等级制。即便古代实行抽签这样的彻底民主的雅典，将军也还是要通过投票来择优，并拥有指挥其他人的权力。今天任何民主国家的军队也还是必须等级分明，上令下从。我们还可以追溯国家的真实起源，它一般是从保护本氏族开始，然后扩大到保护部落和部落联盟。它必须有首领，有某些层级的划分。在后来的历史上，我们也常常看到这样的情况，如果政府处于崩溃状态，为了保存生命，许多弱者会以牺牲某些自由平等为代价，寻求有权威的强者保护，于是形成土豪和贵族的堡垒。世界上也没有这样的事情：如果没有绝对的自由平等，那么就一定是完全的奴隶。在这两个极端之间，还有许多中间地带。

对生命的最重要保障，是让人们不受暴力的侵犯，也就是要尽可能地防止战争和内乱，不可杀戮。其次则是让人们有基本的物质生活资料，也就是有生计的保障。而要保障生计，家庭与个人就需要有不被任意剥夺财产的权利，即不可盗抢，无论这盗抢来自某个他人、团伙还是国家。

不被任意侵犯的人身安全和不被任意剥夺的财产安全，既是对生命的最重要保障，也是对自由的最重要保障。只要有这两条，他们就不能被称作"奴隶"。如果预先坚定地确认和强化优先反对暴力与恐怖的生命原则，法国争取自由平等的道路可能反倒会顺畅得多，许多死去的人将不会死去，许多不该流的鲜血将不会流淌，许多恐怖也不会发生。要实现公民的自由平等，就必须限制国家的权力，反对国家的穷兵黩武和横征暴敛。这就要求政府首先守法，要求司法公正。卢梭最重视立法权，其次是行政权，但对司法权并不重视；而司法是否公正与保障人们的生命财产安全其实关系极大。

卢梭在他的早期论文中对原始人的平等情有独钟，对私有制的出现甚感遗憾。但在后来的政治著作尤其是实际建议中，他对此作了一些调整。他在《科西嘉制宪拟议》中认为，制度的根本大法应该是平等。国家可以奖赏功勋、德行和对祖国的贡献，但这些奖赏不可世袭继承。这并不是说要绝对破除个人所有制，因为那是不可能的，而是说要把它限制在最狭窄的范围内。

他不再痛恨或主张废除私有制，甚至允许有一定的贫富差距。他在《社会契约论》中如此为"平等"定义：

> 至于平等，这个名词绝不是指权力与财富的程度应当绝对相等；而是说，就权力而言，则它应该不能成为任何暴力并且只有凭职位与法律才能加以行使；就财富而言，则没有一个公民可以富得足以购买另一人，也没有一个公民穷得不得不出卖自身。这就要求大人物这一方必须节制财富与权势，而小人物这一方必须节制贪得与婪求。

但要让贫富差距不导致奴役，倒不一定要均贫富，颁布一条法律即可做到。两千多年前的梭伦就曾经这样做过，他禁止了"债务奴隶"，但还是容有相当大的贫富差别。当然，卢梭是主张尽量缩小贫富差距的，希望使贫富两极尽可能地接近："既不许有豪富，也不许有赤贫。"但是，更重要的肯定是后者，因为这还关涉到生命原则中保障所有人的生计这一方面。

但是，危险的可能还是卢梭说的这段话：

> 各个人对于他自己那块地产所具有的权利，都永远要从属于集体对于所有的人所具有的权利；没有这一点，社会的联系就不能巩固，而主权的行使也就没有实际的力量。

这样，个人的所有权是从属于国家的拥有权的，从属于代表"公意"的主权者的。这就意味着产权并不是稳定的，甚至是不明晰的，个人财产可能随时被减少或剥夺。

卢梭认为，现行法律总是有利于富人而有害于一无所有者。只有当人人都有一些东西而又没有人能有更多的东西时，社会状态才会对人类有益。也就是说，他考虑的平等还主要是状态平等或结果平等，而不是法律和机会的平等。而且，这很像是普遍贫穷而不会是普遍富裕，当然，他本来也是赞美朴素贫穷的生活而反对奢靡的。卢梭不那么看重发展经济。他重视农业和土地，认为养活人们的主要是土地。他几乎完全不考虑工商，大概也鄙视商贸和市场，对正在发生的工业革命也没什么感觉。但现代国家几乎不可能单靠农业立国，更不要说繁荣。

卢梭认识到事物的自然本性（其实也是自由）是趋于不平等的，那么，就应该改变现有的顺应不平等的法律，而代之以纠正不平等的法律，亦即"恰恰因为事物的力量总是倾向于摧毁平等的，所以立法的力量就应该总是倾向于维持平等"。这必须从一开始就在"公意"中体现："因为个别意志由于它的本性就总是倾向于偏私，而公意则总是倾向于平等。"所以，卢梭在前面论述中许诺的东西，就可能随时通过"公意"和主权者收回。卢梭曾经说一切立法体系可以归结为两大主要目标，即自由与平等。他先前把暧昧不明却具有绝对意义的"自由平等"放到了"保存生命"之前，现在又将经济的平等放到了自由之前。他一开始似乎是最爱自由，终究还是最爱平等。卢梭归根结底想要的也还是平等，自由只是唤起人们反抗法权和产权的手段。

如果"公意"如卢梭所说是绝对公平和正确无误的，那么，这一切可能都很好。但正义不仅在理想中，更在细节中。如此，我们还需考察具体的程序，看看"公意"是怎样形成的。

今天的学者已经很难相信历史上国家的形成是先实际地制定一个全民同意的最高大法——社会契约。要注意，这里所说的"社会契约"是作为最优先和最重要的社会结合的根本大法起作用的。它不是指国家和某些集团或公民制定的妥协性政治契约或统治契约，也不是指诸如团体与团体、个人与个人之间订立的各种各样的社会契约和经济合同。梅因说近代以来的社会进步就是"从身份到契约"的运动是有道理的，但他说的契约并不是卢梭说的契约。卢梭大概是最后一个似乎还相信这种根本的社会契约论的历史真实性的著名思想家。[10]

但我们也可以退一步说，卢梭其实也主要是从理论上论证他的政治观点，而且他也试图尽量寻找和思考他的理论的历史和现实证据，并考虑了一些其思想如何付诸实行的问题。另外，卢梭还尝试寻找一条摆脱强力压制的道路，那就是约定和同意。"社会契约"是他的中心思想。他认为作为社会原型的家庭，开始的时候是父权制的，儿女听命于父母，但是，当儿女成人，由于他们都应该是自由平等的个人，互相之间的关系也就要变成约定了——尽管怎么约定以及是否还应该保存一些对先辈的尊重，我们不得而知。他倒是提到了家庭先辈对后辈的慈爱和关心，但也正是因此，缺少这种慈爱的社会更应基于约定。

卢梭主张社会公约的一个强有力的理由是：强力并不产生道德。道德并不来源于强力，人民的政治义务并不来自强力。社会结合的唯一符合道德或权利的来源应该是"全体的同意"或者说"社会公约"。我们会赞成道德并不来源于强力，或者更准确地说，道德正当的根据和服从的政治义务并不来自强力，无论它们是合法的暴力还是非法的暴力。然而，是否我们就接受道德和政治的义务来自"社会公约"呢？

道德的根据究竟是什么？从结果论看，应该是来自对社会的利害关系，功利主义更正面的主张是"大多数人的最大幸福"。从义务论看，道德的根据应该来自行为或行为准则本身的性质。两者在实践中其实也会有颇多相合。义务论会认为不可杀人、不可盗抢、不可欺诈、不可强暴的行为准则是道德的，而结果论也会大致同意这样的观点，因为这些行为肯定不利于社会，会造成灾难性的后果。

但是，我们无法说道德的根据就来自"同意"，说社会正义的根据就是"全体同意"。首先，"全体同意"这个说法很可疑；其次，把"同意"作为道德的根据，理由也不足。因为"同意"还有许多含糊的地方，即便我们说"同意"比起"强迫"肯定是一件好事，但怎样的"同意"才是心甘情愿的"同意"？是不是只要默认就是同意？有没有被迫的"同意"，或者一方隐瞒了某些信息的"同意"？一个人当时"同意"了，过后有的确可以同情的某些理由不想"同意"了怎么办？更不要说同意者本身就有可能犯错误或判断失误。所以，一般来说，我们之所以认为双方同意的契约与合同都是应该遵守的，与其说是根据"同意"，不如说是因为如果一方不履行契约，客观上甚至在主观上就是欺骗。它们不符合前面所说的义务论"不可欺诈"的道德行为准则，也不符合不履行契约将损害社会的功利主义主张。

至于道德与强力的关系，尤其是涉及社会的道德、政治的义务肯定还是需要强力来支持的。没有强力支持和惩罚的正义是空洞和虚幻的正义，当然，没有正义、不合道德的强力也是错误的强力。国家就是在一个地域内实施垄断的合法暴力或强力，它的产生首先是因为在这个地域内生活的人们有维护"不可杀戮、不可盗抢、不可欺诈、不可强暴"的要求，但我们个人无法自行这种正义，还是需要政治的强力，而且也不宜只要出现一些错误就推翻这种强力。按照卢梭的说法，只要出现一个主人，政治社会就要解体，这样做的代价太大，而且用暴力反对暴力的结果也不明了，更多的情况下人们还是只能去努力约束这强力，驯化这强力。

"公意"是怎样形成的呢？卢梭的回答并不很明了，但估计他设想的大致程序是：首先由立法者提出一个根本大法的议案，然后由全体大会得到全体一致的同意，然后才是建立政府和制定法律，或者改造政府与法律以使其符合"公意"。

卢梭似乎也并不高看人民。他说他们常常不知道自己应该要什么，对于什么东西对自己好，他们知道得太少，所以怎么能亲自执行像立法体系这样一桩既重大又困难的事业呢？

> 人民永远是愿望自己幸福的，但是人民自己却并不能永远都看得出什么是幸福。公意永远是正确的，但是那指导着公意的判断却并不永远都是明智的。

要发现能适合于各民族的最好的社会规则，"就需要有一种能够洞察人类的全部感情而又不受任何感情支配的最高的智慧；它与我们人性没有任何关系，但又能认识人性的深处；……要为人类制订法律，简直是需要神明"。所以立法者是远远高于国君这样的执行者的。因为他代表精神，精神必须凌驾于制度之上。立法者这一最高智慧的拥有者还不能用自己的语言对人民说话，否则人民是不能理解的。既然立法者既不能使用强力，也不能使用说理，就有必要求诸另外一种不以暴力而能约束人、不以论证而能说服人的权威。从卢梭的话看来，这种权威必须是一种绝对的权威，但也是一种被奉为神明的、神秘的或至少具有莫大的卡里斯玛魅力的权威，相信它要达到盲信的程度，服从它要达到盲从的程度。我们不能完全理解这一权威，也不知这种权威是如何建立的。卢梭至少排除了那些世世代代的做法，像刻石立碑，或者贿买神谕，或者假托通灵之类。他说唯有立法者的伟大灵魂，才是足以证明自己使命的真正奇迹。但问题是，我们怎样认识那"伟大灵魂"？

当卢梭谈到这样的伟大立法者，他心里想的可能是像斯巴达的莱库格斯或者日内瓦的加尔文那样的人。但这样的人是多么稀少和难以辨认，我们在历史上看到的是更多得多的骗子，或者被视为"骗子"而烧死的人。

然后，可能就是将这立法者所立的根本大法交给全体大会，以全体一致的形式成为"公意"。但如果全体人民是如卢梭所描述的水平，他们怎么可能达成正确的一致意见？或者就是不思不想，听从权威，但这也不能排除还有假冒的立法者、假冒的神明的危险。这种大会还不能形成党派，公开辩论，也就是说，结社自由也有可能遭到否定。那么，全体大会会不会只是某种投票机器？可能偶尔还是会有极少的异议者，卢梭的建议是把他们驱逐出自己的祖国。

"全体一致"是很困难的。寻求"全体一致"比较成功的例子，大概就是陪审团制度了。陪审团认定有罪还是无罪的决定必须是在全体一致的基础上作出的。但是，首先，陪审员是很小的一个群体，一般只有十二人，达成一致意见当然要比千百万人容易得多，实在达不成统一意见，还可解散重组；而要订立社会公约，怎么可能解散和重组一个社会？其次，陪审团面对的是非常具体的案件，只要弄清事实和证据，就可以根据法律甚至常识来判断。而面对一个社会，面对那么广阔的人们，且要用抽象的普遍概念来确定契约的内容，这又怎么能做到？

对于"公意"所要建立的政体，按照卢梭的理论逻辑，人们大概会认为，大力倡导"主权在民"的他会赞成一个民主共和国。但卢梭对民主政体其实是反对的，他甚至认为真正的民主制从来就不曾有过，而且永远也不会有。多数人统治而少数人被统治，是违反自然的秩序的。我们不能想象人民无休无止地开大会来讨论公共事务。这看来是反对直接民主，但代议制的间接民主他也是反对的。他比后来的政治精英论者更早就发现了这样一个规律：在任何开始民主的组织中，迟早还是少数人会掌握最大的权威。

这样，就出现了一个似乎奇怪的悖论：大力主张"人民主权"的卢梭竟然是反民主制的。然而，去掉民主制的"人民主权"却可能是空洞的、无力的，除了对人民的无限赞美乃至对人民缺点的极其宽容。从而，"人民主权"将是由一个近乎神明的人来立法和形成公意，立法权被奉为最高的权力。然而，我们不知道如何选择和监督这个立法者，如何辨认他所表达的是否是真的"公意"，但必须绝对执行。就算这是真的"公意"，我们还要过另外一关，那就是在这立法之后，我们不知道如何选择、辨认、监督掌握行政和司法权力者。他们会不会改变"公意"？我们拥有的所有手段和力量只能来自全体大会，但任何大会不是都马上会出现分歧的吗？人民即便不会被腐蚀，不是至少也会被欺骗吗？即便人民形成了正确的决议，又怎么保证他们有执行这些决议的力量呢？卢梭承认人民是会犯错的，但在他看来，犯错也就犯了，只好由着他们。但在涉及"公意"的事情上，怎么能允许犯错呢？

既然人民会受欺骗和犯错，受蛊惑和煽动，为什么又要将其实抽象的"人民"和"公意"置于如此绝对与必须完全服从的地位呢？立法者有可能有意或者无意地欺骗人民，而后一种无意的，却是出于真诚的，然而也是错误的理论的"欺骗"更可怕——因为人民由于其真诚可能更愿意将其错误奉为"正确"了。还有，权力也是对某些野心家的最大诱惑，而绝对的权力也绝对会腐蚀掌权者。那些热衷权力的人为了谋取和巩固自己的权力，不是也能够蛊惑群众，以"人民"的代言人或领袖自居吗？如果将所谓"人民"的"公意"置于绝对地位，适足以为独裁者开辟道路。卢梭自己也承认，（纸面上）最好的政府，也可能成为最坏的政府。卢梭总是说公意不能受个别意志和团体意志的影响，但他找不到如何防止这种影响的办法，而且，他的"公意"的形成还要依赖于个别立法者的意志。至于防止团体意志的影响，他主张禁止一切党派，但是，党派性几乎是不可能从人性中根除的，公开禁止派别活动往往只是把它们逼入地下，变成更坏的阴谋。也许更好的办法是容有党派，但有严格的共同遵守的党派活动规则。

卢梭一方面把人民抬得极高，但另一方面又看得很低，以致无法靠理性说法而必需"神道设教"。如果后者是正确的，前者就是值得怀疑的；而如果前者是正确的，那么他为什么又要这样说来削弱对人民的信任呢？那种理想的公意的统治多是卢梭的想象，但在他心目中，也许有两个真实的典型：一个是古代的斯巴达，一个是他那个时代的日内瓦共和国。但是，斯巴达是允许农奴制的，斯巴达公民不仅可以掠夺，甚至可以无情地杀死那些农奴（"黑劳士"）。而日内瓦共和国恰恰对卢梭是非常抵触的，不仅禁其书，而且逐其人。不过它们的确还是取得了某种成功。但一种近似的公意统治，如果说在历史上还是有先例的话，却没有什么后例。"人民主权"很容易只是成为一种口号，把它作为"国号"也很容易，而这样的大词其实远不如那些切实的措施能够真正保障人们的权利。被许为你或许只占其中亿分之一的"人民"，也远不如那些具体但不可轻易改变的法治规则，对你更有好处和保障。

总之，"约定"是卢梭构建理想社会的一个关键。他认为，真正的社会结合只能是通过约定的方式，所以他在斟酌了各种书名之后，将这本研究政治制度的书取名为《社会契约论》。"约定"意味着各方同意，最能体现缔约各方都是自由平等的存在。而且，他还认为，所有的约定可以追溯到一个最初的总的约定。卢梭在这里再一次没有区分自己是在讲历史事实还是在说他的价值判断。为了维护这种约定的神圣性、整体性和唯一性，卢梭认为这种约定是全体一致的，是不可改变的。但他又说这种约定似乎还要在每个世代重新确认一遍。任何政治活动都是有代价和花费的，这真是不怕折腾。

卢梭给了我们一个理想的"约定"图画。但将卢梭的《社会契约论》从头看到尾，我们始终不太清楚这种约定是以什么方式订立的，谁来组织，谁来确认，谁来执行，谁来惩罚，它的内容包括什么。我们看到的多是强调这种缔约的伟大性、神圣性、崇高性，如何不可违背，如何强迫不肯缔约或守约的人缔约守约，因为这种缔约是为了所有人，也就自然是为了他自己，云云。

在卢梭的不少叙述中，在他那铿锵有力的推崇公意的言辞中，我们看不到多少主语或主体，看不到谁来表达公意，谁来保护它，谁来实行对违反公意者的惩罚，或者偶尔提到也不谈具体程序。公意的理想是走向完美的、最为团结也最为一致的社会，但在现实中却可能是走向极权的捷径。人民或许会因卢梭无比赞美人民的话语而感佩不已，但未来的强人领袖则更可以从卢梭对立法者的赞美中得到感召。

卢梭认为，现实的人都处在枷锁之中，亦即政府都是压迫人民的，所以，人们被迫服从可能也是对的，但如果进行反抗则更对。对政治强力的反抗自然也要诉诸强力，用看来"非法"的暴力反抗"合法"的暴力。他的确没有细谈这种反抗如何进行，也没有说要打碎国家机器，并在《山中来信》中反复辩护自己没有想推翻各国政府。他也没有讨论如何在旧国家的废墟上通过社会契约重新建立新的政治制度。他似乎把希望寄托在一些可能的小国或者城邦，甚至是此前不太开化的地域之上，认为如果那里的人民以前没有遵守法律的习惯会更好。但这可能也是一个具体的错误，情况正好相反，在已经习惯于遵守法律的国家和民族中进行公约的实践更为可行。而且，卢梭又的确是将自己的政治原则作为不论大国或小国的普遍原理来论述的。

看来卢梭的理想国即便不是推倒重来，也是要在现实的国家和政府之外另起炉灶。但世界上还剩多少这样的地方可以实验他的政治方案呢？按照卢梭的社会契约论思想，一定要有一个最初的公约，但又要去哪里找这样一张完全的白纸呢？世界上几乎都是已经有了政治社会的地方。或者还有一些比较原始的部落可以实验（似乎连卢梭也没有认真考虑这种可能性），但现代历史已经证明在一个原始部落社会建设一个良好的国家究竟有多困难，至少要经历漫长的过程。人民是需要培养政治意识和经过政治训练才能成为一个政治上成熟的民族的。

而如果我们希望改善政治，但又不得不基本承认和接受现实的政治秩序，那么，我们也就需要承认，政治是一种平衡，一种政府与人民、权力与权利、多数与少数、激进与保守、秩序与自由、自由与平等、稳定与活力等诸多可能矛盾和冲突的因素之间的平衡。成功的政治改革家大都是平衡大家，比如梭伦；平衡的政治大多也是中道的、不走极端的政治。落实到具体的政治活动，政治还经常是一种妥协，甚至是讨价还价，一种有规则的博弈。当然，这里的规则很重要，博弈的双方需要在规则上达成共识。

卢梭强调人的自由，也强调人的平等。但是，他似乎没有意识到自由与平等既有相容的一面，也有矛盾的一面。或者说，在两者遇到矛盾的时候，他是更强调自由还是平等呢？两者相容的一面表现在政治领域。在政治领域，自由和平等是一回事。而在经济领域，自由和平等则难以两全。如果说在包括经济的领域内允许人们的充分自由的话，正如他也意识到的，事物的本性、人的差异性必然要造成不平等，那么，要达成人人都有一些东西，但每个人都没有更多东西的经济平等或者是结果平等，就必须限制人们的自由。就像他说的，公意的本性就是要干预这一自然的过程来实现平等。如此也就是说，人不可能是完全自由的。而且，卢梭没有料到的是，强调这种经济和结果的平等，不仅将侵犯人们的自由，还适足以损害人格的平等（比如使用暴力任意剥夺人的生命和财产），损害政治的平等和机会的平等，并不断刺激他本人也不愿意看到的社会的物欲和奢靡不断高涨。那时，可能出现的社会状况就是：一方面是"一人之下的其他所有人的平等"，或者"所有人平等，但有些人比另一些人更平等"；而另一方面要么是普遍贫穷，要么就是"物欲横流"，"功利滔滔"。

　　但对自由更重要的限制乃至勾销，可能发生在自由与强制服从的矛盾中。看来卢梭对强制的服从深恶痛绝，但是经过一番"公意"的转换，将社会公约和主权者表达为所有人的意志，那么，即便个人或个别意志有不同意见，也可以强制他服从——只是换了个名字，叫强迫他"自由"，因为"公意"就代表他本人的意志，符合他自己的但他本人认识不到的真正利益。倘若还不服从，那么他就可能被驱逐出国乃至处以死刑。这样看来，生来自由的人就不仅依然要处在枷锁之中，而且是处在更严厉的枷锁之中。更不幸的是，他还有可能被冠以反对人民、反对真正的自由之名。

　　"生存—自由—平等"是一个按序遵循的道德原则系列。但是，作为社会动员的口号，哪个最有吸引力呢？"生存"可能是太低级了，太不激动人心了。"平等"也许可以号召大部分觉得还处在下面的人，但不会吸引所有的人。不管是不是靠自己的努力，谁的心里没有潜藏一颗向上走的心呢？平等是不会持久安慰所有人的，落在最下面的人如果达到了中产阶级，他还会想上升的。看来只有"自由"能够号召所有人，能够唤起最大的政治激情。毕竟，谁不想自由呢？谁想被视作"奴隶"呢？即使是拥有一定自由的人，不是还想要更多的自由吗？但是，如果要求一种绝对的、完全的自由，不是恰好可能进入一种人人有无限的自由，也人人为敌、弱肉强食的丛林状态吗？在那种状态中，不是要由自由或者说自然的生死竞争原则来支配吗？这一原则不就是我们一向严厉批判的社会达尔文主义吗？但如果我们谨慎地说自由是和法治、自律联系在一起的自由，那么这种自由不是在当时的社会就已经一定程度上存在了吗？不是走改良的路就可以吗？

其实，我们很快就在十多年后的法国看到了，由于没有对暴力的优先和坚决的反对，沉浸在"自由、平等、博爱"的欢乐气氛中的人们虽然发表了所有人的《人权宣言》（这或许就是一种"公意"的表现吧），但很快就陆续被暴力压倒了，宪法也不断地被多次修改，社会陷入一波又一波的流血和恐怖之中。而结局又是什么呢？卢梭曾为其拟议立法的科西嘉并没有像他所说的"震动全欧洲"，倒是来自科西嘉的拿破仑震动了全欧洲——他通过独裁终于带来了法国的国内和平和统一，但也带来了战争，共和也重新变为帝制。

在《社会契约论》出版的前一年，卢梭还出版了《新爱洛伊丝》。这本书在社会上，尤其是在贵妇淑女中，受到了热烈欢迎，而《社会契约论》的反响当时远没有它大。但是，《新爱洛伊丝》是属于过去的，《社会契约论》才属于未来。而且，《社会契约论》在法国大革命之后的影响比革命之前还大。有些发生的事情也许就是一定会发生，在人们没有耗尽最后一丝精力乃至最后一滴热血之前，尝试大概也不会停止。

卢梭认为他的政治理想比较适合于小国，但他同时认为衡量优劣政体的标准是人口的多寡，人口多的国家肯定是比较良好的政体。如此来说，传统中国应该是最好的政体。但中国在历史上也长期受周期性的人口的困扰，甚至许多王朝就是因为人口的压力而经济凋敝，民不聊生，甚至崩溃。卢梭的政治理想似乎是"小国多民"，但要养活众多的人口就必须发展经济，解决生计。卢梭在这方面却没有提出什么有效建议。

此外，还有小国的安全保障问题。卢梭可能为自己辩护说，小国也可以结成联盟来保护自己。的确，小的可能是美好的，甚至也可能是安全的。现代的瑞士联邦就为此提供了一个好的例证。它一直是和平和富裕的，在两次世界大战中也幸免于难，但是它也有其他小国很难仿效的一些特点，比如数百年的共和传统、长久中立的立场、长期积累和不断发展起来的巨大财富以及全民皆兵的国防后盾和威慑力，等等。而另外的许多小国，例如比利时，就没有那么幸运了。此外，我们今天看得越来越明显的是：现在是一个全球化的时代，也是一个大国的时代，小国根本无法封闭和独立发展，而且在全球事务中，大国才有真正的发言权和影响力。因此，即便卢梭的政治方案得以成功，也只会是当代世界的一个小小支流。

　　深究卢梭的理论方案难以成功，可能最重要的，还是因为他没有清楚地认识人性，而是脱离人性的基础，作一种不切实际的翱翔。他相信人性是可以改造的，认为立法者首先要考虑改造人性。他的政治理想对人提出了很高的要求。首先是对立法者的要求，要近乎神明。其次是对人民的要求，人民必须保有高度的政治热情，准时地参加定期的全体大会；还必须有良好的政治判断力和建立普遍共识的能力，即不仅"全体"，还要"一致"。但他同时又相信人民是容易受欺骗的，是无知的，他们追求幸福却不知道追求怎样的幸福和怎样追求。那么，该怎样跨越对人性事实的低估计与对人民的高要求之间的鸿沟呢？不断的政治实践，不断的"全体大会"，如此循环往复？

　　卢梭不断地颂扬人民，但那更可能是未来的人民，是他心目中的完善的"人民"，而不是现实的人民。他说人民绝不会被腐化，因为你很难腐化或贿赂全体（其实这也不尽然，罗马帝国后期通过"娱乐与面包"几乎让整个公民社会都趋于败坏了），但不管怎样，至少可以腐化其中的一部分人，然而即便腐化了其中的少数人，也就难以达到"全体一致"了。

　　卢梭给人描绘的未来理想社会是相当完美的，那里的人们都拥有完全的自由平等、高尚的德行和幸福的生活，大概生命的安全和生计更不在话下，卢梭甚至都不屑于提到这点。但是要配得这样的美好理想，就不是现有的人类了，那必须是新型的美好人类。卢梭对民族性或国民性也有类似的事实上的低看法和价值上的高要求。他认为，大多数民族，犹如个人一样，只有在青春时代才是驯顺的；年纪大了，就变成无法矫正的了。他甚至隐隐地意识到了通过暴风骤雨般的革命改造人性的危险。他说，在某些激荡的时期，被内战燃烧着的国家可能又从死灰中复活，脱离死亡的怀抱而重新获得青春的活力。但他认为这种事情非常罕见，只是例外，而且这种例外在同一个民族甚至不会出现两次。

> 我们却从来没有看见过一个民族一朝腐化之后而又能恢复德行的。……除了某种大革命之外，再也没有别的补救办法了；而那又和它所能治疗的疾病差不多是同样的可怕，愿望它既是应当受到谴责的，而预见它却又是不可能的。[11]

他认为，立法者为一个民族的立法还必须适当其时。太早不行，太晚也不行。也很难识别一个民族是否成熟。有些民族生来就是能受纪律约束的，另有些民族等上一千年之久也还是不能，比如俄罗斯，就开化得太早了（他没有说中国开化得更早）。卢梭说："只有在一个民族是野蛮的时候，它才能使自己自由，可是当政治精力衰竭时，它就不再能如此了。"（但是，当一个民族野蛮的时候，它虽然有活力，不是更不容易接受法律和纪律的约束吗？）他还说，当一个民族过于文明的时候，它就可能丧失活力。这也是太难了。[12] 但愿卢梭的门徒也能细心体会这位宗师的这些教诲。

卢梭还在《科西嘉制宪拟议》中认为，我们必须首先考虑民族的特性。如果他们缺少民族特性，就必须赋予他们民族特性。但这怎么理解呢？他们不是本来就具有这个民族的特性，还要怎么改造或赋予他们新的特性？这就要说到卢梭的另一方面了，也就是他相信政治能够改造人性，或者说政治制度能够造就一个新的民族。当然，这个民族也要接受这种改造，积极配合，让自己焕然一新。

> 敢于为一国人民进行创制的人……也必须自己觉得有把握能够改变人性，能够把每个自身都是一个完整而孤立的整体的个人转化为一个更大的整体的一部分，……能够改变人的素质，使之得到加强；能够以作为全体一部分的有道德的生命来代替我们人人得之于自然界的生理上的独立的生命。总之，必须抽掉人类本身固有的力量，才能赋予他们以他们本身之外的，而且非靠别人帮助便无法运用的力量。[13]

但这样一个改造人性的工程可能太宏伟了，尤其是在将其置于一人之手的情况下。而这个人也还是人，并不是真的神明，也有作为一个人的知、情、意的局限性，还包括寿命。这样将一个民族、一个社会甚至人类的命运系于一人之身，先不说在道德上是否违反了所有人的自由平等，从前景上看也太冒险了。

在卢梭前期的著作（文明批判）与后期的著作（政治设计）之间，存在着一种逻辑的联系。他对人类的文明社会感到了某种失望，但也没有绝望，所以，他试图提出一种解决方案，但这一方案却变成了一个理想社会的图案。理想主义固然可贵，但我们始终要考察它的真实的可欲性和可行性。而我初步考察的结果是，卢梭在这一方案中提出的"人民主权""自由平等"的确具有巨大的社会感召力和动员力，会对社会造成巨大影响，但也因为脱离人性、要求过高、程序无法落实而难以成功，基本上是一个"空中楼阁"。卢梭的"公意"是由同意而来，但他的"公意"却在最后颠覆了同意——因为人们将不得不"同意"。他的理想共同体似乎也是完全自由平等的，却可以通过驱逐、压制、强迫持异议者同意而变得并不那么自由平等。这种强制的"自由"与他极力批判的"不自由"和"奴隶"有何不同呢？后一种社会可能还能在明确的法律之下保有某些自由并进一步改善，前一种社会却可能在含糊但"绝对无误"的"公意"之下使人们失去全部的自由，同时也失去平等。

不过，我们也要指出卢梭思想著述的丰富意义。卢梭也许不怎么思考人类文明的长久存续之道，但我们或许可以说，他是在思考人类的天真幸福之道。他最关心的始终并不是政治，政治在他那里可能还只是一种手段而非目的。他或许是希望通过一个贤明的立法者的立法，达成一种全民共识，节制物质欲望，尽量过一种接近原始民族的朴素生活，再借助信仰和传统巩固它。他的确没有意识到他的政治思想的一些危险和可能被利用，但他本人并不是一个极权主义者，甚至不是一个完全的平等主义者。虽然他反对贫富悬殊，指出富人的奢华是个大问题，但他也不怎么热心平等福利，其实他想说的是大家都不要那么多福利。他估计也不会对党派性的身份政治感兴趣。他的思想中留有暴力的口子，但总体上还是反对暴力革命，我相信他也不愿生活在法国大革命中，就像他说他不愿生活在一个争取自由的新共和国。他如果活到法国大革命，如果参与行动和说话，估计也可能被革命吞噬。他不是一个科学主义者，也不是一个历史命定论者。他不幻想多数人能够具有艺术和科学的创造性，即便是在相当富有和良好教育的条件下。他也不幻想人们在物质财富充分涌流的情况下就能够成为新人，从而自觉地节制物欲。他指出私有制固定和扩大了不平等，但也没有明确主张废除私有制。他对国际主义肯定也是隔膜甚至反对的，他向往的是一种小城邦的生活。他甚至没有一个全面的社会政治理想，也知道人返回不了原始的自然状态。他希望人尽量质朴，主张一种宗教的精神，虽然最好是茅屋里的宗教，不那么仪式化的宗教，但的确对我们节制或驯化人的欲望具有巨大的警醒作用。如果不仅是站在一种维护文明延续的立场，还退一步考虑维护人类延续的问题的话，从他的思想中，我们可以得到不少启发。

　　但是，我们的确面临困难的选择。难道人类就只能放弃或部分放弃文明的丰厚成果，只能在一种更接近于自然，甚至更接近于动物的生活状态中长久延续？今天的人类与文明是否就已经无可逆转甚至无望令人满意地结为一体了？我这里的"文明"是指脱离了单纯的、无意识的动物状态，有自我意识和沟通交流的语言文字，有远高于生活在他所处的自然环境中的一切动物所不掌握的技术和工具，有富有成效的组织形式（如国家和社团），有活跃的精神和历史积累的丰富的精神产品与文化遗产。那么，我们愿意牺牲这一切吗？如果不愿意，有何解决办法？

　　这当然已经不仅是卢梭的问题，更是卢梭之后二百多年，又有了飞跃发展和巨大变迁的当代文明向我们提出的严峻问题。

第七章

价值的转变

　　价值是人们珍视和追求的东西，就是"善好"（goods）。珍视和追求这两者往往是一致的：我们因珍视某些东西，但它们尚缺乏，或者不够多、不够充分，而努力追求；我们也因某些东西是经努力追求而得到的，或者是最基本的，而特别珍视。

　　所以，我们对"价值"可以作一些区分，如将价值区分为"珍视性价值"和"追求性价值"，这样，我们或许可以说，"珍视性价值"更多地反映了对过去的怀念，而"追求性价值"更多地反映了对未来的希望。另外还有"动力性价值"和"享用性价值"，前者多次和持续起作用，一般指向精神，而后者往往一次和暂时起作用，一般指向物质。价值还有基本的与非基本的之分。所谓"基本的价值理念"，是指这些理念不是次一级的生活趣味，而是涉及人们基本的追求和规范。它们是观念、思想与实践长期互动的结果。而我们在此关注的自然是价值与政治，尤其是基本价值与高层政治的互动。

　　价值理念不是社会的基础，却往往能主导和决定一个社会发展的方向——包括经济和利益的走向。当然，这种主导和决定作用也总是在各种价值的组合、协调、冲突和斗争中实现的。即便比较基本的价值理念也往往是复数的，在现代社会尤其如此，它们都是人们认为"好"的东西，但并不总是都能兼顾，或至少不能同时得到和实现。它们常常有各自的理由，有各自的群众支持，都是一种"善好"，但它们并不是和谐的——虽然幸运的话，有很大一部分是可以协调或调和的，但可能还有一部分是不可同时得到甚或难以协调，可能陷入一种激烈的冲突，造成悲剧性的结果。

我这里也希望尽量从好的方面去理解对峙双方后面的价值追求和动机。然而，两个好的东西，两种不仅在一个国家的历史中，也在理性、在人性中有坚强根据的"善好"，却还是几乎不可避免地冲突了。这就到了必须作出某些大的调整或平衡的时候了。不作褒贬，两边皆好或都有理由，这可能是一个偏弱的假定，但一个弱的假定往往反而会是一个强的论证。

本章主要以美国为例来说明近代以来基本价值观念的转换和冲突，为此，我们有必要追溯殖民时期以来美国社会基本价值观念的形成与演变，及其与社会政治关系的历史。

一　独立之前：基本价值观念的形成

探讨美国基本价值观的起源与演变，需要追溯到作为一个独立国家的"美国"诞生之前，不仅要看美国独立之后的近二百五十年，还要看它独立之前的约一百五十年。[1]最早来到这块大陆拓殖的欧洲人是些什么样的人？他们带来的文化和价值观是什么样的，尤其是这种价值观又在新大陆经过了怎样的磨砺而基本成形？这对我们了解后来的美国历史是特别重要的。

哥伦布在 15 世纪末就发现了美洲新大陆，但要到一百来年后，即 17 世纪初，才开始有越来越多的最初定居者进入。这些定居者大都是来自不列颠的新教徒。他们内部也有不同的教派和领袖，面对不同的生存环境开始了各种不同的社会试验。这些殖民地有些在宗教信仰上比较宽容，有些不那么宽容；有些很强调自我圣洁和彼岸天堂（比如宾夕法尼亚的教友派），有些则更注重尘世生活或调和妥协；有些相当依赖一个全盘的福利计划（比如佐治亚），有些则更强调自我依靠和因地制宜。也就是说，他们已经有了一个足够长的尝试应对生存压力，同时也是实现自己社会理想的试验乃至"试错"的时期，并将自己从母邦带来的价值观念结合新的实践予以磨砺和凝练，渐渐在这块新大陆上形成了具有"美国特性"的价值观。

早期来美的欧洲定居者和后来的各国移民最大的一个不同是，他们许多是为追求自由而来，也包括对新大陆幸福生活的渴望，却首先要直接面对巨大的生存压力：他们连最基本的需求（安全与温饱）都没有保障，没有现成的福利，甚至没有现成的政府和经济社会。他们面对的是一个相当陌生、异己甚至敌对的自然乃至人的环境。他们首先要活下来。他们必须自己创造一切，从衣食住行到社会组织。[2]

1620 年 11 月 11 日，"五月花"号抵达新大陆的海岸时，威廉·布雷德福如此描述当时的情景：

> 他们双膝跪下，感激上帝带他们越过了浩瀚汹涌的大洋，把他们从危险和苦难中解救出来，使他们安全无恙地又一次踏上了坚实的大地……现在他们越过了茫茫大洋和苦难之海之后……没有亲朋来欢迎他们，没有旅店来招待他们，为他们洗尘，也没有房屋，更没有城镇可以让他们歇脚，向他们提供帮助。……这里的冬天是寒冷的，常有凛冽的大风和凶猛可怕的风暴……他们从任何外界事物中既得不到安慰，也得不到满足。夏天已经过去，眼前是一片严冬萧瑟景象，整个大地树木林立，杂草丛生，满目是荒凉原始之色。[3]

　　根据《美国人民：创建一个国家和一种社会》的作者加里·纳什所写，[4] 1607 年，一支商队在弗吉尼亚的詹姆斯敦建立了英国在北美的第一个永久殖民地，到 1609 年，共有及九百多名男性到达殖民地，但只有六十人活了下来。存活率不到十分之一。后来情况好了些，1610—1622 年间，又有九千多名英国人渡过大西洋，最终只有二千人活了下来。存活率仍然不到三分之一。虽然维持着一种高生育率和不间断的婚姻，一个人失偶几乎马上会再婚，但有一半孩子在成年之前夭折，成长的过程中父母健在的孩子更是少之又少，几乎没人见过祖父母。一个叫贝弗利的男子先后与两个寡妇结婚，有九个亲生的孩子，还是另外八个孩子的继父，但这十七个孩子没有一个在成年时生身父母还双双健在。我们上文所述的 1620 年 11 月乘坐"五月花"号到达科德角的那些清教徒，在普利茅斯建立了马萨诸塞的第一个永久殖民地，但到第二年的春天，就有一半人死去。1630 年再来的一批七百人中则有二百多人死亡，另有一百多人因为疾病和沮丧等返回英国。[5]

　　生存——这是最低的、最基本的价值目标，但也是最优先和最普遍的价值目标。人们首先必须立足，必须活下去，这很现实，很紧要，也很迫切。生存作为一个价值目标，主要包括两方面：一是人身的安全无虞，二是物质生活的温饱无忧。如果在一个基本的而非很高的层次上理解罗斯福所说的"免于恐惧的自由"和"免于匮乏的自由"，那么，这就是生存价值的两个方面——安全与温饱。它可以说是最起码的，但也因此是最首要的价值观念。它甚至可以说是一种人的生命本能。但它还是一种价值观念，因为它其实是人们普遍最为看重的，是在条件不能满足时要竭力追求的。所以，它被满足时——正常情况下不是特别难以满足——经常是隐而不显的，或者被包括在其他的价值目标中，是我们看不见的。但如果它不能被满足，或者受到威胁，对它的追求也就会变成最紧迫、最突出和最强烈的。而且，如果这种追求同时发生在不同的个人或群体之间，双方都为了生存而战，它也常常变成最惨烈的斗争。在这样的时候，其他涉及手段的道德考虑往往就会被置于不顾，对双方的行为也很难作出严苛的道德判断，因为他们已经沦为接近于动物的一种状态，奉行的是一种不成规则的"丛林规则"。[6]

当然，一旦扎下根来，物质生存的问题，尤其温饱的问题，在这片富饶的新大陆并不很难解决。虽然安全还长期是一个严重问题，和印第安人的冲突，还有和法国人与西班牙人的冲突，在后来的一段时间内也是越演越烈。但我们的确不可忽略这一基本事实，即最初定居者所面临的条件与后来的移民，尤其是 20 世纪以来的移民所面临的情况是非常不同的：他们不可能梦想有一个稳定富饶的社会在等着他们，更不可能有任何唾手可得的经济福利乃至充分的安全保障。然而，正是在这样艰难的条件下，最初定居的人们开始试炼和打造日后得以繁荣的社会和制度平台。

最初来到这片新大陆的人们虽然携带的物质性的东西很少，但他们带来了一种强大的精神性的东西——他们的宗教信仰。早期的开拓者大多是来自不列颠的新教徒。布尔斯廷以新英格兰地区为例写道：在新英格兰，礼拜堂既是城镇的地理中心，也是城镇的社会中心，而布道则是礼拜堂的中心活动。住得分散的人们为了到礼拜堂去听布道，常常要在荒野中走上好几英里，冬天顶风冒雪，春秋脚踩污泥。演讲者常常是针对听众的现实问题来联系教义，而不是辩论神学命题，他们力图阐明社会共有的价值观念与某时某地个人境遇的联系。最突出的大概是选举日的布道，牧师们通过布道来影响政治势态，这一新英格兰传统一直延续到美国独立革命。[7]新英格兰的布道实际上是整个社会的正教宣言和自我批评。[8]

亨廷顿也认为，美国在很大程度上是由于宗教的原因而创建的，且这种信仰一直贯穿了美国其后的历史："一些宗教运动影响了美国四百年之久。美国人信仰宗教的程度高于其他工业化国家。绝大多数的白人、黑人和拉美族裔人都是基督教徒。"[9]而且，还需说明的是：这一宗教信仰主要是指不列颠人带来的新教。据 1792 年的美国人口统计，当时 323 万白人中，不列颠人占了 80%，新教徒占了 98%。[10]亨廷顿据此提出一个问题：如果 17—18 世纪来这里定居的不是英国新教徒，而是法国、西班牙或葡萄牙的天主教徒，美国会是今天的美国吗？他认为肯定不是，如果当年的情况是这样，今天的美国就会是魁北克、墨西哥或巴西了。当然，他也说，今天国家认同的关键并不是种族的因素，而是文化与价值观的问题。[11]

新教信仰作为美国初创期的价值目标，可以说是一种最高的价值目标或者说"至善"，许多新教徒奔赴这块土地，就是为了能在这里自由地建立起一座"山巅之城"，实现自己的宗教和社会理想。但这种理想又是和严酷的现实环境紧密结合在一起的。所以，它避开了一种不切实际的乌托邦理想，而是比较脚踏实地地从事各种劳作与奋斗，不过信仰始终作为一种强大的"动力性价值"在起作用。没有它，今天的美国会大不一样，乃至根本不同。

新教本身就是一种极其强调个人良知和自立的教派，上帝和教会不会代替人来包办一切，而恰恰是人需要感受上帝的呼召，用自己在尘世的劳作来证明对上帝的信仰。只有独立自助方能获得人的真正尊严。所以，我们可以发现，除了追求生存和信仰的价值观念，一种独立自助、自力更生、自我尊严的观念也在新大陆这块土地上特别强盛地生长起来。甚至可以说，在美国作为一个国家独立之前，个人就早已经开始独立，形成了一种强烈的独立意识。这种意识也见于地方自治，以及后来经常强调的对联邦的州权。

最初的定居者虽然有强大的精神信仰动力，但这种精神还须落到实处，这就需要自我奋斗，上帝不会直接帮你。[12]人还需要一种独立自助的精神，而且可以说，这些殖民者都是很实际的——面对生存的压力也必须实际。环境也迫使人必须自助，而且不断向内陆、向西部开拓。这种独立精神也可以从新教信仰中得到支持，甚至也从早期定居者的性格特性中得到支持——在那草莽时期敢于来到这块大陆的人们往往是一些具有较强独立和冒险精神的人，尤其是大不列颠人，他们在母邦就已经有相当的独立自治的经验。

富兰克林编辑的《穷理查年鉴》是这种独立价值观念的一个鲜明反映。[13] 而他自己，也是一个主要依靠自己取得成功的突出范例。他出身于一个小商人之家，曾因家庭经济困难，被迫辍学在商店打杂。他从小就利用一切空余时间刻苦自学，埋头苦干，尝试了许多事业，终于成为一个著名的作家、企业家、政治家、外交家、教育家、发明家、共和国国父级的人物。他的一生可以说是美国人价值观或者说最早的美国梦的一个体现——通过自我奋斗而获得成功。《穷理查年鉴》也在相当程度上影响了美国人的价值观的形成。[14] 在这部年年印行的年鉴中，富兰克林登载了大量引用和自撰的格言。其中许多与独立自助、勤勉节俭有关，例如"天助自助者""世上最高尚的问题是：我能做什么有益的事？""勤勉乃幸运之母""勤奋才能自由""凡不勤勉的人，绝不会有荣誉""勤则万事易，懒则万事难""守株待兔者，美餐无保证""你把商店管好，商店管你吃饱""早睡早起身，富裕、聪明又健身""没有辛苦就没有收获""如果你知道如何支出少于收入，你就有了点金术""一个今天等于两个明天""时间比金钱更宝贵"。[15] 在该年鉴发行二十五周年之际，富兰克林还撰写了一篇总结性的文章。在这篇谈论"致富之道"的名文中，他说，你偷懒时应立即感到惭愧，那样才"称得起是你自己的主人"；"生在我们这个世界，人的得救不是凭靠依赖，而正是凭靠缺乏依赖"；"谁想力耕致富，必须亲把犁锄"；"我们对所经营的事务一定要亲自操持检视，而不可事事依赖他人"；"女的不织，男的不耕，偌大家私，转眼成空"。[16]

也有反面的例子，即佐治亚殖民地。获得这块殖民地的人为它设计了一个尽量完美而具体的计划，其中每个区都划成精确的正方形，再分成四块，每块中心有一个正方形的公园供放牧牛群用，然后再把区里其余地方分为许许多多的小方块。他们限定个人拥有的土地不得超过五百英亩。每个"依靠慈善赈济"前往殖民地的家庭可获赠五十英亩的土地，但不准出售或分割。尽管除了纯军事目的之外，英国政府还从未以公款支援过任何一个殖民地，但出于这项事业的慈善目的等原因，议员们一再以议会的直接补助金支援佐治亚。而这反而使佐治亚人滋生了依赖性和不满。他们对食品、住所和设备有诸多抱怨，等待着或者不断要求着在遥远的伦敦的好家长们不断给予补救。这也就延缓了这块殖民地的人民的独立自助。有一位叫普里的船长于1733 年到佐治亚考察之后向殖民地托管人报告说，"这里有很多懒汉，还有不能干活的人，而那些踏踏实实干活的人则认为别人坐享他们劳动的成果是不合理的"。到美国独立革命爆发之时，佐治亚这个伦敦的宠儿，却成了各个殖民地中最不繁荣和人口最少的地方。人性在这方面是不容易经得起考验的，如果不费气力就能得到福利，那么本来有能力工作的人也会开始依赖它们而变得好逸恶劳，而一直勤勉自立的人则会因此感到不公平而愤怒，或者转而也坐等福利。就像布尔斯廷指出的，这块殖民地的托管人可能心地善良，但他们主要的弱点是一种窒息人们自立自发和实验精神的心态，而这种自立自发和实验精神才是美国真正的精神财富。[17]

最能体现美国人这种独立精神的是一种勤奋的工作伦理。这里不易获得殖民地时期的数字，但 19 世纪初一位访问了美国的法国人舍瓦利耶说，风俗习惯表明"这里是一个工作的、忙碌的社会"。即便富人家的子弟也不愿过无职业的生活。美国人从"一早起床后就工作，一直干到就寝。进餐时也不肯懈怠，这只是不得已而中断一下工作，尽可能缩短吃饭的时间"。直到 1990 年代，和其他工业化民主国家相比，美国人仍然是工作时间最长而休假时间最少的。据统计，1997

年每个工作者的全年平均工作时间，美国人是 1966 小时，比次多的
日本人的 1889 小时多出 77 小时，比欧洲人则平均多出 350 小时。
而且，美国人比别的一些国家的人更能从工作中得到满足和自豪。
在 1990 年对十个国家进行的国际价值观调查中，对自己的工作
感到"非常自豪"的人，在美国多达 87%，高居榜首。在 1995—
1998 年的世界价值观调查中，向四十八个国家的人提出的一个问
题是：对他们的福利负责的首先应当是个人还是国家，强调责任在
个人者，最多的是瑞士人，其次就是美国人。[18]

　　追求独立与追求自由有很紧密的关系，甚至可以说两者有很大一
部分的重叠。"独立"甚至经常就被包括在"自由"的概念之中。按
照许多学者的看法，美国人重视自由甚于重视平等。但在我看来，这
种更重视自由可能恰恰是因为美国人对自由的理解是以独立为核心
的。这一点我们从美国的历史，尤其是早期的历史可以看得比较清楚。
所以，我想在美国价值观的分析个案中单独和分别地提出"独立"。
这种"独立"的含义，最扼要地来说，就是自我依靠。换句话说，尽
管对于生存和基本自由来说，国家是必要的，但我追求我自己的幸福
最主要依靠的还是我自己。在美国的历史中，美国人表现出比其他国
家（包括欧洲国家）的人们更多的、更根深蒂固的对政府的不信任或
至少是不依赖。从潘恩到梭罗，虽然彼此很不同，却都有一种"管事
最少的政府是最好的政府"的共识。

　　来到美国的移民们，具有相当程度的个人冒险精神，新教所强调
的个人良知而非教会权力体制的信仰特征，以及他们来到美国后，面
对陌生甚至敌对环境必须焕发的一种独立自治力量——尤其后来不断
向西部和南部开拓必须经历的筚路蓝缕，更是磨炼和强化了这种独立
的精神。母邦政府远在天边，他们也必须强调地方自治和个人自立。
所以，在现代西方各民族中，说美国人的独立精神最为突出大概并不
为过。

早期殖民地的人们也有一种朴素的自由平等观。面对这块广阔无垠的新大陆和各种各样的丰富的可能性，自由、舒展甚至野性、放任不羁的感觉油然而生。而在各种实践的生存技能中，对动手能力的重视会不亚于对动脑和言辞能力的重视。他们也相当朴素地相信所有人的能力都是大致相等的，其中包括政治的能力。虽然法律保障的政治自由还没有扩展到所有人，人们也基本上还在传统的社会等级生活中安之若素，不过，一种与英国式法治紧密联系的、已经相当可观的自由观念与实践，已经有了相当的进展。这方面的例证，一是相对于权力的言论出版自由，[19] 一是相对于政府的人身和财产自由。[20]

　　我这里还想特别指出的一个例证，和美国独立的领袖约翰·亚当斯有关。他虽然批评英国政府对北美殖民地的政策，却能够作为律师挺身而出，为被指控在 1770 年"波士顿屠杀"中开枪的英国士兵辩护，指出这是他们在生命受到威胁的情况下惶恐自卫的结果，从而帮助被监禁的指挥官和几个士兵被宣判无罪而重获自由。亚当斯指出，自卫的权利，也正是殖民地人民捍卫自由和财产的基础，如果英军士兵的自卫不被认可，那么"我们也就切除了自由和财产的基础"。而亚当斯这样做了，虽然业务受到一些影响，他并没有受到殖民地人民的强烈反对，后来还成为美国的第二任总统。这样一件事其实意义重大，它确定了道德手段的优先性和普遍适用性，而不管其政治立场为何。政治的归政治，法律的归法律，最重要的是政治斗争必须服从真相与正义。要真正维护自由，那就要按普遍的原则为政敌维护同样的自由。

　　总之，在美国独立之前，或更准确地说，在独立意识形成与独立战争酝酿之前，美国的一些基本价值观已经成形，除了最基本但也是最普遍和最优先的生存保障，最主要的两个价值观就是信仰上帝和独立自助，而其中最突出的此世价值追求，则是独立及其带来的自我尊严。它和一种同样强调独立良知的信仰（新教）紧密结合，开始渗透和影响人们对更进一步的自由、平等和幸福的追求。

二　《独立宣言》：美国价值观及其两重性

我现在根据美国建国最著名的文本《独立宣言》来概述和分析美国的价值观念。《独立宣言》不仅是殖民地人民对此前一个半世纪多的生活经验的总结，更对此后二百多年的美国政治与社会产生了长远和重大的影响。它既反映了殖民地人民凝结起来的常识与共识，[21]也凝结了美国革命时期产生的新的信念和共识，所以，它具有两重性：既包含对过去的总结，又表明了对未来的预见；既非常现实，又相当理想化，甚至有些方面被批评为"极不现实"。[22]然而，这一理想却代表了美国后来发展的方向，就像杰斐逊的传记作者巴尔顿所言："如果杰斐逊那时是错的，美国现在也就错了；而如果美国现在是对的，那么杰斐逊那时也就对了。"[23]还有人说，《独立宣言》中的"不言而喻的真理"是对"谁"不言而喻？是"哪些人"深信这些真理？至少是"我们美国人"。

亨廷顿也不认为作为"美国信念"的那些价值就一定是普世价值，但他认为，这些信念的确是"最鲜明地体现在《独立宣言》之中"。殖民地人民要求独立的最初说法并不是反对英国政府的治理原则，反倒是谴责英国政府偏离了其自由法治原则，而美洲的人们要捍卫这些传统的英国价值观。只是在和英国矛盾激化之后，他们才提出了启蒙运动提出的自由、平等与个人权利等更具普遍性的主张。这两方面结合在一起，就构成了"美国信念"。[24]换言之，《独立宣言》中涉及价值观念的内容，一部分来自在殖民地经开拓实践而验证、强化以及在某些方面可能也修改了的英国传统，而另一部分来自更一般的启蒙运动。这可以说是造成《独立宣言》价值观念的双重性，乃至理解歧异和实际冲突的初始根源。

不过，让我们先来看文本。

杰斐逊起草的《独立宣言》第二段开头部分的最初草稿是这样的：

We hold these truths to be sacred and undeniable; that all men are created equal and independent; that from that equal creation they derive rights inherent and inalienable, among which are the preservation of life, and liberty, and the pursuit of happiness. [25]

我们认为下面这些真理是神圣和不可否认的：所有人都被创造为平等和独立的。从这种平等的受造中，他们获得了若干天生固有和不可剥夺的权利，其中包括对生命的保障、自由和对幸福的追求。

而经过了富兰克林、亚当斯及大会修改之后的定稿则是：

We hold these truths to be self-evident, that all men are created equal, that they are endowed by their Creator with certain unalienable rights, that among these are life, liberty and the pursuit of happiness.

我们认为下面这些真理是不言而喻的：所有人都被创造为平等的；造物者并赋予他们若干不可剥夺的权利，其中包括生命、自由和对幸福的追求。[26]

两相比较，定稿和草稿的意思应该说差别不大，作为宣言也比初稿更加简明有力，但若细细辨析，则删去"独立的"可能是个遗憾。然而，并无任何证据表明杰斐逊改变了看法。[27]草稿说"对生命的保障"，意思也更为完整清晰，尤其是和"对幸福的追求"比较起来看。因为政治社会是不能甚至也不应保障人们都得到幸福，它只能保障人们"对幸福的追求"，或许我们还可以说，是保障人们"对自己所理解的幸福，而不是一个统一规定的幸福"的追求，但它至少应当确保所有社会成员的生命安全与温饱。[28]

再谈定稿的译文,其中有一句话——也就是"all men are created equal"——的翻译,我认为特别重要。一种常见的译法是,"人人生而平等"。这样虽把"所有人"的意思译出来了,但说"生而平等"却容易被误解为人生来在事实上就是平等的,没有差别的。边沁就据此有过批评。[29]同时,这一译法也没有把人是"被创造的"这一层意思译出来,使得文中包含的"信仰"以及赋予权利神圣性的含义不那么明显。而且,这里的"平等"实际上是指对人的一种平等对待,或者说是一种平等的尊重与关怀,因为所有人都是上帝的平等造物,在上帝面前人人平等,从而赋予平等自由等价值以一种天赋神圣的含义,也即,作为人权它们才是不可剥夺和否认的。还有一种常见的译法是,"造物者创造了平等的个人"。[30]这里"信仰"的因素明显了,但没有将"所有人"的意思明确地译出是一个遗憾,而这一对"所有人"的强调,我认为是特别重要的,它在当时预示甚至也激发了美国社会后来发展的一个主要方向。

《独立宣言》的大部分段落是对英王的谴责,而正面的理由主要包含在这第二段里,这一段也是整个宣言最精华、对美国社会和政治发挥了最长远和最重大作用的一部分。在这些话之后,作为一个政治文本,宣言紧接着就谈到了政府与这些价值的关系,以及政府与人民的关系,所以,在陈述了这些价值之后,杰斐逊马上就讲到政府的目的无非就是保障人民的这些权利,而如果政府损害到对这些权利的保障,就有废除或更换它的必要。所以说,这段话阐述的价值观念十分重要,都属于最基本的价值之列。

下面,我从这一段文本中抽绎出六个基本的价值概念,分别是生存、信仰、独立、自由、平等和幸福。可以说,它们是在数百年美国经验的土壤中自然生发和成长的,始终与这个国家共衰荣。虽然它们不可能囊括所有的价值追求,甚至一些很重要的价值追求也可能阙如,但是，至少这些价值是最基本的，当然，也由于《独立宣言》作为美国建国之本的地位，对后来的美国历史始终起着重要和根本的影响。

其中，早期生长的一些基本价值——生存、信仰和独立，我已经在前面根据美国建国之前的殖民开拓史作过一些观察。《独立宣言》的意义在于把所有这六个价值集中到一起，赋予它们神圣、自明的意义，宣称它们都是"不言而喻"的"真理"，宣称生命、自由和对幸福的追求属于所有人"不可剥夺的权利"，尤其是赋予"平等"以中心和神圣的地位，即"平等"是由造物主赋予的，并以此为主导和指引美国的未来。

[**生存**] 这一点是明确的，即首先和基本的是肉体的生命，虽然对生命还可以有精神的理解，以及对"生命至高无上"有一种坚定的宗教精神信念。这也可以解释为什么关于"堕胎"的争议在美国会如此激烈。生存价值包括两个方面：一是人身安全必须有保障，不受侵犯和伤害；二是每个人都必须有基本的物质生活资料。简明通俗地来说，那就是必须有"安全"与"温饱"。这就要求国家，所有正常的国家既要通过"垄断的暴力"来保护所有社会成员的人身安全，同时也要努力保障他们的基本生活，即"免于暴力的恐惧"和"免于基本的匮乏"。如果一个国家在这两个方面都做得不错，人们就会自然而然地产生一种强烈的爱国主义。有时恰恰是一种"小政府"和"强国家"微妙地结合在一起，当然，前者是对内而言，后者是对外而言。

然而，尽管"生存"可以说是最基本、应该最优先满足的价值，它却往往隐而不显，有时并不独立出现。比如，"基本的物质生活资料"或者说"温饱"，就可以更充裕地包括在"人之为人的体面生活"甚或"福利"或"富足的生活"之中。甚至在正常的国家与和平、法治的环境中，"安全"的要求也是隐而不显的，不会成为发达社会的主要诉求。不过，它应当是第一需要满足的，如果政府或他人侵犯到生存权利，哪怕是以自由或平等等其他基本价值为由，也是不可以的，也即是说，它们之间应该有一种逻辑先后次序。[31]

[**信仰**] 我们前面已经谈到，宗教信仰，尤其是新教的信仰，一直是美国从殖民开拓到民主建国的强大动力，也常常被视作最高的目标和幸福。虽然随着现代化的进程，总体上有所淡化，但还是有一次次的强劲反弹。这一点很不像欧洲。[32] 杰斐逊也许对宗教并不是太热诚，但我们可以注意到，《独立宣言》的这段文本明确出现了"被创造"和"造物主"，而且正是由它赋予其他价值与权利一种初始的神圣性，一种不可剥夺的天赋性。

[**自由**] 我想从内向外展开叙述。先是内在的自由，如良知与信仰的自由，被认为现代人最为珍视的一种自由；但这种自由必须从外面得到保障，即还应当有言论、表达以及自愿结社的自由；如果个人不能表露自己的信仰和良知，那几乎无异于没有信仰与良知自由。其次是政治的自由，这是更大、更关键的自由，也是前面的自由的保障。我们这里或许还可将其分为进入政治治理阶层的机会自由和普遍的政治参与自由，但无论怎样，它们都有一个自由的资格或自由主体的范围问题，即是否所有的人，或所有成年的社会成员，没有任何财产、种族、性别、出身等方面的限制，都可以得到这种自由。然后还有个人选择的、主体的自由，尤其是其中少数人和边缘人的自由。但如果这种自由牵涉到他人和信仰，牵涉到他人和社会必须尊重这种自由到何种程度的时候，往往会引起较大的争议，比如怀孕的母亲能不能或者何时能够流产的自由、同性恋的自由、安乐死的自由等。

[**独立**] 独立的含义可以延伸到殖民地对母邦的独立、州对联邦的独立、社团对政府的独立。《独立宣言》的主旨是阐明美国国家独

立的理由，而在国家独立之前，生活在十三个殖民地的人们其实已经
经历了长期的村镇自治，以及殖民地的自治（后来的州权）。然而，
独立的含义归根结底还是个人的独立。许多人谈到个人主义是美国信
念或价值的核心，但我这里不打算用"个人主义"作为基本的价值概
念。个人主义的含义复杂而含混，而且作为"主义"，也更适合看作
一种立场和主张。《个人主义》的作者卢卡斯谈到"个人主义"的用
法历来就"非常缺乏精确性"，并探讨了它的语义史，认为尊严、自主、
隐私和自我发展是个人主义的基本观念。[33]

我也不采用"自由"来涵盖"独立"，因为自由也是有多种歧义，
尤其是在现在的美国，"自由"和"自由派"已经发生了一些特殊的
转义，更何况"个人自由"还有"是否个人所有的选择都应当自由，
甚至要求他人高度尊重方可称为'自由'"的问题。故而，我更愿意
采用"独立"这一概念，这不仅是因为要依据《独立宣言》的文本，
而且因为独立，或者说以独立为核心的自由，可能是美国人最为珍视
和追求的要义——美国人的历史也值得将"独立"单独作为一种基本
价值来进行分析和阐述。

因此，这里的"独立"主要是指自立、自助、自信、自强和自我
依靠。爱默生的《论自我依靠》最能表现它的精神，虽然他这篇文章
主要是从精神的创造性这一点来立论。独立作为一种更具美国特性的
价值，是指不依赖他人，不依赖社会，尤其不依赖政府来创造自己的
幸福，达到自己的人生目标。所以，它特别强调一种工作伦理。

[**幸福**] 幸福可以是一个总括所有价值追求的概念。和"快乐"
不同，"幸福"不仅是一种主观的满足感，还包括某些客观的方面，
比如政治和物质生活的条件。它也可以指一种精神状态，或者说，这
种精神状态被视作最高的幸福。这里我们或许还应该注意两点：首先，
按照前面平等自由的权利，这里的"追求幸福"应该理解为每个人都

可以与其他人一样自由地按照自己对幸福的理解来追求自己的幸福；其次，这里只是将"追求幸福"，而不是"幸福"或"保障幸福"作为一种基本权利，即人们有权利追求自己的幸福，但人人幸福无法在政治社会的层面予以确保。

在任何一个社会，人们对幸福都有多种多样的理解。但在传统社会里，即便是少数人持有的、一种比较偏于精神性的对幸福的理解，却可能因为这少数人是统治阶层而处于支配地位。而在现代走向平等和多数支配的社会里，一种对幸福的比较偏于物质性的理解，则很可能居于支配地位。我后面将谈到，将"追求幸福"理解为"追求物质财富"虽不是美国人专有的，但是和其他西方民族相比，美国人在这方面表现得更为突出和坦率。当然，看重物质这一点也许可以因为他们的宗教热情而得到某种平衡和调节，但只要将幸福主要理解为物质条件的不断改善，肯定会发生平等福利与独立自由的矛盾。

结合上面所说的独立与幸福，我们或许可以用"美国梦"来说明这两种价值的特性。"美国梦"的一个定义是："一种相信只要在美国经过努力不懈的奋斗便能获致更好生活的理想，亦即人们必须通过自己的勤奋、勇气、创意和决心迈向繁荣，而非依赖于特定的社会阶级和他人的援助。通常这代表了人们在经济上的成功或是企业家的精神。"[34] 亦即，美国梦不仅意味着在美国存在着各种获得成功，尤其是经济成功的机会，还意味着你必须通过自己的奋斗来实现自己的价值理想。

[**平等**]"平等"似乎是一个意义最明确，但也最暧昧，容有最多歧义的概念。在某种意义上，平等就意味着普遍性。没有平等，其他价值，如生存和自由，就是不完整的，甚至不真实的。平等是贯穿于所有各种价值的，没有某种平等，实际上也就没有这一切。首先是生存，是不是所有的人都有同等生存的权利，尤其是那些失去了谋生能

力的人，或者那些依靠自己的能力不足以获得一种人之为人的像样生活的人？应该说，这方面的平等要求是可以纳入生存的价值之中并要求所有政治社会予以满足的。然后还有平等的政治权利，在政治和法律的领域内，平等与自由其实可以说是相通的，甚至是一体的。换句话说，自由就意味着平等，平等也意味着自由。只是在更进一步的经济福利、丰裕生活的领域内，平等与自由会出现矛盾。

　　"所有人都被创造为平等的"意味着两点：第一，承认有一个造物主或者说超越的存在（当然，对于无神论者，也可以只接受这里天赋、直觉或自明的意义）；第二，所有人都天生地、无需靠自己努力就拥有一种平等的权利，必须得到平等的对待和平等的尊重。和"人人生而平等"不同，"所有人都被创造为平等的"赋予了平等一种神圣的来源，且是"上帝面前人人平等"，而非"国王面前人人平等"。逻辑上，从"上帝面前人人平等"可以推出"法律面前人人平等"以及进一步的社会平等，而从"国王面前人人平等"则推不出来。因为前者将国王包括在法律之内，而后者则使国王置身法外。美国首先是一个共和国，从一开始就将世袭国王或皇帝排除在政制之外，接着更是从共和走向了大众民主。

　　在生存、自由、幸福、独立、信仰与平等这六种基本价值中，"幸福"是一个普遍的，但也比较一般和抽象的范畴；内容比较明确的"生存"，具有一种广泛的普遍性和优先性，是几乎任何人都要追求，任何时代与社会都要给予某种起码的保障的；"自由"与"平等"具有一种现代社会与个人的普遍性，尤其是西方社会的普遍性；"信仰"代表着某种最高的精神追求或最深的终极关切，在传统社会中更具有普遍性和强烈性，在现代美国也得到强烈的关照；而"独立"则尤其与美国的历史特性有关。如果一定要对这六种价值在美国的相互历史关系作一个说明，我们或许可以这么说：美国人是以信仰为最初和基本的动力（尤其在初创时期），以平等为标尺（尤其在后来的时期），以个人独立为根基，有序地追求生存、自由与幸福。

以上六种价值，既反映了18世纪中叶美国的"过去"（其中包括早期定居和殖民者自身的开拓经验），也包括对传统英国价值和欧洲启蒙运动思想的肯定。[35] 从而这些价值，尤其是平等，也指引了美国的"后来"或"未来"。在某种意义上，《独立宣言》所概括的这些基本价值，是经过了新大陆磨砺的英国传统价值与欧洲启蒙运动思想的结合，是过去与未来的结合，是珍视性价值和追求性价值的结合。这些基本价值观念同时也是基本的政治理念，并由此引申出政府必须建立在人民同意的基础上，其目的就是为了保障这些基本权利，否则就可以被推翻。这最后一点尤其具有比较激进的政治含义。

到1770年左右，生活在十三块殖民地的人们已经基本解决了生存和温饱，也视信仰上帝为最大动力和最高幸福，以独立自助为自己立身的基础和尊严，基本享有英国式法治保障下的人身自由和一定的政治自由；但自由没有扩展到所有人，他们还不是平等的，甚至社会基本上是一个温和的等级和依附结构。所以说，《独立宣言》中被赋予"神圣"和"天赋"的"平等"，其实对于当时的美国社会还是一个具有革命性的观念，而当时的大陆会议因有更紧迫的政治事务需要考虑，并没有对之进行仔细的讨论和争辩。但无论如何，在此期间，一种由启蒙运动带来的新的观念很快变为新的共识——虽然主要是洛克而非卢梭意义上的观念共识。

从此，这些新旧结合的价值观念就成为推动美国社会变化的主要动力和标准。尤其生存、自由与对幸福的追求在《独立宣言》中更被造物主赋予了一种不可转让的权利与正当的含义；虽然任何正常或稍稍要持久的国家都要在某种程度上保证这三种"权利"（古人不叫"权利"），但是，把这三项价值追求变成正当的"权利"，却具有一种现代的含义。这也开启了一个新的历程。[36]

三　独立之后：平等自由的扩展与幸福的物化

下面我们继续探讨上述基本价值观念在美国独立之后经历的演变，它主要表现为平等的扩展与幸福的物化。发展到当代，这些价值观念之间隐含的矛盾开始表现为比较明显和持续的冲突，比较聚焦在独立自由与平等福利以及传统信仰义务与个人选择自由之间。至于今后这种冲突会有何种走向，不仅受到美国的特殊情况，也受到世界现代化潮流的影响。

现代的基本标志有二：一是理性化，一是平等化。而美国在并未脱离这一主潮的同时，也保留了自己的一些"异类"特点，这表现为一系列的悖论。

应该说，当时的美国对《独立宣言》中楬橥的新的价值观念的反应是有些滞后的。当时的一个异议是，要不要将谴责英王的奴隶贸易的内容去掉。尽管杰斐逊、华盛顿等独立领袖从理念上并不赞成奴隶制，但为了尽量消除分歧，以共同面对迫切的独立这样重大的政治问题，他们作出了让步。而对像"平等""自由"这样比较抽象的价值原则，当时参加大陆会议的人反而不那么重视，只是在后来的历史中，价值观念，尤其是载入《独立宣言》的这些价值观念，才显示出巨大的力量。无论支持还是反对的人们，不久都意识到了这一点。[37]

1787 年《美国宪法》正文主要解决了国家何以成为一个真正有实力的国家，以及权力如何分配及互相制衡的问题。虽然只要权力受到制衡，就会有权利的相当空间，但权利还必须直接得到保障。是紧接着补入、后来且陆续有增补的权利修正案，基本解决了公民的基本权利问题。

比宪法更重要的，是社会观念的改变，或者说，法律和观念是一个互动的过程。而一个根本性的观念革命就是在独立前后的半个世纪里基本完成的。戈登·伍德指出，1760 年，殖民地的二百万居民仍旧理所当然地认为社会就是，也应该是等级制和从属制的。但在随后不到五十年的时间里，这一共和制的国家已发展到近千万人，且具有了平等的观念，"成了世界上最自由、最民主、最具经济头脑和最现代的人民"。[38] 而这一社会变革的关键就是使美国独立并建立共和的革命。这场革命"也使后来的废除奴隶制和 19 世纪的妇女解放运动成为可能"，[39] 它不仅摧毁了贵族制度，使普通民众有了受尊重的社会地位，原本卑下的劳作也获得了尊重，还推动产生了全新的大众政治和一种新型的民主化官员，把人们对幸福的追求变成了社会和政府的工作目标。它也释放了民众中几乎未被觉察的经营企业和商业的巨大能量，从而改变了这个国家的经济形势。"总之，这场革命是美国历史上最激进、意义最深远的事件。"[40]

美国革命不像法国革命那样暴风骤雨而导致先是走向恐怖，然后是个人独裁，但它仍然是一场社会革命。就其深刻地改变了社会的结构而言，它不仅是一场革命，甚至是一场更成功或者说真正成功了的革命。美国在摆脱欧洲的君主并建立共和之后，下一步就是走向民主了。其中，平等的观念发挥的作用至为关键："平等的观念对人民能量的爆发起了至关重要的作用。平等的观念是美国革命中产生的最激进和最强大的思想力量。它具有十分强大的感染力，这是革命者们没有认识到的。平等观念一旦被激发出来，就势不可当，以惊人的力量在美国社会和文化中迅猛发展。它成为赫尔曼·梅尔维尔所说的'伟大的上帝！民主的中心与外围！'"[41]

美国革命和法国革命无论在形式还是面貌上都相当不同。虽然它们共享着一些根本的理念，甚至欲达到的目的也有不少共同之处，但是它们采用的手段相当不同，从而呈现的面貌和最后达到的结果也迥异。美国革命是一场深刻但似乎和风细雨的革命，然而，几乎没有任何革命比它所获更多。

总之，1776 年仍然是一个明显的标志线。如伍德所言，在独立革命之前，"人们很难想象一个文明社会除了是某种等级社会之外，还会是什么别的类型的社会"。当时的人们"认为这种等级制度的不平等是可以接受的。因为他们觉得生活在这个社会里，没有人是微不足道的，即便是最下等的仆人也不例外，他们由此获得了极大的精神上的满足，而这种满足足以弥补不平等造成的缺陷。在这个传统里，'人各有其位，又休戚相关'"。[42] 当然，他们也相信，从一个等级向另一个等级的升迁不单是可能的，也是必要的，但是，要升迁的人必须具备和展示那个新的等级或地位所需的素质。革命之前和之后已经像是两个截然不同的时代，一个时代的观念以等级制度为"天经地义"，另一个时代的观念则以"平等"为"金科玉律"。这是两种截然不同的"政治正确"。

这样，到 19 世纪初，原来的白人契约奴就基本销声匿迹了。[43] 而从 1820 年代开始，杰克逊总统带来的大众民主，则使覆盖几乎全体成年白人男子的政治参与权利基本得到落实，财产、地位、出身等因素不再成为限制。托克维尔 1831 年访问时看到的美国就已经大致是一种大众民主的景象。而妇女的参政权也已经在各州逐渐入法，直到 1920 年载入美国宪法。

但是，对于平等自由来说，最重要，也是最棘手的，还是黑人奴隶制问题。而对于推动解决这一问题，信仰起了极大的作用。基督教唤醒了所有人在上帝面前平等的观念，平等的主体应当包括所有人，而不只是一部分人，甚至它更关注那些贫困和弱势的人，认为高贵者和富人比卑贱者和穷人更难进天堂。但是，直到中世纪，基督教社会的确也是更关注天堂、永恒和拯救而非尘世的问题，它虽然将平等的主体扩展到所有人，但在平等的适用范围上，因为其时将此岸主要看作奔赴彼岸的一段旅程，它并不着力于争取社会政治的平等。争取这种平等的普遍观念以及运动和革命，要到近代以后才出现。而当持有这种平等信念的人们将视线转向世俗社会，奴隶制就变得越来越不可忍受了。福格尔认为："美国的反奴隶制运动首先是从宗教领域而不是从政治领域开始的。"[44] 如果不是主要出于信仰和价值观念而只考虑利益，很难出现居多数和强势地位的白人为居少数和弱势地位的黑人呼吁、呐喊乃至浴血奋战的情况。

那些仍然想维护这种制度的人，比较直接的理由是以州权来抗衡，于是南方的州想从联邦争取独立，有的理由和当年殖民地从英国争取独立有类似之处，他们也想维护他们自己已经习惯的生产和生活方式，但这样的方式是建立在另一些人被奴役的基础上。这样，固有的信仰与独立的价值观念就有了一些裂痕和冲突。当然，从深处来说，南方人还提出了一些更多的价值理由。1837年2月6日，卡尔霍恩在国会"关于废奴请愿书的演说"中认为，从双方看，南方蓄奴制并没有损害到人，即奴隶们并没有处境悲惨，主人们也没有道德堕落，而还留在非洲故乡的黑人"都不曾像［美国］南方黑人那样，达到此等的文明和舒适，无论从物质角度还是从道德和理智角度看，都是如此"；"与此同时，白人或者欧洲人也并未因此堕落下去"；"南方的白人在德行、理智、爱国精神、勇气、超脱以及那些装点了人类本性的重大品行方面，与北方的白人相比，并没有任何逊色之处"。他认为北方作者对南方黑人的描述是不真实的，奴隶们其实被留下了很大的一块物质财富的份额，从生老病死都得到悉心的关怀和照顾。[45]但无论卡尔霍恩怎样辩护，奴隶制在道德上的不正当，尤其是不可能见容于现代社会是明显的。就像福格尔所说的："反对奴隶制的人们认为，无论奴隶主对待奴隶如何，奴隶制本身都是一种罪恶。"[46]这是一个历史的沉重负担和现代的最大不义，人们忍受这个负担和不义已经够久了。

总之，1863年的废除奴隶制、解放黑人，看起来只是自由主体的平等扩展，但对整个国家来说，正如林肯所言，是"自由的新生"。

处在现代世界的美国不再会像古代的雅典、罗马那样对一部分人自由，另一部分人被奴役（哪怕他们是少数）的社会状况视若无睹。这是基督教和启蒙运动的双重结果。"所有人都被创造为平等的"，这不再只是精神的平等，而且是实质的社会平等；不再只是彼岸的平等，而且是此岸的平等。奴隶制度若不废除，它就将是美国的一道永远流血的伤口，是面对现代世界的一个巨大羞耻。

　　但是，黑人从奴隶身份的解放并没有使他们获得真正广泛平等的社会和法律地位，而贫困的人们即便有 19 世纪末的进步主义运动带来的改善，也一直没有得到国家制度和政策的根本性保障，对不同种族的移民也有歧视性的政策。直到 1929 年经济大萧条发生，许多人堕入靠自身难以解决的穷困之中，这才引起了比较根本性的变化。为了应对大萧条和第二次世界大战的局面，罗斯福"新政"开始的社会福利政策广泛惠及了下层民众，同时也大大扩展了联邦国家的权力，包括重新解释了"自由"的概念，使后来的"自由派"和"保守派"开始成形。

　　1960 年代的黑人民权运动，通过反对南方的种族隔离，使黑人的社会地位大大提升，也普遍提升了少数族裔应受同等尊重和关怀的地位。而与反对越战大致平行的学生运动则大大扩展了个人的选择自由，年青人试图突破所有的禁忌和界限，探索似乎无穷的自由的可能性，乃至于包括性交、毒品和暴力反抗的自由。而反对的力量，保守主义和传统信仰的思潮也在此时开始上升，"沉默的大多数"开始用选票"发声"，且在 1980 年代接连迎来了里根、老布什的执政，自由世界几乎是"不战而胜"，乃至克林顿时期的经济政策也还是沿袭了相对中间甚至偏右的路线。左翼的激进运动受挫，学生们重新回到安静的校园，但许多左翼的思想观念，尤其是弱势的个人和群体的选择自由、平等福利的观念大为流行，越来越在知识界和媒体界占据主流。与此同时，新自由主义和新保守主义的潮流携冷战结束的声势也依旧强劲，宗教开始了被称为"第四次大觉醒"的复兴。也许还是先在观念上，然后在行动和政策上，左右两翼对峙、互不相让的局面开始形成。

在这两百多年间，平等观念的普及化、全面化及其在社会层面的不断落实，是主要的潮流，而伴随的还有幸福观念的物化——过去的幸福观念的精神层面的因素总体来说是趋于淡化了。

伍德也描述了这一潮流的滥觞，他认为，美国人在独立战争之后五十年对幸福的理解日益物质化，是和大众民主的兴起大致同步的。美国人在抛弃对君主制的效忠之后，需要寻找一种新的社会纽带和基础，最终他们在普通百姓的实际行为，在他们每日渴望挣钱的自由，渴望去追求现时的幸福的举动中，找到了新型的民主黏合剂。[47] 美国革命的第一代领袖们难以阻止人们去追求自己的利益，去实现自己所理解的"幸福"——这可能主要是物质利益。而他们试图采取的法律手段看来最后反而保障和引导了人民的致富和平等意愿，使这种意愿进入了一个比较平稳和健全的发展轨道。"到了19世纪初，美国已经开始变成西方历史上最平等、最实利主义、最个人主义的社会，……这个新型的民主社会在许多方面同革命领导人曾经设想的社会恰恰相反。"[48] 许多建国领袖不免失望，但大多数美国人却欣欣鼓舞。

在"杰克逊民主"时期来到美国考察的托克维尔也描述了这一情景。他在《论美国的民主》中专门用一节写了"关于美国人对物质福利的爱好"。他谈到，在美国，对于物质福利的热爱并不是个别的，而是普遍的。虽然不是每个人都以同样的方式去热爱，但至少人人都有这种热爱。他认为这种追求物质享乐的激情，本质上是中产阶级的激情，并且正从中产阶级向社会上层和一般老百姓扩散，变成全国性的和居于统治地位的。人心所向的这股巨流，正把所有人卷进它的狂涛。当然，托克维尔也指出，他们也主要是应用他们的自由，通过自力去追求财富和享乐。他说："世界上恐怕没有一个国家能像美国那样很少有游手好闲的人。在美国，凡是有劳动能力的人，都热火朝天地去追求财富。"他还注意到，美国人在热烈追求物质财富的同时，还有一种与宗教精神的微妙平衡。至少在礼拜日，全国的工商业活动都好像完全停顿，人们来到教堂，进入了一种庄严的凝思时刻，灵魂也开始自我反省。从教堂回到家里后，他们并不去看他们的商业账簿，而是打开《圣经》，进行祷告。宗教精神虽然淡化，但不时还是有强烈的反弹，甚至依然能够催生影响巨大的社会运动。

四　美国当前的价值冲突与未来趋势

价值观念是复数的。不仅在社会那里，甚至在个人那里也是如此。人们追求的价值往往差异甚大，当然，在一些社会和个人那里，这些价值观念可以组合为一个高低有序的价值系统，有一个统摄或者支配性的价值观念，比如在中世纪欧洲社会，基督教信仰就是这样一个支配性的价值观念，甚至"幸福"也可以是世俗社会、现代多元社会的一个统摄性的概念，虽然有些人可能不愿意用"幸福"这个概念来概括，或者即便用，对它也有差异甚大的理解，但这时还是可能自然而然地出现对幸福的主流理解。

既然价值观念是复数的，它们就有歧异和冲突的可能，在一些不能兼得的情况下，先满足哪些，后满足哪些，或者更多地满足哪些，都会成为问题。当今美国社会的主要价值观念就陷入了这样一种不仅歧异，而且冲突的困境。那么，是哪些价值发生了冲突？为什么会发生？或者说，为什么以前这些价值观念可以协调，现在却难以协调呢？

在我看来，按照先前对《独立宣言》所作的概括，当前的价值冲突主要发生在两个方面：一是在独立自由与平等福利之间；一是在传统信仰义务与个人选择自由之间。[49]

赞成以独立为核心的自由的一派，认为摆脱贫困，进而过一种"体面的生活",乃至发财致富应当主要是自己的责任,扩大政府的权力将损害个人的经济自由,所以,他们在政治上主张小政府,赞成减税,反对在他们看来超出了救助真正需要救助的人的范围(在他们看来,这些人今天只会是很少数)[50],却侵犯到他们的经济自由的国家福利政策。他们还反对移民,尤其是非法移民也享受本国的福利。而更加赞成平等福利的人们,则主张只有尽量缩小贫富差距,才能真正实现自由,体现公平的正义,所以,他们在政治上赞成向富人征收高税,扩大和推进国家的福利政策,包括在一段时间里推进弥补性的对少数族裔和弱势群体的照顾和优待,赞成接纳移民,因为正是移民创造了这个国家,且不说还应当有博爱与同情心。

赞成传统信仰义务的人们认为,传统的宗教信仰——主要是西方基督教信仰——是个人安身之基,也是立国之本,必须在社会甚至政治生活中给予其重要地位,个人在享有权利的同时必须承担义务,也要尊重大多数人的感受,所以,他们赞成恢复学校祷告,注重政治人物的信仰,重视家庭,支持将英语立法为官方语言,反对堕胎,反对同性恋婚姻合法化,反对色情公开化和大麻合法化。他们看来也更热爱自己的国家,甚至有孤立主义的倾向。[51]而赞成个人选择自由的人们则认为,只要没有对他人与社会构成伤害,个人就可以按照自己的意愿做任何事情,包括个人的性取向、对婚姻的看法和对宗教的态度。而且,社会还应该特别关注、尊重那些处于弱势的人,例如女性、少数族裔、同性恋等,认为这样才能体现平等的尊重和承认。他们也更倾向于向世界开放,赞成全球化。

以上两类冲突中,赞成前者的人们一般是支持共和党,被称作"保守派";赞成后者的人们一般是支持民主党,被称作"自由派"。当然,落实到具体的人,对上述价值观念及政策的认可会是程度不等的,尤其是,双方的支持者在这两类冲突中并非完全重合,[52]除了两方面都赞成的人们,还有只赞成其中一个方面的。[53]

　　为了比较起见，我们可以举美国政治生活中的"第三大党"自由
至上党（Libertarian Party）为例。[54] 这个党的成员大致持这样一种观
点：赞成小政府和经济自由，但并不赞成个人受传统信仰义务的约束，
而主张个人选择自己生活的全面和彻底的自由，认为如此才是逻辑一
致的。[55]

　　这样就构成了一个自由主义的政治谱系：共和党（独立自由与传
统信义）——自由至上党（独立自由与选择自由）——民主党（平等
福利与选择自由）。共和党被视作自由主义的右翼，民主党被视作自
由主义的左翼。[56] 在政治斗争中，对自由民主、宪政和法治的认可或
者说对暴力和极端手段的拒绝，使它们区别于更左或更右的两极。

　　因此，如果在不脱离自由主义的意义上称支持共和党的人为"保
守派"，倒不算离谱，因为他们保守自由（比较古典的自由），也保守
传统（主要是基督教的传统），虽然他们在几十年前也不愿接受这一
称号。[57] 但称支持民主党的人为"自由派"，却不很确切，更恰当的
名称或许应该是自由主义中的"进步派"——他们继承了美国进步主
义的传统，相信乃至崇尚进步，不断推进对自由平等的新理解，而且
"进步派"也和"保守派"构成对应。不过从富兰克林·罗斯福开始，"自
由"已经发生了一种转义，他也更愿意称自己的新政为自由派而非进
步主义的，一个原因是大多数美国人一贯将自由视作头等重要的价值。
由于"自由派"和"保守派"这两个名称在现在的美国已经约定俗成，
不好更改，我们大概也只能意会而非言定了。

　　我们还可以更为通俗，也更为激烈而鲜明地表达这样两种价值
观：[58] 支持独立自由与传统信义的一派大致会说，人们应该独立地去
争取自己的幸福，而不是依赖他人，坐享现成。凭什么一个努力工作
的人，其税后所得会与一个什么工作都不做的人的所得相差无几？为
什么纳税人要养活那些不纳税的人（几乎是一半养活另一半）？为什
么要允许那么多经济移民甚至非法移民轻易地享受到各种福利，而更

让人担心的是，那些并不认同我们价值观的人还可能带来恐怖主义的危险？[59] 你们只是要均分财富，却从来不问这些财富是怎么来的？它们是不会从天上掉下来的，必有人为之付出智慧和汗水。一个繁荣富足的社会，一个伟大的国家，必须是有许多人为之不断作出贡献，可你们却轻视这一伟大的传统，甚至自我贬损。你们也不能体验一个自我致富甚至只是自食其力者的自豪，甚至剥夺这种自豪。还有，为什么那么多反映了事实的话却要在"政治正确"面前变成不能说的禁忌？你们难道没有想过，你们口口声声说要尊重少数人的选择自由的时候，却在压制大多数人的自由，完全不顾他们的感受？

支持平等福利与选择自由的一派大概会说，为什么1%的人却可以获得几乎占四分之一的人那样多的收入，乃至拥有更大比重的财富？为什么一个CEO能够得到比其他人多几百倍的薪水，一个人就可以超过成千上万工人的收入？他们真的创造了那么多价值吗？更不要说世界上还有许多人，甚至国内还有人在贫困线上挣扎。如此强烈的贫富对比难道不会让一个有正义感的人触目惊心？[60] 我们不给所有人一定的福利，不给那些处在不利处境中的人创造条件，他们怎么才能获得真正的自由和平等？为什么要反对移民？美国就是一个移民创造的国家，我们都曾经是移民，何况世界上还有许多流离失所的难民？至于一直受压制的性少数等弱势群体，难道我们不应当体会他们的处境和感受，给予他们同样的认可和尊重？我们不是应该净化我们的言语和社会气氛，防止一切带来歧视甚至仇视的东西？我们难道不应当努力去争取一个人人平等自由的社会，乃至一个幸福和谐的世界？

为了理解当前冲突的起源，我们可能需要稍稍再作一点历史的追溯：我们可以在八十年前就看到这种冲突的起源，在五十年前就看到这种冲突的登场，在新的世纪则看到这种冲突的激化。

在1929年大萧条之前，美国曾有过数十年经济快速发展的好时光，也开始在"一战"期间强势地走向了世界舞台。但金融危机的袭来明显地暴露出它的弱点：经济（尤其金融活动）缺少必要的、预先有防范的监管，没有普遍的纾危解困的福利政策。那时的风尚是人们多认为贫穷乃自己的过错，因而是可耻的，不愿意暴露，也不愿意申请社会救济，而即便申请，也有许多手续的不便和资格的限制，得到批准很难，因为许多地方政府也破产了。美国虽然一直有主要靠私人慈善机构和半公共福利团体来关照那些贫困的鳏寡孤独者的传统，[61]但大萧条使得慈善机构的负担加倍，也差不多穷尽了所有的捐款。

罗斯福新政时期，美国国会快速通过了一系列救助法案，极大地帮助了人们走出经济危机的困境。[62]一些福利政策和机构也就长久地固定了下来。与此同时，这些措施也大大增加了政府的权力。然而，拿到权力的机构和个人是不会轻易松手的，哪怕只是出于一种惯性而非对权力的欲望。共和党的艾森豪威尔执政时期，为了超越意识形态的争论，基本上延续了新政的政策。

重要的转折可能发生在 1964 年。在民权运动的推动下，因肯尼迪遇刺而继任总统的林登·约翰逊提出了"伟大社会"和"向贫困开战"的宏伟计划。他在一次讲演中阐述了新的目标："仅仅打开机会之门是不够的，我们全体公民必须有能力跨过大门。这就是民权斗争的下一个更深刻的阶段。我们不仅追求自由，而且追求机会。我们不仅追求法律公平，而且追求人的能力，不仅追求作为权利和理论的平等，而且追求作为事实和结果的平等。"[63]也就是说，不仅要政治和法律领域内的平等，还要有经济和教育领域内的机会平等；不仅要有这些领域内的机会平等，还要有事实和结果的平等。约翰逊推动当时民主党占优势的国会通过了近百项有关民权、反歧视、福利政策和扶持行动的法案。结果 1964 年的总统大选，他以很大的优势战胜了共和党的竞选者戈德华特。

戈德华特虽然竞选总统惨败，却鲜明而激烈地提出了一系列反对新政的保守主义主张，而且在党内初选中击败了党内自由派候选人洛克菲勒，这说明美国国内已经开始有了一种对持续新政的强烈反弹，不妥协的保守主义也浮出了水面。

这是一条平等福利的线索。另一条线索则是个人的选择自由。约翰逊执政不久就越来越深地陷入了越南战争的泥潭，反战的学生运动开始兴起，而这场运动同时还是一场激烈反对传统文化和信仰、反对各种权威和约束的运动。"不要相信任何三十岁以上的人！"是当时的一个口号。他们占领大学办公楼，烧毁兵役证，生活上放荡不羁，纵情享受，尝试性解放和毒品等各种刺激新鲜的生活方式。[64]虽然尼克松当选后开始强调法律与秩序，诉诸"沉默的大多数"，但他执政期间，最重要的任务是如何"体面地结束"越南战争，以及成功实现共和党争取南方的战略，在国内政策上并没有特别压抑平等福利和缩减政府开支。

在某种意义上，里根执政的 1980 年代是对此前二十年的真正大幅反弹——既是对民主党执政期间大规模福利政策的反弹，也是对越战期间盛行的青年反叛运动和纵欲文化的反弹。他在国外强硬应对各种对美国和自由世界的挑战，在国内反对大政府和个人放任，比较彻底地实践了保守主义的主张。于是，保守派在里根时代重新崛起，不仅在社会上获得巨大影响力，在政治权力上也收获了一个黄金时期。进入 1990 年代，虽然大部分时间是民主党的克林顿执政，但他在经济上还是延续了里根时期许多刺激经济的政策。因此两派的冲突还没有到持续紧张的阶段。

进入 21 世纪，这种冲突则趋于激化，难以释解。小布什执政期间遇到"9·11"事件，他发动了一系列反恐战争，但正当性遭到很多质疑。在经济和教育方面，他虽然主张减税，但政府开支还是较大。他比较突出的一个特点是对信仰的虔诚，赢得了社会保守主义者的坚定支持。如果没有经济自由主义与社会保守主义的结盟，共和党是难以取得总统大选的胜利的，后者的动员力和战斗力相当强悍。当然，它也因此丢掉了一些崇尚个人自由的知识和技术精英较多的地带，如加州。后来的奥巴马给人们带来了最多的改变的希望，在平等福利与个人选择自由方面均有所推动，比如，通过了奥巴马医改法案和同性婚姻合法的裁定，但总体来说，他的许多改革受到国会很大的制约。

不仅如此，在这五十多年间，共和党与民主党的地位发生了一个奇妙的位移甚至反转，原来代表东西两端濒海地带、教育技术更为先进和开放地区（当然也是少数族裔较多的地区）的共和党，却开始转而以中南部为根据地了；而原本得到南方支持的民主党则基本失去了南方，但得到了东西部发达地区的支持。

在上面所述的这八十多年中，民主党执政四十八年，共和党执政三十六年，平等在继续进展，联邦权力在继续扩大，最高法院似乎也更积极地介入了社会政治，两党在国会互有消长，双方以党划线，互不妥协。但如果说总的趋势，平等福利和选择自由的一派看来还是处于攻势，或者说"不断进步"；而独立自由与传统信义的一派则处于守势，但有时后者反击的力度也相当大，甚至采取比较极端和戏剧化的形式。当平等只是处在平等生存和平等自由的范围，独立自由一派并没有那样反抗，甚至合力支持，但是，当平等一旦扩展到福利领域，他们会认为这侵犯了他们的经济自由，尤其当平等采取一种日趋扩大和严格的"政治正确"时，他们会认为这侵犯了他们的感情和言论自由。

双方的价值追求均有自己的合理根据。迄今的许多进展，比如说目前在美国社会各行各业，包括政府机构普遍看到的对少数族裔和弱势群体的尊重是让人赞许的，且不能不说主要是左翼之功。但是，鉴于平等福利和个人选择自由还在不断扩展，也需要将"度"或"平衡"的概念纳入考虑，故而，我们后面可能会更多说到平等福利和选择自由"过度"的危险。

《独立宣言》揭示的六种基本价值，存在着相当多可以协调一致、达成共识的因素，尤其是作为基本标尺的平等。平等就意味着某种普遍性，一种必须将他人视作在某种意义上与自己同等的"金规"或"忠恕"，所有的具体主体均可以互换。其他价值一旦涉及普遍性和真实性，都必须在某种程度或范围内是平等的，比如，生存权就意味着所有人都同样具有某种生存权；自由权也一样，否则就不能算拥有这种权利。而权利也必须具有某种普遍性才具有真实性，所以，在某些领域，比如说政治领域，追求自由和追求平等其实是一回事，两者不仅可以而且必须同时存在。我们谈自由其实也是在谈平等，谈平等其实也是在谈自由。或者说，对政治领域，我们更多的是说"自由"或"基本权利"，因为"平等"有时会有一个较狭的用法，专指经济领域。

平等的主体应当指所有社会成员、所有人，这可以说是现代平等应有之义。而平等的应用范围则展现为三个递进的领域：第一是平等生存，这甚至可以说是所有政治社会，包括传统与现代国家的共识，即任何比较正常、能够长期延续的国家都要对所有社会成员的人身安全与基本生活资料给出起码的保障；第二是平等自由，这可以说是现代政治社会的共识，即现代国家应当给所有社会成员以良心、言论和政治的基本自由，但有些个人选择自由是否是基本自由、是否应当纳入国家的保障还有争议；第三是平等福利，即经济收入（物质生活与财富）的领域，在这个问题上，争议就比较大了，甚至可以说产生了尖锐的冲突。我们可以说现代民主社会的主要趋势是提升平等福利的，但具体提升到什么程度，争议仍然很大。对此，今天的一些自由派人士可以说比当时激进的《独立宣言》更激进了。他们不满足于只是保障所有人追求自己幸福的权利，还想直接地确保所有人的幸福，或至少是幸福的外在条件，这表现在追求平等福利、结果平等以及平等尊重对少数和弱势群体幸福的保障。[65]

当良心、信仰和表达的平等，经济的机会平等，以及政治参与权利的平等（这里的平等实际和自由是一回事）都获得之后，还要不要将平等继续推广到经济福利的方面，以保证每一个人都得到实质性的幸福，或至少使幸福得到物质条件方面的充分保障？理想的状态看来应该是这样的，这就意味着要更关怀或者说更偏爱弱势者，给他们更多的福利。然而，这必然会影响到他人的收入和经济活动的自由，侵犯到一视同仁的平等，于是，平等与自由在这里就要发生冲突了，或者说，平等本身就要发生冲突了。正是在这个领域，机会平等与结果平等、起点平等与终点平等的区分就有意义了，常常必须两者择一而不能兼顾。这样就出现了两端：独立自由的一端和平等福利的一端。本来，在政治和法律权利的领域，两者是一致的，但到了经济和个人选择的领域，却分离和破裂了。当然，也可以说，这归根结底还是自由与平等的矛盾，因为前者更强调自由，认为自由的本义是独立，而后者更强调平等，认为平等必然要走向实质的平等。

有别于权利与机会的平等，要推行事实和结果的平等，必然要深入经济和利益的领域，必然兼顾不了机会的平等，甚至要造成另一种不平等或者说歧视，因为对一些人的偏爱必然是对另一些人的忽视甚至歧视，两者有着无法协调的矛盾。这里的一个分析例证是教育和就业方面的"肯定行动"（Affirmative Action，或译为"扶持政策""平权行动"）。比如说，如果要扶持非洲族裔，对他们采取加分或定额制等措施，那么，在名额有限的情况下，就必然使一些成绩和他们一样或更高的其他族裔考生不能进入同样的大学；而如果这些被优待进入大学的学生有相当比重因为课业成绩差不能毕业，那是不是要在课业成绩乃至之后的就业方面继续优待他们？如果这个理由成立，是不是有人也会要求在名利巨大的 NBA 给在这个项目上是弱势群体和少数族裔的亚裔以优待呢？在这个项目上为什么不保障多样性或者实行补偿的正义呢？这里不是要褒贬什么，只是想指出，在实质利益的分配上，机会平等与结果平等两者不可兼得。所以，许多人即便支持肯定行动，也还是认为这只是在一段时间内才需要采取的措施。

一个享有政治自由的人（比如说投票），也可以说是获得了政治平等，他既得到了权利，也履行了义务；但无法说一个依靠福利生活的人也是一个和他人一样平等的纳税者。因为在经济领域分配的不再是权利，而是物质和实利。一个享有平等选举权利的人即便不去投票，也不会损害其他人的权利，但物质利益必然要在一定的数额中分配，而一方的所得即另一方的所失。一个政府可以同时推进政治平等与政治自由，但无法同时推动机会平等与结果平等以及起点平等与事实平等。它要达到事实和结果的平等，必须对一部分人表现出偏爱或给予优待，把一部分人的机会或收入转让给另一部分人。而且，如果要盯着最富有的人，不断提升人们的物质期望，数额总是不够的。换句话说，人们会永远感到匮乏，或者总是觉得相对被剥夺。

当然，涉及物质资料数额的，还有一个是生存。一个社会要保障所有人的平等生存，就必须给哪怕是不能劳动者也提供必要的物质生存资料，而且，一个好的社会还应该提升这"必要"的标准，不仅仅是让所有人都能动物般地勉强活下去，还要给所有人都提供一种人之为人的像样或"体面的生活"。但这的确又不是"均富"，或者说是这样的"均富"：所有人均比较富裕，但不是完全均等地富裕。

在当今美国，平等福利越来越成为一种主要的"追求性价值"，而信仰与独立则成了一种"珍视性价值"。然而问题在于，这些"珍视性价值"也是一种"动力性价值"，而平等福利则是一种"享用性价值"。如果"使美国富"的因素不断减弱，而"靠美国富"的因素不断加强，再富裕的社会也总有一天会难以为继。

诚如上述，还有一个重要的争议是有关传统信仰义务与个人选择自由。这种选择自由又可以说是在个人与他人、个人与社会的关系中展开的，它要求一种平等的尊重，或者说一种"承认的政治"。也就是说，它已经不仅涉及私域，也涉及公域。它们都对政治有要求。一些保守派人士希望政府给某一宗教以某种特殊地位，但这可能侵犯政教分离和信仰自由的原则，影响到其他宗教、信仰甚至包括社会主流宗教自身的发展。一些自由派人士希望给予边缘和弱势群体的特殊自由权利以政治和法律的承认，但现在争取的这些自由可能已经不是最基本的自由，也不是所有人的自由，而往往只是一部分人的自由，却期望通过法律得到所有人的承认甚至尊重。

在这方面，我想举一个可能比较极端的例子，来说明有些价值是无法兼顾的。2016 年 5 月，奥巴马发布了一项政令，要求学校允许学生按照自己的性取向而非生理特征选择厕所。这是考虑到有些学生的确有和自己的生理特征不一样的性取向，在上与其生理特征相符的厕所时，自然会感到不快甚至痛苦，但是，我们是否也要考虑，如果他（她）可以自由选择上相反性征的厕所，会不会造成更多的学生的不快、混乱甚至惊恐呢？像个人的性取向等，如果仅仅在私域中发生作用，应该是没有问题的，其他人应当予以宽容，但问题在于，这样的事情还可能进入公域，会要求他人的承认和尊重，甚至是通过立法的形式来要求。这就可能发生问题，因为会有许多人不愿意接受。而在这样两种互相排斥的感受之间，我们就只能两者择一。

综上，我们可以看到，独立自由与平等福利的冲突主要是经济领域，或者说经济领域与政治领域之间关系的问题。保守派认为，在经济领域中，保障自由是最重要的，政府应该尽量不干预经济活动，尽量减少开支，尽量对企业与个人减税；而自由派则认为，政府应当承担经济利益再分配功能，在社会中实现某种福利平等。传统信仰义务与个人选择自由的冲突，则主要是私人领域，或者说私人领域与公共领域之间关系的问题。保守派要求某些传统的个人信仰得到扩展，至少保持一种政治地位；而自由派则主张政治社会应当接受或尊重某些边缘和弱势群体的选择自由。由此，它们都进入了一个双方的要求很难兼顾的境地，从而也就难以避免冲突。当然，虽然不可能完全协调，但寻求某种折中妥协和平衡的度，还是有可能的。

在 2016 年美国总统大选还未结束之前，就曾有人说："忘掉特朗普吧，未来是桑德斯的。"据说，支持桑德斯的年青人超过了支持特朗普与希拉里的年青人的总和。在民主社会主义者桑德斯面前，连希拉里也显得保守了。许多年青人在桑德斯还没出来初选之前支持希拉里，等桑德斯出来之后就马上转而支持桑德斯了。而未来不是属于年青人的吗？

《右派国家》的作者、《经济学人》总编米克尔思韦特和驻华盛顿站主任伍尔德里奇似乎认为美国的未来更多掌握在共和党手里，因为它代表着企业家而非政府雇员，代表着不断增长的郊区而非正在衰落的市中心区，代表着不断扩展的西南部而非停滞不前的东北部。[66]

欧洲最近的变化似乎也是支持西方右转的论据，英国公决脱欧，意大利、法国、奥地利等国的右翼政治力量正在崛起，甚至有赢得大选的可能。但这右转是否只是一股暂时的"逆流"，还是说世界的大潮无疑将继续走向平等化和全球化？

反对的人们则指出，长期来看，美国未来不可能右转，比如，美国的拉美移民越来越多，而移民较多支持民主党；[67]年青人，尤其是受过高等教育的，也是更多支持左翼，而教育和媒体也更多掌握在偏左的力量手里；科技和知识精英也大都支持左翼，支持左翼的"蓝色地带"都是高科技发达的进步地区。

两种观点相比较，从长远来看，后者看来更有道理。而且，看长期的趋势，可能更重要的还是要看深层的价值观，且不仅要看美国，看西方，还要看整个时代和世界。

我认为平等化与理性化是现代的两个基本标志。对平等化，托克维尔给了最清晰的观察和阐述；对理性化，韦伯给了最全面的分析和论述。两人的深刻之处还在于，他们并不是一味接受和肯定这一趋势，而是对理性化与平等化的问题和界限有深度反省。

平等化释放了巨大的物质欲望，理性化提供了日新月异的技术手段，加上全球市场，遂创造了技术发明和经济发展的奇迹。到今天，人类一年创造的物质生活资料总值，可能比农业时代数百年、采集狩猎时代数万年人类才能创造的总值还要多。

韦伯在分析资本主义精神和新教伦理，以及托克维尔在阐述民主和平等的论著中，都曾以美国为例证。在阐述资本主义精神的时候，韦伯以富兰克林的《穷理查年鉴》为范例，他认为，在构成近代资本主义精神乃至整个近代文化精神的诸基本要素之中，以职业概念为基础的理性行为这一要素，正是从基督教禁欲主义中产生出来的。一种新教的"天职"或"呼召"（calling），以及以尘世的成功和经济的成就响应这种呼召，成为最初发展资本主义经济的巨大动力。但他也认为，虽然富兰克林话语的内容与清教世俗禁欲主义的内涵并无二致，但"它已没有宗教的基础，因为在富兰克林的时代，宗教基础已经腐朽死亡了"，也即基础已经由宗教的精神变为纯粹的物欲。至于美国建国之后的历史，则更是如此。在资本主义精神"获得最高发展的地方——美国，财富的追求已被剥除了其原有的宗教和伦理含义，而趋于和纯粹世俗的情欲相关联，事实上这正是使其常常具有体育竞争之特征的原因所在"。[68]

在富兰克林的时代，更不要说以后，人们的工作伦理动机中的宗教意味和分量，自然不能和欧洲资本主义刚刚兴起的更早时代相比，但是韦伯断言在那个时期宗教基础就"已经腐朽死亡"可能还是言之过甚，或者说至少忽略了美国比欧洲可能更顽强地保留了宗教信仰的初心。不像欧洲，美国的宗教精神还是有一次次的强烈反弹，直到今天，它还是西方民族中最具有宗教性的。

以下是韦伯对这个名为"现代"的时代的未来所作的悲观预测，也是这个试图严守学术"价值中立"的学者在书的结尾稍稍暴露的价值评判：

（机器生产的技术和经济条件）正以不可抗拒的力量决定

着降生于这一机制之中的每一个人的生活……也许这种决定性
作用会一直持续到人类烧光最后一吨煤为止。

　　"身外之物"本来只应是基督教作家巴克斯特所认为的圣
徒们"肩上的一件随时可以甩掉的轻飘飘的斗篷"。……然而，
命运却注定这斗篷将变成一只铁的牢笼。

　　（可以这样来评说这个文化发展的最后阶段，）专家没有灵
魂，纵欲者没有心肝；这个废物幻想着它自己已经达到了前所
未有的文明程度。[69]

最后一句话尤其精彩而沉重。当这一文化自以为达到了"前所未有的
文明程度"——自然是物质和技术文明——的时候，它却可能完全丧
失了精神，没有了"灵魂"和"心肝"。韦伯甚至用"废物"这一严
厉的词来指称这一文化。

韦伯对未来的确相当悲观，他承认专业化的工作（弃绝它所牵涉
的浮士德式的人类共性），是现代社会中任何有价值的工作得以进行
的条件，但这"同时意味着一种绝弃，一种与追求完整的和美的人性
的时代的分离；在我们的文化发展进程中，与雅典古典文化的兴盛时
期同样，已不再有可能重现那个时代了，就像古雅典文化的兴盛不会
再现一样"。[70]

但是，韦伯在此并没有解释为什么情况会变成这样。为什么会有
这种从宗教精神到世俗物欲的动机大转变？为什么圣徒的"斗篷"将
变成社会的"铁笼"？为什么物欲将可能笼罩一切，乃至到最后的能
源耗光为止？对此，我们或许可以从托克维尔对世界平等化潮流的观
察，以及陀思妥耶夫斯基对人性的分析中找到一些答案。

托克维尔认为，平等的逐渐向前发展既是人类历史的过去，又是
人类历史的未来，甚至具有一种神启的性质。平等也许并不怎么崇高，
但它却是非常正义的。现代各国将不再可能在国内维持不平等了。平

等不可能止步不前，只限于一个领域。甚至反对的力量最终也只会在客观上起到推动的作用，更加刺激人们对平等的追求。他还从心理学和社会学的角度解释了为什么平等不会止步不前。他认为，当不平等是社会的通则时，最显眼的不平等也不会被人注意；而当所有人都处于几乎相等的水平时，最小的一点不平等也会使人难以容忍。因此，人们越是平等，平等的愿望就越是难以满足。但托克维尔的确又还是有一种忧心，忧心过度的平等对其他价值（比如自由、独立、繁荣和幸福）可能造成的损害。所以他说，平等将导致奴役还是自由，文明还是野蛮，繁荣还是贫困，就全要靠各国自己了。[71]

走向平等也就是走向多数支配，包括价值观念上的多数主导。价值的多元平等将自然而然地形成以多数人追求的价值为依归、为主流的一元。按照陀思妥耶夫斯基在其诸多长篇小说中提出的疑问和解释，多数人将会更愿意追求物质而非精神。现代社会的平等化，将释放那些在传统社会中可能一开始只被少数人信奉，却渐渐居于社会主导地位的价值观所压抑的物质追求，[72] 使之成为不再受到拘束的强大动力，乃至所有的政治精英和技术精英都要趋奉于它。而现代社会的理性则将"祛魅"，淡化乃至除去对精神信仰的追求，从而这一理性本身也将越来越工具化和手段化。两者结合，固然能够造就经济和技术的奇迹，但也可能导致永久地丢失对精神的追求，或者只是极少数人在边缘地带默默地保持这种追求。

这样，我们或许可以说，从世界的潮流和人数的多寡来看，对平等福利的追求必然还会是未来的主流、大趋势，而反对这一追求的则将处在比较支流甚至逆流的地位。美国的确比较特别，相对来说，它在现代世界（包括欧洲）日趋理性化和脱离宗教信仰的过程中，却还保留了比较强固的信仰；在世界日益追求平等福利的过程中，却还保留了相当的独立自由，或者也可以说是保留了某种对现代性的拒斥。尽管它是世界上最强大的国家，但是不是这种拒斥还是不可能持久地阻挡主流的趋势，何况它内部的教育和媒体、大多数知识和技术精英，尤其是大多数受过高等教育的年青人，都赞同乃至拥抱这一大趋势？

　　许多知识精英的确反对物欲，反对消费主义，尤其反对资本，甚至反对市场，他们认为这种"滔滔者天下皆是"的物质主义都是资本之罪、市场之过。但他们可能没有意识到，最根本的还是价值观在起作用，还是大众的欲望和动机在起作用，资本和市场只不过是能够最好地满足这种物欲的手段和工具，后面还有物欲之主。于是，他们在不断追求平等福利的时候，只是使这种物欲更加强固，更加难以满足，使人们更加紧盯着物质，不断提升对物质的期望值。以这样一种方式去试图克服物质主义和消费主义，无异于南辕北辙。

　　许多知识精英的一个希望是，人们在物质生活条件得到充分满足之后会转向精神，当然，这精神倒不一定就是宗教信仰，也可能是艺术，是人文精神，总之是能够显示人与其他缺乏精神意识、只知有物的动物有别的东西。许多知识甚至政治精英一直抱有这样的期望，认为妨碍人们去追求精神的只是物质条件的限制，是匮乏和贫困。但实际上要实现这一从主要是物质追求到主要是精神追求的根本转变，在一个多数支配的平等社会，还需要有两个假定：一是多数人的确有这样的愿望；二是多数人的确有这样的能力。先说能力。近代以来一直是这样的思想占主流，即能力是可以后天培养出来的，多数人的精神创造能力只是因为外在的物质和教育条件受到了限制，如果这些条件改变了，他们就会焕发出极大的创造性。但事实真的是这样吗？当然，最重要的还是愿望，因为如果有这种愿望，即便不创造，也可以欣赏和赞许，从而形成一种对精神创造有利的社会气氛。但问题是，当物质条件大大改善之后，人们会转向精神，还是说会不断地、进一步地要求更多更好的物质？或者这样说，在物质条件给人们带来越来越多的闲暇之后，多数人是会用这些时间去追求更多更新奇的享乐，还是用来追求艺术、人文、信仰这些精神性的东西？[73] 事实上，认为多数人一定会具有转向精神的愿望和能力的假定实在是太强了，并无法得到对人性的经验观察的有力支持。

无论如何，世界进入近现代后的长期的主要潮流，看来还会是朝向更多的平等、更多的福利。在人类没有遇到真正的生存大危机之前，这一点不会改变。正如托克维尔所言："在民主时代鼓励人们前进的主要激情，是对这种平等的热爱。"所以，平等在美国虽然会有短期的挫折，大概也不可能被违背太久。

我们从美国过去的走向，即美国建国以后二百多年的历史主要是走向越来越全面乃至彻底的平等（虽然也会有一些反弹，但平等化是一个基本趋势），似乎也可以看出一些未来的走向：平等获得的主要成果是不可撼动的，同时它还会继续往前走；达到身份的平等、宗教的平等、政治的平等和法律的平等之后，还有机会的平等、福利的平等、尊重的平等；已经赢得某一方面的平等的人们，还会进一步争取其他方面的平等。一句话，平等绝不会止步不前，除非遇到了难以克服的大灾难。

从政党和总统的历史看，相对于杰斐逊的民主共和党来说，联邦党还不够民主和平等；而相对于杰克逊的民主党来说，杰斐逊的民主共和党也不够民主和平等。杰斐逊比华盛顿更强调平等，他赢了老亚当斯；而杰克逊又比杰斐逊更强调平等，他赢了小亚当斯。甚而联邦党乃至杰斐逊创造的民主共和党都消失了。剩下的是杰克逊的民主党，还有后来创建的共和党。共和党那时代表着北方和进步，它在林肯的领导下终于废除了奴隶制，也保住了联邦；再后的进步主义运动又进一步推动了平等；小罗斯福也比老罗斯福更强调平等，"新政"开启了一个新的时代，而且在后一个罗斯福总统的带领下，民主党摆脱了在南方州的保守形象，夺得了"自由"的话语权。1960 年代的民权运动又进一步推动了平等，约翰逊的"伟大社会"方案更强调"结果的平等"；而过去的古典"自由派"现在只能算是保守派了。在美国数百年静悄悄的"革命"历程中，基本都是更偏向平等的政党和领袖后来居上，成为新的主流。

当今美国政治的遗产，无论思想还是制度，也主要来自左翼。即便偏右的政党和政治家上台，为稳定计，他们也往往继承此前的一些左翼遗产，遵循新的"中道"。艾森豪威尔试图超越意识形态冲突而维护新政；尼克松的国内政策其实还是相当地支持福利权，乃至包括肯定行动的；小布什信仰虔诚，态度保守，但在社会福利方面也提出了一种"有同情心的保守主义"政策，导致其政府开支仍增加不少而引起茶党的抨击。体制内的政治家往往还是会往中间靠。右翼群众的愿望从体制政治家那里得不到满足，往往就诉诸体制外的，但也往往比较极端的人物。而右翼如果得非其人，只会继续遭受重创。加上左翼媒体和舆论的优势，右派的"遗产"就常常变得"臭名昭著"。美国还在不断"进步"。按照今天的"政治正确"，至少小罗斯福之前的几乎所有总统，都程度不同地有些"政治不正确"。不仅现实主义的老罗斯福被抨击，颇具理想主义色彩的威尔逊也遭到指责。更激进的、批判的"人民史学"观点，不仅批评华盛顿、杰斐逊，甚至对林肯也颇有微词。

所以，从美国过去历史的趋势看，基本可以说是偏左的，社会政治无疑是朝着愈加平等的方向演变的。追求平等也往往意味着追求"进步"，而保守自由则的确成了"保守"甚至"反动"。比较剧烈的反弹也不是没有，但往往采取比较戏剧化甚至闹剧化的形式，或者采取比较极端和激烈的民间方式（这也是因为比较绝望？），这样，每一次反弹往往最终都陷入"退一步，进两步"的状态。当然，美国的左右两翼可以说基本还是守住了底线，不会破坏基本的宪政和法治。美国几乎没有极右和极左，基本还是走中间偏左的道路。

从近代以来的世界与美国发展的长远趋势来看，今后美国大概还会以走这样一条道路为主，虽然会有间断和回潮，但主流大概不会改变。虽然我们也借助韦伯和托克维尔描述了一种人类世界可能过度平等化和工具理性化的前景，但美国独立之初就褐橥的信念——即所有人都应该是平等的，都应该被平等地对待，都可以追求自己所理解的幸福——毕竟具有一种道德的正当性。虽然由于人性的差异，这种追求可能陷入某种困境，但这一困境不仅是美国的，也是世界的、人类的。

美国已经够特殊了，甚至有点像现代世界中的"异类"。和率先进入现代的欧洲相比，它借助新大陆的特殊环境和最初定居者的特殊信仰和经验，在平等化中更强调独立自由、自我依靠，[74] 在理性化中仍然保持某种范围内的信仰精神的热情。[75] 从这方面说，这个世界上最强大的现代化国家似乎还在顽强地抵制更加全面和彻底的现代化。这真像是一个大的悖论。

然而，美国可能本身就是一个内部存在着许多矛盾和悖论的国度。它那么坦率地表现出一种强烈的物质主义和个人发财致富的愿望，却又不时兴起一种信仰的热望与虔诚，以及持续慷慨的个人慈善；它那么大手大脚地浪费资源，盛行消费主义，却又那么强调勤勉奋斗的工作伦理；它有高度发达的物质文明，也不乏文质彬彬的礼仪，但也不时透露出相当强烈的原始野性和蛮劲；它以一个观念立国[76]，严守宪法和法律条文，却又相当实用主义和注重实际，拒绝各种乌托邦冲动；它在世界上常常表现得霸道、单边主义，但又不时表现出孤立主义，想退回到自家一隅。当年托克维尔预见过俄国的崛起及与美国的争霸，今天不知谁能预见美国未来的命运？

五　大众时代的来临

大众的崛起及对其进行回应的大众理论的兴起，基本上可以说是一种"现代现象"。查尔斯·麦基的《非同寻常的大众幻想与群众性疯狂》⁷⁷描述了现代之前的一些大众幻想与疯狂，比如在十字军东征中表现出来的一些狂热，对末日审判来临的一些流行恐惧，民众在追捕女巫和迷恋炼金术士中表现出来的狂热。作者也描述了一些大众对希望快速致富的热狂，比如密西西比的泡沫、南海的幻梦、对郁金香的疯狂投机。这些现象虽然发生在近代，但还是带有传统的特征，即自发、非政治性、暴起暴落等。在中国，也有像孔飞力在《叫魂》一书中描述的 1768 年妖术大恐慌。

上述大众的流行情绪和行为，可以说具有明显的传统印迹，或者说表现了任何社会的群体行为的某些共性。它们多属于自发，虽然也常常突然爆发，迅速传染和互相模仿。它们常常和恐惧有关，但也有些是热烈地要追求财富、健康、长生乃至永生的。甚至今天我们也不难在社会中发现这样的行为，比如，因为某种传闻或谣言突然爆发的不同族群间的相残，对某种养生物质和行为（如红茶菌、气功热）的流行性迷恋。

但是，我们现在要联系奥尔特加的《大众的反叛》⁷⁸谈到的大众崛起，则是和现代紧密相关的事件，乃至可以被认为现代的一个"关键性事实"。

我在这里不欲全面地讨论有关大众的思想，而只是讨论它的一部分，即作为滞后的回应的一部分。这也是专门讨论大众且理论上比较成形的一部分，尤为重要的是，这一部分也常常具有批判反省的意义。首先是大众的真实崛起，然后才有大众理论的兴起。一些思考者已经感受到了大众的登场，并且预感到这种趋势还会不断地加强，乃至认为一个可以名为"大众时代"的新时代将要来临。

在 18 世纪，西方的社会理论大多是乐观的，甚至是昂扬的。它们基本上没有看到大众的风险，而是相当充分地相信进步，相信人的可完善性。但在法国大革命之后，已经有一些思想者担心灾难可能发生甚至已经发生了。比如，19 世纪法国的史学家和文学家伊波利特·泰纳就在他的多卷本《现代法国的起源》中，表达了深切的担忧，将群众看作揭开现代世界之谜的线索，对此前的启蒙运动提出了质疑。

不过，从理论上来说，对"大众"的探讨则主要集中在社会学和心理学领域。19 世纪的法国社会学家加布里埃尔·塔尔德特别强调大众传媒对群体形成的影响。他认为，自从印刷术发明以来，现代社会已造就了一个截然不同却不断增长的大众群体，这个大众群体的无限扩展是我们生活的这个时代的显著特征之一。也就是说，他更为注意的还不仅是那些在街头和广场上的群众，而是小册子、报纸的读者（日后是收音机的听众和电视的观众），他们似乎都待在自己的家里，却是"聚"在一起，因为他们表面上似乎各不相同，却实际上非常相似。广场和街道上的群众是通过一种近距离的暗示而被带到一种梦游状态，而后者则是通过报纸等大众媒介的一种远距离的暗示被带到一种催眠状态。

塔尔德认为，如果每个政治群体都有自己的报纸，就可能造成群众的多元化，即造成"众群"（publics），而不是那种令人生畏的巨大的单一的群众（crowd）。他认为在现代社会，单一的群众已是过去式，彼此竞争的群众将会出现，他们将各自分开阅读报纸——报纸将群众引离街头而驯化了群众。

塔尔德对两种群众的划分有一定道理，却忽视了两者还是存在着某种联系：分散在个人家里读报和看电视的"众群"也许平时是安静和分散的，但长期的耳濡目染，使他们形成了某些共同的观念和感情，一旦有紧急事件发生，他们就可能上街，加上激动人心的演说和各种表现仪式，他们就能汇聚成一种巨大和统一的暴烈力量。"冰冻三尺，非一日之寒"，而"烈焰三丈，亦非一日之积"。人们实际会不知不觉地坐在火山口上。大众媒体对"一战"爆发所起的巨大作用已证明这一点。

　　还有意大利的西皮奥·西盖勒，也是从犯罪社会学切入对"大众"的研究的。塔尔德写有《舆论与犯罪》《刑法哲学》，西盖勒写有《犯罪群众》。不过，最为简明扼要，也是生动有力地论述了"大众"的，还是古斯塔夫·勒庞。勒庞 1895 年出版的《乌合之众：大众心理研究》被视作群体心理学的开山之作，具有经久不衰的影响力。尽管他的著作遭到了一些学术上的批评，但很难不佩服他的一些富有洞见的直觉。

　　勒庞认为，无论构成群体的个人是谁，一旦他们变成一个群体，他们的感情、思想和行为变得与他们单独行动时颇为不同。"群体人"并非都来自下层，智力很高的人也可能属于某个群体。因为决定群体的是一种无意识的、受遗传影响的深层心理结构，而人们虽然在智力上差异很大，却有着相似的本能与情感。在属于情感领域的事情上，例如宗教、道德、政治、爱憎等，最杰出的人士也很少能比凡夫俗子高明多少。

　　在勒庞看来，这种群体的第一个一般特点是首先觉得自己人多势众，势不可当，这使他敢于发泄出自己本能的欲望，而且，群体是个无名氏，因此也不必承担责任，这样，总是约束着个人的责任感便彻底消失了。第二点是互相传染的现象，每种感情和行动都富有传染性，其程度足以使个人随时准备为集体利益牺牲个人利益。第三点是易于接受暗示的表现，就像进入了催眠，有时只消一句悦耳的话或一个被及时唤醒的形象，便可以阻止群体最血腥的暴行，当然，反之亦然。孤立的个人可能是个有教养的人，而在群体中他却变成了野蛮人。群体在智力和理性上总是低于个人，但在感情及其激起的行动上，却要表现得比个人更好或更差。它固然常常是犯罪群体，但也常常是英雄主义群体，能创造出历史奇迹。

　　勒庞认为，群体只有低下的推理能力，却有高超的想象能力，并易受神奇事物的感动。真正理性的东西并不能吸引群众，高深的观念往往要经过一番生动、形象的改造，才能为群众所接受。所以，影响和动员群众的手段主要有三种：一是断言，二是重复，三是传染。做出简洁有力的断言，不理睬任何推理和证据，是让某种观念进入群众头脑最可靠的办法。而且要不断地、尽可能措辞不变地重复这些断言，并使其传染开去，这样就能形成某些流行意见，或者说形成一种支配性的舆论。随着工业文明的进展，新的交流手段和大众媒体还使一些新的更大规模的群体出现。勒庞写于19世纪末的这本著作，似乎预告了下一个世纪波澜壮阔的大众运动和斗争将要出现。

西格蒙德·弗洛伊德1921年发表的《群体心理学与自我的分析》，还是集中在心理学领域探讨大众，但引入了他自己的精神分析理论来解释大众及其与精英、领袖的关系。他在开始部分大量引述了勒庞的言论，指出其强调大众的无意识特点与自己的心理学相当一致，然后就进入他自己的理论分析了。他试图从两种严格和稳定的组织——教会与军队——入手，而不是从街头的无组织群体入手，找出一些群体共同的特性。他重视领袖对群体的作用，认为这种联系远比群体成员之间的联系更起作用。人们崇拜领袖，努力与领袖认同，就像一个男孩会在一段时间里努力与父亲认同一样。在勒庞描述的群体中，个性几乎会完全消失，而这意味着"个人放弃他的自我理想，用体现在领袖身上的群体理想代替它"。[79] 而现代群体的心理又有非常原始的、本能的和无意识的一面，集体的造反实际上就是对原父之叛的重复。按照约翰·麦克里兰的解读，弗洛伊德对造反或革命的结果的看法是相当悲观甚至很保守的，他认为以自由解放之名进行的革命，产生的政权每每比原先的政权更加威权主义。所以，凡是珍爱自由的人，还不如守着原有的领导者，而不要寻求新的领导者。[80]

码头工人出身的埃里克·霍弗的《真信者：群众运动性质的思考》(*The True Believer: Thoughts on the Nature of Mass Movements*) [81]，或因其是来自群众内部一员的思考而可以给我们一种特别的借鉴。他指出，许多人参加运动是希望能够迅速和大幅地改变自己的生活境况，尤其是那些生活中的失败者；他们愿意热烈地投入一个看来辉煌壮丽的共同事业，哪怕在一个时期内会牺牲自己的利益；他们希望在这一事业中获得一种价值感、信心和自豪。还有各种各样的人也会追随运动，包括各种不满者、边缘人、畸零人、有社交障碍者、烦闷者、野心家、投机分子、弱势者，乃至极端自私的人和罪犯；而没有除去自己特殊性和分化性的人会难以投入行动，因为运动总是要求一种齐一性。共同的仇恨往往可以凝聚最异质的成分。他也追溯了大众运动的成因，认为为其铺路的首先是那些"言辞人"，当然，收其功者则是另外的一些"行动人"。"所有当代的群众运动千篇一律都是由诗人、作家、历史学家、学者、哲学家之类的人为其前导。"[82] 他们批判一切既有的信仰和传统，造成的结果就会像叶芝的诗《基督再临》所说的，"优秀者信仰尽失，而低劣者激情澎湃"。然而，催生群众运动的知识分子的命运注定是悲剧性的，因为他们骨子里其实是个人主义者。

诺贝尔文学奖获得者埃利亚斯·卡内蒂除了文学创作之外，在1960年出版了一部可以看作学术著作的《群众与权力》。他对群众的看法没有那么负面，认为群众的特性主要有四条：第一是群众的增长本质上来说是没有界限的；第二是在群众的内部，平等占统治地位；第三是群众喜好紧密地聚集在一起；第四是群众需要导向。[83] 他从人们对接触恐惧的心理的突变来论述群众的产生。一旦不害怕接触，这时候的群众成员就感觉到自己失去了所有的差别，摆脱了一切社会的距离，而成了与群体中其他所有人一样平等的一员。这是一种获得解放的感觉，也是感到幸福的一刻。但我们也许还可以说，这种感觉是短暂甚至有些虚幻的。卡内蒂对群众的类型作出了细致乃至有些烦琐的分类，但他重点讨论的还是群众与权力的关系。所以，他又仔细地分析权力的要素、分类和表现形式。他不仅注意人的社会性，也注意人的生物性。他对权力的看法倒相当负面，且是从对身体的接触和控制开始的。鉴于纳粹主义支配第三帝国的沉痛教训，也鉴于人类已进入核武时代的阴暗前景，他主张努力抗拒那些病态的领袖的命令，包括隐居者和逆反的群众的抗拒。

麦克里兰在他那本颇为流行和具有影响的《西方政治思想史》问世之前的1981年，就已经出版了名为《群众与暴民：从柏拉图到卡内蒂》的著作。这本书侧重的是群众与暴力的关系。麦克里兰认为，群众理论家的真正的分界线是对群众暴力的态度。也正是因为暴力，群众成为进步风景画上的大块污斑。但群众，尤其现代群众为什么会走向暴力呢？麦克里兰追溯了古代和中世纪的群众，但绝大部分篇幅还是在探讨近代以来的群众。他研究了爱德华·吉本、托马斯·卡莱尔、儒勒·米什莱，尤其是泰纳对法国大革命中的群众的态度，也探讨了从西盖勒、塔尔德、勒庞、弗洛伊德到希特勒、卡内蒂的思想理论。作者的"后记"有点奇特地以"远离多数以求安全"为名，但是他在其中又引申弗洛伊德的观点说："群众本身是不安全的，但留在群众以外的人也不安全。"[84]他的意思是说，与群众保持距离的人也还是可能成为群众的受害者。

法国学者塞奇·莫斯科维奇1981年出版的《群氓的时代》，则又回到了比较严格的群体心理学的范围，而且主要是研究塔尔德、勒庞和弗洛伊德三个人的思想，但也可以将这本书看作对近百年来大众理论的一个回顾总结。他也简略描述了全球化时代的大众依旧凸显的特点，为群体心理学进行辩护。他对20世纪初民众将取得胜利、20世纪末我们将成为"领袖的囚徒"的预言，或许从时间上说并不完全准确，但他对群众运动中领袖起主导作用和居显著地位的观点，还是可以得到这一百年来的经验教训相当有力的支持的。

此外，还有一些比较专门的分析或历史著作。比如，威廉·赖希1933年出版的《法西斯主义群众心理学》。这本书受到了当时德国左右两翼的抵制和攻击。赖希认为，法西斯主义是有广泛的群众基础的，而群众支持法西斯主义是因为性压抑而寻求替代品的一个结果。但将群众运动的产生主要归因于心理压抑，而且主要是性压抑，可能还是有些片面和牵强的。埃里希·弗洛姆1941年出版的《逃避自由》的解释则要宽广一些，他认为法西斯主义得势是大多数人逃避自由的结果——他们试图通过放弃自我、投入群体和崇拜领袖来克服自身孤独和无力的感觉。这种群体人的孤单感在"二战"后乃至网络时代也继续存在，大卫·理斯曼就写有《孤独的人群》，还有雪莉·特克尔的《群体性孤独》。也有一些历史著作专门研究一些重要时期的群众，比如法国大革命时期的、法西斯统治时期的，这些都值得我们注意。

那么，奥尔特加1929年出版的《大众的反叛》在这一思想谱系中，究竟占有何种地位，具有什么特殊意义呢？

奥尔特加年轻时在德国受过系统的哲学训练，但他不满意新康德主义和现象学的纯哲学理论，又回到历史，并强烈关注生命的活力和文明的命运，试图重建一种历史的理性。他的兴趣和学养广泛，虽然他说他主要是为西班牙写作，但他的《大众的反叛》无疑具有普遍的意义。

《大众的反叛》对大众的考察首先超出了群体心理学的范畴，自然也超出了弗洛伊德、赖希、弗洛姆的精神分析学范畴。群体心理学对群体心理，以及群体如何改造参与其中的个人的行为，描述和例证得相当精到，以致我们都会同意群体必须成为一种需要独立考察的对象，不过，它对其社会历史的成因却解释不足。其次，《大众的反叛》明确地指出，大众的崛起是一个现代事件，并反复申说这是一种"我们的时代"的现象。奥尔加特的分析也紧紧围绕这一点，而不是像有些大众理论家那样追溯历史上的群众，或者只用生物学意义上的"返祖"本能解释现代群众。

《大众的反叛》阐述了作为"大众人"的社会力量在现代的崛起，以及一个由"大众"占据支配地位的时代的来临。奥尔特加认为，当代欧洲的公共生活凸显出这样一个极端重要的事实，那就是大众开始占据最高的社会权力。奥尔特加把这种现象称为"大众的反叛"，或如德国社会理论家瓦尔特·拉特瑙所说的"野蛮人的垂直入侵"。他特别忧虑的是这一现象将对欧洲造成巨大的危机，不仅导致生灵涂炭，国运衰微，乃至让文明没落。

这里所说的"大众""反叛""权力"，还需要一些解释。在奥尔特加看来，社会总是由两部分人构成，而与精英相对而言的"大众"，是指那些并无自己独立见解的人，与下层或劳动阶级的概念并不重合，反倒是人们习惯上认为的上层出现了不少"伪精英"或"伪知识分子"。当然，这也正是"大众时代"来临的一个征兆。奥尔特加的"精英"概念也不是指出身和地位，甚至不像帕累托的"精英"概念那样强调能力和成就，而主要是指那些有自己的独立见解、个性、对自己提出了更高要求或赋予自己以某种使命的人。当然，天赋、能力和性格的因素可能也会在考虑之列。这样的"精英"概念当然就不易从客观上进行判定和研究，它更多的是一个自我认识和意识的问题——虽然这在实践上倒颇有意义。

现在的问题是：一个人云亦云的、惰性的、无名的"大众"始终是存在的，在传统社会甚至一直属于多数，为什么到了现代社会就出了问题？

奥尔特加认为，首先可以从自然人口的角度观察，有人口的增长，但更重要的是人口的聚集。由于19世纪自由民主和工业技术的长足发展，欧洲的人口也从过去上千年大致维持在一亿多人而迅速增加了几倍，再加上工业化及城市化，所以，触目所及，就很容易地看到一种可称之为"麇集"的现象。

但更重要的是观念和心态的变化。在奥尔特加看来，问题就在于到了现代社会，本来在后台的"大众"走到了前台，就像"惯坏了的孩子"一样试图颐指气使。他们享受着文明，却不甚明了文明的成因，不清楚文明需要何种创造和制度保障，以及文明还需要小心翼翼地维护。"大众人"有两个特点，一个是由自由权利和工业技术的发展调动起来的各种生命欲望（常常只是物欲）的急剧增长，另一个是他们由于不知道这一切是怎么来的，也就不知道维持这种发展以及平衡需要怎样的智慧。

于是，他们在近代一些新观念的引导下，希望实现大众的直接统治。当然，大众掌握的这种权力那时或许还主要是一种社会权力而非政治权力，但今天的政治精英却必须十分重视他们。过去的开明统治者可能也关心他们，但只是像家长一样关心，而现在的政治精英则必须重视他们的欲望和意见，重视他们对幸福的理解和追求，不仅满足普遍的权利要求，还出让一些基本的政治权力。当然，有一些精明的统治者还能操控他们，甚至出现了一些富有政治野心的人，能利用他们的力量达到自己的目的，玩弄他们于股掌之间，以"大众"的名义独揽大权。

奥尔特加不是要完全否定大众在现代社会的崛起。他谈到，大众在现代社会的统治标志着历史水平线的上升，使生活的各种可能性大大增加，普通人的生活也达到了比过去好得多的水平，人们选择生活的范围，以及对攀登"时代高度"的自信心和能够掌握的手段，更是过去望尘莫及的。总之就是，现时代的人认为现时代优越于过去所有的时代，超溢出所有已知的富足。但在奥尔特加看来，我们这个时代的典型特征（也是病症）就在于，"平庸的心智尽管知道自己是平庸的，却理直气壮地要求平庸的权利，并把它强加于自己的触角所及的一切地方"。正是在这一方面，其"野蛮"的特征一览无余。这使人们进入一个"平均化"的时代，不仅财产收入被平均化，文化也均匀地分布于社会各阶层之间。

奥尔特加仍试图强调保持"高贵"。他说，高贵的定义标准是我们对自己提出的要求，即是义务，而不是权利。他引歌德的话说："随心所欲是平民的生活方式，高贵的人追求秩序和法律。"如果说还可以允许有某种少数人的特权，这种特权必须是一种战利品，享有特权的人必须证明自己有能力再度征服它，所以它绝不能依靠出身或荫庇。他反对"子因父贵"，但欣赏中国古代人通过自己的功名而使祖辈得到封荫的"父因子贵"。任何一种世袭贵族制都摆脱不了循环起落的悲剧，也就是说，贵族的继承人将发现他拥有的那些身份、地位及生活条件，其中没有一样是他自己创造或挣得的，因此，它们无法构成他个人生命中的有机组成部分。他说，在他的心目中，"贵族"就等于一种不懈努力的生活，这种生活的目标就是不断地超越自我，并把它视为一种责任和义务。这样，贵族的生活或者说高贵的生活，就与平庸的生活或懈怠的生活形成了鲜明的对比。所以，用"大众"来指称这一类人，与其说是因为他们人数众多，不如说是因为他们的生活是懈怠的。

奥尔特加并没有特别强调"大众的反叛"的政治意味，但在法西斯主义刚开始在欧洲兴起的时候，奥尔特加就积极地捍卫自由民主制度，乃至捍卫代议制。他说："欧洲需要保留其基本的自由主义，这是超越自由主义的必要条件。"他甚至认为，民主政治（不论其类型与程度如何）的健全与否，完全取决于一个简单的技术细节，即选举的程序，其他一切都是次要的。没有一种真实的选举制度的支持，民主政治必将变得虚无缥缈，不切实际。

奥尔特加认为，大众反叛的根源在于欧洲的衰败和没落，欧洲对自己及其领导世界的能力丧失了信心。他寄希望于将欧洲转变为一个国家观念，寄希望于未来将建立一个欧洲合众国。这倒也可以说是对20世纪最后十年欧洲走向联合的一个预见，但是他看重的主要不是形式，而是欧洲的精神和价值，而正是在这方面，欧洲最内在的精神价值已经在20世纪后期发生了巨大变化。

　　大众时代即将来临，这并不是奥尔特加一个人的看法。更早的
19 世纪末，勒庞就说："我们就要进入的时代，千真万确将是一个群
体的时代。"[85] 到接近 20 世纪末的时候，莫斯科维奇则将他的著作直
接取名为《群氓的时代》。但我们的确还是可以进一步考虑：大众时
代真的来临了吗？在过去的一百年中，大众动员的技术发生了怎样的
变化，又达到了什么样的结果？

　　自有文明的社会以来，大众几乎一直就是生产、交换、军事的主
要力量，但在传统社会中，大众并不是主导和支配的力量。大众并没
有作为一个群体登上历史的舞台。传统社会基本上都是少数精英直接
统治，乃至有鲜明的等级差序。中世纪的人们则长期处在对彼岸世界
的渴望中。接近近代的时候，文艺复兴出现的一些巨人本身体现了自
我和个性的多彩和伟大成就，然后是宗教改革强调了个人在精神信仰
中的首要地位。宗教改革的倡导者相信所有的人都有灵性，都有自己
独特的个性和主体性，都可以直接与上帝交流。后来是时代努力的方
向也发生了变化，人们不再仰望上帝，而是追求尘世生活的美好，追
求人类认识、控制自然与物质能力的提高。接着就是对政治和社会的
改造，一些启蒙思想家认为人可以无限完善，所有的人都有创造性，
社会可不断进步，乃至建立人间的天堂。他们相信所有的人只要摆脱
物质生活的艰难，过上体面的日子，就会投入精神和艺术的追求。于是，
他们将过去的信仰、制度和习俗都视作愚昧和压制，试图一扫而光。

　　然而，按照奥克肖特对"大众人"或"反个性人"的解释，[86] 尽
管从十四五世纪以来人们就开始强调个性和表现自我，但许多人并不
能，也不愿成为这种自决、自由的主体，而为了掩饰其无能或不愿，
就倾向于一种反个人、反个性甚至反自由的道德与政治了。他们将希
望寄托于群体、国家和政府。在这一过程中，大众和领袖就一拍即合了。
他们互相需要。大众有数量的优势，领袖有个人的理想或野心。大众
的力量虽然凸显，大众在名义上也是至高无上的，但在这一互动过程

中，他们处于相对被动的地位，真正主导的还是领袖和精英。当然，这已不再是过去的那种精英了，而是另外的，首先是倡导反叛，然后是进行控制的精英。所以，大众的反叛与其说是自己主动的反叛，倒不如说是首先由一些思想精英唤起，然后由一些行动精英动员和组织的反叛。他们就这样被推向了现代的舞台。先是思想的种子已经播下，只要有合适的气候与阳光，它们就一定会破土而出，发芽长大。但它们还是像小草一样，簇拥在寥寥几株参天大树的周围。

我们还要特别注意当代，尤其是 20 世纪以来的发展。早期的大众运动理论家们往往强调催眠、感染、重复、断言，也谈到印刷术、小册子、报纸等传媒工具的作用。但是，动员的全面技术可以说在 20 世纪才有了长足的发展，不仅传统社会望尘莫及，近代的前几个世纪也是瞠乎其后。当然，传统社会的精英阶层也没有唤起和动员大众的愿望，这种愿望是在近代才发生的，而 20 世纪飞速发展的物质传媒又无比加速了这一进程，不仅有了大量发行的报纸，还有了可以直接面对大众的广播、电视和网络。

这一大众动员的技术首先是要有一个理想，一个能让人激动和投入的理想，它初看和个人利益无关，或者说，它显示的是一种精神的"利益"，一种通过某一个或者一系列运动将带来的无比美好的前景，吸引着人们投身乃至献身。当然，任何激动人心的理想都不可能吸引所有人，甚至不可能一下子吸引多数人。但一个成功的大众运动常常也无需如此。它开始的时候，能吸引两种人就可以了，一种是的确重视精神理想的少数人，一种是能够大胆打头阵的少数人。这两种人其实性格相反，却能相反相成。前一种提供运动理论的纯洁性，后一种人提供运动实践的发动力。这两种人还有一个共同点，即都对现实有强烈的不满，不过前一种人是因为社会不够理想而不满，后一种人则可能是因为个人失意，或者有一种天生的胆大妄为。

不过，推动一个成功的大众运动，首先还是要吸引头一种人，组成一个开始松散，后来日趋严密，开始内部比较平等，后来则越来越不平等，直到出现一个或一批众望所归的领袖的政党组织。这个组织越来越有严明的纪律，有差序的关系，有权威的领导；而有了严密的组织和宣传工具之后，动员的领袖可以仍旧是能够即兴演讲的，极具煽动力的，也可以是不直接出场，甚至不善言辞的，但一定要树立起他们的权威，乃至予以一定的"神化"，使之成为崇拜的对象。

这样的组织善于利用时机发起运动，对自发的群众运动也善于收获其成果，或者掌握自发运动的领导权来实现自己的目标。当然，它更善于通过严密的组织发起、领导和推进大众运动。自发的、没有严密组织领导的运动常常受其中的激进者不断引领，结果很可能以挫折和失败告终。有严密组织领导的运动则能收放自如，整个全程都处在它的控制之中，因为这运动本来就是它组织发动起来的。它还善于利用各种传播和宣传工具，各种可以利用的力量结成暂时的联盟。当然，最重要的还是有自己掌握的强力和武装。发起一个运动有时并不容易，因为这个运动可能和人们千百年来形成的习惯并不相符，和常识乃至人们心目中的道德并不相符，这时就不仅要借助强大的组织和宣传，后面还要有武力的支撑乃至强制。而军队和政权自然是最大的武力，所以，运动的目标又会汇聚到夺取政权上。这种动员甚至在夺得政权之后还会继续，当然，掌权之前与掌权之后的运动方式及具体目标也会不一样。

总之，20世纪是一个行动的世纪，尤其是一个大众运动风起云涌的时代。虽然尊崇群众和多数，希望从中获得一种改造世界的实践力量的思想理论在以前的两个世纪就已经产生，但直到这个世纪，群众才真正在实践中显示自己的巨大力量。当然，我们也要关注诸如大众与精英、多数与少数、民族与元首、阶级与领袖之间的关系。如果说过去在多数与少数之间保持着明确的界限和较大的距离，少数统治主要是一种"通过距离实行的统治"，那么，多数和少数的某种结合正是这个时代的一个主要特征。多数群众是有力的，但它又是被少数精英唤起、动员和组织起来的，以致我们有理由将 20 世纪称为一个"动员的时代"。几乎所有欲在政治上有为的思想和政党，不管在目标上如何分歧和对立，在实践和组织上都诉诸群众。国家政治生活不再是少数人所为之事，而是与社会，尤其是下层社会紧密联系在一起。原本沉默的多数不仅开始发出自己的声音，而且伸出自己的拳头或者拇指。政府或政党则必须要从群众、多数、人民那里获得一种物的力量和观念的合法性。

那么，一个大众的时代真的来临了吗？可以说是，也可以说不是。如果从大众的主要价值追求和意向越来越重要，乃至占支配地位来说，从所有领域的精英，包括政治领导人几乎无一例外都要考虑他们的愿望和意见来说，大众的时代已经来临。但如果从"大众的时代"意味着大众直接和全面的统治，包括进行日常的政治治理来说，那么，这样的时代并没有来临，甚至可能永远不会来临。

正如前述，大众本身就是通过思想精英的启蒙而得到一种群体意识，又是通过政治精英的动员而投入大规模行动的。大众的崛起本身也是精英引导和发动的产物。但它崛起之后的确又会有自己独立的利益和力量。所以，"大众时代的来临"本身也可以说是"一个大众与精英新关系的时代的来临"。的确，原有的少数统治和等级机构被推翻和打破了，但在经历了一个激动人心的平等多数的革命狂欢和社会激荡之后，新的隐秘的等级结构和少数统治往往又开始悄悄地建立。即便在最崇尚民主的国家，人们也不难发现一种精英的日常治理。在传统的社会里，少数精英的统治是以公开或法律的形式出现的，在现代，他们却常常以人民的名义实行统治，或者人民还是能够保持着一种最后的决定权。如果我们不是仅仅看到街头反抗的大众，也看到平时安静的营营役役的大众，那么，可以说，大众追求不断提升的物质生活的欲望还是得到了优先的关怀和尊重。无论政治的形式是实行民主还是顺从民意，大众的确在政治和社会中发挥了某种主要的作用。因此，从大众的欲求已经成为时代的主导价值来看，我们的确可以说，大众的时代已经悄然来临。

第八章

价值的趋同

随着近代地理大发现和地球科学，以及交通工具（从船舶到飞机）和通信工具（从电报电话到互联网）的发展，全球越来越紧密地联为一体，人类文明也不再主要以不同文明圈的形式各自演变和发展了。尤其是进入 20 世纪，在先后经历了两次世界大战和冷战之后，在最近的三四十年，全球各国在经济、贸易、科技和人员之间的联系、交流与活动愈加密切。更重要的是，在一些最基本的价值观方面，也出现了趋同的趋势，这突出表现在各国顺从民意，几乎都是以经济建设为中心，以不断提升人民的生活水平为主要目标。而中国和一些东方国家在近些年也的确取得了巨大的经济成就，增长速度超过了西方先发达国家。

本章将主要以中国、印度等原来很不同于西方文化价值圈的国家为例，探讨这一经济崛起后面的价值动因，说明和思考一种价值趋同的现象。

一　中国经济崛起的文化价值动因

中国大陆改革开放四十年来的经济成就有目共睹，赞誉为"飞跃""崛起"不为过。可以说，这四十年我们见证了中国几千年历史上从未有过的经济发展的高速度，人们的物质生活水平和预期人均寿命也同时有了很大的提高。至于文化价值动因，则是指中国人在价值方面的主要追求以及与经济活动有关的德性，它们是历史地形成的，与历史文化有密切的关系，但也是朝向现代世界的趋同。

诸种解释

对中国近四十年来所取得的经济成就的原因目前已有诸多解释，且多偏于制度的解释：有的强调放开市场和保护产权，乃至聚焦于联产承包责任制、价格改革等一系列改革措施；有的强调国家发展战略的改变[1]；有的强调制度成本的减少；也有的强调政治方面的中性政府、地方分权和选贤任能[2]；还有的强调中国的对内"放开"和对外"开放"，即认为"放开"是国内制度改革的主旨，"开放"则是指中国加入WTO后，获得了全球市场以及高科技革命的机遇[3]。

我们的确要重视经济和政治制度的因素，以及中国与世界的联系和外部环境的配合，但是，目前还少见从文化，尤其是从文化的核心——价值观——对中国经济成就的解释。可以说，在这四十年中，文化价值观比制度和环境起着一种更为内在、持久和广泛，甚至根本的动力作用。

当然，对中国经济崛起的成因并不是没有偏于文化和价值路径的解释，但的确比较少，也许还可以说不够准确。比如有的学者认为，儒家文化是"亚洲四小龙"以及中国大陆经济崛起的文化原因，或者更具体一点，认为中华文化高储蓄和重教育的特点是中国乃至华人经济成就的重要因素。[4]

　　还有一种比较综合的概括乃至全面提升的解释，比如说"中国模式"和"北京共识"，其中有的是强调政府和国有经济成分在各种综合因素中的主导作用，诸如国家和资本的结合、"集中力量办大事"的特点，认为中国走出了一条和先发国家根本不同的道路。但这种颇具雄心的解释至少还是需要时间来验证的，而且它目前就遇到了很大的挑战。另外，不管是倡导者还是批评者，"中国模式"论者也主要还是从制度着眼。

　　我个人则更倾向于从制度与文化的互动来探寻中国经济崛起的成因，当然主要是以价值观作为根本动因入手。

　　按照上面的说明，显然，历史文化中的价值动因不仅可以解释中国大陆，也可以在很大程度上解释此前"亚洲四小龙"所取得的经济成就，乃至解释华人在其他国家，如东南亚、欧美等国，作为少数族裔和个人取得的经济佳绩的内在动因，甚至还可以部分地解释为什么中国历史上，比如在唐朝、宋朝，就曾取得过领先当时世界的经济繁荣。

　　由此，我认为，中国大陆经济之所以会在近四十年突飞猛进，主要是由于此时的制度和政策与中国人的价值观有某种比较充分的配合。一个最简捷的解释就是和改革开放四十年相关，从制度的原因看，就是"改革开放"这四个字，即对外开放和对内改革，当然，这里的改革主要是"放松"或"放开"。而正是这种制度上的改变，与久已存在的中国普通老百姓的价值观念有了一种颇佳的配合，就像持久关闸积蓄了高水位的大水库，一旦开闸，经济就出现了滚滚洪流。[5]

　　也就是说，制度和观念都是不可或缺的。对中国近四十年的经济成就来说，文化是根本的远因，制度是主要的近因。制度和价值观之间有一种很强的正负联系。一方面，制度可以起两种作用，一是压制多数人的价值观，二是顺应或者促进多数人的价值观；另一方面，社会如果有一种强大的价值追求，也可能促发制度的改变，而在恰当的制度下，价值追求就会焕发出巨大的能量。

主要价值动力和相关德性

　　价值观构成一种文化的核心，并有相当的延续性和稳定性。价值观不是单数的，而是复数的，但一个社会也会有主导或主流的价值观，各种价值观也有分合离异和各自地位的转变。下面我们就进入对中国人价值观念体系的分析，这种分析首先可以区分出两种价值追求：一是主要或最高的价值追求，二是辅助性的德性价值追求。一个一般的，尤其是传统的道德体系，常常分为两个部分：一个是善论，也就是对人们视为善好的各种价值的追求，尤其是那些主要或最高的价值，或者说对"至善"的追求；一个是德论，也就是有助于达到这些价值目标的各种德性和能力。

　　那么，在中国近四十年发挥了巨大作用的普通人或多数人的价值与德性是怎样的呢？我在此想先列出对中国的经济成就起了巨大推动作用的根本价值追求和主要的相关德性。

　　首先，我们来谈谈长期存在于中国普通人那里的根深蒂固的基本价值追求。这里以在中国传统民间社会曾经广为流行的《增广贤文》为例。这部在清代汇聚了各种名言谚语的书，相当真实地反映了中国普通人的价值观念，也是中国传统社会长期历史经验的一个总结，其地位和影响有些类似于富兰克林的《穷理查年鉴》，一度风靡全国，家喻户晓。

　　当然，《增广贤文》也是上层精英文化与下层民众文化的混合：前者表现为有许多劝人读书入仕的格言，后者则表现为有许多教人如何为人处世的谚语。其中，对财富的重视和追求是非常明显的，比如"人为财死，鸟为食亡"，"欲求生富贵，须下死功夫"。在传统社会中，居于主导地位的儒家思想虽然不会将这种价值视为最高，但也不会全然排斥，比如"君子爱财，取之有道"。社会的风俗也是有钱才有地位，说出话来才有分量，比如"有钱道真语，无钱语不真。不信且看筵中酒，杯杯先敬有钱人"。如果自家的孩子不会读书，做不了官，则还可以努力奋斗致富，"闹里有钱，静处安身"。

与这种根本价值追求相关的中国人普遍重视的德性价值，则主要有：

一、勤劳。主要表现为以辛勤劳作为荣，抓紧时间，不怕苦累。如《增广贤文》中所说："一年之计在于春，一日之计在于晨，一家之计在于和，一生之计在于勤。"还有如在当代经济发展中表现卓异的浙江温州人所说的："能做老板，能睡地板。"人们都想做老板发财，但为此也要能够含辛茹苦。

二、节俭。如《增广贤文》中所言，"养儿防老，积谷防饥"，"常将有日思无日，莫把无时作有时"，"从俭入奢易，从奢入俭难"。中国人的储蓄率一般都很高，也愿意将节俭下来的钱财拿来理财和投资。

三、韧性和变通。这可能也是中国人很突出的一个特性。特别能忍耐，接受挫折和失败，"得忍且忍，得耐且耐"，一条路走不通，就换一条路再试。他们也相当灵活，或者说适应环境和应变的能力很强，随时能落地生根，开花结果，不拘条件，只要有一点机会就紧紧抓住。

四、重视教育，有很强的学习能力。中国人传统上一向重视教育和学习，历史上有许多的"劝学文""劝学诗"，虽然过去最重视的是人文知识，但学起现代自然科学和技术知识同样得心应手，正所谓"学好数理化，走遍天下都不怕"，"一技在手，受用终生"。

由于社会上广泛存在的这种价值追求和德性偏好，在改革开放之后，制度一旦放松，经济就爆发出巨大的活力，一度万众下海，万马奔腾，人人都想致富，也愿意为此付出辛勤的劳作，节俭生活，随时学习新的知识，寻找新的商机，从而为中国经济的飞速崛起提供了源源不竭的动力。

第一次历史转变

那么，这些价值观是怎样历史地形成的？为什么它们恰恰在最近四十年焕发出巨大的活力而造就中国经济的起飞？这就需要追溯中国的历史文化。

人们的价值观念和欲求并不是一朝一夕形成的，需要长期的积淀。我们先来谈谈中国近三千年来主要价值追求的第一个转折点，即西周开始的从宗教主义向尘世主义和人文主义的转折。尽管商朝以前留下的带宗教意味的文献不多，远不及其他文明，尤其是犹太文化，但我们还是能看到一种更崇拜上帝和天命，乃至政治与宗教合一的倾向。而西周的统治者则开始强调以德配天，敬天保民，重心放在人力可为的范围，主要关心人间而非天上的事务，政治与宗教开始比较明显地分离。

这一脱离宗教的超越信仰，或者说与一神论宗教拉开距离的转向，的确是由上层精英作出的，是自上而下的。从此，中国人的价值观再没有向宗教而是向人文方向发展。人们的精神注意力也就从天上回到人间，开始重视人世和此生的幸福追求：上层精英主要向人文卓越与道德圣贤方向努力，下层民众则主要在物质生活和基本伦常方面用力。

这倒也吻合了现代世界世俗化的潮流。现代中国不需要"脱神"，不需要经历一个类似近代西方和其他文明的"上帝死了"的精神挣脱过程。从西周开始，中国就决定性地走向了一条与世界其他许多民族和古代文明不一样的道路，基本脱离支配性的超越的宗教信仰，更重视人间生活和人文，或者说，一种此世主义。它在世俗化方面早就准备好了。

但即便都重视人间和此世，也还是有一个非常重要的区分，即传统社会是一个官民两分、少数统治的社会，上层社会的价值追求和德性要求与下层社会的不一样。在西周之后近三千年的传统社会中，这种此世主义，从社会的主导价值观来说，还不是物质主义的，甚至民众虽然重视肉体的生命，追求尘世的幸福，但也还不是强烈地以物欲为取向。这也许是因为，他们所持的价值观虽然是多数的价值观，但在一个由少数人文精英治理和统治的社会里，并不居于主导地位——不仅在政治上占主导地位的儒家思想不以经济为中心，甚至在民间，佛教和道家的思想也是淡化物欲的。

所以，要分析中国传统社会价值观的主要成分，我们必须注意到，它们实际是两分的，即政治与社会、朝廷与民间、上层与下层，或者如孔子所说的，君子与小人、士人与民众。想成为有学识和高尚道德的君子的人，主要是从人文与道德的方向努力，在社会地位上则会成为官员，成为士大夫。这个方向后来得到了社会制度的保障，从西汉就开始的推荐官员的察举，到唐朝确定的考试选拔的科举，的确能够让有学问和德行的人成为官员，而一旦成为官员，他们的经济地位也能得到保障。但按照儒家的文化来理解，他们的确不以财富为自己的人生目标，财富只是这种道德追求的副产品。而且，能够通过精湛的学问进入社会上层的人毕竟是少数，绝大多数民众还是要自谋其利，其中一些商人、土豪的确也能够比官员更富有，但社会地位并不高。社会最为羡慕和尊重的还是那些读书做官的少数人。

这样，多数人的物质追求就受到了儒家这种人文等级社会主流价值观的压抑，从而居于社会主导地位的并不是多数人而是少数文化精英的价值观。正所谓"君子喻于义，小人喻于利"，大多数民众一定会主要追求物质生活的丰富，但在儒家看来，这种追求要低于人文及"学而优则仕"。尽管追求儒家人文精神的大门是对几乎所有人敞开的，但可能只有少数人愿意追求，只有更少数的人能够成功。由于这种少数的精神追求成了统治阶级的统治思想，多数人的物欲追求肯定是要受到压抑的。这样，社会分层就构成了一种上小下大的金字塔，但又不是完全固定的金字塔，上下还是可以流动的。

在中国传统社会和政治中，居主导地位的儒家思想虽然压抑物欲，但基本上还是一种温和宽容的理论。它虽不以经济发展和财富追求为中心，但也基本上不干预民众的经济活动和物质生。它主张"国不专利""为民制产"，让民众过上小康生活。它的重视知识和教育，重视家庭责任，倡导和平和谐，对人们的经济生活也有促进作用。

另外，与宗教中的那种精英和信众相对紧密地结合在一起不同，中国历史上的人文精英则和民众保持着相当大的距离，官民两分，形成一种政治和社会上的等级制。尽管这种等级制是流动的、开放的，下层有机会通过察举和科举跻身上层，但上来的毕竟只可能是少数，且这些少数与多数又马上拉开了距离。中国的传统士人期望移风化俗，淡化民众的物欲，但也不想从根本上改变人性，他们清醒却也无奈地认识到，不可能普遍地改变这一人性。[6]

毕竟，一种人文的思想文化，远不能像一种超越的宗教信仰那样普遍地影响大多数人，所以，儒家淡化经济利益和物欲的价值观对民众的影响并不大。在中国历史上，也有商品经济的多次繁荣，虽然还不是那种伴随着地理大发现和工业革命而来的现代资本与全球市场经济，但经济体量和水平也常常达到当时世界的最高峰。

总之，中国传统社会上层的人文价值观虽也对下层民众的物质价值观构成了一种压抑，但还是一种比较"温和的压抑"——只是不让下层的价值观成为社会的主导。而当中国和西方在近代大规模遭遇以后，中国人先是痛感物质层面的技术和力量不如对方，进而认为西方在政治制度和价值观念上也有优势，于是，在 19 世纪与 20 世纪之交，中国开始了一种社会主导价值的转换，开始追求民富国强。这也就是我们接下来要谈到的第二个转折点。

第二次转变和曲折

如果说中国从西周开始的第一个历史转折是从宗教转向人文，那么，近代开始的第二个转折，则是从人文转向富强。

春秋以降，尤其是战国时期的列国也一度相当追求富强，尤其是"国强"，当然，这是在君主独尊的前提下。其中，以秦国最为明显和强势。从商鞅变法的秦国到统一中国的秦王朝，的确早已走过一条追求富强尤其是"国强"的道路。但从西汉开始，尤其是宋以后，则更多的是以儒家的上层人士希圣希贤、全社会天伦和谐、君王与士大夫共治天下的思想为主导。

然而，自近代中国与西方有了大规模的遭遇和冲突，在累次受挫和战败的刺激与震撼下，上层主导的价值观念逐渐发生了变化，到19世纪与20世纪之交，就基本确定了以"追求富强"为全社会的主要价值目标，而不再是过去的上层与下层两分、由上层主导的价值观了。这样，近代中国又有了一个价值地位的大翻转。

由于现代世界浩浩荡荡的平等潮流，普通人或多数人的价值观开始成为主流。美国人类学家罗伯特·雷德菲尔德（Robert Redfield）在研究墨西哥社会时曾经有一个区分，将以城市为中心的文化称为"大传统"（great tradition），将乡间文化称为"小传统"（little tradition）。我们这里可以借用这种提法，将居于主导地位的文化价值观称作"大传统"，非居于主导地位的文化观称作"小传统"，那么，近代中国发生的情况就是：过去的小传统（在野的民众文化），现在变成了上层也必须顺应的"大传统"。也许这两种传统的基本内容并没有大的改变，但它们的相对地位却发生了天翻地覆的改变。

所以，认为儒家文化是"亚洲四小龙"，后来也包括中国大陆的经济崛起的内因的解释，并不那么准确。与其说过去"在朝"的儒家文化是华人圈经济成就的内在价值主因，不如说是过去"在野"的中华民间俗世文化是其主要原因。当然，中国上层精英的文化与下层民众的文化一直共享着一些因素，比如，都重视人间，重视现实，重视生存与和平，重视天伦之乐，等等。

但为什么 20 世纪初之后，中国大陆走向富强或者说以经济为中心的转向还是经历了近百年的曲折？这里有国际环境、内外战争动乱频繁，也有手段一度异化为目标的原因。

其实，共产主义的图景也有相当物质化的一面，也包括对民众的物质吸引力，以及"财富的充分涌流"和"按需分配"的美妙愿景。1949 年中华人民共和国成立之后，执政者也追求"四个现代化"的国家富强，一度努力在经济上有大的建树，经济也有相当的恢复和发展，打下了一定的工业基础。甚至到 1950 年代末，执政者还试图用国家权力和群众运动来实现经济和社会的"大跃进"，提出了"超英赶美"的口号。但这些违反经济规律的尝试都失败了。后来的中国则迅速转向"以阶级斗争为纲"，要通过一系列政治运动首先塑造一代大公无私的"共产主义新人"，直到"文化大革命"爆发，喊出"宁要社会主义的草，不要资本主义的苗"，连自留地和小商贩也受到严格限制乃至禁止，民间和个人的经济活动几近奄奄一息。与过去儒家思想对民间经济的那种"温和的压抑"比较而言，这可以说是一种"激烈的压抑"。

十年"文革"使中国国民经济几近"崩溃的边缘"，从这一点看，我们也可以说，"改革开放"是逼出来的。在 1978 年的十一届三中全会之后，执政党坚定地明确了以经济建设为中心且不再动摇，对经济的努力不再设限，不进行"姓社还是姓资"的争论，重视实效，"不管白猫黑猫，抓到老鼠的就是好猫"。此前的各种政治运动和宣传也培养了民众一种广泛的自我意识和政治意识，人们不再那么"安分守己"、谨小慎微和安土重迁，敢于流动以寻找各种经济机会。

而在人们的物欲被压制得最甚之后，它的反弹也最厉害。[7]待到国门开放，从贫困和饥饿中走出来的人们，看到外面世界的繁华和富足，致富的动力无疑会更加增强。也许这是中国人在历史上第一次能够甩开膀子，理直气壮地大干，一心一意地谋求物质生活的改善。而这种欲求必将成为经济发展的强大动力。

执政党在消除了过去无产阶级专政下继续革命的意识形态限制之后，也就可以进行一些最重要的制度和政策的改变了。一是允许生产资料和资本的私有产权。如果说 1980 年代可能还会争论一个私营企业有几个雇工才不算剥削，那么，到 1990 年代，就已经出现了诸多发展迅速的民营企业，可以说是遍地开花，成了改革开放的生力军。其中一些企业迅速做大做强，甚至还出现了一些"巨无霸"。在此过程中，有两批人脱颖而出，起了重要的作用：一批是土生土长、商业上有长才和见识的企业家；一批是海归，带来了现代企业的管理经验和高新技术。比较成功的公司也多引入了内部分享利益的机制，大家一起致富。随后，国有企业也做了一些向现代企业制度转型的改革，有了一定的内部激励机制。二是放开自由市场，主要让市场来配置资源，让资金和资源通过市场流动起来，涌向最能发挥效益的地方，而且不止国内市场，还通过向世界开放走向了全球市场。当然，一些适宜的发展战略和"集中力量办大事"措施，也一定程度上促进了基础工程的建设。

除了这些制度改革以及全球市场经济和国际机遇，更根本的还是多数人的价值取向。其中重要的是，你最想要得到什么，你有没有合适的手段和路径。如果说多数人，尤其是那些很早就几乎完全转向了此世主义的中国人，最想要的是物质的安康乃至财富的充分占有，而又几经曲折终于找到了实现这一欲求的最恰当手段和道路，诸如先发国家已经示范了的自由贸易、市场经济和现代产权制度，那么，中国经济的起飞也就顺理成章了。盘点最近四十年中国的经济发展与民众物质生活水平的改善，那些经历了改革开放全过程的一代人，可以说已经远远超额地实现了他们最初的经济和物质生活预期。[8]

分析与前瞻

再总结一下。我们或许可以说，中国社会的主流价值观早就是一种此世主义、人间主义，但在近代又变为以物质主义为主导。如果和世界上其他文明相比较，大概可以说，所有民族的人们都是要追求一种美好生活的，而且多数可能还更重视其中的物质因素，但其中的确又有程度的不同——在这方面，中国人的动机的确表现得更为强烈，他们又具有勤俭、灵活等能够有力地支持这一目标的德性。中国人其实是很能适应市场经济的，许多人天生是市场经济的弄潮儿，加上很强的学习能力，这些都是中国人最大的后发优势。但是，如果制度不放开，则民间的个人再有企图心和商业能力也是枉然。所以，我们一直强调的，是制度与价值在这些年里所形成的某种良性混融，或者说一种颇佳的相互配合。

这种对物质财富的追求和渴望，从低端观察是为了生存，解决温饱问题；从高端观察，则是为了获得财富，成为豪富甚至暴富。从低端，也就是为了生存焕发出来的动力，应该是最为巨大的，但均富也是普通人的梦想。

对物质财富的追求虽然难说高尚，却是合理的。对一种体面生活的追求也不失为正当，而对基本的生存物质资料的要求则更加正当。因此，中国人这种比较实用和物化的价值观也许并不很伟大，但有其合情合理和正当性，尤其是当它成为追求一种人之为人的体面生活的时候。

当然，我们也可以略微说一下这种基本价值追求的另一面，或者说负的那一面。如果物欲和实利的动机太强，在精神信仰方面的追求不够，只重视物质生活，不重视人的自由、平等和尊严等价值，也会影响到对人的全面幸福感，或者说对人的生命的完整意义的把握。

上面提到的有利于经济活动的各种德性，也会影响到即便是尘世的幸福，比如说，过于勤劳，可能就不够注重生活的质量，不能充分理解闲暇对人生幸福的意义，乃至容易被讥为"经济动物"；过于节俭，也许会影响生活的舒适以及慈善的事业；过于韧性乃至过度忍耐，有可能损害人的自尊，等等。这些德性，从长远来说，甚至也有可能影响经济的持续发展。少数人的炫富和多数人的过度节俭，可能导致产业不平衡和消费力不足；过于灵活可能容易导致原则性不够，甚或不够尊重保障经济活动的法律和规则，进而影响市场秩序的健康发展；而过度忍受，也容易导致建立合理而可靠的法治市场秩序的决心不够坚定；即便在聪明和善于学习上，也可能有过于重视实用技术而轻视基础理论科学的偏颇。

另外，中国人的价值观中，本就有一些制约人的全面幸福和经济发展的因素。比如，不甚重视自由，没有对自由的制度保障，科技的首创力也就有所欠缺；诚信没有达到一个高水平，会增加交易成本，影响经济的发展和因互信给人带来的惬意；不够勇敢，也就不容易捍卫自己和他人的合法产权；太重视亲友，也可能影响到如何与现代社会大量的陌生人合理地打交道；人与人之间的合作和团队精神不够强大，也将直接妨碍企业做大做强，等等。

这里还要说明的是，以上只是对中国社会，尤其是作为多数民族的汉族的主流价值观而言，并不试图完全囊括全体中国人的所有价值追求。

至于今后会发生什么变化，由于基本生存的压力不再，过去长期的压抑带来的刺激和反弹不再，人们是否还会有那么强烈的物欲动机和奋斗精神？中国向世界开放了四十年，现在和未来的年轻人的价值观会不会发生一些重要的新变化？是不是一些有利于经济发展的价值

观念可能正在弱化，而不利于经济发展的价值观念正在增强？ ⁹ 这些
都还有待于观察。

我们现在也许只能说，在一个急剧变化和全球密切互动的时代，
许多价值观念肯定会发生变化，但一般来说，基本的价值观念既不是
短时间内就能养成的，也非短时间内就能改变的。¹⁰

总之，回顾近四十年中国人的价值观念与经济成就关系的历程，
我们大致可以说，一种普通中国人持有的、在数千年历史文化基础上
形成的基本文化价值观，可能正是近四十年中国经济飞跃发展的一种
根本动力。在长期世俗化的中国，追求美好的物质生活的价值观念本
来就有深厚的社会基础，到了近现代则更可以和世界的主流价值观念
合流，甚至焕发出更为强大的活力。

二　从"东西殊途"到"无问西东"

上述 20 世纪以来的价值趋同现象，并不仅限于中国，而是在世
界各地发生。下面，我将借助梁漱溟在近百年前对东西文化的比较和
思考，主要探讨一下东方与西方世界的价值趋同。

依据对人生的根本态度之不同，梁漱溟提出了自己对世界文化的
三分法，即一意向前和向外用力的西方文化，以及属于东方文化中的
两支：向后和向内的印度文化与折中平衡的中国文化。他认为，未来
的世界文化将是中国文化的复兴，但是，中国自己应该先走西方的路。
一个世纪之后，将其观点验之于今天这样一个已经充分全球化了的世
界，我们会发现，不论东方还是西方，在根本的价值观念上都比较趋
同了，也都在经济和科技以及人们的物质生活方面取得了史无前例的
成就。

但与此同时，这些成就并不能排除同样巨大的隐忧——彼此冲突

的加剧。这不仅是因为各国若单纯追求自身利益不一定能消弭冲突，还因为价值目标的趋同，即都是最为追求富强，而可能加剧冲突。当然，更重要的是，如果无限制地逐物变成一种全球化的普遍追求，还有可能严重危及整个人类及其生存环境。

东西文化之分

这一价值转变的历程可以追溯到百年前的五四运动。"五四"是一个结束，又是一个开始。它结束了一个寻求各种域外"真知"的"认知时代"，开启了一个统一思想集体行动的"动员时代"。在这个时间节点之后，梁漱溟可能属于那种仍然特立独行地、继续执着地思考文化与真知的少数人。而他后来从事的乡村建设实践，走的也的确是一条特殊的行动路线。他的思想和行动并不属于 20 世纪的主流，但他的世界眼光和文化意识却并不过时，到了今天甚至更显其意义。

1920 年，梁漱溟在北京大学开设了一门"东西文化及其哲学"的课程，1921 年，他又到山东讲演这一讲题，并将讲演记录汇编成《东西文化及其哲学》出版。

梁漱溟认为，"文化"与"文明"有别，"文明"是指人类生活中的成品，如器皿和制度，而"文化"是指"人类生活的样法"，或者如我们今天所说的，"一种怎样的生活方式"。但他也并不严格地区分使用"文化"与"文明"。比如，他就曾引李大钊《东西文明之根本异点》一文，来说明东西文化之异的一个起点。李大钊认为，东方文明之根本精神在静，西方文明之根本精神在动。梁漱溟则进一步指出，西方文化不仅是"动"的文化，还是"意欲向前"的"动"的文化。梁漱溟之所以更多地使用"文化"而非"文明"，是因为他更强调文明中的精神和价值方面的因素。[11]

在梁漱溟看来，在当时急欲救亡图存的中国，文化依然是很根本

而又急迫的：中国人开始改变生活方式，采用西方化，先是学习西方
的坚船利炮，后是声光化电（工业文明），再后是政治制度（从改良
到革命），最后到《新青年》问世，开始追溯到西方的根本——整个
西方文化，尤其是其伦理思想或者说人生哲学，那么，东方性是否要
连根拔起，还有没有存在的余地？

此一番从军事到经济，再到政治，最后到精神文化的演变过程，
今天我们已经相当熟悉。梁漱溟赞成陈独秀的看法，认为我们的确要
从整个文化，尤其是根本的人生态度入手解决问题。

梁漱溟自称是"问题中人"，而且是一个非常认真地寻求认识和
解决问题的人。他一定要弄明白问题的所在，而且努力找到解决的办
法，因此也常常将问题处理得相当简明乃至尖锐鲜明，可能失去一些
对问题复杂性的认识，乃至存在盲点。

梁漱溟界定了文化的三个层面：精神生活方面，包括宗教、哲学、
科学、艺术等；社会生活方面，包括社会组织、伦理习惯、政治制度、
经济关系等；物质生活方面，包括衣食住行，从自然界求生存的诸种。

梁漱溟还将人类文化划分为三大支：西方文化、中国文化与印度
文化；后两者都是属于东方文化。他认为西方文化的优势主要表现为
两点"异采"：一个是科学的方法，一个是人的个性申展（自由）和
社会性发达（民主）。简言之，也就是"赛先生"（科学）与"德先生"（民
主）。文化是一个民族生活的样法，而生活就是没尽的"意欲"。西方
文化就是这种"意欲向前的精神产生'赛恩斯'与'德谟克拉西'两
大异采的文化"。[12]

那么，西方人是怎么得到这"科学"与"民主"的精神的呢？梁
漱溟认为，不是因为自然地理环境，也不是由于生产力，而是出于精
神方面，出于"人心"，出于"意欲"。人的奋斗会遇到外物、他心和
自然律的限制或阻碍，所以其意欲有能够得到满足的，如通过知识
的力量满足对物质的意欲；还有可能满足也可能不满足者，因为还

有他人的意欲；最后还有绝对不能满足者，如长生不死等。

在梁漱溟看来，对人生的基本态度有三种：一是奋力改造外界，征服自然和改造社会；二是调和或调整自己的意欲与外界平衡；三是干脆取消自己的意欲。西方文化是采取第一种态度；中国文化是采取第二种态度；印度文化则是采取第三种态度。西方文化是努力向前的路径，中国文化是调和折中的路径，印度文化则是反身向后的路径。当然，梁漱溟也指出，西方文化在中世纪也曾走过第三条禁欲的路径，近代又回到了第一条路径。但这三条路并不是同一条路，而是方向完全不同，中国和印度如果各自按原先的路继续走下去，也永远不会走到第一条路径。三大系文化是由对人生的三大根本态度演成的。

在《朝话》中，梁漱溟又更具体地说明了三种人生态度：第一种人生态度，可用"逐求"二字以表示之，此意即谓人于现实生活中逐求不已，如饮食、宴安、名誉、声、色、货、利等，发挥至最高点者，即为近代之西洋人。他们纯为向外用力，两眼直向前看，逐求于物质享受。第二种人生态度为"厌离"，最能发挥到家者是印度人。第三种人生态度，则可以用"郑重"二字以表示之。郑重态度，又可分为两层来说：其一，为不反观自己时，向外用力；其二，为回头看自家时，向内用力。这条路发挥得最到家的，即为中国之儒家。逐求是世俗的路，郑重是道德的路，而厌离则为宗教的路。

梁漱溟的划分和卓见富有意义，不仅在当时就产生了相当大的影响，今天也可以构成我们认识世界与自身的一个视角。他区分东方文化与西方文化之异，说关键的是"根本的人生态度"，这的确是抓住了关键。他也强调人类不能一味往前，尤其不能耽于物质，必须节制欲望。

但若仔细分析梁漱溟对世界的"东方"和"西方"以及将世界文化划分为三种文化的观点，或许因为所处时代与个人境遇的不同，是可以有一些与他不一样的补充看法的。

首先是何谓"东方"，何谓"西方"？ [13] 这当然有立足点的不同，是立足于东方（中国），还是立足于西方，或是立足于世界？另外，是着重从地缘政治，还是从精神文化看？

从地域来看，欧洲加上后来的美洲属于"西方"，东亚属于"东方"，这是没有太大问题的。比较有疑义的是中间的一大块，也就是西亚，乃至再加上北非。对欧洲人来说，它是东方，但至少对中国人来说，却也是处在西方，甚至从中国和"西域"实际交往的历史看，则更可以说是中国的"西方"——中国在政治军事上与西域有冲突也有交融，在经济和文化上更有"丝绸之路"和"往西天取经"。但总的来说，这种交往并不密切，远没有达到西亚与欧洲的那种复杂交织和相互冲击——它们在历史上交往和缠斗的重心在地中海。而地中海世界及其波及圈，或许是近代以前唯一可称为"世界"的世界。它包括欧洲、西亚和北非。在那里早就发生了种种文明的、宗教的、种族的、国家的冲突，同时也有密切的交流以及部分的融合。这个"世界"留下的许多经验教训到今天也值得吸取。

目前的欧洲和亚洲大陆，甚至还应该包括非洲的北端（北非），其实是一块大陆，也就是欧亚大陆。在"东方"这一块，古代中国与古代印度的互动并不太紧密，古代印度影响东亚较大的只是思想方面的"佛教东行"；而中国，在政治军事文化方面，只和北方的游牧民族以及朝鲜与越南有较密切的互动，对日本也有一定的文化影响。后来占据了亚洲北部一大块地方的俄罗斯，从文化上来说，基本上还是属于"西方"。

如果从文化或者精神观念上，将欧美文化视作"西方"，这也是没问题的，尤其是以现代的眼光观之——"现代"就是从欧洲文化起源和由其主导的。但是，如果不仅从空间，还包括从政治军事的密切互动，尤其从东亚或中国的立足点来看，简单地将西亚视作与自己一体的"东方"却是有问题的。[14] 从宗教来看，就更是如此。西亚和欧洲都长期信仰一种超越性的存在，虽然从思想观念来说，西亚和欧洲仍有很大的差异，但这种差异可能并不比西亚和东亚的差距更大，故而，笼统地说"亚洲"或者"东方"是需要仔细辨析的。

西方文化是从南欧或者说地中海起步的，比较本源和纯粹的源头是古希腊文化。当时的希腊人将东边的波斯帝国视作异类，然后基督教文化吸收了许多他们眼中的"东方"因素，可以说，正是那时有了第一次文化的大融合（但中国和印度基本不与焉）。后来，从天主教又分离出东正教文化，及至近代，通过宗教改革分裂出新教。这样，希腊文化和基督教文化的合流便成为近代以来的"西方文化"。西方文化从南欧向中欧、北欧扩展，地理大发现之后更向"远西"（美洲）和世界其他地方扩展，它有时也被称为"北大西洋文化世界"。[15]

由于近代以来西方（欧洲）文化的强势，欧洲人将西亚视作近东和中东，然后是远东（东亚），乃至不再细分西方以外的世界，就简单地将世界分作"西方"和"非西方"，或者说构建为"自我"和"他者"。但后者无疑具有比"西方文化"更丰富的多样性。

在阐述了这些复杂性之后，我们再回过头来看梁漱溟的划分。梁漱溟将中国文化和"近西"的印度文化视作"东方文化"亦无不可，只是我们今天理应要比他的时代更充分地去认识"东方"和"西方"的复杂性。

梁漱溟对西方文化的追求彻底、一意向前的认识相当明澈，但对现代西方也有基督教的推动，以及广义的基督教（还有伊斯兰教）不同于佛教的特点，似没有深切的体认。他对宗教的体验主要还是立足于佛家，对现代西方文化及其历史源流的认识也不是很全面和充分。他不很明了西方思想的谱系，就像他的传记[16]作者艾恺所说，他对西方思想资源的利用有一点像随手拈来，将他所读到的西人著作中凡是能够支持他的论点熔为一炉，为我所用，但它们之间的差别其实较大。但是，他的见识是惊人的，甚至有相当准确的直觉，也是许多熟读西方文献的专家比不上的。

梁漱溟对佛教及其哲学的体认相当精深，而且是知行合一的，甚至几欲自杀或者出家，但他没有太提及，佛教今天在印度已经不是主流宗教，佛教徒已经不到人口的百分之一。

梁漱溟对中国文化也有许多精到的阐述和领悟。他的祖先是元世祖忽比烈的第五子，其父梁济在清亡后殉道而死。梁漱溟一旦认同儒家，终生不渝，言行一致，百折不挠，表现出罕见的刚劲，这恐怕和中国文化有关，也与家族遗传有关，属于柏拉图《理想国》中所说"由刚入柔"但仍保持刚性的一类。他接到蔡元培到北京大学讲课的邀请，首先要问北大对孔子的态度，认为北大对中国文化应当有所贡献。

但梁漱溟对中国文化的认识可能也有些"执于一端"。他极推崇孔子，但对孔子以后的儒家，除了王阳明心学流派之外，多有批评。他对当时儒家的保守主义与佛家的复兴也不感兴趣，对康有为更是持相当批判的态度，并认为《礼记·礼运篇》中的"大同说"不是孔子的学说。他坦承自己没有系统受过中国古代经典的训练，他这方面肯定不像康有为、章太炎那样有深厚的国学功底，虽然其传统人文修养仍然是今人难以企及的。

但和我们的论题相关的一个重要问题是，他可能没有充分意识到儒家思想所具有的精英主义色彩，以及与传统等级社会的配合性质。也就是说，儒学其实只是一种人文精英的学问，也只是在一个少数统治的等级社会（虽然中国通过科举发展出一种了不起的流动开放的等级制）上升到独尊地位，才能充分地发挥其价值主导的作用。如果儒学无法获得这种地位，或者更甚，连这种社会结构也已经解体，那么，儒家大概只能起一种个人修身的作用，即便名义上被现代统治者重视，也只是一种"缘饰"。的确，梁漱溟希望儒学对大众、对社会发挥巨大的影响力，所以他看重走向社会和民间的左派王学，但即便在历史上，这种王学也并无多大效力，甚至还有诸多流弊。

　　当然，今天看来，梁漱溟论世界文化时最大的一个缺憾可能还是对宗教文化的认识不够全面，对犹太教、广义的基督教（天主教、东正教和新教）以及伊斯兰教的文化都没有怎么提及。在这方面，我们可以将他和大致同时代提出一种宗教文化分类的马克斯·韦伯作一点比较。韦伯也是主要依据人们的根本价值追求，从宗教的角度提出了自己的四种类型划分，即西方的两种——天主教的出世禁欲主义和新教的入世禁欲主义；东方的两种——儒教的入世神秘主义和佛教的出世神秘主义。梁漱溟以东方为重心，韦伯以西方为重心，共同点是都强调根本价值观念的导向，但都没有充分认识到伊斯兰文明的重要性。这也许是 20 世纪初的历史条件限制了人们的认识，当时的伊斯兰教国家如奥斯曼帝国急剧衰落，伊斯兰世界还没有后来的某种教义和精神的回归，也没有发现石油富源，政治经济上的重要性也不如现在。20 世纪末塞缪尔·亨廷顿提出的包括了伊斯兰文明的文明类型划分和冲突的预测，则是更接近今天的现实。

　　尽管有这些不够全面或过于简单的地方，我们还是可以说，梁漱溟对他讨论的三种文化的核心精神，或者说对人类的三种基本的人生态度的把握，还是相当精准的。我们自然可以补充说，除了这三种基本的文化类型，还有其他的基本文化类型，比如伊斯兰的宗教文化。由此，除了在向前、向后和持中的三种人生态度之外，也应该还有一种"向上"的人生态度，即信仰一个超越性的存在。

未来文化路径

　　梁漱溟对问题的认知主要不是出于知识的好奇，而是要解决问题的。"中国走哪条路"是他念兹在兹的、指向选择和行动的问题。而这同样需要有一种世界历史的眼光。

　　根据梁漱溟对世界文化类型的划分和我们上面的补充分析，似可分出下面四条人类文化或文明的主要发展路径——

　　路径1：以近代以来的西方为代表，其根本的人生态度或价值取向是一意向前、向外，逐求功利和富强，它自然是入世的，重心是处理人与物的关系。在此及下面所说的"重心"是指其最偏重的一面，并不是说其他关系就无顾及。而且，路径1也只是指近代以来的西方文化，并不包括其古典时代与中世纪的文化。

　　路径2：以传统中国文化，尤其是儒家文化为代表，其根本的人生态度或价值取向是平衡持中、内外兼顾，节制物欲，不纵欲也不禁欲，它自然也是入世的，重心是处理人与人的关系。古希腊罗马的人文与政治理性也可以说是既追求卓越，又注意平衡的。

　　路径3：以古代印度的佛教为代表，其根本的人生态度或价值取向是向后、向内、禁欲的，它是出世的，重心是处理人与自我的关系。当然，任何深沉的文化都是要关注自我的，但佛教独特的地方在于它几乎看淡一切外在关系。

　　路径4：以从传统过来的西方基督教和伊斯兰教为代表，其根本的态度或价值取向是向上、向内，它的重心是处理人与一个超越性存在——上帝或唯一神——的关系。从最高目标来说，它是出世的，最高的希望是彼岸和天堂，是灵魂的永生，所以，虽然也注意在尘世努力以配得上神的荣耀和呼召，但根底上是禁欲的，但又不像佛家那样出世，而是也关注社会政治和经济，甚至希望在大地上推广本宗教的社会生活秩序。

　　梁漱溟在其后来的著作《中国文化要义》中认为，人类文化有先后次序，所以有三期次第不同。第一期是身的文化，第二期是心的文化。故第二期文化实以第一期文化为基础而出现。西洋文化是从身体出发，慢慢发展到心；中国是径直从心发出来，而影响了全局。中国文化是"理性早启"，"文化早熟"。[17]印度文化更是如此。人类文化之初，都不能不先走第一条西方人精进的路，走完了再中途拐弯到第二条路上来，而中国化复兴之后将是印度化复兴。

但这是长远的未来，至于现在中国人的态度，梁漱溟则主张先要弃印学西，"对西方化要'全盘承受'"。[18]这和胡适曾经提出的"全盘西化"（后来胡适改提为"充分世界化"）相差其实并不遥远。现在的中国有必要走向第一条路径，即西人奋斗精进的路径。人类也是应该先对自然界求解决物质生活的问题，然后再解决更高的问题。西方文化可以"顺转"，东方文化则必须"翻转"。也就是说，中国要先从路径2转到路径1，然后再回到2，或许再进到3。

这是我们熟悉的，也是真实的一个心灵逻辑：一百多年前，中国人从对西方器物优越到政治制度、伦理精神优越的认识，都还笼罩在追求富强的价值追求的影子之下。从李鸿章、张之洞到严复、康有为、梁启超，到立宪派与革命派，到陈独秀，甚至到梁漱溟，念念不忘的还是中国的富强，虽然这"富强"在他们心中有不同的分量和权重。

梁漱溟认为，中国人要学西方，但西方人也要变。他认为西人其实已经是走得太过了，人们实际上并不幸福，甚至"苦痛甚深"。西方文化现在主导世界，但日后合理转变的方向应该是由现在的个人本位、生产本位转向社会本位、分配本位。现在西方人"外面生活富丽，内里生活却贫乏至于零"[19]，这是因为它现在一心向外。西方态度或哲学调整的方向应该是向内回转。

人类永远不可能完美，也就永远有宗教的需要。所以，梁漱溟虽然赞许中国当下要走第一条路径，但并不认为宗教无存在的必要。人类终究要遇到生老病死的问题。他说："我很晓得人类是无论如何不能得救的，除非他自己解破了根本二执——我执、法执。"但另一方面，"人类总是往前奔的，你扯他也扯不回来，非让他自己把生活的路走完……并且他如果此刻领受，也一定什九是不很好的领受"。[20]

梁漱溟分物质、社会、精神三方面对世界未来的文化作了一个推测：物质生活，他倾向于世界会走向一种基尔特社会主义；社会生活，他倾向于以后世界要以合乎孔子宗旨的礼乐换法律；精神生活，他认为未来也还是要走孔子求仁的一路。"宗教将益寖微，要成了从来所未有的大衰歇"，"世界未来文化就是中国文化的复兴"。[21]

换言之，我们大略可以这样概括他的观点：现代的世界文化是由西方的精进文化主导，经济落后的国家应该学习西方，在经济上赶上来，也就是说，世界无论东西南北，暂时都归于路径 1，而西方倒是应该放慢脚步，或许率先走向路径 2，且整个世界未来都宜走向路径 2，最后甚至走向路径 3。但我们不清楚的是，路径 3 只是一种个人的解脱，还是整个社会的自新？至于路径 4，似乎并不在梁漱溟的视野中。

在谈到西方的历史时，梁漱溟倒是还给出了另外一条路线，认为西方先是走路径 1，然后直接跳到另一个极端——路径 3，[22] 最后再转向路径 1，但也可以转向路径 2，即一种中道。梁漱溟说他自己的人生态度转变就是走了这样一条路线：他十几岁时，极接近于实利主义，后转入佛家，最后方归转于中道的儒家。他甚至认为普通人都是由逐求转到厌离，从厌离再转入郑重，连宋明理学家也大多如此。[23] 因此，是否社会也会像个人一样更容易走这样一条路线？甚至是否只有触及两个极端才会有丰富的中道？以及，所谓文化"早熟"是否也就是指这一文化尚未达及两端就走了中间路线？这些都是我们可以继续思考的问题。

百年之后再观察：成就

梁济先生自杀前曾问梁漱溟："这个世界会好吗？"梁漱溟回答说："我相信世界是一天一天往好里去的。"那么，今天的世界怎么样？它是不是变好了呢？

对此，当代知识分子更多的是批判，而史蒂芬·平克是为数不多的一位为近代以来所取得的巨大进步辩护的学者。他认为，我们的认知容易受到新闻的影响，而新闻往往更多的是报道负面事件，所以最好用比较长期稳定和可靠的数据来说话。

我们先看中国。根据中国国家统计局 2018 年 8 月 27 日发布的中国改革开放四十年经济社会发展成就报告，2017 年的国内生产总值按不变价计算比 1978 年增长 33.5 倍，年均增长 9.5%，远高于同期世界经济 2.9% 左右的年均增速。1978 年的中国国内生产总值只有 3679 亿元，而 2017 年达到了 80 万亿元，人均国内生产总值 59660 元，扣除价格因素，比 1978 年增长 22.8 倍，年均实际增长 8.5%。人均国民总收入由 1978 年的 200 美元提高到 2016 年的 8250 美元。2010 年，中国成为世界第二大经济体。2017 年末外汇储备余额达 31399 亿美元，居世界第一。2017 年，中国粮食总产量稳定在 1.2 万亿斤以上，钢材产量 10.5 亿吨，汽车产量 2902 万辆，移动宽带用户达 11.3 亿，铁路营业里程达到 12.7 万公里，其中高速铁路达到 2.5 万公里，占世界高铁总量 60% 以上。城乡居民收入大幅提升。2017 年，全国居民人均可支配收入达到 25974 元，扣除价格因素，比 1978 年实际增长 22.8 倍。2017 年，城镇居民、农村居民人均住房建筑面积分别比 1978 年增加 30.2、38.6 平方米。居民预期寿命由 1981 年的 67.8 岁提高到 2017 年的 76.7 岁。[24]

我们再看世界。在 2011 年出版的《人性中的善良天使》中，平克着重指出了人类在近代以来的暴力减少的过程，尤其是近六十多年，大国之间、发达国家之间没有发生直接的战争，其他的局部战争、内战和暴力事件也都在减少，世界迎来了一个此前未有过的"长期和平"的时代。

在其近著《当下的启蒙》中，平克则更多地指出了人类在近百年来取得的经济成就。到 2015 年，世界生产总值已经比 1820 年工业革命时增长了近百倍。1950 年代的世界收入比 1900 年增加了 3 倍，而只过了二十五年（1975年），又增加了3倍。尽管基数越来越大，但过了三十三年（2008年）又翻了3倍。2008年，当时达67亿的世界人口的平均收入已经相当于1964年西欧的水平。[25]

而且，平克的结论是：世界不仅更加富裕，也更加平等。几乎所有人的物质生活水平都大大提高了，都过着比过去远为方便和舒适的生活，使用着过去王公贵族也享受不了的技术产品。在某种意义上，整个世界都正在成为中产阶级。现在，"一个穷人可能和他或者她的雇主一样大腹便便，一身的羊毛衫、运动鞋和牛仔裤"，[26]被归于美国贫困线之下的家庭大多都通水通电，有抽水马桶、冰箱和彩电，有电脑、空调、洗衣机。能够穿暖和吃饱当然更不是问题。

这是从绝对值来说。从相对值的比较，基尼系数虽然有起伏，但总体也在下降。近年贫穷国家的经济发展速度一般都超过富裕国家。福利国家从高收入人口征收的税收，多是用于相对贫穷的人口，而社会的福利也呈不断增加的趋势。从文艺复兴到20世纪初，欧洲诸国平均只是将GDP的1.5%用于资助贫困居民，而现在各国的社会福利性支出在GDP中所占比例的中位数已经达到了22%。

作为综合指标的人均寿命也许最能反映经济发展落实到每个人身上的物质生活水平的提高。1920年，世界人口的平均预期寿命大致是35岁，1990年就增长到了64.5岁，2015年则继续增长到了71.4岁，即近一百年里翻了一番多。而后发国家的增长速度更快，1950年欧美国家的预期寿命是60岁左右，远高于亚非国家，但从那时开始，亚洲人的寿命增长速度飙升至欧洲的2倍，非洲则是欧洲的1.5倍。在两个世纪前，欧洲最富裕的国家荷兰的人均预期寿命只有40岁，而现在世界上最贫穷的国家的人均寿命也达到了54岁。[27]许多传染病、瘟疫得到有力的遏制。曾在20世纪造成3亿多人死亡的天花完全灭绝。大饥荒也在近年接近绝迹。死于营养过度带来的疾病的人远超过死于营养匮乏的人。[28]

　　和中国一样，印度虽然经历了一些曲折，但也成为近年来经济发展速度最快的国家之一。从 2015 年以来，印度 GDP 的年增长率甚至有几年连续超过了中国，居世界之首。2015 年，中国的 GDP 增长 7%，印度是 8%，2016 年中国的 GDP 增长 6.85%，印度是 8.26%。2019 年印度的 GDP 为 2.94 万亿美元，超过了它过去的宗主国英国（2.83 万亿美元），成为世界第五大经济体。[29] 印度的工程技术力量也是相当雄厚，美国多家大公司的最高管理者都是印度人。考虑到印度在一百年前还基本处于如马克斯·韦伯所说的出世禁欲主义的支配之下，可以想见其价值观的变化之大。

　　在某种意义上，"无问西东"，世界似乎殊途同归，即均归于路径 1，而且取得了巨大的成果。不管过去的文化传统如何，各个民族国家几乎都选择了以经济为中心的现代化之路。虽然有程度的不同，也有过程的曲折，甚至是不时的回返，但在价值观上大都是追求一种控物能力的不断提高。不同的文明国家的主流价值观似乎越来越同质化。即便是那些没有确立或强化这种向外物逐求的价值观的社会，或者顺应了这种价值观，但努力不够、政策有误的社会，也从全人类的科技进步和经济发展中获得了巨大的好处。世界已经联为一体，信息和交通愈加发达，技术、资金和援助可以迅速流动，整个世界都达到了一个经济和物质生活水平的新高度。

百年之后再思考：隐忧

　　平克等学者指出了人类在有关世界和平、安全、经济和生活水平等方面的巨大成就，这些事实也确实有人们的耳闻目睹和亲身体验，但这并不意味着人类已经没有了巨大的隐忧，它们只是还没有爆发而已。而且，一旦爆发就可能是大爆发。我在这里谨指出如下两点。

　　其一，近年来许多国家虽都经济发展迅速，在趋利重力的价值观上相当趋同，但国家利益之间自然是分立而竞争的，经济和军事实力的增加便有可能只是争强称雄的手段，爆发冲突的可能性始终存在。欧洲在"一战"爆发之前，也曾享受过近百年的大致和平和经济高速发展，甚至在社会日常生活中达到了相当高的文明水平，但一旦厮杀，却无比血腥，以致几乎一生都在倡导学习西方和翻译西方典籍的严复，晚年也对追逐功利的西方痛感失望："垂老亲见……七年之民国与欧罗巴四年亘古未有之血战，觉彼族三百年之进化，只做到'利己杀人，寡廉鲜耻'八个字。回观孔孟之道，真量同天地，泽被寰区。"而如果今天大国之间爆发冲突乃至战争，各国所掌握的战争手段和经济实力则远非百年之前的"一战"所能比，很可能造成毁灭性的灾难。

其二，科技是经济的火车头。科技在经济发展中所起的作用是巨大的，也常常是跨国家、跨文明的，比如，20世纪医学的发展对提高人均寿命来说厥功至伟。但科技对人类来说也是一把双刃剑。任何科技的进步，都要带来一些副产品：人们希望的是和平利用核能，但核能也可以制造出大规模的杀人武器；人们希望基因治疗，但也可能出现基因编辑婴儿的"怪胎"；人们希望提高人类抵御各种疾病的能力，但也可能在实验中出现一些病毒疫苗，一旦逸出，就可能造成可怕的生化灾难；而人工智能如果发展出有自我意识的、比人更聪明的通用智能机器，则甚至有可能取代人类。按照有的学者的说法，高科技与经济的持续高度发展的社会后果不会是造成一个贫困的"无产阶级"，而是有可能造成一个庞大的、沉溺在物质的舒适与方便中的"无用阶层"。

我们现在可以考虑这些"隐忧"是怎么来的，它的基本动力何在。从根本上来说，它们恰恰是与上面所说的"成就"同一个来源，是来自同一种文化价值的动力，也就是说，目标是对功利，尤其是经济和物质利益的追求。正是这一动力，造成了我们控物能力的极大提高和相形之下自控能力的变弱。而我们如果要寻求有所改变，最重要的也恰恰是要改变或调整这种价值观。

　　从世界来说，近代以来经济快速发展的根本动力是大多数人对不断提高的物质生活的追求和向往。在此，近代以来人们追求的功利与平等这两大价值理念和实践相互促进。人们以为价值平等的结果是价值多元，的确，它不限制多元，但是，如果不能按质量评价价值的优劣，所有价值一律平等，那么，其实就是将价值的标准交给了数量，也就是按照数量的高低来评判价值的优劣——这并不是直接评判优劣，但只要追求某种价值的人数最多，它自然就构成某种强大的社会和政治压力，不仅多数支配的选举民主社会常常要由民众投票决定领导人及其政策，非选举民主的国家领导人也要顺应这大多数人的民意。这种物质欲望深深植根于人性，或者说植根于大多数人的心中，无论西东。

　　由于存在着巨大的"隐忧"，人类的确还是有平衡调整、节制物欲的必要，这也就是梁漱溟指出的方向。但是，这个世界要改变，要脱离路径1，肯定不能够仅仅依靠一种思想文化资源，比如仅仅靠儒家的思想文化资源，或者更广义地说，靠人文理性就改弦易辙。也就是说，我们不仅要考虑路径2，也要考虑路径3和路径4。这种考虑且不宜是像一些人所想的要等到经过了路径2之后，而是现在就应该考虑。

　　总的方向都是平衡节制，这也是儒家追求的一个方向，但又不仅仅是儒家追求的。儒家和其他更重视精神生活的哲学和宗教相比，可能还不是最有效的，或者说，只是对中国人比较有效，毕竟每个文明都有着自己的"路径依赖"或独特的精神资源。从世界看，这方面的精神资源会是一个复数，呈现出一种文明的多样性，甚至最好能"多多益善"，关键是要能够像梁漱溟说的那样"向内有力"，"对自己有办法"，从而加强人类自控的能力。人文理性的优势或许是不容易走极端，不容易发生那种不同宗教信仰之间的冲突；但另一方面，信仰的路径或对多数更有效力，有可能调动最大的精神力量。

　　这里也不是要全盘否定物欲。对物质生活的追求是合理的。任何个人和国家也都需要一定的物质基础，在这种基础不够坚实的情况下，甚至还应当优先考虑建设这一基础。但对人之为人，对既是一个身体的存在，也是一个精神的存在的人来说，对物质和财富的逐求还要考虑是否"恰如其分"。换句话说，有一个"多少才够"的问题。如果说现在节制物欲还是"难能"，以后就可能更加"难能"了。

更重要的是，路径 2、路径 3 和路径 4 不仅是手段，它们本身还是目的，是它们提供了生命的意义和心灵的安顿。由此，"这个世界会好吗？""人类能够走向一条平衡节制的中道吗？"这些问题就不仅是提给中国的，也是提给世界的。

第九章

促进者

　　现代社会取得了巨大的科技和经济成就，在社会的其他方面也有许多的进步。在这一过程中，许多知识分子发挥了观念引领、价值牵导的作用。但是，人类社会是不是可以朝着一个单一方向无休止地进步呢？在"自由、平等、博爱"的宏大口号下，是否还隐藏着一些其他的东西？

　　毋庸讳言，我们也看到了这后面各种欲望的上升。我把这些欲望分成三类：物欲、体欲和名欲。简要说，物欲是对外界物质资源、财富和金钱的欲望；体欲是对身体直接被刺激而兴奋的欲望；名欲是对获得正名和尊敬的欲望。其中，追求物欲的人群最为浩大，体欲或稍次之，名欲再次之。它们和那些抽象的宏大口号的联系或许是，物欲主要和平等相关，体欲主要和自由相关，名欲主要和博爱相关。

　　而在一些知识分子看来，必须反对造成条件和结果不平等的任何经济和政治压迫，而紧盯住物质，这将有可能使物欲上升；必须反对无论来自哪里的压抑，尤其是精神和心理上的，这将可能使体欲上升；必须清理历史，反对任何"歧视和污名化"，反对任何造成少数和弱势群体的不适的"偏见"，这将可能使名欲上升。

一 体欲的解放

在这一节中,我主要是借助西格蒙德·弗洛伊德及其学派谈谈"体欲"的问题,尤其是围绕受他的思想深刻影响的, 也对1960年代学生造反运动有巨大影响的赫伯特·马尔库塞来谈。

英国思想史家彼得·沃森著有《思想史:从火到弗洛伊德》和《20世纪思想史:从弗洛伊德到互联网》,显然, 他认为弗洛伊德的思想是重要的,甚至处在一个世纪转折点的位置。弗洛伊德试图从"无意识"中发现人的本能,且把性置于人的本能的基础地位,开启了一个对人本身探索的新领域。他使用的方法是分析梦境,以及与患者的"自由联想"的谈话方式。他试图追踪人的幼年,追踪在梦境这一有意识的自我、这一"哨兵""睡着了"的时候,人们具有怎样的本能——因为人醒着的时候,已经早就传承了文明的"心理压抑"(repression)。

我们欣赏弗洛伊德开拓了一个探讨人类意识的潜藏部分的新世界,但会怀疑这种无意识的影响是否会超过显意识的影响,以及性是否占据了中心地位,乃至将它铺开到几乎一切领域是否有一种"泛性论"的倾向。在今天,精神分析的治疗方法已经失去了它过去的热度。性欲是否真的处于一种最根本的位置,比如,是否真的比食欲更为根本?从功能上说,性欲固然非常重要,正所谓"食色,性也",但比起"食"来,可能还是会处在次要的位置。诗人席勒说:"饥饿和爱情推动了世界的发展。"他把"饥饿"放在了前头。得到食物对生存来说显然更为重要,而且与生俱来,但希望得到性的满足则是要成长到一定年龄。人们的梦境中也会有许多对食物的寻找,人们幼年的食物记忆更多,甚至主要是集中在食物上。对许多人来说,更为刻骨铭心的是"饥饿记忆"。色和性的记忆其实是很少的,幼年对性的认识还处在相当朦胧的状态。而且,把"恋母情结"和"恋父情结"突出到如此地步,并且主要解释为性的隐秘渴望,可能还是比较牵强的。

　　但是，食、色又的确属于人的两个基本需求或者说本能需要，前者是为了个人的生存，后者是为了人类的繁衍。它们的满足也都会带来快感乃至美感。美食的快感可能更为广泛和持久，美色的快感则可能更为刺激和高潮。

　　从"食色，性也"来看，物欲当然首先是食物，然后还有衣住行，以及本身是物质且可以购买其他物质的金钱等。体欲则是身体本身得到的刺激，它当然也需要物，比如能够刺激出快感和美好幻觉的药物，或者需要另外的人，比如能够达到自身性满足和高潮的异性或同性。但是，缺少这种欲望或这种欲望的满足的个人，还是能够长期生存，甚至活一辈子，而缺乏物质生活资料则可能连几天也活不过去。

　　从人类历史来说，满足生存乃至物欲一直是首要的，但在人类进入工业社会之后，由于物质生活资料日益丰富，似乎对性的需求变得更为突出了。用古人的一句不那么好听的话说就是"饱暖思淫欲"。一方面，人们的物欲继续发展，想要更多的物质和财富；另一方面，人们的性欲也似乎发展了，想要更多方式、更为刺激的性。但无论物欲还是体欲，相对于它们不断增长的需求来说，资源总是稀缺的。

　　所以，一方面，欲望，尤其是物欲作为基本动力之一，推动了文明的发展，创造了许多文明成就，但另一方面，如果对欲望不加任何节制，文明也可能变得岌岌可危。弗洛伊德认为，"文明"是指人类有别于动物的所有成就和规范的总和，这些成就和规范旨在保护人类免受自然的侵害和调节人类相互的关系。这里的前一个（成就）用我的概念来说，就是"人类的控物能力"，后一个（规范）则是"人类的自控能力"。前一个在今天其实已经不成问题，随着科技的发达，人类已经很可以免受自然的侵害，除非他先侵害了自然而招致"报复"；而后一个则大成问题，人类用规范约束自己的能力并没有同步增长，甚至还比以前弱了，两者之间的不平衡已经到了一个让人震惊的地步。

　　弗洛伊德是主张如果人类还要保有文明就必须自我约束的。用他的术语来说就是，必须用"超我"压抑"本我"。文明给人类带来许多东西，包括给体欲和物欲带来了诸多可能性和满足的机会。他认为，人本性上都是追求快乐和幸福的，其中包括本能的满足，但这本能其实是永远不可能得到充分满足的，如果要完全顺应本能，最大限度地满足它，那么，文明就要解体了。本能必须受到一定的节制，但它还可以转移和升华；而最好的升华方式可能是研究科学和创造艺术，但也不是所有人都有这种能力，甚至领会科学和欣赏艺术的能力也不是全都能具备的。还有一个转移升华的方式就是通过宗教信仰，这是可以更为广泛和普及的，比如弗洛伊德就引述过歌德的诗句："拥有科学与艺术的人也拥有宗教；但是对于那些两者都不拥有的人，那就让他拥有宗教吧。"弗洛伊德不否定宗教的社会功效，尤其是在历史上的社会功效，但他基本否定了宗教还可能有过去那样的功效，他说连他自己也没有那种如沉浸于"大洋般"的宗教感，所以他认为宗教基本上是一种幻觉，可能对多数是有用的，但不是真实的。

　　当然，升华客观上也还是一种对本能的压抑。而更直接和纯粹的压制就是法律和道德规范了。但是，压抑不管怎样成功，怎样保有和促进了文明，也还是会带来不适和不快。在弗洛伊德看来，虽然决定人们生活目标的是"快乐原则"，但必须用"现实原则"来压抑这些本能。即便这里有不那么让人舒服的"压抑"，也还是比完全让本能自由释放更可取。因为人就其本性而言就是受限的，天生就受到三个方面痛苦的威胁：首先，身体注定要衰老和消亡；其次，外部世界可能以强大而无情的破坏力量对我们施虐；最后，我们与他人之间的关系的处理可能并不会那么让人如意。不仅第一种痛苦基本上不可消除而只能缓和，办法就是通过文明所取得的科学和医疗成就，后两种痛苦则更是需要通过文明来应对。弗洛伊德认为，文明的两个主要目的就是保护人类免受自然的侵害和调节人类相互的关系。

　　还在一百多年前弗洛伊德就已经看到，人类在自然科学领域及其技术应用方面取得了非凡的进步，并以前人无法想象的方式确立了对自然的控制。而今天的人类已经非常接近自己的理想，甚至也快变成"神"了。但弗洛伊德认为，这些成就并没有增加人们的快乐，没有让他们感到更加幸福。这就意味着，人类控制自然的能力并不是人类获得幸福的唯一先决条件，正如它也不是文化奋斗的唯一目标。最能体现文明特征的，还是那些高级的精神活动。同时，我们也要防止落入一种偏见，即认为文明是完善的同义词，认为文明是人类命中注定的、通往完美境界的道路。

不必走向完美，也就意味着人不必走向完全的自由解放和本能的完全满足，不必追求极度的快乐和完美的幸福。其实这也是人类达不到的。弗洛伊德到了晚年其实是相当悲观的，他认为文明与本能的冲突是永恒的，但他对取胜不抱多少希望，因为人类虽然在控制自然方面不断取得进步，并且有望获得更多的成就，但要想在人类事务管理方面取得相似的进步是不可能的。文明的规则只有通过某种程度的强制才能得到保持。但外部的强制也会逐渐变成内化的因素，一种特殊的心理能力，即人的超我，会接管外部强制，并将其纳入自己的戒律中。无论如何，文明在很大程度上是通过消除本能才得以确立的，而且在很大程度上是通过抑制、压抑等手段，不让强烈的本能得到满足为前提的。这也就造成了严重的"文明的不适"。但人类必须以此为代价来维护文明和共同生活。

不过，弗洛伊德还是不愿舍弃性在本能中的根本地位，他集中批判人的攻击性本能，说文明始终是在和人类天生的进攻性本能或者说死亡本能不断进行战斗。但他似乎没有意识到这种攻击性主要还是来自对食色的夺取和垄断。他还是寄希望于爱欲，当然，他认为这种爱欲不仅是性爱。这种爱欲的目的是陆续把人类个体、家庭、种族、民族和国家都结合成一个大的统一体，一个人类的统一体。它实际是一种自我保存的本能。这也就为马尔库塞批判所有压抑、继续发挥他的爱欲思想留下了资源和余地。

　　马尔库塞是坚决批判物欲和反对消费主义的，他认为现代工业发达社会是"物质丰裕而精神贫乏"。然而，最受他思想吸引的青年大学生其实多来自富家子弟或小康人家；他们转向了另外一种欲望。而马尔库塞正好在这种欲望与社会批判、崇高理想之间搭建了桥梁，让他们觉得自己是在追求正义，追求精神，实则这底下隐藏着一种追求兴奋和刺激的欲望——体欲。马尔库塞为这种本能欲望的满足提供了一种正当化甚至高尚化的理由。

　　在《单向度的人：发达工业社会意识形态研究》中，马尔库塞认为，虽然现在人们的物质生活都比过去好了，甚至从外表来看，工人和雇主的生活方式差别不大，而且大部分人对物质生活的进步是承认和满意的，但这恰恰说明了整个社会体系出了危机。比如，他描绘了人们物质生活方式的丰裕和这方面阶层的平等化：工人和老板享受同样的电视节目，漫游同样的游乐胜地，打字员打扮得同雇主的女儿一样漂亮，黑人们也拥有高级轿车。但他说这种相似并不意味着阶级的消失，而是表明了现存制度下的各种人在相当程度上分享着用以维持这种制度的需要和满足。他认为这种发达的工业社会恰恰还是一个"极权主义社会"，和过去的极权社会依靠暴力不同，它依靠的是趋向平均化的物质消费，这样，这个社会就失去了传统的反对派，从而斗争和解放也就失去了多数。其中大多数人都是满足的，安分的，但他们也是只求物质满足的"单面人"。而这样的单面人即是丧失了批判和超越能力的人。他们不仅不再有能力去追求，甚至不再有意愿去想象与现实不同的另一种生活，这正是发达工业社会极权主义特征的集中表现。他说："当代工业社会，由于其组织技术基础的方式，势必成为极权主义。因为，'极权主义'不仅是社会的一种恐怖的政治协作，而且也是一种非恐怖的经济技术协作，后者是通过既得利益者对各种需要的操纵发生作用的。"[1]马尔库塞用于指称发达工业社会和福利国家的"极权主义社会"或"极权国家"概念，肯定和汉娜·阿伦特所说的极权主义不同，后者是建立在恐怖暴力、意识形态和群众运动基础上的对社会的全面控制。

马尔库塞的这一批判其实又落入了与许多西方知识分子同样的误区：由于只反对所谓"软刀子"的极权，却放过了"硬刀子"的极权，有的甚至同情或支持后者，结果就没有把反对真实的、恐怖的对自由乃至生命的剥夺放在第一位。

还有，如果绝大多数人就是希望和满意这样的"极权"生活，甚或满意这种虽然管理细密但物质充分丰裕的生活呢？马尔库塞说，那就需要把真实的需要与虚假的需要加以区分。他认为现在的大多数需要，诸如休息、娱乐、被广告吸引去消费、爱和恨别人同样的所爱和所恨，都属于"虚假的需要"。因为它们都是为了维护现存的社会制度，虽然满足这种需要会使许多个人感到十分高兴和舒适。马尔库塞一方面说什么是真实的和虚假的需要必须由个人来回答，另一方面又说，只要人们仍处于不能自治的状态，只要他们接受舆论和广告的灌输与操纵，那么他们对这一问题的回答就不能被视为他们自己真正的回答。而实际上，马尔库塞的这一说法后面隐藏着一种知识分子的傲慢，即觉得自己比大众更了解他们的真正需要。但如果大众在他们的启蒙下还是执迷不悟，又该怎么办呢？是不是要引导甚至强制他们？倘若如此，这种引导是不是也要落入"权力"乃至"极权"的范围？

马尔库塞大概会辩护说，这一切社会批判或者说他提倡的一种"大拒绝"，是有正面的高尚目标的，是为了追求他们心目中的"自由解放"。马尔库塞认为，"自由社会"和"自由人"已经不再能够用传统的经济自由、政治自由和思想自由这样一些概念来说明。一切解放都有赖于对奴役状态的觉悟，而这种觉悟的出现却往往被占主导地位的各种需要和满足所阻碍。在大众物质消费过度发达的地区，被管理的生活就成为"全体人的好生活"。现在恰恰应当揭破这种"好生活"的虚假性，将"单面人"变成真正丰富和全面的"自由人"。为此，身体的解放，感性的解放，尤其是性本能的率先解放，就是必需的。

　　至于这种变革的主体，马尔库塞不再相信工人阶级还有多少革命性，而是寄希望于边缘人，寄希望于那些生活在底层的流浪汉和局外人，那些不同种族、不同肤色的被剥削者和被迫害者，以及失业者和不能就业者。他认为，"即使他们的意识不是革命性的，他们的反对也是革命性的"。也就是说，不管他们对反抗的目标是否有自觉意识，只要他们在进行反抗就好。当然，主体也还有天然处在反叛年龄的青年学生，他后来非常强调这一主体。至于变革的方式，他甚至考虑过暴力，但他也承认，社会的经济和技术能力大得足以"招安"失意者，其武装力量也训练和装备得足以对付各种紧急情况。此外，还有一种温和的反抗方式，则是拒绝消费主义，不买那些体制向他们推销的形形色色的商品。

　　在《爱欲与文明》中，马尔库塞还明确提出了另外一种觉醒和革命的方式。这本书比《单向度的人》写得更早，但即便是他自己，大概也是到后来才充分认识到这些 1950 年代初的讲稿的政治意义。在为《爱欲与文明》所写的"1966 年政治序言"中，他支持进步，但认为首先必须从"压抑性的富裕"中解脱出来，扭转进步的方向，才能去除"内心的禁欲"，解放自主的爱欲，学会按照自己的生命本能，从而用发达工业社会创造的财富和自由时间来重新塑造自己和自己所处的环境，摆脱"战争福利国家"的命运。

　　他为自己辩护说，他所说的爱欲甚至性欲并不是狭义的。但即便在解释他的"多形态性欲"一词的意思时，他也是说进步的这个新方向"将完全取决于是否有机会使受压抑、被束缚的有机体的生物需要发挥积极的作用，也即使人的躯体成为享乐的工具而不是劳动的工具"。[2] 显然，他这里所说的"生物需要"，以及让身体成为"享乐的工具"，仍然属于"欲望"的范畴，只是由物欲变成了体欲。

马尔库塞承认富裕社会的大多数人民都拥护乃至代表现存的秩序，而不是代表可能存在或应该存在的秩序。工会也已成为既定秩序的代表。而有些人"追求审美，渴望一致"，恢复"天人合一"，充实心灵和赞颂"为创造而创造"也是虚假的，只不过是由政府和大企业资助和操纵的文化活动。但他又相信思想的闪电终究会惊醒"单纯无邪的人民大众"，而思想需要从外部输入给大多数。他特别鼓励年轻人站在斗争的最前列，为反死亡、反文明的爱欲而生存和斗争。而在今天，为爱欲而战，也就是为政治而战。

在《爱欲与文明》中，马尔库塞不同意弗洛伊德的"文明一定要压抑本能才能存续和发展"和"非压抑的文明不可能"的观点，但他还是立足于弗洛伊德的基本理论与思想资源，使用了后者的许多概念。他似乎是在用弗洛伊德反弗洛伊德。比如，他就试图探讨和现行社会"完全不同的存在的经验、完全不同的人与自然的关系、完全不同的生存关系"的可能性。"完全不同"，这是一个多么彻底的转型。

在马尔库塞看来，发达工业社会通过一种特殊的现代"现实原则"——"操作原则"，不仅给了现代人文明的基本压抑，还加上了一种"额外压抑"。许多压抑并不只是来自一般的文明，而更主要是来自现在特定的制度。他认为人类现在正处在某种文明之巅，人类的物质和精神成就似乎可以使人建立一个真正自由的世界，但是，人对人的最有效征服和摧残也恰恰是发生在现在。这体现在劳动的异化，以及人们不自觉地处在严密管理的系统中。但他也承认高度发展的生产力为自由劳动提供了外在条件，人们的劳动时间可以大大缩短，闲暇时间将大大增多，甚至成为"专职时间"。他那时还没有料到，在未来的有一天，科技的进步竟然还能够让许多人进入即便不工作也能被养活的"无用阶层"或"完全闲暇的阶层"。

与弗洛伊德不同，马尔库塞认为一种非压抑性的文明是可能的。

为此，他提出了"非压抑性升华"的理想观念，以与"压抑性反升华"的现实相对立，后者是用减少和削弱爱欲能量的方式释放性欲，而前者则是指性冲动在不失其爱欲能量时，"将超越其直接的目标，而且通常还使个体与个体之间、个体与其环境之间的非爱欲甚至反爱欲关系爱欲化"。³ 在这里，性爱是基本的出发点。但是怎样将爱欲普遍地传递和扩展到人与人、人与社会以及人与自然的关系上面去呢？他设想要让劳动成为一种快乐的过程，使劳动者成为一种力比多或爱的共同体。

爱欲既有破坏性，又有建设性。马尔库塞强调的是爱的建设性，他的理想社会甚至舍爱欲而莫由。他认为，在现存现实原则统治下，非压抑性升华只是在边缘领域和不完整的领域才能出现，其充分发展的形式乃是没有非性欲化过程的升华。在爱欲的实现中，从对一个人的肉体的爱到对其他人的肉体的爱，再到对美的作品和消遣的爱，最后到对美的知识的爱，乃是一个完整的上升路线。爱欲具有的文化建设力量也是非压抑性的升华，因为性欲的目标既没有被偏移，也没有受阻碍。相反，在实现这个目标时，它并不就此罢休，还想追求其他目标，追求更充分的满足。爱欲的目标是要维持作为快乐主-客体的整个身体，这就要求不断完善有机体，加强其接受性，发展其感受性。这个目标还产生了爱欲自身的实现计划：消除苦役，改造环境，征服疾病和衰老。所有这些活动都直接源于快乐原则，同时，也是把个体联合成"更大统一体"的努力。这种升华是在一系列扩展着的、持久的力比多关系中实现的，而这些力比多关系本身就是工作关系。

当然，爱欲化的一个重要领域还是工作和劳动的领域。马尔库塞赞许夏尔·傅立叶的想法。他认为傅立叶比任何其他社会主义者都更接近于这样一种思想：自由取决于非压抑性升华。把劳动转变为快乐是傅立叶宏伟的社会主义乌托邦的核心思想。傅立叶倡导的这种转变要求彻底改变社会机构，比如，社会产品按需分配，职务按个体的机能和爱好安排，工种不断变换，工作时间日益缩短，等等。但他也坚持他的出发点："具有吸引力的劳动"的可能性首先来自力比多能量的释放。

但是，这种传递是否能够成功？这种劳动的爱欲化是否能够实现？劳动会总是快乐的吗？而且，马尔库塞还否定那些在操作原则管理的体系中完成工作的快乐（比如作为团体一员完成任务的快乐）是真正的快乐，将它们逐出了"快乐"的范围，这样也就更加缩小了快乐的范畴。不管管理如何先进，科技如何进步，总还是会留下一些工作就是繁重的、危险的，或者是枯燥无聊的，没有多少人会甘心情愿地从事这些工作，社会和企业就不得不提高这些职业的待遇和收入，也的确有许多人在利益权衡之下还是愿意选择这些工作，那么，他们的选择就错了吗？而性爱，或者某个性爱小团体的爱，会扩展到工作的领域吗？性爱的快乐会转变成工作的快乐吗？两者是否有质的不同？让所有的工作都很快乐有没有可能？而且，如果有了大量的闲暇时间，人们将会怎样利用这些时间？他们一定会去从事高雅的精神活动或者欣赏这种精神活动的产品吗？

虽然马尔库塞将"爱欲"广义化，但性爱始终是其出发点、基础和核心。他的思想对社会的最大吸引力以及在社会运动中造成的实际结果也是这样。但马尔库塞只是原则性地点到，而没有具体说明性爱与爱欲如何升华，以及如何传递到人与人关系的其他方面。从历史的验证中，我们倒是可以看到它造成的人与人之间的冲突，包括相爱的人可能与其他人的某种隔离。爱欲成为他们抵御外界的堡垒。

性爱一般都是具有排他性的，尤其是涉及爱情而不仅仅是身体满足的那种，性爱的双方需要互相具有某种吸引力才会走到一起，这些吸引力包含性感、颜值、性格魅力等许多微妙的因素，于是完全可能出现这样的情况：一个美丽而有魅力的女性被几个异性乃至同性喜欢乃至热恋，但她可能只是喜欢其中一个，那么，其他喜欢她的人的欲望就不可能得到满足。于是永远会有痛苦发生。这时会不会有另外一种也是人的本能——弗洛伊德所说的"攻击本能"出现呢？即便没有，会不会发生像赫胥黎在《美丽新世界》中所说的，人们都是性自由和观念解放的，不仅如此，甚至还以固定一个性伴侣为耻。但是，我们并不会觉得那是一个美好的社会，性爱似乎也传递不到生活的其他方面。性爱还总是短促的，并受到体能、疾病、年龄等种种因素的影响。无论是通过什么手段刺激和维系，极乐的高潮都是难以持久的。而在马尔库塞那里，一向被隐蔽、不便公开的性爱成了高贵和值得张扬的事情，成为自由解放的手段乃至必由之路。它不仅不再是单纯的性冲动，不再是单纯的个人之间的亲密关系，还负载了政治使命，甚至负载了促使人类从此走向幸福美好的使命。但这里的自由解放可能就停留在性本能的解放。当然，性冲动中需要有爱欲，但爱欲的本能不是不容易固定对象，甚至也不应固定的吗？如果要反对一切内心的禁欲，那么一切满足爱欲的事情是不是皆可为之？

满足体欲的另一种手段是迷醉药物。弗洛伊德也谈到过这种迷醉药物的作用，认为它和性活动至少有一点相同，即能够迅速带来刺激、兴奋和高潮。马尔库塞对此说得很少，但按照其逻辑，赞成性爱的许多"理由"至少也可以移过来为毒品辩护。对性爱的迷醉具体如何升华，马尔库塞说得也很少。这不得不让人怀疑，通过延伸和扩展性爱就能达到人与人的和谐吗？再进一步，仅仅靠性爱能否长久地维系两个相爱的人的关系，其实也是让人怀疑的。对性的喜新厌旧似乎也是一种人的习惯。恋人要进入一种持久、稳定的关系，其实常常还要依靠性爱之外的东西，比如责任感和习惯的磨合、长期的互相适应和关心等。只知道物欲的人是单面的人，但只知道体欲的人同样是单面的人。

而最重要的是，依靠本能和欲望的释放与满足，是否能够自然而然地调整好人与人的关系以及人与物的关系？如果回答是能够，那么，人类进入文明社会就没有什么必要了。但我们显然看到，依靠本能和欲望调节的原始人的"社会"充满了暴力、冲突和血腥，所以连原始人也要有一些禁忌，比如严禁乱伦等。在人类进入文明社会以后，如果一个国家陷入了欲望的洪水，失去了节制，那么，这个国家即便再强大、再怎么繁荣，也是维持不了多久的。欲望，尤其是建设物质基础的欲望，的确也曾经是文明的强大动力，但如果它过分泛滥，那就可能造成灭顶之灾。没有哪个缺乏坚强自律的民族是能够崛起的，也没有哪个放任欲望的社会是能够持久的。或者说，不仅是文明的强大繁荣，即便是文明的维系和延续，也必须有法律和自律。

马尔库塞的思想资源主要来自弗洛伊德，还有马克思，以及法兰克福的社会批判学派。他把这些思想的来源成分做了一个自己的综合，把心理学范畴和社会政治范畴紧密地联系在一起。他接受了弗洛伊德的许多概念和基本原理，尤其《爱欲与文明》的自由解放理论，就是在扬弃弗洛伊德思想的基础上展开的。扼要地说，他接受了弗洛伊德对性和爱欲的重视，甚至是更为重视，但是，他不再认为应该再压抑性爱，不管用"文明"还是其他什么理由。在他看来，解除一切压抑，恰恰是今天自由解放的必由之路。这里的"压抑"不再主要是经济的剥削和政治的压迫，不再是外在的压制，相反，发达的工业社会似乎一片祥和，人们相当富裕，生活相当舒适，甚至大家相当满意。但是，全社会却构成一种全面的、难以反抗的压抑，这是一种内在的、隐性的压抑。自由解放的主体力量也不是工人阶级，而是青年学生，还有各种各样的边缘人，或者说被压抑者。注重青年学生可能是因为他们还受父辈的压抑，而他们充满生命力，还可能成为唤醒其他人的先锋。

但是，人还要怎样的自由解放才算"自由"？人要达到什么样的境地才算满意？我们能代替多数来解释和规定他们真正的幸福吗？他们自己的快乐和满意真的就那么不堪吗？在社会层面，我们对"自由"可能不宜寄予太高的希望。基本的自由其实是人们从事不妨碍他人的活动的自由、人身自由和获得自己生计的自由，现代则还强调信仰和良心的自由、言论和结社的自由以及基本的政治权利。但我们还是无法达到一定要实现某种人生目标的那种自由，也无法得到为所欲为的自由，更不可能达到去除一切"内心束缚"的自由。基本自由是需要在平等的法治和一定的道德自律中达到的，因而也才是真实的自由。个人的其他自由，包括性爱的自由，也是可以在平等的法治和一定的道德自律中因人而异地展开的，但如果将其视作理想自由社会的标准，希望将其变为一种普遍的社会运动，却可能削弱对上述基本自由的争取和保障。

虽然马尔库塞给了"爱欲"更为广泛的含义和诸多美好的赞词，但是，它在实际的运动中还是主要被理解为"性爱"，主要还是一种"体欲"。这种"体欲"与我们的身体直接相关，直接指向身体的兴奋和刺激，甚至可以说要更积极、更主动；当然，它也可能是释放冲动，是忘记和逃避身体的不幸。其中两种重要的体欲，不雅地说，就是毒品和性：毒品是指那些可能最有效但也最有害的迷醉药物，性则可能变成那种与爱没有什么连接的性，只是身体的接触和满足。

随后的 1960 年代的青年造反运动的口号，就是"要做爱，不要作战"（Make love, not war），与之伴随的，则是毒品的大量使用和性泛滥。1960 年代年轻人的热情洋溢是可贵的，对战争的反对更是可贵的，虽然常常只是反对战争的一方而不是战争的双方，乃至是反对战争中较少攻击性的一方。当然，这些试图让身体得到强烈刺激和高度兴奋的活动，即便就身体本身而言都难以持久，何况不断追求极度和立即的刺激和快乐很快就会带来对身体的伤害，或者是麻木。性解放和"嬉皮士"难以持久，不少人就转变成了后来的"雅皮士"，重新回到对财富的争取，而且，他们中的一些人的确也在科技和经济等事业中表现出一种自由创造的精神。有不少成功的转型者，既有真正的精神升华的，也有只是从一种欲望转变为另外一种欲望的，但也还是有不少因为毒品和性放纵而毁了自己一生幸福的失败者。[4]

　　马尔库塞对"性革命"运动和"性解放"实践的推动乃至引导的作用是毋庸置疑的,但他试图改变劳动的性质,让劳动也通过"爱欲化"得到解放的努力则收效甚微,这可能也是因为受到了人类的另外一种更强大也更广泛的本能欲望——物欲的阻碍。他晚年则回到了一种审美的沉思,虽然富有意义,但如果想通过艺术活动来拯救世界,反而是更脱离"群众"了。

　　不过,马尔库塞的思想还是有一种重要的意义,这更多地表现在他的《单向度的人》中,也就是他对技术统治的批判,对物欲的批判。如果继续放任这种物欲,那么技术的统治自然会愈演愈烈。但是,肯定又不能只是批判,总还得有一些振奋人心的希望吧,所以他转向身体欲望的自由解放,这更多地表现在他的《爱欲与文明》中,只不过这条路看来还是扞格难通。

二　分配的正义

　　在讨论现代的分配正义之前,我想先叙述一下从报应的正义到分配的正义的历史演变。对正义的范畴和内容,我们可以大致分成两块:一块是报应的正义,它主要是和法律,尤其是司法的正义、矫正的正义相关;一块是分配的正义,它主要是和权益,尤其是经济和物质的利益分配相关。结合人类社会的历史,我们也许可以说,无论中外,传统的社会更强调报应的正义,并且是以报应的正义为中心和统摄的;近代以来,从社会的发展趋势来看则更强调分配的正义,并且是以分配的正义为中心和统摄的。

　　通俗地说,传统社会强调的主要是一种"报的正义",其主要的一面是"报仇",即司法的正义,次要的另一面是"报酬",即交易的正义。这后面的核心理念都是"应得"(deserve)。犯罪者应得惩罚,付出或交换者应得回报，贡献者应得酬劳，"让各人各得其所应得"。现代正义强调的则主要是一种"分的正义"，其主要的内容是分配发展机会和物质利益。这后面的核心理念是"平等"。它不仅将平等对待的范围扩大到所有的社会成员，甚至致力于"均富"观念的实现。

"正义"总是要在某种基本的意义上包含平等的。但对"平等"的理解，传统社会与现代社会的人们却有所不同。传统的正义实际上也必须体现平等，但是更强调价值的平等、功过的平等，这里的"平等"可以说主要是一种"对等"。所以，它主张有罪必罚，同罪同罚，同样的价值得到同样的报偿。现代正义则更强调人的基本权利的平等，还有条件乃至需求的平等，不管什么人，不管他们拥有什么价值，都是如此。它的确有一种"均等"的含义。

这两种正义也可以在概念上处理得比较相通和互相包容。我们前面说到"统摄"，即传统社会的正义自然也会包括经济利益的内容，包含"分"的内容，但"分"往往是统摄在"报"的名下的。同样，现代社会的正义也肯定甚至还必须优先地包括法律和司法的正义，但这种"报"往往是统摄在"分"的名下的，即分配权利、负担、义务和责任等。

我们还可以追溯更早的、国家形成之前的原始正义。人类的正义理论和实践或可分为原始正义、传统正义和现代正义三个阶段：人类在脱离动物界以后，曾长期处在一种非正义的丛林状态，他们主要的生产手段是狩猎和采集，没有很固定的生活区域，经常随着猎物和可采集物的多寡处在一种流动状态，他们的观念中也暂时无所谓明确的正义和不正义。那时人烟稀少，各个原始群体相对来说可以自由流动，弱势的群体可以尽量避开强势的群体，但如果狭路相逢，就可能遭受被打杀甚至覆灭的命运。

而当人类进入种植畜养的农业文明，群体就扩大了，并开始定居了，而且群体之间的密切接触也增多了，乃至无可回避。也就是在这时，一种原始的正义观念乃至雏形的规则体系发展起来了，进入一种"原始的正义"。这一规则或观念的体系是以对等报复为核心的，就像《旧约》等诸多古老经典中不约而同写到的"以眼还眼，以牙还牙"。文明之初还没有国家，但各个扩大了的氏族、部落会支持自己的成员进行报复，甚至派遣自己的成员帮助受害人对涉外的侵犯部落人员进行报复。然而，在一个固定的地域内，若还没有垄断的暴力和执法机构，这样的报复就可能导致战争，或者世代冤仇不已。

当人类走向政治社会，产生了国家，这时就进入了"传统的正义"阶段。国家在一个固定的地域内垄断了暴力，有统一的侦察机构和执法机构，报复就可以相当精准和有效了。而且，国家的报复，或者说由国家来"做恶人"，还有助于切断冤仇不已的链条。虽然报复的主体改变了，但传统的正义并没有改变原始的正义的基本内容，还是以对等报复为核心。

一个国家需要处理两种基本关系：一是人与他人的关系；二是人与政府的关系。这里优先的，或者说根本性的，还是人与他人的关系，人与政府的关系也常常是通过人与各级官员的关系来表现的。首先，政府要保障社会成员不受内部侵犯，也就是个人不受他人的侵犯。其次，政府还要努力保护社会成员不受来自外部力量的侵犯。

如"摩西十诫"中所说的一些道德戒律（如不可杀人、不可盗劫、不可欺诈、不可性侵），在传统社会中是放在首位的，甚至构成正义的基本内容。现代以前的各种人类文明虽然在其他一些方面相当不同，但在提倡和坚守这些戒律方面却相当一致，这些戒律也就变成政府的法律。如果不能坚守这些法律，政治社会就很可能崩溃。人类的文明延续至今，也是有赖于这些戒律大致得到遵行。

总之，传统的正义可以说是由原始的正义发展而来，在人类还没有进入政治社会之前，就已经有原始的正义观念了，这种正义观念的核心是"报"——对侵犯进行相应的报复或报仇,对利益和服务也给予相称的回报或报酬。在人类建立国家之后,正义还是传承了这一基本内容,只是报仇的主体由个人换成了国家——鉴于个人报仇很有可能判察失当、报复过分或无力报复,改由国家来进行报应性的惩罚而禁止私人的直接报复。个人之间的交易和报酬则基本上由个人去履行,但如果出现欺诈和强迫压制,也要国家进行干预。

传统国家也不是不考虑社会成员的经济状况,但主要是从保存生命必须有一定的物质生活资料的角度来考虑。比较正常的传统国家也会考虑那些特殊弱势人群的生计,对鳏寡孤独予以救济,或者鼓励民间社会和慈善社团予以关怀,而对大面积降临的灾难,也都要负起救灾和救荒的责任。它们有时还会采取抑制兼并的政策,或反对强取豪夺。正常的传统国家也是希望所有的社会成员都能达到一定的物质生活水平,过上小康的生活,既是为了社会的安全稳定,也符合统治阶层的利益。而到了现代社会,在经济和技术有了飞跃发展和巨大成果之后,则是有条件可以给,也应当给贫穷者提供更好的物质生活保障,让所有人都过上人之为人的体面生活;也就是说,在现代社会,一种"分的正义"就是必要且应当的。总之,传统国家的确是不以经济利益的国家再分配为己任的,乃至不以经济发展为其政策的中心。从古希腊罗马到中世纪托马斯·阿奎那的传统正义理论看来,只要一个社会的成员各得其所应得的惩罚,各得其所应得的利益,这就实现了基本的正义。

传统社会的正义和原始时代的正义,虽然在内容上有着许多相似之处,但在实行手段上却有很大的不同,从而带来了一些紧张,比如,个人复仇、自行正义和国家法庭判决、代行正义之间的紧张。一般来说,除了直接的自卫,或者说正当防卫,国家是不允许个人使用暴力自行正义的,而是要将个人的"报复"上交国家来处理。

《正义诸概念》的作者 D. D. 拉斐尔,曾经以古希腊悲剧为例谈到从原始正义向传统正义的转变。阿伽门农的妻子克吕泰墨斯特拉和情人埃奎斯托斯杀死了阿伽门农，这后面有复仇的动机：一是克吕泰墨斯特拉要为其被献祭的女儿伊菲革涅亚复仇，一是埃奎斯托斯对于阿特柔斯家族被侵害的复仇。但阿伽门农被杀之后，他的儿子俄瑞斯忒斯杀死了埃奎斯托斯以为父亲复仇，在一番犹豫之后，也杀死了母亲。为此，他遭到了复仇女神（可以视作原始正义的化身）的疯狂追逐。最后雅典娜创立法庭，审理复仇女神的控诉。在正反两方投票相等的情况下，她投了一票，宣判俄瑞斯忒斯无罪，但也要试图平息复仇女神的怒火。拉斐尔指出，这里面包含了新的理念：第一，对于罪行的审判以及惩戒，应当通过国家，具体说来，就是通过法庭，通过整个法庭的陪审员，通过一个理性和民主的程序来进行；第二，如果两种冲突的主张在道德的两难境地中是均衡的，那么正义的解决办法是切断冤冤相报的无尽链条。

　　但我们还是可以说，从原始正义到传统国家的正义，最基本的原则还是没有改变，即罪行应该得到惩罚，应该有报应，"新的理念"只是将这种惩罚权交给了国家，并努力斩断个人报复不已的链条。

　　正义的理论与实践从以对等的"报"为重心，向以平等的"分"为重心的转变，实是从近代开始，尤其是在 20 世纪完成的。罗斯在1923 年出版的《亚里士多德》中，评论了分配正义这一概念的诸多变化。他说："分配正义听上去无比新奇，我们并不习惯认为国家为其国民分配财富，反而认为我们缴税而去分摊国家的负担。"这种纳税支持的国家自然是一种较少功能的"守夜人式的国家"。拉斐尔对此评论说："今天我们对社会保障耳熟能详，反而是罗斯的说法让人感觉奇怪了。"

　　在这一转变中，约翰·罗尔斯起了巨大的作用。罗尔斯的《正义论》[5] 是现代分配正义理论的一个主要建构，也是道德和政治哲学领域中最有影响的一部著作，极大地推动了现代分配正义理论的发展。

自从 1980 年代后期接触和翻译罗尔斯的思想著述以来，我对罗尔斯及其理论经历了一个颇长且不断变化的认识过程：最初主要是尽量准确地理解和领会，也追溯其在思想史上的渊源；后是试图在中国和当今世界的语境中思考其理论的意义和限度；现在则是尝试将其放在一个更长的历史范畴里加以反省。

罗尔斯的人格令人尊敬，无论是作为普通人的人格，还是作为哲学家的人格，但是，对他的正义理论我却渐渐形成了一些不同看法。在他的主要著作中，除了《正义论》，我也欣赏他在《政治自由主义》中对"重叠共识"的追求（虽然我并不认为他的所有正义原则都适合成为这种"重叠共识"），以及他晚年在《万民法》中表述的对这个世界的愿心。

我还很欣赏罗尔斯思想的出发点，这见之于他早年的学士论文《简论罪与信的涵义》：他对"自然主义"的批判奠定了一种反目的论的立场；在构建人类共同体方面，他对一种政治上的"立己主义"比对"利己主义"更为警惕。他那时还坚定地信仰上帝。

至于《正义论》，对中国思想的最初启发，可能是罗尔斯对独立的制度伦理的特别强调，还有他对正义的不懈追求，他的温和渐进，强调第一正义原则的优先性，以及对社会下层生活状态的永不枯竭的同情心。但是，在我看来，他的正义理论也存在着重要的弱点，不仅相当有限，还有偏颇。更重要的是，他的理论及其后继者单一方向的持续推进在社会实践中带来的严重弊病，也已经显露。

我在反省他的思想的时候，希望能够尽量回溯到人类文明最远的过去，但也伸展到最近的未来。所谓最远的过去，那就是文明开端以来的历史，当然，尤其是人类精神文明的开端以来的历史。每一个时代有每一个时代的精神状态的一些特点，每一个时代的特定社会也有自己的一些"时代正确"。虽然我还是相信有一些亘古不变的东西，诸如最基本的正义和道德规范，但是，从价值和信念来说，各个时代在演进方向上却有很大的不同。

在某种意义上，罗尔斯代表了现今西方世界"时代正确"的方向。他是在"二战"从军期间改变了自己思想努力的方向的。在此之前，他的思想更多属于过去、属于传统，他甚至想去做一个牧师。但"二战"之后，他开始为了自己心目中理想的人间社会而努力。

他的两个正义原则中的第一个正义原则是接受"现在"的，那也曾经是一个"未来"，是近代之初的"未来"，但到罗尔斯生活的时代，这个"未来"基本已经实现。他的第二个正义原则，则是朝向当时尚未实现或未完全实现的"未来"的，他这方面的一些思想后来慢慢地变成了"现实"——而他是为此付出了推动之力，甚至有一种思想上的开创之功。他的思想标志出一种西方大多数学者渴望的单一"进步"方向。当然，罗尔斯的"进步"思想是缓进的，甚至在某些点上是知止的。但他们的大方向还是一致的。今天这种思想乃至舆论上的"进步"已经开始造成西方社会的严重分裂。

但我对罗尔斯的批评反省又可以说还是基本符合罗尔斯的一个大的论证方法的。相对来说，罗尔斯的"原初状态"论证是特属于他的，是他的一个思想创制，展现了哲学思辨和分析的精致与自洽，而他的另一个或可以说是更有意义的"反省的平衡"的论证方法，则是相当广泛的，也可以说是此前和此后亦可为他人所用的。

而且，我们还可以超出罗尔斯设想的"良序社会"的范围来应用。我们不仅可以考虑将正义理论与某个特定社会所推重和流行的正义准则进行比照，也可以与更多社会，包括历史上的社会实际推重和流行的正义准则进行比照。我们也许还可以说，在近代以来正义理论突飞猛进且相当高调的情况下，我们应该更看重常识性的正义准则，用这经过了千百年考验的正义准则对新的正义理论进行修正，而不是相反。而且，近代以来，各种新颖的，包括高调的、乌托邦的理论层出不穷，持续不断，以致有些思想也渗入了当代流行的正义准则，所以，我们还须从更长的时段，乃至人类的整个文明历史统而观之。

差别原则与结果平等

罗尔斯特有的"原初状态"是一个非常精致的，但也是一个非历史的逻辑论证。原初状态并不是意指一个真实的原始自然状态。虽然有些学者批评说它是"多余"，或者说这种论证并不能构成一种根本性的论证，但它的确有一种思想方法上的重要意义，是富有启发性的。我们可以看到，原初状态的设计相当合理，甚至可以说是相当充分地考虑到了人类历史和人性的因素，比如指出正义的环境中总是存在着某种中等程度的匮乏，人既非野兽也非天使，在人那里始终存在着某种自利或者说自爱的因素，或者说选择的各方是互相冷淡的，但除了自己的善观念，又还有基本的正义感。至于"无知之幕"的设计，可能是比较特异的，但作为一种思想实验，也不是完全不可理解的。

值得注意的是，原初状态中的各方在选择正义原则的时候，持有一种"最大的最小值"的选择策略。这并非一个不重要的策略，我们甚至可以说，最后导致罗尔斯认为原初状态中的各方将会选择包含了第二正义原则的公平机会平等，尤其是涉及经济利益的差别原则的，正是这一策略。选择者如果是追求"最大值"或者"最高平均值或中位数"，都不会得到这个结果。

换言之，罗尔斯的无知之幕后面的各方选择的真正有力的，也是根本性的直觉论据，是他对选择者的动机设定，也就是说，这个不知自己的特殊情况为何的人，在无知之幕撤除之后进入一个不管什么样的具体社会，都希望他的处境即便最差，也是一种"最好的最差"，是一个"最大的最小值"。这是一个人性的前提假设。

有学者认为，这是一个不完全的人性假设，因为可能还有一些人

宁愿冒险，希望得到一个最优的前景，哪怕可能冒险不成而落入一个
很糟的境地，也是他更加希望的一种人生。但是，罗尔斯的这一假设
可能还是能够符合多数人的愿望的。这一假设甚至也可以说是一种相
当保守主义的假设，不过，它还是没有明确这一最不坏的标准究竟是
什么，是达到了一种体面的人的生活标准就足以了呢，还是必须和那
些处境最好的人尽量接近，也就是达到同样的富裕水平？冒险气质还
是一个小问题，那只是一部分人所具有的；更大的问题涉及人类普遍
的价值追求或欲望。也就是说，这里还要充分考虑到大多数人的欲望，
考虑到他们的物质欲望会有不断增加乃至膨胀的趋势。

　　如果说罗尔斯的第一个正义原则已经可以将所有人置于一种信
仰、良心、政治权利的平等的话，那么，在实质性机会和物质利益
上是否也要求全面和彻底的平等？他的第二个正义原则就是致力于此
的。在公平机会方面，他希望达到实质性的、尽可能排除所有社会的
偶然因素，乃至家庭的偶然因素的条件平等；而在差别原则方面，他
希望通过政策和制度的补偿，在物质利益和财富收入方面尽可能达到
一种甚至排除了个人的天赋等偶然差异的平等。换言之，差别原则旨
在最关照那些处境最差者的利益而达到一种最大限度的平等。

　　这一选择原则的一个前提性的人性假定是，人不仅被认为本质上
是为了追求自己的权益尤其经济利益的（甚至被视作一个功利动物或
经济动物？），而且持有一种保守的而非冒险的策略，即不是追求得
到"最好的结果"，而是追求得到一种"最不坏的结果"。当然，我们
可以说，这一人性设定基本上考虑的是人的最可能的共性、类似性而
非个性或差别性，或者说，它是设想一种大多数人可能的价值追求，
但问题在于，罗尔斯却将其表述为这是所有人的追求（原初状态的各
方，其实也是在设想每一个人）。正如前述，引入这样一种人性的前
提设定并不是不可以，甚至也不是不合理的，但将按这一策略选择的
正义原则置于"社会基本结构"的基本正义原则的地位是否合适或相

称，则还是需要考虑的。

　　的确，由此我们也可以看到，论证尽管足够精致，但一些基本的前提可能仍然会依靠个人的一些直觉，包括对人性的推定。一切理想的理论或愿景归根结底是不可能脱离人性的，一旦脱离则难以成功，会出现逆反乃至带来灾难。如果将有关经济利益的原则置于基本正义原则的地位，而且是尚未实现、需要推进的基本正义原则的地位，就需要考虑它可能带来的实际后果。如前所述，罗尔斯的正义理论希望尽量排除偶然因素的影响，第一个正义原则主要致力于排除来自权力和政治方面的偶然因素对人们基本自由权利的影响，第二个正义原则中的公平机会等平等原则则致力于排除来自社会和家庭方面的偶然因素的影响。但即便如此，人的自然天赋还是会导致差别，所以，差别原则只允许那些对天赋最不利者最有利的差别。这里的价值取向是尽可能地缩小差别，尽可能地实现平等。但如果过于彻底，是否会影响到人的丰富个性的充分展开乃至泯灭个性呢？个性总是和偶然性相关的。一个排除了偶然性的世界会不会是一个单调乏味的无趣世界呢？更重要的是，这是否反而会不断刺激和鼓励人们的物质欲望，使得整个人类的主要价值追求始终定位在不断扩大的物质财富和经济发展之上，而将人类的精神价值追求置于边缘乃至无视？

　　将差别原则放入普遍的正义原则之内，的确还会产生一些更具体的疑问：首先，这时候最差者的处境还会很差吗？他们究竟有多不利？他们的物质生活水平离社会的平均水平线有多远？在一个比较富裕发达的社会中，它是否还是达到了人之为人的体面生活的水平？有前面的正义原则加持以及如果是作为补充原则的差别原则的作用，他们还会是物质意义上的贫困者吗？如果政策依然倾向于他们，或者他们上了一个台阶了，但又出现新的处境最差者，于是再对这些新的处境最差者予以补偿，这样不断地调整下去，的确可以达到结果的平等——社会各个群体的物质生活水平将不仅不是一个高耸的金字塔，也不是一个中间大的纺锤型，而是接近一条直线，或者说中间稍稍隆起（如果隆起太多，将很快压平；而如果凹进太多，也很快就会被填满）的直线。当然，还有一种可能：既然是天赋造成的差别，这个群体将比较持久地处于最差境地，社会将持续地关照他们，让他们达到中等或者说均等水平。

其次，这个因为天赋而陷入最差境地的人群可能并不是多数，而是少数（是一个多大的少数，当然要看划分的标准），那么，这就意味着其他人（本来处在上端的少数，还有处在中间的多数），要拿出他们的一部分收入来给予这最差的少数。但如果这最差的少数可以免费地得到这些，会不会让本来在奋斗的人们的负担越来越重，甚至宁愿自己也落入这最差的少数或接近这最差的少数？是不是中产阶级会最受困扰？社会的取向会不会越来越多地向低的天赋（以及工作表现与贡献）倾斜和看齐？那么，这社会会不会将不再是一个积极向上的，而是一个消极向下的社会？

再次，这些处境最差者得到补偿之后，会愿意或者有能力改变自己的工作态度和能力吗？或者他们能够将自己的物质需求转向精神文化的努力吗？这可能还不仅是向这少数提出的问题，也是向不断追求更加美好的物质生活的多数提出的问题。甚至，他们会感谢社会合作体系给予他们的馈赠，还是相信这就是理所当然？于是，不劳动，但也不从事精神方面的活动，会不会越来越成为社会的常态，吸引越来越多的人加入？

第一个正义原则涉及的主要是权利，权利的平等可以是彻底的，甚至是绝对的。对于权利，比如良心和言论自由、选举的平等权利等，一个人是否履行也不会影响到他人。在这个领域内，自由与平等并无矛盾。但如果是第二个正义原则所涉及的地位、名声、好处和经济利益，则有份额的多寡和差别，一方的突出就意味着另一方的被冷落，一方的多得也就意味着另一方的少得乃至受损。要求结果平等，还将涉及对另一方自由的限制。如此一来，自由与平等就会发生矛盾，或者说不同理解的平等观念之间会发生矛盾。在这个时候，处理自由与平等的矛盾就可能主要是一个权衡或平衡的问题，而不是将追求结果和利益的平等直接作为基本的正义原则。

尽管罗尔斯将有关权利的第一个正义原则置于优先地位，但第二个正义原则作为一个尚待实现的目标，却可能成为实践中一个主要的努力方向。如此，很可能会带来人类物欲和利益期望值的不断提升，甚至不断地主动刺激物欲，导致功利滔滔。我相信反对功利主义的罗尔斯不会愿意看到这一情景，但他的确很少提到人类对精神文化方面的卓越追求，也或者，他认为那些最不利者在达到良好的物质生活水准之后，就会自动地追求人的全面发展？社会的确应该努力保障所有人都能过上一种"人之为人"的体面物质生活，但是，持续不断地关注和提升人们的物质利益欲求，则可能阻断人们在"人之为人"的其他方面的追求。

生命原则的缺失

我上面的这一批评也是因为考虑到了人类文明的全部历史。在一万余年的文明史中，当人类在基本解决温饱问题之后，人类对更具人禽之别的精神文化这一人类特性的追求，的确在文明史上的大部分时间里占有更主导的地位。不过，我们在此还是要更多地关注正义原则的规范问题而不是价值追求。

正如上述，在漫长的传统社会中，正义的理论和实践更多关注的是法律正义，而不是经济利益分配的问题，或者说，主要是一种"报的正义"而非"分的正义"。传统正义理论的基本原则或可说是"应得"或"对等"：对于伤害他人或社会的人，要给予他应得的、罪刑相称的惩罚；对于利益的交换和分配，也要实行对等和相称的原则。而且，其中大部分交易是通过双方自愿来完成的，传统国家在经济领域的功能相对有限，其强制功能主要体现在保护人们财产安全和公平交易的法律领域。

这里当然需要注意罗尔斯对其正义理论的广度适用性的提醒，即它是有限的，只是为一个"良序社会"的基本结构而设计的。如果"反思的平衡"不是局限在一个作者所处或者所理想的政治社会中，这种适用性就要遇到怀疑。如果从全球的各种政治社会看，保存生命的原则在正义的原则中就不仅应该有一个独立的位置，而且是一个优先的位置。回溯人类文明的历史，情况就更是如此了。同时，我们还要考虑未来的情况，即未来的人类会不会遇到大的灾难，以致不得不调整它现在理想的社会基本结构的原则？也就是说，如果我们不是像罗尔斯那样仅仅考虑一个理想的"良序社会"，那么就应当将"保存生命"单独地提出来作为一个基本的正义原则，而且应该是最优先的第一正义原则。如此，方才更真实地既反映今天的世界，也反映历史和未来的真实世界的各种可能情况，从而考虑一种更全面的、兼顾历史与现实的正义理论。真实的世界不会是一个全部服从的世界，而更可能是一个部分服从的世界。但哪怕这不服从、不遵守法律的只是很少数人，如果不予以遏制，也足以让整个世界动荡不安。

然而，独立的保存生命的正义原则似乎完全没有进入罗尔斯的思想视野，哪怕是为其为什么不出现在自己的正义理论中而作出一些说明。不仅如此，在罗尔斯的理论中，重点在保护生命安全的法律正义也没有重要地位。他的社会正义理论主要是考虑分配，虽然这种分配是广义的，也包括分配基本的权利和义务、责任和负担，但由于这一部分的内容在其所处的社会多已实现和没有争议，所以其理论的重心就放在分配实质性的机会和经济利益。

法律正义地位的低微

罗尔斯认为，正义的主要内容就是分配一个社会的权益和负担。在《正义论》中，没有多少有关法律正义，特别是涉及刑法和民事的正义的内容。这自然是因为他考虑的"公平的正义"理论的应用对象是社会的基本结构而非具体制度。但是，他却把经济利益的分配纳入了这一正义理论的原则之中，而将可能更重要和优先的法律正义排除在外，这里自然是有可以质疑之处的。当然，他也可能是认为，在他的有关所有人的平等自由权利的第一正义原则里，已经隐含了法律的正义。

另外，在他的正义理论中，他还将"应得"的理念排除在外，而主张一种具有实质平等意义的"公平"。这也许可以用于解释对权益的分配，却难以解释对惩罚的"分配"。报的正义必须追溯行为的既往，而分的正义则主要着眼于现有财富的分配。他认为，将报复正义（司法正义）视作"维护基本的自然义务"是一个错误，但如果我们观察传统社会（即便是今天，也还有一些带有许多传统因素和形态的国家），以及传统正义与原始正义的联系，那么，我们可能还是会认为，这并非一个错误，司法正义的确还是在维护基本的自然义务。从防止直接损害人们的生命、财产的角度看，它比经济利益的分配正义更为重要，也应当被置于一个更为优先的地位来考虑。能够为罗尔斯辩护的倒可能是一种进步主义的观点，即如果是处在一个司法基本实现了正义的社会，那么，从实践和政策的层面，或许可以优先考虑经济分配的正义，但即便如此，也不宜将这种优先性看作一种具有普遍意义的次序。

基于"应得"概念的"报的正义"，应当说内容更明确，对伤害和酬劳的界定会比较清楚，处理的规则也更容易达成共识。而有关"分的正义"，则因为对利益的理解，对哪些是最需要关注和照顾的群体，乃至对"平等"的理解都会相当歧异，所以难以达成共识。当然，在这方面难以达成共识的一个更重要的原因，是千百年来形成的，甚至可以说在人性中有其基础的"报的正义"的道德准则，在人们心中还有牢固的地位。

罗尔斯对法律正义（包括法治）的专门讨论，是在选择用于社会基本结构的正义原则之后的立宪会议、立法阶段和司法阶段才出现的。他认为，第一个正义原则（平等的自由）构成了立宪会议的主要标准。该标准的基本要求是保障个人的基本自由、良心和思想自由。在立法阶段，第二个正义原则发生了作用。它表明社会经济政策的目的是在公正的机会均等和维持平等自由的条件下，最大程度地提高最不利者的长远期望。最后则是司法阶段，法官和行政官员把制定的规范运用于具体案例，而公民们则普遍地遵循这些规范。

罗尔斯颇有些奇怪地认为，在这方面，举出各种严重的侵犯行为（例如受贿、腐化、滥用法律制度）来攻击政敌，还不如举出那些在司法诉讼程序中实际歧视某些团体的细微的成见和偏心更有启发意义。[6] 但如果换一个语境，我们则可以说前一种腐败比后一种歧视具有重要得多的意义。

罗尔斯正确地指出，法治和自由显然具有紧密的联系。法治体系建立了人们合法期望的基础，构成了人们相互信赖，或者当合法期望没有实现，就可直接提出反对的基础。如果这些要求的基础不可靠，那么人的自由的领域就同样不可靠。

在罗尔斯看来，法律的正义也是意味着作为规则的正义。我们这里先来看"应当意味着能够"的准则。这也是反对高调。首先，法治所要求和禁止的行为应该是人们能够被合理地期望去做或不做的行为，它不能强制一种人们不可能做到的义务。其次，"应当意味着能够"可以表达制定法律和给出命令的人真诚地认为的一种观念，也就是立法者、法官及其他官员必须相信法规能够被服从，命令能够被执行。此外，权威者的行动必须是真诚的，而且权威者的诚意必须得到那些服从法规的人的承认。只有人们普遍地相信法规和命令能够被服从和执行（包括立法者和执法者的遵守），法规和命令才能被广泛接受。

罗尔斯认为，法治也含有"类似情况类似处理"的准则，这也可以说是法律面前人人平等的一个实施原则。但他似乎有点低估这个原则的意义，认为"这个观念并不十分吸引我们"。[7] 此外，法治还含有"法无明文不为罪"的准则，以及一些规定自然正义观的准则，它们是用来保护司法诉讼的廉正性的指南。比如，法治要求某种形式的恰当程序；法官必须是独立的、公正的，而且不能判决他自己的案子；各种审判必须是公平的、公开的，不能因公众的呼声而带有偏见；自然正义的准则要保障法律秩序被公正地、有规则地维持。

罗尔斯对法律正义的内容的叙述是准确的，问题在于他赋予它们的地位。他将这些旨在保障人们生命安全和首要公义的原则放到了一个不重要的位置，反而将人们对机会和经济利益的追求放到了它们的前面。第二个正义原则说的几乎都是利益，甚至第一个正义原则所说的"权利"也是一种"利益"，我们或许可以将之笼统地说成"权益"。在他这里，我们看到的是不断地要求保障人们的权益，却很少谈到责任、义务和承担，也很少谈到对善恶正邪的辨别，以及对作恶者的惩罚。我们当然不是不要保障人们的基本权利，但仅此不够，我们还需要从责任、义务和承担的这一面来说明和解释这些权利。

美国著名法学家德沃金说："如果政府不认真地对待权利，那么它也不能够认真地对待法律。"和罗尔斯一样，这也符合这一"进步"的大趋势。但问题是，这样说可能脱离了法的本意。法的本质首先是约束性的，如果它也变成一种优先的权利，或者主要是权利，甚至只是强调权利，那最后就有可能剩不下什么约束性的东西了。结果就是，谁都可以漫无止境地要求自己的利益，而且是"理直气壮"地，也就是说，他们的自利要求变成了"正义"。但这将可能导致人类进入一种"新的丛林状态"。

事实上，我们今天已不难发现这些理论的一些后果，比如，以高尚的"正义"之名来追求和满足某些特殊群体的欲望的运动和行为。欲望不再是赤裸裸的了，而是包装以精美的外衣。他们事实上不再只是要求平等，而是要求偏爱，而且还将这种偏爱解释为"正义"。如果不能满足，甚至不惜引发骚乱。这大概也不是这些进步主义者的"初心"吧。

在当今世界，包括罗尔斯所在的美国，还是会不断遇到生命安全的问题，更不要说社会的进一步分裂，乃至人类可能遇到的其他自然和人为灾难，例如政治的、军事的甚至高科技本身带来的灾难，都有可能使一个社会突然陷入相当无序的状态。仅仅靠个人的觉悟和自律是不够的。虽然可以说，法律就是人类的自律，但自律还需要训练和培养，一个不断被鼓励无限地追求自己的利益和好处的人群，怎么会一下子就变得自制和自律？

今天我们之所以还是应该重视，甚至更重视法律的、报应性的正义，将其置于更优先的地位来考虑，首先是因为它涉及的是有关生命不被剥夺、伤害和压制，财产不受侵犯，基本的生存物质资料得到保障的重大问题。其次是因为它涉及的范围极广，不仅关系到社会中的一些群体——虽然是值得关心和照顾的贫困或弱势群体，还关系到这个社会的所有成员。司法正义的问题是所有人都要面对的，不论他是什么人。再就是因为在现代"分的正义"理论中，传统的"报的正义"原则往往被忽略，从而缺乏一种恰当的平衡。

如上所述，罗尔斯的正义理论可能忽略了一些重要的东西，比如，因弗洛伊德事件爆发的"黑人生命重要"的大示威，亚裔抗议枪杀的游行，就都涉及生命原则与法律问题，以及社会福利、移民等问题造成的社会分裂。再有，可能是因为他过于强调分配的正义，在其正义原则的优先性次序中，我们还是可以发现一种理想的指向性，就是前面的似乎都是为了完满地实现最后者——差别原则。换言之，在罗尔斯的理论中，如果没有差别原则的实现，正义就是不完全或不理想的。

一个概观或总评

现代的正义理论不是由传统的正义发展而来，而是有了一个大的转折，这在 20 世纪表现得尤其明显。正义的思考重心转向了分配，虽然广义的分配也可包括分配权利和责任，但是关注的方向越来越朝向经济利益的分配，利益分配的原则也越来越由"对等"向"均等"转移。

但是，政府不是利益的源泉，也不是惩罚的渊薮。政府本身不创造利益，也不创造惩罚。利益和惩罚是由人们的行为引起的。而且，政府优先的是关心惩罚以约束人们的行为。在法律中，究竟以约束规则还是以权益诉求为更为优先或主要的内容，是一种重要的古今之争。但即便站在维护权益的观点来看，对权益的保障也是要通过约束他人，尤其是公职人员来体现的。先要有约束规则，才会产生权益。有"不可杀人"，才会有生命安全；有"不可盗劫"，包括禁止来自政府方面的强取巧夺，才会有能保证生命供养和发展的财产安全；有"不可欺诈"，才会有交易公平；有"不可性侵"，才会有社会及其基本细胞（家庭）的稳定和秩序；有对政府权力和个人强暴的约束，才会有臣民的生活空间或者公民的自由。"所有人都应当享有与他人平等的权利"的后面，或许应加上一句"所有人也都应当承担和他人一样的责任"，甚至也可以直接表述为"所有人都负有尊重他人同等自由的义务"。

这是对个人的正义要求，也是对政府的正义要求。对政府的要求就是：首先要维护社会，准确地给予犯下恶行的人以相称的惩罚，保证在案件的审理中，不受任何特殊集团，尤其是特权集团和统治者对法律的不当干扰。其次，还要防范政府自身，防止官员个人的侵犯，也防止体制性的腐败。很难设想一个广泛的正义理论，不首先放入不可杀害无辜、不可强暴、不可冤屈好人、不可任意剥夺合法财产的内容。如果不独立和优先地提出保存生命的原则和针对恶行的法律正义，也就很难阻止以"良善"理想之名采取恶劣手段的行径。

最开始的时候，我对罗尔斯在现代西方思想谱系中的地位并不敏感，在翻译他的《正义论》时，主要是致力于尽量准确地理解原意。我也希望追溯他的正义理论的思想渊源和发展线索，并在社会契约论的三个主要代表霍布斯、洛克和卢梭那里发现了一种正义原则的次序，即生命、自由与平等原则的历史和逻辑的一致。后来则慢慢觉出了，如果从一个更广阔的社会和历史观察，也是从我自身所处的社会及其历史观察，他的理论其实是有许多可以补充和修正的。我在思考罗尔斯对中国的意义时曾经指出，差别原则对一个非常平均（均贫）的社会还可以有另外的一种运用，即它也可以用来支持扩大差别，即对最不利者也最有利的经济收入差别。罗尔斯对独立的制度正义的强调也促使我们将制度的德性与个人的德性做一种分别开来的思考，以弥补我们传统思想中制度德性薄弱的短板。罗尔斯对第一正义原则和相对而言偏追求实利和收益的第二原则的优先性的阐发，以及对社会作为一种合作体系的强调，也对我们启发良多。我认为，于我们而言，平等自由的第一正义原则应该有更大的权重；在这个原则之前，还应该有一个更优先且独立的正义原则。换句话说，真正的第一正义原则，即保存生命。此外，相应的法律正义，尤其是司法的正义，也应当放在经济利益分配的正义之前予以更优先的考虑。

从罗尔斯的学士论文《简论罪与信的涵义》，到他在《正义论》出版之前发表的论文，再到《正义论》《政治自由主义》《万民法》的陆续问世，罗尔斯的正义理论自身也经历了一个比较关键的转折时段。他本人的思想变化也是一面时代的镜子，反映了西方许多知识分子从20世纪中叶到末叶的思想演变过程：从基于宗教信仰转到脱离宗教信仰的思想理论的构建，从强调信仰的共同体转到强调一个良序的政治社会的正义原则。世俗化和强调分配正义这两点可能代表了他所处的时代和美国知识分子的一种主导思想倾向。

具体来说，罗尔斯的第一个正义原则，适应的是已经成形的社会，几乎不体现司法正义，也拒绝"应得"的概念；第二个正义原则更是进一步朝向实利平等的进步主义，当然，基本是主张非暴力，更强调社会合作而非冲突。但这两个正义原则之间其实隐含了一种不易消解的矛盾，即自由与平等的矛盾；而在一个更大的范围内观察，则还可以说隐含了一种经济平等与保存生命的矛盾。

在哲学上，罗尔斯相当精致地以"分的正义"取代了"报的正义"在正义理论中的中心位置。这并非说这种取代是从他开始的，但他的确以一个博学而精致的哲学思考体系，在相当程度上完成了这个工作。然而，在今天的真实世界中，法律的正义并不是已臻完善，生命的安全也不是全然无忧，还是要考虑种种可能出现的不测情形和下滑状况。另一方面，这种思想向着尽量平等分配的方向呼啸而去的时候，却可能没有意识到我们的文明有可能被不断增长的物质欲望和消费主义釜底抽薪，而这种滔滔物欲可能正是由对平等分配的不断追逐引起的。

罗尔斯谨慎地限制自己，自认他的正义理论只适用于一个理想的良序社会的基本结构，但也可以说，这是他为他所处的美国社会所做的一种未来发展方向的设计。在这一设计中，他将地位、机会和财富的尽量平等和缩小差别的分配作为主要的努力方向。他也许认为，有关生命安全的法律正义问题在美国已经基本解决，甚至有关基本权利的第一正义原则问题也已经得到基本解决，或者说，生命安全的问题可以放在"权利"理论的框架内，用权利理论的术语予以解决。但是，迄今看来，情况并非如此，生命安全还依然是一个大问题，不仅如此，围绕这个问题还存在着极大的争议。从 2021 年美国发生的弗洛伊德事件以及爆发的抗议示威看，围绕着是应当更强调"黑人的生命宝贵"

还是强调"所有人的生命宝贵",执法体系中是不是存在着"系统性的种族歧视和不正义",如何看待由此引发的大规模抗议示威和随之而来的暴力活动,以及要努力"为正义呐喊"还是强调"法律与秩序"等种种问题,美国社会陷入了分裂。看来,这些问题更适合通过独立的生命原则和法律正义,而不只是在分配正义甚或权利理论的框架内得到解决。

罗尔斯的第一个正义原则或可说已成为现代西方世界的"重叠共识",但第二个正义原则却还难说已经如此,或许目前还只是一种以知识界为主体的"特殊共识"。而且,这两个正义原则是隐含矛盾的,不仅从第一个原则推不出第二个原则,而且追求实质的平等可能损害到法律面前的人人平等,即损害到人们的基本自由和权利,或至少两者不能兼得。

罗尔斯的确没有像当代的左翼知识分子走那么远,他在《政治自由主义》中就开始更多地探讨如何在一个自由的多元社会建立政治共识。他大概不会赞同今天盛行的各种分化多元的特殊身份政治认同,而是更强调在一个政治社会里对基本的正义原则的普遍认同。但其后续的一些西方知识分子却继续他的早期演变方向,比如,要求将他的差别原则继续推进,乃至从一个政治社会的内部扩展到各个政治社会之间。罗尔斯不像他的一些学生试图将两个正义原则推广到全世界,他尤其谨慎地拒绝将差别原则用于国际社会。

虽然罗尔斯主要还是一个进步主义者,但他不是激进的,而是温和的、缓进的。他甚至还有保守和止步的一面。在实际生活中,他支持 1960 年代的学生反战运动,但不支持罢课和占领学校大楼;他强调社会的合作性而非斗争;他反对在分配正义中使用"应得"的概念,固然是不认为富人的所得是应得的,但也不认为穷人的福利是基于"应得"的理由,而是从社会合作体系的要求出发。

我的确赞同罗尔斯所认为的,差别原则不应该,实际上也不可能扩展到国际关系领域，或者说如果强行扩展，将带来灾难性的后果。我还认为包括了差别原则的正义原则也许不具有罗尔斯所设想的那种普遍性。面对更大范围的真实世界的正义原则，也许还是可以有两个原则的先后序列，但逻辑上不宜是罗尔斯所说的基本自由权利和机会经济平等，而是保存生命与平等自由；且前面的原则应具有更大的普遍性：保存生命的原则是所有政治社会都应遵守的基本原则，平等自由则或是现代社会所遵循的原则。至于实质性的公平机会平等和差别原则，则是可以让不同国情和历史的政治社会去选择的次要或补充的方案。

概言之，罗尔斯"原初状态"的论证方法是精致和富有思想方法的启发的，但它的最后价值取向，相当依赖对"最大的最小值"的人性价值偏好假定，后面其实还隐含有人作为"经济理性人"的假定。他的差别原则将导致不断地向利益的结果平等的方向推动，从而相当聚焦于物质。他的"反省的平衡"的方法更有意义，但是范围可以扩展，转向真实的世界和历史，但恰恰是按照这一方法，他的第二正义原则是不太适合作为基本的正义原则的，而至多是一个次要的权衡原则和补偿原则。如果说这是原则的"增多"的话，罗尔斯的正义理论却还"遗漏"了更为重要的、理应成为第一正义原则的保存生命原则，以及在这一正义原则中应该阐述的法律正义的内容。罗尔斯并不是没有意识到他的正义理论的有限性，只是我们今天对他的理论的这种有限性应当更为敏感。和罗尔斯提出的理想的正义愿景相比较，我们今天更需要各种对更广阔的真实世界的正义原则和准则的理论探讨。

三　身份政治

追溯近年在欧美兴起的"身份政治"（politics of identity）的思

想资源，查尔斯·泰勒有关现代认同（modern identity）和承认政治（politics of recognition）的理论，大概会在其中占据一个关键的位置。这不仅因为其理论比较直接、专门和系统地讨论了这一问题，其长远的历史眼光、精致的哲学分析以及对传统宗教的关注和对现代文学的熟谙，也给人留下了深刻的印象。

如果说以赛亚·伯林强调根本价值的分离和不可兼得（故而应有一种政治的中立），且注重基本的"消极自由"的立场，处在自由主义谱系中相对居中的位置，如果说亨廷顿强调文明的多样性乃至文明冲突难以避免，并关注美国人的国家认同问题，因此为右翼政治提供了思想资源，那么，泰勒的理论则可以说是为文化左翼提供了诸多灵感。当然，泰勒的理论虽包含了大量能够启发、激励和推动身份政治运动的因素，但由于作者在这一思想谱系中的温和折中态度，他的理论中也包含有节制这一运动走向过度的因素。

从一个更广的角度看，泰勒的思想及身份政治运动在近年的凸显，也和西方知识界在冷战结束之后的思想潮流以及整个社会的变化密切相关。平等主义继续前行，却在相当程度上改变了领域和主体，而且在具体诉求的方向上也有了大的调整，比如，平等之后或之下有没有什么更基本的欲求？身份政治将释放出什么，并将带来什么结果？如此等等。对这些问题，我们还可以有更深入的探讨。

现代意义上的"自我认同"

就像伯纳德·威廉姆斯所说的，"从所有意义上讲，《自我的根源》都是一部大书"[8]，无论是从形式，还是从内容、广度和深度上，都是如此。泰勒为什么要如此着力地探讨"自我"？这跟他对现代伦理学的一个基本问题的看法和立场有关。也就是说，在"正当"（right）与"好"（good）这两个伦理学主要概念的关系问题上，他认为，相

对于"正当"（或者说规范、义务）来说，"好"（或者说价值、欲求、
生活方式和意义）是优先的和主导的："我们必须给我们的生活以意
义或实质，而这意味着不可逃避地我们要叙述性地理解我们自己。"⁹
所以，《自我的根源》（1989 年初版）中作为导论的第一编就是专门
讨论"认同与好"的，随后的四编则讨论了自我认同的三个主要方面：
一是现代反思所发现的、具有内在深度的自我；二是从现代早期发展
而来的对日常生活的肯定；三是作为内在道德根源的表现主义本性。

　　对当时居于美国道德哲学主流的强调"正当"或"正义"的独立
性和优先性的道义论观点（如罗尔斯等），泰勒表示了不满，认为他
们对"道德"的理解过于狭隘。在他看来，除了关注正当、正义以及
尊重他人的幸福与尊严，也应关注个人的尊严和生活完满问题，即关
注个人与他人相比而言所具有的特殊性。的确，泰勒承认有一些最基
本的道德约束是具有普遍性的。他谈到，"被我们承认为道德的最急
迫和最有力的一组要求，涉及尊重他人的生命、完整和幸福，甚至还
有事业有成。当我们杀害或摧残别人，盗窃他们的财产，恐吓他们并
剥夺他们的安宁时，甚或当他们处于危难之中却拒绝帮助他们时，我
们就违背了这些要求。实质上，每人都感觉到这些要求，而且它们已
经得到所有人类社会的认可"，这类道德直觉是"如此深刻，以致我
们不由得认为它们植根于本能，而其他的道德反应看起来更像教养和
教育的产物"。¹⁰

　　这些基本的道德约束是所有社会都要求的。而在泰勒看来，现代
社会的道德是更进了一步。他指出，现代道德将整个人类物种都纳入
了自己的范围，强调道德的自律或者说自我立法和主体权利，肯定日
常生活和避免痛苦的重要性。他对启蒙运动及其带来的社会变化基本
上是感到满意的。他是"启蒙中人"，且希望继续"启蒙"。

　　泰勒认为，继续启蒙和进步的方向，意味着要更多地照顾各个自
我和群体的生活计划与特殊"尊严"。这一特殊的"自我"也正是在

近代以来成长起来的。泰勒的巨著《自我的根源》所关注的中心问题，就是现代意义上"自我认同"的形成或者说创造。他认为人的身份和自我认同并不必然能通过给予名称和家世得到解答，而是要由提供价值观的框架或视界的承诺和身份来确定。这既是认同问题的复杂性，也是认同问题的重要性所在；认同与我们在道德空间中的方向感有本质的联系，是认同给了我们根本的当下位置和行动的方向感。也就是说，认同不仅关涉过去，更关涉现在和未来。一个人在生活中失去道德方向感，是源于"认同危机"。

为什么说这种"认同"是现代意义上的？泰勒的解释是，一个人只要还按照某种普遍的东西来确定或指导自己，他就还不是现代意义上的"自我"。这样，即便如16世纪初的马丁·路德，一度也似乎陷入过"自我的危机"，也就还不是真正的现代"自我"，因为当时调整其行为的基本道德框架还是根据普遍的术语提出的。泰勒也注意到古希腊人强调"认识你自己"和并无"我自己"这个词之间的微妙区别。

泰勒虽然提到了诸如工业革命、民主和资本主义的兴起等，但他对"自我的根源"的追溯，并不是一种对诸种社会因素影响自我意识成长的因果分析，而是集中在意识的领域来追溯现代"自我"的诞生。他的追溯也足够长远，甚至到了中世纪和古希腊。他讨论了柏拉图的"自我克制"和奥古斯丁的"内在深度"：在柏拉图那里的"外在的光"，成了奥古斯丁那里的"内在的光"，即上帝是在自我在场的密切性中通过内心被发现的。他认为，奥古斯丁的转向自我是一种激进的反省，但是这种反省尚未提出第一人称，而第一人称是在笛卡尔的"我思"中提出的——主体终于通过一种分解式理性被独立出来了。随后，在洛克那里，则出现了"点状的自我"。也许我们还需要再回顾一下蒙田，因为正是他强调了每个人的特殊性。笛卡尔的"我思"还是要遵循普遍的推理，而致力于描述个体自我的蒙田则向我们呈现出了个人与个人之间不可重复的差别性。泰勒认为，这一点对于现代"认同"概念十分重要，因为现代"认同"正是通过强调"自我"无法用普遍的人类本性学说或者用人类主体性的普遍描述（诸如灵魂、理性和意志）来充分说明的。

这样，泰勒认为，通过这些思想者连续的激进反省，现代的"自我"虽然呼之欲出了，但还要经过后来对"日常生活的肯定"，以及表现主义的融入，才是今天我们看到的现代"自我认同"。这也是身份或认同政治的思想起点，正如泰勒所说，我们可以开始讨论一种个人化的认同，即我所特有的、在自身之内发现的认同，或者说忠实于我自己和我自己独特的存在方式的理想。泰勒借用莱昂内尔·特里林的用词，将这种理想称为"本真性"理想。

的确，泰勒对普遍性的限制和拒斥并没有像萨特走得那么远。萨特甚至否认有一种固定的"自我本质"或"本真自我"，他认为，并没有一种先定的、一成不变的本质，而是"存在先于本质"，人要通过不断的选择和行动来形成自己的本质，这种选择和行动基本上朝着否定和反抗的方向，使人将自己过去的所谓"本质"不断虚无化。这才是自由，虽然人最后也还是"一堆无用（徒劳）的感情"。

要求社会承认的政治

泰勒主要是在 1994 年发表的《承认的政治》[11] 一文中提出了题目所显示的这一思想，但在《自我的根源》中，他就已经预示了这一方向。他认为，人是一个语言的存在，生存于某种语言中，或部分地由这种语言所构成。除非引进语言，否则就没法引进人格。而语言只能在语言共同体中存在并得到保持，这就预示了自我的另一个关键特征，即一个人只有在其他自我中才是自我。自我的现代独立性并不否定自我只能在其他自我中存在这个事实，这一点已经隐含在真正的"认同"概念中。[12] 一个人的"认同"的全面定义，通常不仅与他的道德和精神事务的立场有关，而且与特定的社群有关。

泰勒认为，一个人不能基于他自身而成为自我，只有在与某些对话者的关系中，我才是自我。他还说，"对话"的人不仅包括活着的人，也包括已经死去的人，比如以前的作家、思想家和预言者等，乃至也包括上帝，即对话者不必是面对着的人。

而这样的"对话"可以说是无所不包了。一个孤独的隐居者也会读死去的作者的书，"与古人为友"。他还可能与自己知道的乃至不知道的祖先对话。一个人总是会和语言打交道的，但这和"特定的社群"似乎没有多少关系，这个人还是孤独的。在使用语言和参加社群之间还有颇远的距离，否则天下也就没有所谓"隐士"或"离群索居者"了。而即便与人群打交道，他也可能还是不参加特定的社群。

在《承认的政治》一文中，泰勒更明确地认为，我们的认同部分是由他人的承认构成的。如果得不到他人的承认，或者只是得到他人扭曲的承认，会对我们的认同构成一种压迫，这会把人囚禁在虚假的、被扭曲和被贬损的存在方式之中。他列举了诸如少数族裔、女性主义、殖民地人民的要求，比如，他认为多年来白人社会设计了一种贬抑黑人的形象，欧洲人也为殖民地人民设计了一种低劣的和"不文明"的形象，于是，他们的自我贬低就成为压迫他们的最有力手段。又如被贬抑的女性，甚至在阻碍前进的一些客观障碍已经消失之后，她们也可能无法利用新的发展机遇。他（她）必须抛弃过去的虚假"认同"，建立起自己的"真实认同"。

但是，何谓真实的认同？或者说，如何才能找到自己的本真性？一般说来，泰勒认为，忠实于我自己就意味着忠实于我自己的独特性，而只有我自己才能表现和发现这种独特性。也就是说，必须自己去发现，自己去认定。

但这个群体之外的人，尤其是知识分子，怎么又常常表现得好像自己对这一群体的特殊性知道得更清楚，甚至更能够为他们指路呢？

另外，如果一个人认定的就是一种觉得自己或自己所属的群体在某些方面行而在另一些方面不行（他可能并不认为在这些方面不行就意味着自己"低劣"）的形象呢？是否这种认同还是被人"设计"和"规定"的，或者说方向是不是已经被一些知识分子大致规定好了的？倘若如此，那么，越是比较弱势的群体，他们的这种形象就越可能是被优越者"设计"和"规定"的。如果在客观障碍消除之后，他们还是不能发展和强大，那么，就可能是过去社会强加的错误认同阻碍了他们。要让他们强大到与优越群体实质平等的地位（那样自然就没有优越也没有低下的群体了），这对其他群体和社会，甚至对这个弱势群体来说，的确是一个不低的要求。泰勒的希望看来是认为必须从"正名"开始来改善弱势群体的自我，而这"正名"实际上是要把过去颠倒了的"名声"重新颠倒过来。或者说，就像卢梭所设想的，在共和政体的社会里，所有的人都可以平等地分享公众的关注，即都有同样的"名声"，同样地被人"注目"。但这是不可能的，正如泰勒也谈到，让所有加拿大成年人都得到的奖项是没有什么意义的。此外，我们也熟悉笼统地对"人民"或某个阶级赞颂的虚幻性。

我们可以看到在这背后的知识分子的努力动机，那就是无论如何都要达到一种不仅个人之间，还有群体之间全面的、实质的平等。正如泰勒所说："民主开创了平等承认的政治，在不同的历史时期它表现为各不相同的形式，它在当前政治中的表现是，不同的文化和不同的性别要求享有平等的地位。"[13] 他也意识到，在这场斗争中，他的理论"对于认同和本真性的理解无疑已经为平等承认的政治开辟了一个新维度，至少就反对由他人导致的扭曲而言，平等承认的政治现在是和本真性观念一起作战的"。[14]

综合起来看，泰勒的认同和承认的政治或可以分成三个层面：（一）自我认同：发现自己的本真性。（二）群体认同：和自己同类的人结成一体，确立自己所属群体的本真意识。（三）社会承认：通过文化的斗争和政治的手段，实现他人与社会对我所属的这一群体的承认。

　　泰勒强调通过反思才能发现真正的自我，但一个同样是希望反思的人，可能会对其理论产生诸多的疑问。在第一个层面将提出的问题可能有："本真性"是什么？它是外在的还是内在的？看来应该是内在的，但现在的身份政治却似乎是以外在的种族、肤色或性别来确定居多，也许只有一些微妙的性取向有待发现。但这样理解泰勒的意思自然是肤浅的，他的意思可能是：你要发现比如作为一个女性或一个有色人种的真正内涵是什么，而不要接受外来的"低劣"标签。但这就转为并非自我而是群体的"本真性"了，随之而来的则是，这"本真性"中，特殊性和普遍性的成分各占多少？因为自我的本真性虽然是强调特殊的，即强调"你是你自己"，但一定还是具有某种普遍性的，否则就不会有第二层面的"群体的认同"了。问题是，本真性能够是一种人应当普遍追求的道德的理想，或者说是普遍适用于所有人的道德尺度吗？或者从事实角度看，所有人或多数人都能够甚至愿意追求这种很难定义的"本真性"吗？会不会有这种情况，就像一个老想着追求快乐的人往往最不容易得到快乐，一个老想着追求自己本真性的人也往往最不容易发现自己的本真性？

　　在第二个层面提出的问题可能有：正如上述，人们将会遇到的认同是外在的认同还是内在的认同？如果我们同意应该是内在的认同，那么将会遇到群体内部的分歧，遇到这个群体的主流认同与这个群体中一些人的自我认同的矛盾。那么，这种群体的"本真性"该如何确定呢？这一群体中的人们不是会对这种"本真性"有不同的看法吗？一些人可能继续认同既定的看法，但有一些人可能反对这种看法而提出新的认识。即便某种认识或认同成为主流，这个群体中也还是会有一些个人不表赞同，那么，他们是否就失去了自己的"本真性"呢？尤其吊诡的是，那些最有可能，也最愿意发现自己的"本真性"的人，也许恰恰就是那些最少愿意也最难以趋同的人。或者说，那些个性最强、性格最为鲜明和独特的人，可能恰恰最不愿意甚至最不屑于群体的认同。另外，每个人都会有多种对群体的认同，他又该怎样权重这些认同？毕竟这些不同方向的认同也会发生矛盾，他如果将某些认同看得很重，就可能看轻甚至否定其他方面的认同。

在第三个层面提出的问题可能有：这"承认"是指什么？是在什么意义上的承认？是在人格意义上、公民权利意义上的承认呢，还是对这群体的更为特殊的性质的承认？看来是后者。进一步，这承认是指宽容还是尊重，抑或更高程度的尊敬？"承认"是要求一种正名还是要求一种名声？另外，是否一定要通过人为的政治斗争来实现社会的承认？是不是还有一种自然而然形成的普遍平等的和不同层次的承认？这种自然而然的承认与人为斗争的承认能否相容？力倡某些群体的反抗和斗争的承认会不会侵犯到他人的普遍的公民权利甚至人格权利？

总括起来说，在自我认同的第一层面可能提出的质疑主要是，如何界定"本真的自我"，以及所有人（也许是多数）都能或者都愿意去发现这如此难确定的"本真自我"吗？在群体认同的层面也可能提出类似的质疑：怎样或由谁来确定什么是这个群体的本真意识？另外，也会遇到一些人（也许是少数）可能不愿如此认同的问题。而在社会承认的层面可能提出的主要质疑是：如果这为了承认的斗争变成了一种有可能强行要求整个社会接受的政治正确甚至法律规定，是不是必须确定这种要求的"度"？某一特殊群体所要求的"承认其尊严"能够凌驾对人、对公民的"普遍承认其尊严"吗？如何协调各种承认要求之间的矛盾和冲突？问题的争议并不在于是不是要去认识自我、发现自我，而在于这种认识和发现是不是要只关注某些群体和某一确定方向的自我和群体的认同，且使之有一种强行的政治意味。

普遍平等与正当

　　尽管有种种疑虑，时代看来正在走向泰勒所指出并赞同的方向。在西方，身份政治已成为一个中心议题。现在，我们也许可以从一个更为宽广和长远的视角来看泰勒的思想，那就是将其看作近代以来各种追求平等的温和路线中的一个分支。他发表其理论的时间点也比较微妙，正是在激进路线受挫之后。当然，他的思想成为后来时代的热点并非他有意为之，但客观地说，也是"适逢其会"。而且，他在自己的著作中也不是没有预感，他在《自我的根源》中就写道，我们已经跨越了一个分水岭，"普遍的平等得到了彻底的理解；民主得到了完整的实行"，而"我们目前可能正在跨越另一个分水岭"，"我们依然盼着另一次文化巨变"。[15]

　　他没有明确地提到平等激进路线的受挫。那也是他反对的，基于他所承认的基本而普遍的道德。这一基本的"正当"最为重要和优先的含义是反对暴力、反对杀害无辜者。泰勒承认："最高的精神理想和渴望也有给人类加上最沉重负担的危险"，比如"我们与最高者联系的宗教就经常与牺牲甚至肢体残害联系在一块"，而"这悲哀的故事并未随着宗教而结束。无神论者所导致的哈尔科夫大饥荒和杀戮场，是为了试图实现最崇高的人类完美理想"。[16]

　　泰勒在《承认的政治》中对权利的自由主义有批评，不过他也说，"但是，如果涉及煽动暗杀，就没有任何讨论的余地"。[17]他赞扬卢梭开创了新型的平等尊严政治（不同于后来康德的普遍平等尊严路线），但也认为卢梭的解决方法有严重的问题，尤其是，卢梭认为"为了避免陷入互相依附的状态，我们必须全都依附于公意。这已经成为最可怕的同质化暴政——从雅各宾党人到本世纪的专制政权——一成不变的公式"。[18]

　　在平等的激进路线受挫之后，西方的一些知识分子有过比较深入的反省。比如，托尼·朱特对法国知识分子（如萨特）曾经的鼓吹暴力就有过严厉的批评。但也有些知识分子并不反省而只是转移，他们在失望之余，力图开辟新的斗争领域和发现新的斗争主体。

对平等的追求除了认为"目的可以证明手段"的激进路线之外，其实一直存在着一条温和的路线。罗尔斯就可以说属于这条路线。他强调的不是特殊性而是普遍性，希望建构能够保障所有人的普遍尊严的正义理论，并希望人们寻求这方面的政治共识。他对平等的进一步诉求主要体现在主要用于社会经济领域的第二正义原则（比机会平等更具有实质意义的"公平的机会平等"和要求最关心最不利者的"差别原则"）。

这一温和路线倒可以说是通过恰当的手段在相当程度上达到了自己的目的，比如缩小贫富差距，提升贫困阶层的福利。它的一个典范是北欧那样的福利国家。但如何让这种"平等福利"成为"可长久持续的福利"还是会遇到挑战。

我们在此也可以回顾一下平等要求在近代以来所取得的进步或者说实现程度。可以从三个主要领域观察：一是政治领域。所有人的平等权利或者说平等自由大幅得到保障，或至少得到观念上的接受；对权力的分享，通过广泛的政治参与（民主）在相当程度上也已实现，至少可以说一种权力来自人民的"人民主权观"已得到广泛承认，虽然日常的治理权力必定在相当程度上存在差别。二是经济领域。随着快速的科技进步和经济发展，以及缩小贫富差距和"均富"观念的流行，不仅所有人的绝对物质生活水平有了大幅提高，相对的差距也远比传统社会缩小。三是社会观念或者说名声和名望的领域。这也是身份政治主要着力的领域，一些过去被轻视甚至轻贱的群体应该说已经在相当程度上得到了"正名"，但"名望"的平等可能相对于前两个领域是最难的，因为在人们的心里很难不存在一个差序的尊敬链乃至"歧视链"——的确应该有人格尊重和礼仪的要求，但如果完全不让他表现他对各种不同的人的好恶，他也可以说活得很"不像自己"。

　　我们也许需要更恰当地理解"平等"。如果不能恰当地理解平等，也就不能恰当地理解差异；反之亦然。平等其实应该是一个贯穿性的原则，它贯穿于生命、自由与福利。而且，它还应该首先贯穿于生命，其次贯穿于基本权利和自由，最后才是贯穿于福利，且在贯彻到这个领域的时候，绝不应当推翻前面的更优先的平等。

　　由此，平等实际上也是一个普遍性原则：它要求在所涉内容上，平等对待一定范围内的所有人，也就是在要求一种普遍性。传统社会在生命和人格方面也是要求一种普遍性的，而现代社会已经将这扩展到"所有人"乃至"所有生命"（在物种保全的意义上），并提升到政治参与和公民权利的层面。既然是作为原则的普遍性（原则一定是具有某种普遍性的），当我们说到作为道德或政治原则的生命和自由时，也一定是指平等的生命权和自由权。这时候，狭义和特定的"平等"就指有别于生命与自由的经济平等、福利平等、条件平等、状况平等，而要实现这些"平等"，就必须实行某种有偏爱的政策。这种偏爱虽在有些时候有实行的必要，但不应该具有像原则那样的普遍性，否则就可能否定前一种普遍性。

　　西方的精神一向比较追求彻底。现代以来，主流观念和社会实践就是追求彻底的平等，但问题在于，在"一切平等"的表象之下，实质上还是关键的少数精英（从观念的精英到技术的精英，从财富的精英到政治的精英）在起支配作用。而且，这一鸿沟很难填平，甚至追求一律平等，反而容易掩盖这一巨大的鸿沟。

　　我们也可以看看过度的平等追求会释放一些什么。比较现代社会与传统社会的价值追求，有两个明显的新现象：一个是对物质生活的追求成为价值欲求的主流，各国政府也基本都以经济建设为中心来证明自己的合法性和成绩；另外一个就是对所有一般是基于身体感受性的欲望的解放乃至新的开发。前者类似于泰勒所说的"对日常生活的

肯定"，但他对此可能还是太肯定了，只是强调其中的生产和再生产，
从而忽略了物质主义和消费主义的泛滥。后者类似于泰勒所说的"表
现主义"，他常常以1960年代的学生运动为例，赞美其活力和激情，
但几乎不谈其试图摆脱一切限制，追求一切新鲜的感受、欲望的刺激
与解放，尤其是性解放和使用致幻剂与毒品所带来的问题。[19]

这是两种当代社会最醒目，也是和传统社会最不同的价值取向：
前一种是对外在物质、财富、金钱的欲望，可简称为"物欲"；后一
种是对自身之物（身体感受性）的开发和解放，可简称为"体欲"。
如上所述，人们寻求这些欲望的满足虽无可厚非，但也需适可而止。
由此，泰勒的问题就在于，他将这些欲望看作是与道德正当融合甚至
等同的，认为这些欲望反映了现代自我认同的本性，甚至将1960年
代称作"本真性时代"。然而，如果将它们视作道德的根源和标准，
就一定有给人类社会带来重大偏差的危险。

这里有必要重新诉诸泰勒所批评的那种将"正当"与"好"予以
区分，并在社会伦理领域优先考虑"正当"标准的道德理论。一般认
可的"好"可以分为两个方面：一是具有道德或精神意义的价值追求，
可以称之为"善好"；一是中性的价值追求，比如对良好的物质生活
和各种身体欲望的追求，它们是非道德的，但也不能说是反道德的，
可以称之为"欲好"——上面所说的"物欲"和"体欲"就可以归入
"欲好"。这些"欲好"是社会应该合理满足的，包括应该让所有人都
过上"人之为人"的像样的物质生活，但这一要求并不是来自平等的
福利原则，而是来自平等的生命与人格原则。

由于现代社会的巨变（这也是平等带来的，即强调价值平等多元
而实际上又趋于"欲好"的一元），现代的社会伦理必须强调"正当"
有其独立性，而不能根据"欲好"来定义道德，因为这些"欲好"有
两种特征，一是它们可能过度诉求甚至无限诉求，一是它们容易互相
冲突。而且关键的是，强调"正当"的独立和优先性可以防止两种重

大的偏差：第一种是平等要求的激进路线的偏差，即它容易将事实上是恶的行为（如暴力、欺诈等）当作实现"好"的必要手段；第二种是平等要求的温和路线的偏差，即它容易将事实上是中性的"欲好"看作"正当"。道德的根据和共识本应在基本的、一视同仁的"正当"中求，而不是在差别化的"欲好"中求。

我们完全可以同意，从个人来说，相对于普遍的道德规范，他的特殊生活计划与价值追求是重要的，甚至是更重要的。但是，从社会来说，就要优先考虑如何协调这些特殊追求，划定界限，提供平台，使各不相碍和互不颠覆。

这些普遍规范许诺着所有人的平等自由，过于强调特殊性的政治却恰恰会为了增多一些人的自由而减损另一些人的自由，有时甚至是减损多数人的自由而满足少数人的自由。而且，对一种身份还可以从内部不断细分，如果没有一些基本的道德共识，社会的联合或共同体的凝聚将会出现严重的危机乃至崩裂。

如前所述，泰勒是承认有一些普遍的基本规范的，但鉴于近代以来，尤其是 20 世纪发生的人为灾难，仅仅承认这些规范可能还是不够的，还需要不断强调和重申这些基本的道德规范，将其牢固地置于一个最优先的地位，以防范类似的悲剧重演。

泰勒的理论为当代身份政治提供了比较直接的思想资源。他强调自我的本真、自我的认同，但很快从自我的认同转到了群体的认同，从认同本身转到了认同的条件，即他所述的群体的认同必须得到其他群体乃至全社会在政治上的"承认"才能够成立。而且，这种"认同"不是"求同"而是"求异"，即强调自身的特异性，也就是说，这种"认同"不会以政治的共识和法律框架内的承认与尊重为满足，甚至将这种共识和法律的承认依旧认作一种"歧视"。他认为，必须保障特殊文化的特异性的持续存在。

泰勒这一理论的道德哲学基点是认为"正当"应依赖于"好"，

然后将一些实际是"欲好"的"好"也视作道德，甚至是优先的道德、先进的道德或者道德的理想。他意识到基本道德的重要，但没有将其置于优先的地位。相反，他认为，那些本来应该由个人去选择决定的"善好"，必须由社会政治要求甚至强制，换言之，反普遍主义的他却试图将一些特殊的"善好"乃至"偏好"普遍化，使其成为一种普遍主义的要求，一种社会政治的要求。而这必然要损害到那些非这一身份的人的平等权利。

的确，泰勒的思想中是有一种不断与时俱进的温和、开放与中道的。比如，他批评福柯等人的后现代主义把什么问题都看作权力的斗争。他甚至与多元文化主义也保持一定距离，不认为我们应当先定地断言所有的文化都有平等的价值，而是应假设所有文化都有价值，再在视界的融合中作出判断。但泰勒还是给后来的多元文化主义和身份政治运动提供了一个思想的方向，它们虽然仍然主要是在文化领域，却有越来越激进和分裂社会的趋势。

第十章

抵制者

　　人类的生活就像一个多端突出的领域，且在任何一个相对的方向上都会有两端，但绝大多数人还是会愿意生活在这多端之间（中间的大块地方），而非尖锐突出也比较逼仄的地方。换句话说，极端的人和思想总是少的。然而，我们即便不像他们那样思考和生活，这极少数人还是拓展了人类生活的空间，且影响往往超过他们人数的比例。更重要的是，两端也会发生位移，一端收缩而另外一端扩张，这样连中线也发生了变化。

　　近代以来就存在着这样一种位移，我这里指的是，人们不断地渴求着物质资源和科技的发展，而忽视道德和精神的一端，或者用高调的理想和概念掩盖实际的欲望。所以，本章拟叙述几位这一倾向的抵制者。他们大多有一种平衡的意愿，也构成一种平衡的力量，虽然其中有的抵抗者的行为的确过于偏执，乃至违背道德的底线，因而不应成为人们仿效的对象，但其观念与另一端的最为激进者也还是构成了一种客观上的平衡。

　　为此，我想首先叙述两个人的疏离与反抗，然后介绍保守主义的思想源流，最后以当代一位非裔思想家做结。

一　个人的疏离与反抗

梭罗对文明的反省

　　亨利·戴维·梭罗毕业于哈佛大学，读书很多，很享受精神文明的成果，按照他的方式信仰上帝，也欣赏古代东方的智慧，和当时美国最杰出的一些知识分子有密切的联系，尤其是爱默生等超验主义者。

　　梭罗是个独特的人，是这个文明社会中稀少的一类。当然，又恰恰因为稀少，他能吸引这个社会中的许多人，哪怕人们很难完全像他那样生活，但至少还是有一种安慰，知道世界上还有人在过这另外的一种生活，自己时有的内心冲动也就不那么孤独了。

　　他是一个文明世界的疏离者，但这也正好是一个反省者的恰当位置。当现代文明携工业革命的雷霆万钧之力展开的时候，恰恰在美国这片似乎最适合，也最需要这一革命的地方，他却率先对这一现代文明进行了深刻的反省：关于人们被文明和技术工具"异化"，关于文明也需要"荒野"、文明人也需要一点"野性"，关于"公民不服从"，都是由他在 19 世纪早期发出思想的先声。

　　梭罗其实也绝不仅是在一旁观察和反省，他还行动，按照自己喜欢的方式生活。他不积聚任何财产，甚至不耐固定的职业，喜欢做像土地测量这样的短工，认为这是最独立不羁的谋生方式。他的这些短期工作本就在自然中，但这还不够，他还希望通过极其简单的生活节省下更多的时间，在荒野、山林和湖泊间徜徉。他之所以能够闲暇最多，是因为他需求很少。

　　梭罗是一个永远的漫步者，他每天若是不能花至少四个小时以上穿行林间，翻山越岭，远离世间一切纷繁杂事，就觉得自己的身心都要生锈了。他每天可以轻轻松松地走上二十英里，这样，方圆十英里的自然景物及其微妙的四季变化就都在他心里了。他还不时在日出前和午夜众人都在酣睡的时候行走，这样他就感触到了更多的东西。他不仅喜欢听、看、触，还喜欢闻。他感叹送到市场上的苹果又怎能有在树上的香味，他先是闻，后是摘下来尝，这时连野苹果也分外芳香。

他把对大地、天空、动物、植物的敏锐的感受性发展到惊人的地步。在他二十岁开始写的数十卷日记中，他写种子，写野果，写四季，写某种植物、动物，写某个早晨、某个月光下的夜晚，这些后来都被分别辑录成一本本书。他的这些写作不是科学的或博物学的，不是追求知识的。或者说，他对自然的观察是不带任务的，他重视的是对景物的那种微妙含情的感受及由此引发的思考。

梭罗生前出版了《湖上一周》和《瓦尔登湖》，当时都卖得不好。他的手稿和日记的字迹很难辨认，这大概和他的有些思想类似。他虽然写了一篇著名的《论公民不服从》，但算不上一个关心社会政治的作家。他也并不是一个执意的隐士，到瓦尔登湖边去，其实只是为了处理自己的一些私事。他想省察自己的生活，探寻是不是还有另外更简朴的方式；他自己盖房子种地，想体会一下一个人需要多少东西和劳作就可以生存。他热爱大自然，但说他是"大自然之友"都可能有些生分，他认为他首先和主要就是一个自然的，而不是一个社会的存在。换句话说，他就融在这自然之中。

但梭罗毕竟是以一个人的身份在这自然之中。他在瓦尔登湖独居两年多的事情也引起了不少猜测和热议。所以，他说要写一写他在那里的生活和为什么这样做。梭罗心目中所悬的读者是哪些人？他说他肯定不是写给那些雄心大志、坚定无比直奔事业的人，也不是写给那些在任何情况下都能安居乐业的人，甚至也不是写给像他自己那样已经想清楚了怎样生活的人；而是写给那些自己觉得不安和不满，想改善自己生活的人。他的批评是激烈的，但他的态度始终是温和的。他认为许多人其实是生活在默默的绝望中，但他不奢求，更不会强求人们彻底改变自己的现有生活。他只是真实地描述自己的生活，说出自己的想法。

　　梭罗洞察到了现代人的主要问题，也就是他们的欲望，即追求主要是由物质财富构成的幸福的欲望。这种物欲席卷了现代社会的大多数人，也是现代文明飞速发展的主要动力，但这种欲望是否变得过分？梭罗说，他到处都看到人们仿佛像赎罪一样，从事着成千上万种惊人的苦役。他们在生命道上爬动，推动他们前面的一个大谷仓，还有上百英亩土地。而那些没有继承产业的人，也为了他们的血肉之躯，也许还有获得一点产业的卑微愿望，而委屈地生活，拼命地劳作。他们满载着无穷的忧虑，忙着忙不完的粗活，却不能及时采集生命的美果。他们今天还一笔账，明天又还一笔账，直到死去为止。

　　所以，梭罗就打算思考一下许多人烦恼的是些什么，有多少是必须忧虑的，生活必需品大致是些什么，如何得到。梭罗也承认物欲是人的生存所必需的，但他想考察丰裕富足、精致复杂的生活的另外一端，即一种简单自足的生活，想弄明白生活到底可以简单到什么程度人就能生存，需要一些什么样的用品人就能过得相当不错。

　　当然，食物是第一位的需求。其次可能就是一块遮蔽之地，对人来说是居住的房屋。还有衣服。在梭罗看来，这些都可以归结为，人要生存就必须源源不断地获得一定的热量或能量。而食物其实很多不难到手；住宅和衣服也可以长久使用，不必那么大，那么多。他根据自己在瓦尔登湖独自生活的经验，说人只要有少数几种金属工具就足够创造生活的必需资料了，对于喜欢文化的人，或许再加上几本书。在梭罗看来，现代人为了追求尽可能多的热量，却让自己处在一个被烘烤的境地了。

　　可能马上就会有人反驳说：生活的标准不同！你难道想让我们回到野蛮人的那种简单生活吗？野蛮人固然有很容易就能盖起来的木皮尖屋，但在舒适与方便上，和现代文明社会的房屋是不能比的。梭罗承认，"文明乃是人的生活条件的一种真正改进"这话是对的，但他也认为，以住房为例，在文明特别发达的大城市中，拥有房屋的人只是一小部分，大多数人都要拿钱来租房或贷款买房。也就是说，他要拿出他的一部分生命，不是立即付出，就是以后付出。文明人为自己设计了一套制度，本来是为了使种族的生活完美，却大大牺牲了个人的生活。也就是说，具体到个人，我们为此付出的牺牲和代价可能太大。人们由此就落入陷阱。他占有房屋的时候，房屋也占有了他。不是人在放牛，简直是牛在牧人。不是人在坐车，而是车在坐人。人类已经成为他们的工具的工具了。

梭罗并不完全否定那些便利人类的发明与工业的贡献，他认为它们也还是可以接受的。但问题在于，如果恰当调节人与人的关系和生活方式，这些本来可以成为对我们的文明的祝福的材料，却成了一种拖累。而且，是不是还有精神的活动和修养也需要考虑？当文明改善了房屋的时候，它却不可能自然而然地同时在精神上改善和提升居住在房屋中的人。他们本应该上升到更高级的生命中去，但他们没有，而是继续追求更多更好的——还是物质。所以，人们欢呼进步的时候，在夸赞各种现代化进步设施的时候，不要对它们发生幻想，因为并不总是有正面的进步，尤其进步并不仅仅是物质的进步。梭罗赞颂文明中的精神成分，尤其是古典的精神文明。他认为，东方的那些宫殿和陵墓的废墟，可能还没有一卷古代经书更可赞叹；一个国家锤击下来的石头大都用在它的坟墓上了——它活埋了它自己。物欲过分强大的问题在于，人不仅为他内心的兽性而工作，还为他身外的牲畜而劳动。只知物欲会让人变得和动物没多少差别。而正是因为摆脱物欲和减少人际交往，梭罗才觉得自己独立而自由。

但是，这是不是太自私了呢？为什么不为社会作出更大的贡献，为他人谋福利呢？梭罗承认他很少从事慈善事业。他说他有一种对自己的责任感，使他放弃了许多快乐，包括慈善。但他认为慈善像其他任何事业一样，必须有天赋的才能，就像他说"漫步者"也是天生造就的一样。他也讨厌别人对他做善事。在他看来，那个把时间和金钱在穷人身上花得最多的人，说不定正是在用他那种生活方式引发最多贫困与不幸，而现在这个人却在徒然努力于挽救之道。他说他只要求公平，对一切有利于人类的生命与工作应一视同仁。比起关心穷人来——按他自己的生活标准看来，这样的穷人也没有多少——他说他更想要的是人中的花与果，他更希望向上看，希望在与他们相互的交流中得到那传送的芬芳。当然，他也始终告诫自己要慷慨惠施，只是不想将之作为自己的一个事业。他希望用植物的、磁力的或自然的方式来恢复人类：首先有一些人过简单而安宁的生活，也许就能成为一种示范。

梭罗基本不关心政治，他每天在广阔的山野间漫步，觉得比起大自然，政治是一个太过狭窄的领域。但他并非一个对政治社会完全无动于衷的人。他只是希望尽量少和政治社会打交道。这不代表他没有自己的政治观点。他说他由衷地认可这句箴言："管得越少的政府，就越是好政府。"他十分希望看到这句话被更迅速、系统地实施，直到达成大约这样一个结果："什么都不管的政府，便是最好的政府。"他认为是美国人天生自带的性格，创造了美国人现在所有的成就，如果没有政府干扰，他们本会干得更好。政府至多是某种权宜，可带来方便，但大部分时候却带来不便。不过，梭罗说他也不完全赞同无政府主义，比起无政府，他更赞同一个好的小政府。这好政府也并不一定就是民主制政府。在他看来，诸多政府形式中，多数管理的政府在很多时候也是有失公平的，甚至超乎理解的不公。一件事情的正当与否，本不应完全由强势多数的意志来决定，而是应当以道德为标准。他认为，"群体是没有道德的"这话说得贴切，除非群体是由道德高尚的人引领，群体才有道德。甚至美国民主之父杰斐逊也有过类似的想法，他其实也赞成一种贵族制，不是血统的贵族制，而是德才的贵族制。但梭罗还是承认，从绝对的君主制到受限君主制再到民主制，是对人的尊重的进步。他也认为，从一个较低的视角来看，美国的宪法虽然还存在很多问题，但已经很不错了；法律和法庭也都值得尊敬；只是从较高标准或最高标准来看，这算不了什么。因为梭罗对政府的根本性质的看法就是：政府只是我们一个不得不接受的东西。任何政府其实都不可能太好，它不可能满足我们的全部愿望，尤其是最高愿望。

当然政府也不能太坏。梭罗对当时政府政策的两个明确反对是，反对蓄奴和侵略墨西哥。他认为如果政府不这样做，就不如我们自己来解散自己和政府的关系，官员可以考虑辞职，普通人则可以考虑不交纳某些税款。这就是"公民不服从"，或者说"非暴力反抗""和平革命"。故此，梭罗拒交政府的人头税有六年之久，直到他有一天被捕。他也不是所有税款或公共费用都不交，他还交纳修路费，也不拒绝为教育纳税。但他不考虑发起和组织一个社会运动，比如说抗税运动，不交税只是他个人的事。他说他抗税也是因为他等不及政府提出的那些修正错误的办法，那些办法要花费太久的时间，而他还有其他的事情要做。他对政治参与始终是比较冷淡的，他从不参加选举。他想和政府尽量撇清关系，离它越远越好，并没有构想和建立一个理想政治制度的愿望，或者说，他的理想政府就是尽可能地小，不多管闲事。他读到一位旅行作家这样说，不断有托钵僧来告诉自己这样的时刻将来临，那时将不会有贫富差别、贵贱差别，财产乃至妻子儿女都要充公。对此，梭罗说他永远要问这样的问题："接下来又怎样？""你愿促成它早日到来吗？"梭罗并不保守，他和爱默生一样主张创新，但这主要是在个人生活，尤其是精神生活上的创新。

梭罗念念不忘的是自然。他认为文明已经拥有足够多的卫道士，而他想为自然说句公道话，说我们应该视人类为自然的居民，或者说是自然不可或缺的一部分，而非社会的一员。他看到近代以来西方的一大趋势，即不断向西、向西，先是越过大西洋，然后在新大陆上继续向西。在他看来，整个国家都在向西，人类的进程几乎可以说也是由东向西。如果按照我们的理解，其实可以说东方也在向西，而且不仅是地理上的，还包括了制度和观念上的。

但是，梭罗对他所说的"西部"还有一种特殊的理解，他的"西部"其实只是"荒野"的代名词。他一直想要表达的是，荒野是世界的保留地。他不希望地球上的每一亩土地都被耕作，甚至也不希望每一个人或者说一个人的每一部分都被教化。他希望寻找最幽暗、最茂盛、无止境的森林，以及人们眼中最凄凉的沼泽。他说他进入沼泽便如同进入圣地——一个神圣之所。那里有自然之力，那是它的精髓所在。他说，只要土壤还未耗尽精力，文明就不会消亡。

自然的荒野与人身上的野性有一种紧密的联系。梭罗说没有哪首诗能表达他对狂野的向往之情，目前最好的诗歌也未免显得温驯了。而我们的祖先都是有野性的人。罗慕路斯和雷穆斯被一只狼哺养的故事并非只是无谓的传说。所以，他大声呼吁——他很少这样呼吁——"请赐予我野性吧！"有人宣称"趋于善则美！"，而他说，"趋于野性则美！"一切美好的事物都是野性的、自由的。野性更意味着强大的生命力，最狂野的往往是最富生机的。人进入文明社会就变得过于驯良和顺从了。梭罗认为我们内心深处也许还存有一个野性的自己，我们却太早挣脱了她的怀抱，步入了社会。有些社会则更过于早熟，人都变成了小大人。野性不会压制人，而会使人的精神大振。他期望人不要忘记自己的野性，不要将野性与野蛮等同视之，一起抛弃。他或许并不期望人们全都恢复野性，但至少为了显示人类的多样性，最好能让一些人保留较多的野性。在他看来，在事物低微的用途上，人与人并无差别，但如果是高级的用途，就能显现出个体的优越性来。而他并不像进步知识分子那样，认为野性就是处在低微的一端，它也许还是未来的文明保存之道呢。人在驯化动物，也在驯化自己。梭罗期望人甚至家畜们能重新恢复一些野生的习惯和活力，这样至少能给自己一些尊严。

将自然全然当作人的工具，当作需要认识和控制的对象的做法，与近代以来的科技发展密切相关。梭罗说，我们都听说过一个传播"有益的知识"的社会，此外还有诸如"知识就是力量"的说法，但我们同样还需要一个传播"有益的无知"的社会，它是一种更高层次的有益知识。人们吹嘘的大部分所谓"知识"，不过是一种以为我们了解某些东西的妄想而已，这种妄想使我们忘记了我们实际的无知。而一个人的无知有时不仅仅是有益的，还是美好的。出于方便，我们会研究物质的法则，但成功的人生是没有法则可循的。在真正的知识面前，我们其实都是迷雾之子。在梭罗看来，虽然无论在东方还是西方，想找到完美的人，都是徒劳的，人无完人，但是，在靠近自然的时候，人类的行为看上去最符合本性。它们如此温柔地就顺应了自然。而文明的进步与其要翻山越岭大踏步前进，毋宁说应该沿着山侧蜿蜒而行。

梭罗对文明成果的态度是批判的，但也是微妙和温和的。他只是对欲望批判起来毫不留情。以他对铁路的态度为例。铁路和机车在相当长一段时间里是工业文明力量的象征，在梭罗所生活的时代和地方更是有宏伟的进展。梭罗说在所有的路中，铁道可谓赏心悦目，粗犷霸道，唯有它能冲入丘陵，横贯山岳，充满英雄气质和诗情画意。他怀疑这是不是诸神借以抒发快意的创造发明。梭罗在瓦尔登湖居住的小木屋，离铁路就挺近。他说他能让自己对火车的声音几乎充耳不闻，但又说还是会被它吵醒。他经常穿过铁路，也经过车站。他佩服这种巨型铁马的力量和准时。它一来就吼声如雷，使山谷都响起回声，鼻孔喷着热火和黑烟，永远不知疲倦，有时打几个小时钢铁的瞌睡，也似乎只是为了让它的主人休息。即便在特大风雪的黎明，它也照样呼啸来到。铁路和火车还负载着商业和出行，让人觉得自己是一个世界公民。梭罗说，他钦佩那些冬夜在铁路上工作的人，钦佩商业的进取心和勇敢，说商业是自信、庄重、灵敏的，因此有其独到的成功。但他还是感叹整个世界都为之陷入狂惑过久。他讥刺地说："如果不造铁路，我们如何能准时赶到天堂去？"在他看来，若就希求和梦想而论，人类的进步是何其微不足道，虽然个中缘由他说他也不得而知。他还是眷恋农业文明，认为"人类的耕作何其高贵，有宽阔厚重的大地为料，敦厚质朴的耕牛相伴，工具则是高效的犁铧。田间耕作无法施之店铺，也无法施之狭窄的场所，它独属人类，也跟全人类息息相关"。

梭罗是不是有坚定的宗教信仰？爱默生说他是一个虔诚的教徒。这在他生前出版的书里并不易看出。但在他去世后许多年才出版的日记，尤其是早年日记中，却可以看到许多这样的痕迹。他相信是上帝创造了这个世界，郑重其事，满怀温情。他说，一个人无法究明上帝是如何创造了这世界的，但上帝一清二楚；一个人也无法明了自己是如何被纳入了那宏伟的谋划的，但愿始终参与其中。梭罗的上帝看来总是与大自然联系在一起。上帝是艺匠，大自然就是主题。所以他说他不能为一己而活，必须参赞造化之功，因为上帝的事功永远不会有错误。一个人可以随时将生命和使命托付给上帝，从而贞洁真纯，如草木和石块那般一无牵挂，无忧无虑。人像植物和动物那样活着，但也要斥绝禽兽气息。这种生活才蕴含着永恒的快意和普泛的乐趣，它操于上帝那静默的掌心。他在1851年9月7日的日记中写道："我将永远警醒，以在大自然中察见上帝，发现他的藏身之所，并聆听天地间的神曲和剧作，这是我的职分和使命。"这里重要的是"生生不息"。大自然充盈着丰盈的活力和奔腾的生机，要趁年轻多多品味，但最后死去也不必介怀："若像上帝那样从诗性的角度审视，一切都生机奔腾，美丽悦目；若从怀旧或曰历史的角度观照，则一切都陷于死亡而不堪忍受。……你我死去又复如何？上帝依然活着。"

也许是因为与自然的关系太过亲近，梭罗与人的关系就总是有些隔膜，甚至和他的好朋友也是如此。当他的朋友衣冠齐楚地要和他出

游的时候，他只好皱起眉头。他时常觉得人注定是要独自生活的，尤
其是像他这样的人。他和许多人之间注定有一条鸿沟，或者一起走到
某个分岔就要分道扬镳。他觉得好像有条规矩："人无法对自然和人
类兼有深情……走近一方势必会疏远另一方。"而他和自然界的关系
却永远不变。自然界也不会发生法国大革命，不会有过度之举。他说：
"我热爱大自然，还因为其中绝少人间色彩，而且也能够借以避世隐遁。
大自然不受人类习俗和制度的左右，奉行别样的公道和正义。身处自
然，我欣乐满怀，如果大地尽为人类所占，我就会一无希望，也无处
容身。有一个自己独享的世界，那便是大自然，人类的机构休想在这
里评判裁量。伟大的上帝却气定神闲。他出手创造总会让人激动不已，
享受不尽。"但他又说，倾心自然也有一种意味深长："热爱自然者尤
其热爱人类。"

　　梭罗的思想和生活让他成了一个文明世界的异类。他一个人就扰
动了文明世界，使这个满足的世界有了一种不安，从而也注意到了自
然本身和自身的野性，而不仅仅将自然物纯然当作手段和工具。他虽
然还无法让文明的天平倒向精神一端，但至少给这一端加上了一个重
的砝码。他希望 19 世纪快点过去。但到 20 世纪来临的时候，他这一
类人发现，形势却更加严峻。

卡辛斯基的反抗

　　工业文明飞速发展到 20 世纪，以致人们会时常觉得，还用"工
业文明"描述和界定现代的高科技文明是否合适。今天技术最核心和
领先的领域不再是巨轮与火车那样壮观的庞然大物了，而可能是小小
的芯片、试管和微机。但它们却是比摩天大楼还壮观的火箭和飞船的
心脏。新技术更将手机之类的通用物品带给了千家万户。而人们在得
到无数便利的同时，也更难抵制技术的统治。当然，大多数人可能也

不想抵制，或者看不到危险，除非危险变成现实。

但是，任何时代总还有那么一些孤单的与时代格格不入者，他们想方设法过一种自己喜欢的生活，想保持自己的自由独立。梭罗是这样一种人，泰德·卡辛斯基也是，他们从时代的主流生活脱逸，走向了一种特立独行的生活。但是，他们之间又有诸多的不同，也就有了不同的命运。

卡辛斯基本来有着这个时代让人艳羡的锦绣前程，他是一个天才科学家，十六岁就进入哈佛大学数学系，二十五岁就担任加州大学伯克利分校助理教授。但是到了1969年，他突然辞职，完全改变自己的人生道路，流浪、打短工，后来到蒙大拿州的一个偏僻林子里自己造了一个小木屋隐居。 他的林中小木屋可没那么浪漫，没水没电，尤其在漫长而极冷的冬季，生活在那里简直要命，而他就像一头失群的残疾野狼一样在那里生活。1978年，他寄出了他的第一个炸弹包裹，他的攻击对象主要是大学的理工教授。他自然是一个高智商的犯罪者，在随后的十多年里，他寄出了十六枚邮件炸弹，炸死三人，炸伤多人，却始终没有被抓住。直到1995年，在一次邮包炸弹致人死命之后，他去信要挟《纽约时报》等主流报刊发表他的一篇名为《论工业社会及其未来》的长文，承诺如果全文发表他就将永久停止炸弹袭击。文章发表后，他的弟媳首先发现了其观点和风格类似于他私人书信中的表达，于是说服他的弟弟举报了他。这样，他于1996年4月被捕，被判四次无期徒刑且不得保释，现在还关在监狱里。

卡辛斯基用炸弹炸死炸伤了一些在他看来应该为工业社会的发展带来的危机负责的人——虽然这些人也只是他的炸弹所能及而非负主要责任的人。他的主要目的看来还是用暴力的轰动事件为宣传其思想铺路。他希望号召人们一举推翻或者说瘫痪这个大规模组织的高技术社会，重新回到一个小规模自治体的低技术社会。他虽然虚拟了一个组织FC，其实就是他一个人在行动。他不惜个人犯罪，也准备承担被抓住的后果。所以，他一直做得小心翼翼，甚至使其系列爆炸案成为联邦执法部门耗资最巨、费时最长、悬赏最多的一个案件。而当他的思想文字暴露之时，他的束手就擒之日也就临近了。

卡辛斯基和同类"少数"人中的"多数"不同的是，他走向了个人抵制的一个极端——诉诸暴力。他一直没什么朋友，连爱他的母亲，甚至也曾隐居的弟弟都不是他思想上的真正朋友。1960 年代学生造反运动如火如荼的时候，他处在学运的热点——加州大学伯克利分校，但他全然无动于衷。在他演算数学公式的黑板上，学生贴了一张裸体美女图，他不动神色地避开，继续板书。他不让父母到他的木屋看他，二十年里只和亲人保留少许的书信联系，也没有参加父亲的葬礼——尽管他野外生存的许多本领正是父亲小时候教给他的。但是，他却和一个墨西哥老农夫通信多年，关心对方的生活。

梭罗尽管抵制社会，但内心还是阳光灿烂或者月色妩媚，他的笔下涌流出的是一个美好的自然。而卡辛斯基却几乎没有描写过大自然的美景，他的内心寒寂且黑暗。他离群索居却又无比关注社会——而这个他所处的"工业社会"，现在正是他的敌人。他想为这个如铁笼般的工业社会打开或者说炸开一条出路。然而，这条路却是暴力血腥的，虽然他始终是在完全单枪匹马而非社会动员和组织的层面上进行。

开始在木屋的几年里，他倒是很安静，甚至看来要在此终老下去，在人间不留下什么痕迹，或者成为一个 20 世纪的"梭罗"。但这也很不容易，毕竟 20 世纪下半叶的社会和文化气氛已经与 19 世纪上半叶的大不相同，纯文学，连同它后面的精神本身，都衰落了，包括梭罗所拥有的高格调的文化和思想友谊的群体。有人就说，如果类似梵高这样的天才活在今天，假使他生前不出名，死后也不会出名。社会的文化气氛已经发生了重要的改变，人们越来越注意当下和趋众。

我们肯定要反对卡辛斯基的暴力手段。但是，正像目的并不能证明手段即为正当，手段也不能证明目的即为邪恶。所以，接下来还是让我们阅读和分析一下卡辛斯基的《论工业社会及其未来》。

若比较 20 世纪和 19 世纪，19 世纪就还只是工业革命刚刚铺开，20 世纪则人类已经上天入地，几乎无所不能。梭罗所处时代的工业文明还主要表现为铁路和火车，他也主要是一个文人，关注的主要是自然，那时的自然界也要原生和繁荣得多，尚未被严格地整理、规划、利用和污染。到卡辛斯基的时代，技术已经无孔不入，无微不至地照看着人类，自然已经萎缩到了一边，或者被当作源源不断的备用材料。与梭罗不同，卡辛斯基是一位真正的自然科学学者，他懂得科技，熟谙科技的许多领域和发展趋势，洞悉工业文明和科技的内底。他对当前社会的基本判断是，这是一个物质成就惊人，但也是一个病入膏肓的社会："工业革命及其后果为人类带来了大灾难。这两者极大地增加了我们这些生活在'发达'国家的人口的预期寿命，但也破坏了社会的稳定性，令生活空虚无谓，剥夺了人类的尊严，导致了心理疾病的扩散（以及第三世界里的生理疾病扩散），还严重地破坏了自然界。"[1]

现代社会的最大变化是技术和经济带来的。各国尽管社会和政治制度有不同，但几乎都接受了这些技术，而且远比传统社会更重视经济。卡辛斯基对技术在未来可能带来的危险有一些前瞻性的预见，他预测最大的威胁将来自计算机和遗传工程。他对智能机器将带来的后果描述得相当准确：一是超级人工智能完全控制人类；一是多数人被少数懂技术或管技术的人控制。他对技术将带来的垄断相当明了，并预测未来将出现一个无用阶层，未来的少数精英将拥有大众所完全没有的控制能力。即便这些人的意愿良善，控制的欲望和能够让这些欲望实现的技术的能力也不可阻挡。这种控制能力就内嵌于工业和高科技的体系之中。大众将无法阻挡这种控制，甚至不明白这种控制。但这并不意味着少数精英的控制将万古长存，精英也会发生分裂：一部分精英会反对另一部分精英，而他们都拥有控制的手段和能力。世界依然会很不稳定。

他对遗传工程也有预见，尽管在他写这篇文章的时候，基因编辑技术还远没有成熟。他预测基因技术开始会以治疗的名义加速发展，然后就可能走向改变人类这个物种了。真正能够防微杜渐、保护人类的伦理规范只能是禁止任何人类遗传工程，但这一点恰恰不可能在技术社会中实现，因为生物技术的巨大力量所产生的诱惑是无法抗拒的，特别是在大多数人看来，大量生物技术的应用显然是有益的——可以根除身体与精神疾病，赋予人们在当今世界所需要的能力。

关键的还是，现代技术具有一种互相促进、共同推进、在社会生活中不断扩张，直到全然建立它的支配性统治体系的本性。卡辛斯基区分了两种技术：一种是小规模的，也就是传统工艺，它们是个人或小社团无需外援就能运用的技术；还有一种是必须依赖大规模社会组织的，也就是现代工业社会的技术。他认为，真正的危险来自后一种技术。我们这里可以引申一下卡辛斯基提到的汽车的例子：汽车刚出现的时候，看上去并不威胁到人们的自由，甚至反对者也会把它当成新奇的观物，但随着其加速发展却会极大地威胁到自由。而它是一定会不断发展的，生产者对利润的欲望和消费者对便利的欲望，都会促使其不断发展。这样的话，就会从一部分人用汽车，一部分人不用汽车，发展到所有人最后都不得不尽量用汽车或其他现代交通工具。一开始还很少的时候，似乎汽车并没有夺去喜欢步行的人的自由，他们照样可以步行，但当汽车多起来了之后，他们的步行自由就大大缩减了，就要不断遇到红绿灯，走路的空间可能就被挤到人行道，或只能在路边胆战心惊地前行，高速路的修建甚至使他们不能去往先前近在咫尺、抬脚就到的邻村。而最后，所有开车的人们也将为各种各样的义务所累：汽车牌照、驾照考试、保险、维修、年检、月供，等等。车祸也为人为死亡增加了一个大来源。人们越来越多地必须到开车或坐车才能到达的地方找工作和消费，而且距离越来越远。人们可能会说，汽车给人们带来的便利还是超过不便。也许是这样，但这里我们主要是为了说明现代技术的连锁性质——它如何会不可避免地扩展，最后占据垄断和支配人的地位，逼着所有人改变他们的生活方式。而各种技术结合起来，就一定会全盘改造人们的生活，极大地限制人们的选择自由。人们会发现，自己将要被强制去使用它，人也就不再是自主的了。

类似的例子我们还可以举出网络和移动终端。开始不用手机的人也还能和用手机的人共同生活在一个社会里，但随着手机的日益普及，手机就几乎成为必需的了，没有它几乎寸步难行，甚至无法买到东西。而与此同时，通过手机网络和监控探头，个人被更严密地监控了，也就不再有什么秘密。在今天，这样一种控制是全方位且高效率的，甚至一些现代高科技更是为可能的极权社会提供了最有效的利器。换句话说，高效的控物能力完全可以迅速转变为高效的控人能力——当然，这时候人也就被视为物了。

卡辛斯基已经相当清晰地意识到技术是一个整体，以及它的强大性、强制性、扩张性和最后达到的笼罩、支配和垄断性。他认为人们不仅作为个人依赖新技术，体系作为一个整体也在配合各项新技术的发展。因此，体系只能朝向更加技术化的方向移动。由此，技术将会不断地逼迫自由后退。

卡辛斯基并不认为技术有专属于某种意识形态的属性——或者说，它本身就是一种意识形态，而且是最强大的意识形态，其他的政治意识形态反而可能要依赖于它。技术如此强有力的另一个原因是，它只会不可逆地朝一个方向前进。技术随着自身的进步会找到办法绕过任何屏障。无论是法律、机构、习惯还是伦理规范，任何社会安排都不可能永久地防止技术的侵入。某项技术一旦被发明，人们就会对其产生依赖。比如，想象一下，如果没有了计算机，今天的社会会变成怎样？现代技术更是一个统一的系统，所有部分都相互依存，你不可能去掉技术当中"坏的"部分，只保留"好的"部分。

卡辛斯基还意识到，现代技术将带来这样一种危险：技术体系正在开发改造人类以适应它的方法。这不仅靠心理学方面的技术，也靠生物学方法。比如，向人们提供药物以解消他们的不快；娱乐业也为现代人提供了逃避现实的诸多手段，使人们暂时忘掉紧张、焦虑、挫折和不满；人类遗传工程也已经以"基因疗法"的形式出现了，我们没有理由认为这些办法最终不会被用来改造能够影响思维的身体机能。总之，技术社会将以心理和生理双管齐下的办法来改造人类，逾越人类耐受力的界限。

既然技术在全盘控制人，所以卡辛斯基主张，必须发动针对工业和技术经济体系的革命而非改良，而且要马上行动，否则就来不及了。根据历史上社会革命的经验，他甚至认为革命比改革更容易：革命能激发出人们极大的献身热情，人民会为了革命而忍受无与伦比的苦难。但这是一种错误的类比，具体说来就是将一种主要是破坏性甚至返祖性的颠覆技术的革命与提出新的美好社会理想蓝图的社会革命进行类比。实际上，后者能做到的，前者却难以做到。

卡辛斯基还试图为工业社会的危机寻找一种人性的原因。他认为，人类有一种可能具有生物学基础的普遍需求，可称之为"权力过程"。"权力过程"有四大要素，即目标、努力、目标实现与自主。他似乎认为所有人都追求权力，如果追求不得则转向"替代活动"。但这可能并非对人性的一个准确观察，多数人可能还是会更重视追求物质生活的改善，甚至那些追求权力的人，也有不少其实是为了追求权力可能带来的财富和名声。

卡辛斯基用单一的权力需求来概括人类的欲望的确是过于简单了，而且没有抓住主要的欲望。他还从另外一方面即可行性着眼，将人类的欲望分为三类：一是可以通过最少努力得到满足的欲望；二是需要付出大量努力才能满足的欲望；三是无论如何努力也无法充分满足的欲望。他认为，物质需求在古代社会属于第二类，而现代技术

社会已经能够保证所有人用最小努力就得到物质必需品了，所以物质满足转变成了第一类，但一些社会需求，如性、爱与社会地位，在现代社会中也还是属于第二类，必须花大力气争取。

的确，寻求温饱在现代社会是不难满足的，但超出一般标准的权钱名色，不仅在现代社会，而是在任何社会都需要费力争取，而且总是少数人才能实现的。追求物质生活的普遍以及身份的平等的确是现代社会的主流，有其历史的合理正当性，也不难实现，甚至已经初步实现；但继续一味地追求物质生活的提升和平等，尤其是提升某些过去的少数边缘群体的名望，看来是推进过度，也难以实现。

卡辛斯基并不完全否认技术对保存人类的有益之处，比如，他认为新科技若能尽早发现可能撞击地球的小行星，可以通过撞击而降低它们撞向地球的可能性；定点清除、精准打击的"斩首"式军事技术的发展，可能使得现代战争从大规模的杀人转向只打击极少数决策者即可奏效。但总体看来，大规模的杀人武器依然存在，技术本身的危险也依然存在——工业社会就是一个技术支配和统治的社会，个人和社团几乎无法对抗这体制。

卡辛斯基并非为破坏而破坏，或者说，破坏并不只是为了发泄他的愤怒和不满情绪。他并不是一个"新卢德分子"，而是有他仔细阐述的正面理想的。这理想简单地说，一个是自由或自主，一个是大自然。

首先是自由。卡辛斯基说，"自由意味着（以个人或小群体成员的身份）控制关乎本人生死的问题：食物、衣物、住所以及抵御环境当中任何可能的威胁。自由意味着拥有权力，不是控制他人的权力，而是控制自身周边环境的权力"。他似乎认为，所有人都致力于追求和争取权力，即便有时看起来不是，也是权力追求被打断而不得不转移的"替代活动"。他对人性的这个判断是很让人怀疑的，因为更接近于事实的可能还是多数人会将追求良好的物质生活放在第一位，而这点恰恰可以用技术经济来满足。但这种解释对卡辛斯基的思想就不利了：这不是要失去革命的主要动力？当然，他所说的权力应该比较广义，可能主要是指自己的生活自己做主的权力，或者说，是自由的权利，而非政治的权力。这是一种个人的自由和小共同体的自主。他痛感个人在庞大的体系面前几乎无能为力，自己的命运常常被远方的你根本不知道姓名的少数人就决定了，而他们对你还并无恶意，甚至根本不知道你是谁。那种人与人可以密切接触的小共同体已经崩溃、消解，或者微薄无力。在他看来，"原始人的安全大体而言还是掌握在自己手里的（无论作为个体还是作为小群体的成员）。而现代人的安全则掌握在那些距离他太远或规模太大，以致他无法施加个人影响的机构组织手里"。更重要的是，工业技术社会还无法加以改革，以使之不至于蚕食人类自由的空间。人们也很难抵制，因为它对自由的侵蚀是渐进和隐蔽的，但一旦侵蚀，又很难恢复。

卡辛斯基的另一个理想是自然。他甚至认为自然是与技术抗衡的完美理想。自然处于体系权力之外，是技术的对立面。大多数人都会认为自然是美的，这种美确实对公众有着巨大的感召力。而且，不需要专为自然设计什么新的社会秩序，自然是现成的，它就在那儿，还能够自己照料自己，在没有任何人类社会之前很久就存在了，过去的许多不同类型的人类社会与自然共存了无数世纪也都没有对它造成大的损害，只是工业社会使它严重受损，于是只要摆脱工业化社会就够了，从而自然界就会自然地繁荣生长。那时，人民将更贴近自然，因为没有了先进技术，他们必须是农民、牧民、渔民或猎人。而且，一般说来，地方自治会增加。最后，自然会唤起许多人心里某种类似宗教的神圣情感。卡辛斯基虽然没有写下描写自然的优美文字，但他还是由衷地热爱自然的。被判决后，他也并不对将持续到死的囚禁感到害怕，他说他唯一遗憾的是他不能和自然接触了。

那么，怎样实现他的这些理想呢？卡辛斯基毫不隐瞒他的策略。在他看来，那不能通过改革，而只能是通过革命。这场革命不一定是暴力的，也可能是暴力的，但它必须是一场总体革命乃至世界革命："体系无法通过改革来调和自由与技术。唯一的出路是摒弃整个工业技术体系。"为此，反抗者有两个任务："第一，我们必须增强体系内的社会紧张态势，以加快其崩溃或把它弱化到足够程度，使得反对体系的革命成为可能。第二，当体系充分弱化时，我们必须发展并宣传一种反对技术和工业社会的意识形态。当工业社会崩溃时，这种意识形态将有助于保证其残余被粉碎到无法修复的地步，这样体系就无法重组。"而且，"这场革命必须在国际与世界范围内同步进行，不能一个国家一个国家地进行"。

卡辛斯基并不把希望寄托在多数人身上，至少一开始不寄望于他们，尽管他对技术将导致少数精英统治也满腔怒火。他认为，"在最后的斗争到来之前，革命者不应指望多数人站在他们一边。历史是由积极坚定的少数人创造的，而不是由多数人决定的，多数人对他们的真正需要很少能有一个清晰一贯的想法。直到即将发动革命的前夕，革命者的主要任务都不是赢得大多数人的泛泛支持，而是建立一个由甘愿献身的人们组成的小核心"。他希望首先吸引少数真正的信仰者，而且，用宣传争取这少数的方式，将和对大众的宣传方式很不一样，他认为，当体系濒临崩溃之际，纠集乌合之众的宣传也可能是必要的，对大众的宣传不得不媚俗，但又要防范过于媚俗，以免造成那些真正的核心信仰者的疏离和不满。

总之，卡辛斯基的理想从反面来说是反对技术，或更准确地说，是反对大规模的组织性技术，而正面的理想则是恢复人们的自由和自主，恢复被破坏了的自然，而且尽量是野生的自然。自由和自然是他念念不忘，也希望诉诸其他人的内心的口号。但卡辛斯基设想的推翻工业社会的理想和战略，基本上还是一个反技术的乌托邦，尤其是从策略来看。他不相信多数，而将主要希望寄托于少数，但又主张这反技术的少数不宜掌握政治权力，他深知他们掌握政权将造成经济和物质生活水平大幅下滑，民生凋敝，民怨沸腾。而且，对技术的反抗和对工业社会的摧毁还必须在世界上同时发生，否则旨在富强的民族主义和国家主义会强力抵制，甚至独裁国家会更为得利。他非常注重宣传的力量：一种是对少数精英的说服，一种是对多数大众的宣传；前者必须理性精致，后者不妨粗陋一些。但后者的粗陋也可能影响前者的信念。他以个人暴力要挟他鄙视的现代技术媒体发表他的文章，但这暴力要挟已经是一种恶了。可恶名之下，人们怎么能相信他说的话？

　　他发表的长篇论文等于向社会投掷了一颗"思想炸弹"，但"爆炸"之后不久还是终归于消沉歇绝。他的论文所吸引的明面上的人，并不是他想吸引的真正的反技术信仰者，而多是一些自由放任的无政府主义者，包括他打定主意不合作的左派，甚至还有一些纯粹想引人注目的表演者。

　　卡辛斯基也批评保守派，但主要是说他们的愚蠢：既抱怨传统价值观的衰败，同时又积极支持技术进步和经济增长。他在长文的前半和最后部分，却用了大量篇幅批判左派，分析了他们的主要特征，而且特别强调不能与左派合作。卡辛斯基不愿与左派合作初看似乎有点让人难以理解。他们的有些目标和手段其实有近似之处，比如反精英，要平等自主，反物质主义，注重宣传，甚至也不拒绝暴力。但是在长文中，卡辛斯基对西方的左派（主要是知识分子左派）却表现出一种相当拒斥的态度。

　　他将为现代左派主义奠定基础的两种心理趋势，分别称为"自卑感"与"过度社会化"，认为自卑感是现代左派主义的整体特征，而过度社会化则仅仅是现代左派主义某些派别的特征，但它们却极有影响力。[2]按照卡辛斯基的举例，这种自卑感或者不如说趋下的心理倾向，表现为以下几个方面：一，在言行上，大力推动"政治正确"，对指代少数群体的名词极为敏感，结果在现实生活中，对这些被认为是"贬损"的常用语最为敏感的，倒不是一般的贫民区里的黑人居民、亚洲移民，或者遭受虐待的女性或者残疾人，而是那些不属于任何"受压迫"群体的活动家，包括可能是其中最左的大学知识分子——他们有稳定的工作与丰厚的薪金；二，在行动上，倾向于憎恨一切给人留下强大、优秀与成功印象的事物，包括憎恨美国和西方文明；三，在艺术上，关注污秽、失败与绝望，或者秉持狂欢基调，放弃理性控制；四，在哲学上，则倾向于蔑视科学与客观现实，坚持一切在文化上都是相对的。

卡辛斯基认为，当代左派中一个更有影响力的派系是过度社会化分子，他们往往也是知识分子和中上阶层的成员。他们不断宣传、呼吁、组织和运动，制造社会舆论，致力于扩大国家功能。他们善于以一般的道德原则之名指责主流社会，也善于反客为主的压制。"在美国，当几十年前左派在大学里还是少数时，左派教授们起劲地鼓吹学术自由，而今天，在大多数大学里左派已占据了主导地位，他们却随时准备剥夺他人的学术自由。"他们不信宗教，但对其观点所持的态度却类似于信徒，他们的信念不会轻易被逻辑或事实改变，所以常常认为自己不仅有权力而且有责任将其主张强加于每一个人，往往会侵入每一个私人领域并强行改造人们的思想。

卡辛斯基这么不遗余力反对左派，大概是因为左派的理想必须诉诸大规模社会组织，尤其是诉诸国家，这样就必然要妨碍个人的自由和自主，也不利于能够紧密接触的小共同体。他可能认为，是左派和现代工业社会的合谋造成了种种异常，比如人口密度过大，人与自然相隔离，社会变革过快，尤其是自然小规模社区的瓦解。他也像梭罗一样不喜欢国家，甚至批评中国的启蒙思想者和政治家简单地将忠诚从家庭转向国家。

最后一个无法回避的问题是：卡辛斯基为什么要诉诸个人暴力？一些为卡辛斯基辩护的人试图回避这个问题，比如在他被捕之后，一些支持他的活跃分子就对他的暴力行为闪烁其词。但这是一个明显的事实。经过细密地检查，警方发现，开始的几次炸弹事件中，卡辛斯基的设计似乎还只是想炸伤而非炸死人，但后来就不一样了。1995 年 4 月，他写信给《纽约时报》要求发表《论工业社会及其未来》时，他为先前的暴力行为提出的说辞是，要"加快动摇工业社会的稳定性，宣传反工业化的主张，激励那些仇恨工业体系的人"。他认为，与其说他是要惩罚那些推动工业化的科技专家，不如说是要传播他的思想。

在他被捕前那四分之一个世纪的漫长孤寂状态中，他究竟想了些什么？他的主要想法可能就浓缩在这篇论文里。单纯看他的文章，说了过头的话就加以解释，最后还谈到，他的观点只是"极为粗陋的近似真理"，远不像他的行为那样咄咄逼人。

任何具有合理的道德意识的人，当然会强烈反对他的行为。这种暴力伤害绝对违背底线伦理。一切以暴力开路的事业都可能反噬自己，因为它从一开始的手段就是不对的，如果配之以一个乌托邦的社会理想就更加不对。但是，他的观点却还是可以刺激我们思考，他对时代的描述也还是可能引发我们的共鸣。甚至被他的邮包炸弹炸成重伤的耶鲁大学计算机科学教授大卫·加勒特也承认，他的论断不无道理。

但是，他的彻底的社会革命计划与他的历史原则并不吻合。他的历史原则是否认全盘设计和改造的，但他的革命计划却似乎是新颖和激进的（或者说激退）。而最重要的一个问题依然是：为什么他会使用造成如此恐惧的犯罪手段？从他离开大学到他寄出第一封炸弹邮件，他安静地待了十年之久，为什么他不继续安静地待着呢？或者说，即便不想安静了，为什么不采取别的办法引起注意呢？当然，其他的办法可能引不起炸弹这样的轰动效应，但为什么一定要追求轰动效应呢？如果说这是一种"绝望之举"，为什么不默默地绝望呢？梭罗谈到过这种"默默的绝望"，那是多数人不自知的"默默的绝望"，而少数人可不可以有一种自知的"默默的绝望"？

即便他要追求让他的文章引起广泛注意，他也只是在某种程度上达到了这一目的。况且，为了这个目的就可以采取这种暴力手段吗？短暂的轰动效果不是也很快就过去了吗？光阴又过去了四分之一个世纪，世界早已忘记了他，而工业与科技却继续以其雷霆万钧之力大踏步地前进。

二　保守主义的源流

拉塞尔·柯克在他的《保守主义思想》中，叙述了近代以来，或更准确地说，是法国大革命以来，英美一系的、主要是作为一种政治思想和精神的保守主义。下面，我将主要依据该书来介绍一些抵制激进思潮的英美思想家。[3]

传统社会的主流思想几乎都具有某些保守主义的基本特征，它们是如此明显，以致不必特别指出，甚至不必冠以"保守"的称号，因为整个社会都是偏保守的，它们就是人们习以为常的主流或者说正统。只是到近代以来，保守主义才开始凸显。当然，这种"凸显"并不是说它能成为时代的思想主流，相反，它基本是防御性的，是对一个观念、制度甚至自然环境发生剧烈变化的时代的反应。这些反应在各个文明、各个政治社会都同样存在，但我们大概可以说，英美的保守主义与近代其他国家的保守主义思想比较起来，的确也是最成气候，对社会和政治发生过最有效影响的。

保守主义思想代不乏人，甚至在政治上也总有其代表，却一直缺少一种连贯性。这倒也不奇怪，因为保守主义本身就是有些拒斥抽象理论和严密体系的，甚至保守主义自身的各种思想之间也没有严密的理论或学派传承。那该怎样为其"正名"呢？柯克采取的是思想史的进路，试图从英美——或许可以说是保守主义诞生和延续的大本营——出发来厘清这一思想的线索。

柯克赋予了埃德蒙·柏克一个特殊的开端地位——现代保守主义的奠基人。他认为，直到 1790 年，借着柏克的《法国大革命反思录》的出版，现代意义上的保守主义才算有意识地正式登场；而且，柏克的保守主义不仅是居于开端的，还是比较全面的，后面的英美保守主义思想往往是取其一端而进行新的发展。[4]

柏克的思想缘起是对法国大革命的反应。在此之前，激进的思想已经开始在欧洲流行，直到 18 世纪末才变成大规模的行动，终于酿成激烈的革命。柏克从一开始就密切注意这场革命，而且在革命早期（1790 年）就已经预见到了它的一些直接结果，比如这场革命将以争取普遍而抽象的自由平等开始，却以接受一个军事首领的独裁结束。但这场革命的思想观念却不会消散，而将持久地影响欧洲和世界，甚至当时英国的一些知识和政界精英也已经受其影响，开始表达对这场革命的同情和支持了。于是，柏克起而抵御。他捍卫英国的政制，认为恰恰是它保障了生命、产权、自由权利和习俗常规。

柏克有关法国大革命的思考和评论不仅是简单的政论文字，它意味着一种保守主义的思想和精神的诞生。这里，柯克提出的几个梳理柏克思想的概念值得我们仔细分析和留意。柯克论柏克的一章题为"Politics of Prescription"，可见 prescription 这个概念在柯克心目中的重要。这个概念的意思是，根据不成文法或惯例对某物的长期占有和使用，从而获得了一种乃至后来成文法也予以肯定的权利规则。柯克给出的一个简明扼要的解释是："从前后许多世代的惯例和协定中发育出来的习惯性权利"。所以，将 prescription 译为"常规"是较好的。

还有一个概念是 prejudice，它常常被译为贬义的"偏见"，但我以为，这里应该译为"成见"较好，虽然也还有点贬义。柯克对这个词的解释是，"让人无需逻辑推理便能面对生活难题的半直觉性知识"。柯克指出，在柏克那里，成见并非偏执或者迷信，尽管有时可能会退化成后两者。成见是一种"预判"或"先见",在一个人缺少时间或认知能力来理性地作决定时,直觉以及先祖的意见共识便为他提供了这样的直接回应。人类经验主要被珍藏在传统的成见和成规之中——一般会惠及多数人,有时会惠及所有人,它们是种群智慧用以防范人的激情和欲望的手段,是比书本和理论更可靠的行为和良心指南。这些成见可能体现了目不识丁者的智慧,不过它们源自健全古老的人性精华。人们应该尊重它们,因为即使人类中的最明智者也无法仅仅靠理性生活,或者说,单靠个人的理性是绝对无法行远的。所以,柏克说他捍卫"成见"恰恰因为它们是"成见"。[5]

柯克论柏克的一章中专门有一节谈到"成见和常规","成见"是人们的观念、见解,"常规"则涉及制度,包括成文和不成文的法律、规则、惯例,主要指向人们可以享用的东西,如物品、财产、各种具体的自由和生活空间。"成见"和"常规"表示已有的观念和制度,它们是已经存在的,也可以说是一种已经取得的历史成果。个体常常是愚蠢的,尤其是自以为聪明的个体。种群经过反复尝试、积淀下来的成见成规则是明智的。柏克捍卫这些已有的观念和制度,最鲜明地体现出保守主义的特性:保守主义即意味着"守成",守护延续的、已成的东西,更是守护其中的成果。

但正如柯克指出的,柏克又不只是简单地保护传统。柏克曾为捍卫英国人的自由而反对国王,为捍卫美国人的自由而反对英国政府,为捍卫印度人的自由而反对欧洲人。他捍卫这些自由的原因不在于它们是新发明的事物,而在于它们是古老的特权,为悠久长远的实践所保障。在英国,传统已经与自由浑然一体。"柏克是主张自由的,因为他是保守的。"我们也可以反过来说:"柏克是保守的,因为他是珍爱自由的。"

当然,在社会政治层面,柏克保守的是自由,但又不仅是自由,更优先的还是保存生命,以及让生命自适的习俗。所以,他反对抽象

的、过分的自由，更一以贯之反对那种激烈的革命。柏克不屈不挠地
要维护英国的宪制及其分权传统，而他还想维护和保守的，是范围更
大的文明体制。

　　柏克认为，英格兰宪制存在的目的是保护所有阶层的英国人：确
保他们的自由、在司法上的平等、体面地生活的机会。他将社会看作
一个灵性的统一体，一种永恒的伙伴关系，一种在现在活着的人与死
去的人以及未来的人之间的伙伴关系。社会是一个总在消亡同时也总
在更新的团体，很像另一个永恒团体和统一体：教会。保守主义最忠
诚的跟随者永远都在乡村，乡下人不急于摆脱旧有的方式，正是这些
旧方式让他们与其头顶上无垠星空中的上帝以及脚下坟墓中的父辈紧
密相连。柏克对宗教的认同并不仅仅因为它是秩序的保障；相反，他
认为世俗秩序起源于神圣秩序，并且仍是其中的一部分。柏克认识到
以观念反对观念的必要性，尽管他讨厌脱离具体情况的普遍原理。大
众唯一的坚固保障是对约定俗成的真理的顺服。如果没有超越人类的
道德约束，那么，"理性""启蒙"就成了种种虚无缥缈的梦呓。柏克
憎恶"抽象的东西"——这里指的并不是道德和信仰原则，而是那些
不考虑人类的脆弱和特定时代及国家的具体环境的、夸大其词的、追
求完善的抽象政治理论。

　　没有达到英国那种对生命和自由的保障的传统和制度，也并非就
是不值得保守的。我们还需要考虑其中文明的内容和程度，另外，也
要考虑如何在不破坏文明的前提下去改善制度。柯克指出，在柏克看
来，享有选举权、担任公职、将权力交托给民众——或者说"民主"，
这些问题的解决办法要基于现实的考量，因时间、环境和国民的气质
而异。柏克也教导政治家们如何以勇气和机智应对变革，但是，他将
政治上的"权宜之计"从惯常的马基雅维利手段升华成具有德性高度
的"审慎"。所以，他对笼统的主张以及绝对的"自由""权利""平等"
非常警惕。柏克认为不能把"权利"与欲望混为一谈，那将使民众觉

得某种不可见的大阴谋在阻挠他们享有自己不可剥夺的天赋权利，从而使社会产生持久的不满和怨恨。在《法国大革命反思录》中，他谈到他绝不是要在理论上否定人的真正的权利，他们有权利享用劳动的果实，并拥有让其劳动富有成果的手段。他们有权利享有父母积聚的东西，也有权利养育和提升他们的后人；他们有权利获得生活上的教导以及死时的安慰。在一种伙伴关系中，所有人都有平等的权利，但并没有平分物品的权利。

对于平等，柏克强调的是所有人在上帝眼中的平等、在法律面前的平等。在他看来，政治平等因此在某种意义上是不自然的，而贵族制倒是比较自然的。其理由大概是因为人有先天和后天的种种差别，我们也珍视一个容有差别和个性的社会。他欣赏贵族制，但是有很多保留："至少从这个词通常被理解的意义上说，我不是贵族制的同路人。"他自己也不是这种贵族。[6]在没有制约的情况下，贵族制会意味着"严苛傲慢的压制"。柏克甚至说，在万不得已的时候，在必须以鲜血抗争的时候，"我会与穷人、卑贱者和软弱者同命运"。

英国保守主义

柯克对英国后来盛行的边沁的功利主义有许多批评。他甚至认为，边沁在为英格兰确立平等主义的原则方面所取得的成就要大于托马斯·潘恩、弗朗西斯·普莱斯和葛德文的总和。边沁由于完全缺乏更高级的想象力，且无法理解爱与恨的特性，便无视人的灵性渴求，也从未谈及罪。他的体系对国民品格、人之动机的丰富多样以及激情在人类事务中的力量都忽略不计，流露出对人类理性的绝对信心，因此他是狭隘的伦理学家，洋洋自得的政治理论家。对边沁来说，政治与人性一样，都没有神秘可言：所有政治难题的解决方案仅仅在于让多数人裁决每一个问题。而沃尔特·司各特同边沁的门徒们发生了直接的冲突，并于此显示出他对柏克的保守主义哲学的敏锐理解。在其系列小说中，司各特让柏克的保守主义成为一种富有鲜活生机的东西。他所持的一种浪漫的保守主义观点担心一个被功利主义原则宰制的世界，将不分青红皂白地摧毁掉多样性、优雅美丽和古老的权利。

柯克不仅注意那些思想家、哲学家，也注意那些有思想的政治家和文学家。他认为保守主义思想在实际政治中的一个很好表现是乔治·坎宁的个性与成就；他振兴了保守党，并让"保守派"一词成为英国政治用语。当然，抛弃"托利党"的旧名称、采用"保守党"名称的是他的对手和继承人罗伯特·皮尔；可是，比皮尔更了解到底何为保守主义的坎宁让这种转变成为可能，他为保守主义注入了灵活的思想和广博的愿景。

在柯克看来，另一个对保守主义思想作出了重要贡献的政治家是本杰明·迪斯雷利。迪斯雷利从灵性上净化了托利党人的民主，以贵族制原则的内核作为他构建英国社会认知体系的样板。迪斯雷利宣称，各阶级的真正利益不是相互敌对的；它们都与国民的福祉紧密相连；而且，其政治目的是调和阶级，阶级就是秩序，如果没有秩序，法律也将消亡。但是，他也致力于改善当时尚未有选举权的下层阶级的生活和心智，让他们也有自己可以保守的东西，培养他们对国家和共同体的情感。在他执政的时代，劳工阶层的条件比以往任何时候都好，在世界上的所有大国中，只有英国没有在 19 世纪和 20 世纪经历过革命或内战。这是保守派非常了不起的成就，也是迪斯雷利的功劳。迪斯雷利的托利主义让英国人确信，下层阶级没有被遗忘，英国人的国家还有真实的生命力，社会的主导者与社会大众有着共同的利益。

在文学方面，柯克指出，柯勒律治除了文学批评，还在他的《平信徒讲道集》中证明了宗教和政治密不可分，一方的衰败必然导致另一方的衰败。在维护我们的道德秩序的同时，必须维护我们的政治秩序。把所有人或许多人变成哲学家甚或掌握科学和系统知识的人是错误的、不切实际的想法。不过，争取让尽可能多的人具有庄重稳固的宗教信仰，既是义务，也是明智的可行做法。

柯克认为，维多利亚时代保守主义的哲学大师还是约翰·亨利·纽曼。在让教会免于变成政治机构的单纯工具上，纽曼出力甚多。他视灵性生活为一种价值观的分级体系，视教育为攀登这种真理的阶梯。他一生都在进行与他的沉思型性格不相容的论辩和争斗。牛津运动参加者确保"教会要重新突出其共同体和圣礼特性，宗教必须为优美、古朴和神秘的情感提供空间，而主流神学排斥或忽略这些情感，视其为世俗、无益或不洁的东西"。他说："我们必须在冒险相信科学与冒险相信宗教之间做出抉择。"他对博雅教育贡献尤多。纽曼意识到，"这个时代的政治家的问题是如何教育群众"，但要教育群众首先要教育领袖，纽曼的著作保存了旨在培养"自由绅士"的教育理念。

柯克指出，到 1870 年代中已变得明显确凿的是，保守派和自由派的真正利益正在趋同；一名"保守的自由派"与一名"自由的保守派"之间只有细微的差异。这或许是因为他们有了共同的论敌：英国社会的建制正受到一种世俗集体主义的威胁。在 19 世纪的最后三十年，三位伟大的法律和历史学者延续了真正的保守主义思路，即出版了《自由、平等、博爱》（1873）的詹姆斯·斯蒂芬，出版了《大众政府》（1885）的梅因，以及出版了《民主与自由》（1896）的莱基。

柯克对功利主义的批评延伸到密尔。他认为密尔正从极端的个人主义转向集体主义，却没有意识到其中的矛盾之处。密尔确实对政治激进主义感到忧虑，但他的极端世俗主义热衷于将敬虔赶出社会生活，以"人的宗教"取而代之。而斯蒂芬、梅因和莱基明白，突然被夺去了敬虔与惯常习俗的人们无法认清未来；密尔以及孔德的门徒们决心将敬畏从这个世界中铲除出去；不过，没有了敬畏之后，人类会失去对美德的所有背书以及奋斗的所有动因。

斯蒂芬的《自由、平等、博爱》是直接批判密尔的，虽然它的影响力远不如密尔的《论自由》。斯蒂芬的主要观点是：自由是个否定词；平等是某种等而下之的东西，只是一个关系词；而博爱作为一种普遍的社会情感从来就没有存在过，也永远不可能存在。他宣称博爱往往会否定亲爱，所谓爱面目模糊的大众通常恰恰是自我极度膨胀的表现。斯蒂芬还分析了论辩与强力之间的关系，指出强制的某种必要性。他不相信密尔所说的，如果人从约束中解放出来并享有了平等，他们就会变得智慧，并像兄弟那样一起生活。他要我们估算一下自私、纵欲、轻浮、懒惰、极端平庸和全神贯注于最细小的日常琐碎事之人在男男女女中所占的比例，再想想自由论辩中之最自由者能够在多大程度上改进他们。实际上，一定的持续的强制或限制才是我们秩序与文化的主要保障。他警告不要盲目追求进步，许多人所说的"进步"就好像是愈益增多的娇气，是生活的软质化。

梅因所理解的社会进步是他的名言："从身份到契约"。进步在梅因那里主要是指促成高水平的思想成就以及法律之下的自由，其成就的标志是各民族从身份到契约的演变趋势，而且其主要的手段是私人财产和契约自由。私有财产和契约让多种多样的个性、财富、闲暇以及维系文明的创造活力成为可能，没有哪个人在肆意攻击私人财产权的同时还能宣称他看重文明的价值。柯克还进一步指出了这后面隐藏的原则：从身份到契约的进步是贵族性思想的成果；从契约到身份的退步将是自以为是的民主体制的结果。无止境地推进平等，将可能使社会重返身份政治，或者如我们今天所说的"部落政治"。

柯克认为，莱基的《民主与自由》是19世纪出版的最为全面的保守主义政治手册。但他的理性宗教已几乎将传统基督教的一切统统铲除，剩下的只有直觉型道德观念、对基督样式的模仿以及金规。不过，莱基认为基督教的核心要素依然富有生机，他也认识到教育的政治价值被高估了："已经学会阅读之人中有很大比例从未读过党派报纸之外的任何东西。"

柯克继续谈到文学家乔治·吉辛，这是他青年时期最喜欢阅读的一个文学家。他认为，这位曾经的政治和道德激进分子、实证主义者和社会主义者，因为自身长期体验下层的贫苦，从而对现代无产者和人性的阴暗面有了深刻的认识，正是这种认识让他转变成一名保守主义者。吉辛后来认识到，他以前为苦难中的大众所发的那种热心不过是一种伪装，实际上是为了自己匮乏但渴望得到的东西，把自己的追求当作了他们的追求，为自由平等大声疾呼往往是因为自己成了无法满足的欲望的奴隶。他的散文集《亨利·雷克罗夫特的私人文件》（即中译本《四季随笔》）宣告了作者热爱英格兰所有历史悠久的东西，以及财富和产权对于文明生活的意义。

小说家 W. H. 马洛克（1849—1923）在柯克的英国保守主义思想谱系中占有特别的地位，因为他补充了一个保守主义的缺憾，即用数据来说明他的观点。他声言激进主义者正捏造或扭曲统计数字以达到其目的。他关心的问题是：文明以及穷人会在平等全面实现时获益么？他认为，所有形式的进步其实都是人们追求不平等（或者说差别、出众、优秀、卓越）的结果。如果取消了不平等的可能，一个民族只能一直处在勉强维持生计的惨淡凄凉的水平上。彻底和全面的平等不利于任何人。它阻挠打击才智之士，也让穷人陷入更为可悲的贫困状态。创造财富的最重要的要素不是体力劳动，而是才干，或者说是管理和指挥劳动的能力，即发明创造，设计方法，提供想象，确定方向，组织生产等方面的能力。他指出，1894 年十三亿英镑的国民收入中，至少有八亿是才干的成果。1880 年，英国仅劳工阶层的收入就等于所有阶层在 1850 年获得的收入。如果废弃这种基于才干的、受到传统道德与政治体系约束的真正的领导力，那么，劳工阶层在经历过一个恐怖间歇后，一定会不得不屈从于新的主子，而这些新主子的统治将比旧主子远为严厉、武断和残暴。

美国保守主义

柯克将约翰·亚当斯，而非许多美国人认为的汉密尔顿，看作美国保守主义的奠基人。他甚至认为，美国保守主义的一半左右的历史都和亚当斯家族有关。柯克之所以如此认为，或许是觉得汉密尔顿还是过于重视商业，过于重视联邦政府，而不够体察地方和乡村，对祖先和出生地这些乡土性的东西没有依恋，精神信仰也表现得不明显。汉密尔顿的政治原则很简单：他不信任民众和地方的冲动，认为摆脱平等思想的影响的办法是建立强有力的全国性机构。但是，一个集权化的国家也可能是一个热衷追求平等和新花样的国家。

不过柯克也承认，联邦党人是独立的美国的第一个保守主义派别，且受到两种激进主义的威胁：其中一个威胁源自法国；另一个威胁部分发端于本土，部分发端于英国，那就是追求平等的农业共和主义，其主要代表人物是杰斐逊——杰斐逊的理论总是比他的实际作为更加激进，而且他的理念远不像法国的平等自由理念那么极端。

约翰·亚当斯在柏克开始猛烈抨击激进主义的三年前就写了一本书，名为《为美国政府宪制辩护》。柏克谈论的是成见、习俗和自然权利，而亚当斯则抨击可完善性的教条和单一制国家理论。约翰·亚当斯评论道："所有人都生而具有平等的权利，这一点是清楚无误的。"然而，教导说人人都生而具有同样的力量与才能，拥有同样的社会影响力，并在整个一生中享有同样的财产与好处，那就是彻头彻尾的欺骗了。人们确实享有源自上帝的道德上的平等，而且享有司法上的平等，但是，所有的公民都能有同样的力气、身材、活动力、勇气、耐性、勤奋程度、创造性、财富、知识、名声和智慧吗？按照亚当斯的定义，"贵族"是指可以调动两张以上选票的任何人。每个国家、群体、城市和乡村都有一个基于美德和才干的自然贵族阶层，不管他获得除他自己之外的另外的选票时，凭借的是出身、财富、知识、技巧、智谋，还是他善结人缘的性格乃至对锦衣玉食的偏好。要求实现平等的立法努力也还是会强化贵族制。当然，亚当斯这里所说的"贵族"其实可以说是一种非常宽泛的"精英"，包括中性的甚至恶劣的"精英"，即影响力比一般人大的人。亚当斯没有为贵族制辩护，他只是指出，它是自然现象，不应从理性上加以否定。与自然中的大多数东西一样，贵族制有其优点和缺陷。贵族阶层一直都以傲慢无礼为能事；不过另一方面，如果没有贵族阶层在历史上的某些时刻挺身而出，反对君王或暴民，骇人听闻的暴政将成为欧洲所有国家的下场。

柯克指出，约翰·亚当斯像卢梭一样是一位道德主义者，尽管他遵循着一种不同的路径。亚当斯使用"自由"一词的频率较低，因为他下意识地确信，人类的软弱会让自由与放纵混为一谈。他更偏爱美德的，而非自由的观念。人对自由的热爱因经验、反思、教化，以及政治建制——这些都是由少数人最先发起并持续维系和改进的——而文明起来。在所有的时代，如果要选择的话，大量民众都更热衷于安逸、沉睡和吃喝玩乐而非自由。设计出精妙简单的蓝图的博爱主义理论家们很容易转而拥抱独裁体制的简便单纯。他们开始时提倡放纵的个人主义，其中的每个人都不再受古老传统的约束，仅仅以自己的道德资源支撑自己；而当这种状态变得不可忍受时，他们就会纳入一种严酷的、不宽容的集体主义机制。

对南方保守主义的注意是柯克这本书的一个突出特点。柯克出版的第一本书《罗诺克的约翰·伦道夫》，就是写一个南方的政治家。柯克指出，伦道夫渐渐成为柏克的美国追随者，指出积极频繁的立法的危险；而另外一位南方的政治家卡尔霍恩则坚定不移地反对"进步"、集中化和抽象的人道主义。他们之所以变成保守主义者，是因为他们认识到，世界大潮趋向的不是他们所钟爱的那种宁静、分权化的乡村生活，而是集权的工业化新秩序。南方人成了最为坚定的地方自由和州权的鼓吹者。两位代言人都为了支持南方而牺牲掉光明的前途：伦道夫放弃了国会的领导权，卡尔霍恩则失去了担任总统一职的希望。

卡尔霍恩从政之初是杰斐逊主义者、民族主义者和扩张主义者，后来却转变为国家集权和全能民主的坚定反对者——反对乐观主义、平等主义、世界向善论和杰斐逊式的民主。在他失败之后余下的十八年生命中，他痛苦地寻索着某种调和多数人主张与少数人权利的符合法治的手段，推导出一种"共识性多数"的理论。这实际上是一种利益和权力平衡的思想。卡尔霍恩的观点类似于迪斯雷利的看法，即选票不仅要计算数量，而且要考虑质量。

老亚当斯的儿子约翰·昆西·亚当斯也担任过一届总统，柯克认为，他是保守主义思想的一位富有才华的代表人物。但是，他是一位不讨大众喜欢的政治家，1828 年败给了杰克逊。柯克对新英格兰以爱默生等为代表的超验主义者似乎不抱好感，主要是认为他们相信无限的进步、人类的可完善性以及为求新而变革等观念。但他对霍桑情有独钟，认为霍桑是依恋传统，对变化疑虑重重的。霍桑没有将过去偶像化，他知道过去常常是黑暗残忍的；不过，正是基于这个原因，对过去的理解应当对任何社会改革设想都具有根本性的意义。只有通过认真地考察过去，社会才能发现人性的局限。尤其是霍桑几乎将所有的关注都集中到罪的现实存在、性质及其后果上。霍桑在他的《老派托利党人》一文中写道："革命，或打破社会秩序的任何东西，可能会为个人展示其不同寻常的美德提供机会；但是其对一般的伦理道德的影响则是有害的。大部分人的本性特点是，他们只能在某个确定的常规状态下才体现出美德。"至于完美，霍桑明确表示，只有在此世之外的另一个世界上才能找到。

柯克认为，富有教养、多才多艺的洛威尔也很适合代表保守主义在他那个时代所受到的挫折：对民主的怀疑，对工业主义的怀疑，对美国人之未来的怀疑。洛威尔厌烦新花样和对别出心裁、思想创新的痴迷，他说："我们将钥匙拿到了手里，可是总有这么一扇门，不打开它是最为明智的事。"

对老亚当斯家族的第四代传人，即亨利·亚当斯与布鲁克斯·亚当斯这一对忧郁失落的亲兄弟，柯克认为，他们虽然是美国社会培养出来的最有教养之人，甚至代表美国文明的顶峰，但他们身上的保守主义本能已然让他们放弃了主导社会的希望，他们已经失去了政治上的雄心或者说机会，而只希望能够理解社会及其演变趋势。亚当斯家族的理念被亨利·亚当斯提升到 20 世纪哲学思想的顶峰，布鲁克斯·亚当斯的著述则从政治的角度对它们进行了扼要的阐述。他们开始探究那些促使所有文明迅速走向灾难的力量法则。《亨利·亚当斯的教育》一书颇为跳跃难懂，甚至破碎，那后面也是一颗破碎的心。亨利·亚当斯在私信中写道：低俗的一定会驱逐高贵的；而且长期来看，文明本身正是因为过于高贵而无法存续。仅仅从华盛顿总统到格兰特总统的演化过程，就足以颠覆达尔文的学说。正如能量的耗竭是势不可当的普遍自然现象，社会能量也一定会耗尽，而且现在正在衰竭。人类的进化已经越过了最高点，我们现在正以可怕的速度远离我们光辉灿烂的岁月。亨利·亚当斯认为，始于 1600 年的机械阶段大约于 1870 年到达其最辉煌的顶点，随后便迅速转入电气阶段，以后会转入以太阶段。人类会像彗星一样，突然淹没在永恒的暗夜和无边的空间之中。

布鲁克斯·亚当斯也有一些今天看来仍旧很有意思的预言。他认为，文明世界的经济中心一直在向西迁移：从巴比伦到罗马、君士坦丁堡、威尼斯，再到安特卫普。晚至 1760 年，荷兰的经济中心还欣欣向荣，可是到 1815 年时，经济中心已变成伦敦；自那以后，转移的趋势一直在向着美国，而且亚洲势力（可能由俄国主导）和美国势力之间隐约开始了一场大规模的竞赛；将来这一竞争最后决出胜负的地方在中国和朝鲜，要想在这场竞争中取胜，就必须有高强度的中央集权，而变化速度最快的那个国家会战胜其邻国。但是，尽管竞争与中央集权能带来短期的成功，其最终带来的结果却是退化。比如说，一些女性将模仿男人，作为社会黏合剂、家庭主人以及凝聚力核心的女人都不再存在。至于政治方面，他说，几乎就在华盛顿刚刚下葬之际，民主所依赖的那个平庸体系就开始其追求平等的工作了。现代人必须面对这种物质大行其道而灵性被彻底铲除的状况。以前世代的美国人过着一种简朴的农业生活，这种生活可能比我们的生活更为快乐，但我们无法改变我们的环境。造物主已将美国抛入世人所知的最为激烈的争斗的旋涡之中。它已经成为这个时代的经济体系的核心，而且它必须以才智和力量维系它的霸权，否则会共尝被抛弃的命运。

从亚当斯家族的这些代表的思想轨迹，我们可以看到一种由乐观到悲观甚至绝望，由投入行动到仅仅停留在思想观念，由大胆的投入斗争、参与政治到忧伤甚至阴郁的预言的演变。而在这之后，亚当斯家族的后人中似乎就再也没有杰出的政治家甚至思想家了。亨利·亚当斯在写给兄弟的信中说："现实的人生结局是，我正孤独地死去……我没有留下任何追随者、学派、传统。"柯克似乎要比这乐观，他引述柏克的话说，机会、天意或个体性的强烈意志，都可能会突然改变一个民族或一种文明的整个方向。"一个普通的士兵、一个孩子、一个小酒馆门口的小女孩，都改变过命运以及几乎是本性的面貌。"[7]

进入 20 世纪，长期在哈佛大学执教的文学教授白璧德对中国也产生过影响，引发过中国具有现代特色的保守主义流派，虽然这种影响远不如杜威、罗素。白璧德认为，经济问题、政治问题、哲学问题以及宗教问题是不可分解地联系在一起的。人有时在深渊边上反倒会以从未有过的自信突击前进。不确定的是，欧洲文明在宗教崩解之后还能否延续下来。柯克认为，白璧德本人从未拥抱恩典的教义；可是像帕斯卡尔和詹森派那样，他察觉到它具有超越性的重要意义。

柯克对也曾在哈佛任教的摩尔评价甚高。摩尔认为，一旦不同世代的人不再有灵性上的联系，先是文明，接着是人类的存在本身，就一定会萎缩。如果缺少对超自然事物之真实存在的普遍信仰，人们就会忽略过去与未来。社会必须找到回归永恒性的道路,否则就会消亡。与其重视精神灵性的一端相应的是,摩尔同样重视对物质的产权。摩尔认为,对财产的保障是一个文明共同体的首要的、最根本的职责。生命是自然之物,我们与野兽一样拥有生命;而财产是人类独有的标志,是文明的工具。他甚至说,"对文明人来说,财产权比生命权更为重要"。"如果财产是安全的,它就可能是某种目的的手段,而如果它是不安全的,它自己就成了目的。"8换言之,产权得到保护的话,人们就可能用它追求精神文明,而如果得不到保护,就意味着财富与物质会成为人们追逐的主要目标。

大概有人听过同样在哈佛任教过的乔治·桑塔亚纳的趣事。有一天,他突然在课堂上说他"与阳光有约"而最终放弃了教职。这位在美国长大、完成教育,也长期从事大学教育的西班牙人,于1912年离开美国,后又离开伦敦,从快速变化的世界中退隐到罗马这个最为保守的地方。他说:"我所处时代的思想世界从观念上疏远了我。它是基于错误原则和盲目欲望的巴别塔,是思想的动物园,我没有兴趣成为其中的一只野兽。"9他说他倒也不害怕未来的威权甚或极权统治,不管它采取何种形式。许多地方的空气都是可以呼吸的,狂热分子也会因对冒犯他们的人类的仇恨而精疲力竭,他们自己也是人;他们的本性会进行报复,某种合情合理的东西还是会从源头冒出来。

桑塔亚纳认为,由于繁荣意味着受物的辖制,自由派人士很快就会显示出他们真心所爱的并非自由,而是进步;而且,自由派人士的"进步"意味着竞争和扩张。以前对古老简朴的生活感到心满意足的普通人,在追逐财富的比赛中毫无获胜的希望,并将早早地把自己弄得筋疲力尽,然后就只能在苦闷无聊中继续苟延残喘。虽然名义上教育日益普及,民众都能识文断字,他们却受到媒体的操控,被灌输了形形色色的迷信。他也有一个预言,"最大多数人的最大幸福"这一准则大概会变成"尽可能多的人的最大程度的无所事事"。今天我们看到，科技的发展和经济的繁荣确有可能让这样一个庞大的"无用阶层"出现。

　　柯克在后来增补的内容中也指出：T. S. 艾略特依然承继了柏克与柯勒律治的传统；他的一些著作，如《对文化之定义的讨论》，属于近年最有价值的保守主义论著之列。他还提到，才华过人的奥克肖特也是柏克的一位追随者。在美国方面，柯克也提及了离他生活的时代较近的一些保守主义者，指出理查德·维沃、张伯伦和彼得·维雷克（Peter Viereck）代表了保守主义信念的一些不同面向。1940 年代，一群自由保守主义经济学家开始对鼓吹经济规划的理论家们发起反击，这一保守主义流派的某些杰出代表人物往往是从欧洲来到美国的，如哈耶克等。米塞斯也经常采取与保守主义者一样的立场。德鲁克的很有影响力的著作阐明了今天的政治经济学中的保守主义倾向。尽管安·兰德的作品，尤其是她的小说对美国社会产生了很大的影响，但柯克完全没有提到这位自由至上主义者。他不接受她的无神论或者世俗主义立场。

保守主义的思想特征

　　我们从柯克的《保守主义思想》可以看到英美各种保守主义思想的共性和差异。这本书展现了一种保守主义的连贯性和一致性，也展现了保守主义思想观点和风格上的丰富性和差异性。我们在其中还将读到一些我们比较生疏的思想家、政治家甚至文学家，柯克把他们罕为人知的思想打捞了出来。保守主义其实不想成为一种"主义"，或者说最不像一种"主义"。保守主义在现代从不显赫，但一些保守主义的观念和冲动又一直广泛地存在于人们心里。正如柯克所说，这本书描述了一些或一种类型的学者珍视人类生活中永久事物的倾向。

　　在这本书中，青年柯克不仅梳理了英美保守主义的思想源流，也确立了他自己的思想立场。这也是他在后来的《美国秩序的根基》中所阐述的思想立场：他强调秩序，不过是一种有自由的秩序；而且，这种秩序和一种神圣的秩序相联系，后者是前者的基础。秩序中要有自由，但这种自由不是抽象的自由，而是具体的，常常是体现在成规中的自由。这种自由秩序需要法治的保障，而法治又依赖于各种权力的平衡和互相制约的制度架构，但社会又是不断变化的，这就还需要政治家具有一种谨慎平衡的美德。

正是基于这种立场，他在正面展示保守主义思想的多样性的同时，又对其中一些保守主义思想家有自己的批评。他对自由主义、英国的功利主义（尤其是密尔），以及美国的爱默生等人的超验主义、杜威的实用主义都有批评，有时甚至可能是过分的批评。他对有些被视为保守主义阵营的思想者则完全没有提及。这也许是因为他更重视灵性生活。他也比自由至上主义者更重视国家秩序而不是个人自由，尤其是反对满足各种欲望的充分自由，乃至对有限政府的强调也不是他的重点，或者说，他区分一般的政治秩序和特殊的政治秩序，区分国家与政府。我们的确可以看到，他还是更加重视那些重视基本的政治秩序，尤其是将社会政治秩序与神圣信仰秩序联系在一起的思想。

柯克阐述了他认为的保守主义思想观念所包含的六项原则。简要说就是：第一是承认存在着神意，存在着永恒的东西和超越性的存在，而且这永恒的神意或神圣秩序，跟社会政治紧密相关，将所有先人、今人与后人联系在一起。第二是珍爱传统，这传统是多样且有一定神秘性的，他反对整齐划一。第三是相信文明需要接受一定的差别秩序和等级，他反对绝对平等。第四是相信自由与产权、文明密不可分。第五是认为人要控制自己的意志和欲望，也就是说，自由绝非放任自恣。第六是认为保守主义并不反对改革和更新，但是倾向于渐进。

柯克在其他著作中也阐述并多次修正过保守主义的诸种原则。除了上面所述，他还谈到了反对完美主义和人为的集体主义以及政治的审慎平衡、对权力的制约等。柯克属于保守主义中更为强调传统和信仰、更注重精神和灵性生活的一派。[10]他更强调节制人的物欲和其他方面的欲望，而对有限国家、小政府并不是那么强调，对社会福利、缩小社会的贫富差距也保持开放性。在国际关系方面，他更强调让美国成为自由文明的样板，而不是将美国秩序强行推广到世界，因为这不仅可能有损美国的利益，也违背容有各种文明传统多样性的原则。

柯克强调想象力。这肯定不单单是那种文学艺术的想象力，虽然他对这种想象力也相当重视，而更多是指一种与理性迥然有别的信仰的想象力，以及在自己的思想中保留一份神秘的想象力，乃至也包括不缺乏现实感的对未来的想象力。比如说，他将既写小说，也是政治家、外交家的迪斯雷利称为"有想象力的保守主义者"，认为其对此后英国保守主义政党长期执政贡献甚大。他所说的"想象力"看来还是基于现实，乃至能够应变的一种想象力，即在世俗政治中保留精神的信仰，而在追求信仰中又能够处理时代问题。

柯克也特别强调保守主义与乡村生活和农业文明的联系。这能够解释保守主义的物质基础和文明根基，以及为什么保守主义在近代凸显而又节节败退。保守主义与农业文明是相当适应的，它就是农业社会的主流思想。乡村生活是稳定的，连续的，可预期的，变化可控甚至可循环的。当然，乡村社会又是包含差序等级的，乡绅常常成为其中引导生活的重心。保守主义常常含有对乡土和乡村生活的眷恋，认为工业文明是一个强大的均平者或者说"推土机"，它铲平一切，改造一切，唤起欲望，推动竞争。如果保守主义还要在工业社会保持活力，它就不能只是怀念过去，还得找到恰当的生存形式。但无论如何，它的存续对今天的工业社会是重要的，尤其是当今天的工业文明看来还要进入或分出一个更加高速发展的高科技文明的阶段，这种高科技发展到某一顶点可能威胁人类生存的根基，因此一种制动的观念装置就是不可或缺的。

《保守主义思想》显然是一部思想史，甚至可以说是一部心灵史，它不是像柏克那样以疾风暴雨的言辞回应疾风暴雨的时政，也不是像迈斯特那样退到边缘地带反思乃至反向而动。它也不是一个思想体系。它也许不是那么原创，但赋予了英美的保守主义思想一种连贯性，并将其最突出的一些特征显示了出来，使那些具有保守主义思想的人不再犹豫和躲闪，而愿意直接接受甚至使用"保守主义"的称号了。或者说，即便在一个无比崇尚进步的时代，成为一个"保守主义者"也不再是一件让人羞愧的事情了。就像他自己说到的，这本书并不打算给读者提供一种"保守主义的意识形态"，因为保守主义者拒绝所有形式的意识形态。但他希望给保守主义的冲动提供一种解释和正当性证明。

柯克不像奥克肖特那样的学院智者持一种有怀疑论倾向的保守主义观点，他肯定永恒事物和超越信仰。学院智者的好处是，还能留在学界与学人对话，不足则是离社会和大众较远。柯克很早就退出了大学体制，但他也没有直接参与政治运动和组织。他不是一个行动家，而是一个思想者、作家兼乡绅。他并不一定是直接对大众说话，但他通过著述、演讲，甚至自己乡绅式的生活方式，还是影响了许多年轻的文化人。

保守主义与未来

在今天这样一个继续汹涌向前的时代，保守主义还有未来吗？它还能影响未来吗？甚至还可以问：它如此专注于过去，能够看清未来吗？美国、西方，乃至人类的未来又将怎样？保守主义还能在未来的人类事务中起作用吗？或者说，可以起何种作用？

柯克这本书最初自拟的书名叫《保守主义的溃退》，在他看来，从总体上说，激进思想家已经胜出。自柏克以后的一百五十多年里，保守派不断收缩自己的阵地。它无法抗拒工业主义、集中化、世俗主义和平等诉求的时代主流，尤其是难以抵制工业化的影响，他甚至认为，工业化对社会的影响胜过所有平等派的著作。但他也指出保守主义之所以溃退，还有来自自身的弱点：保守派思想家缺乏足够的敏锐去解决现代社会的种种难题。

尽管保守主义遭受了重重打击，其中最严重的尤其是领袖人物的原则、秩序与阶层的观念以及将敬畏与道德和社会自立精神结合起来的努力，但柯克认为，还是有足够多的东西被保留下来了。比如基督教在大西洋两岸的延续，在英国的表现形式是国教会，在美国的表现形式是积极参加教会活动并公开认可基督教的道德观。英国的宪制依旧承认国王、上议院和下议院；依旧认可英国人古老的权利，哪怕在以紧急需要为借口侵犯它们时也是如此。在美国，联邦宪法作为西方文明史上最富有远见的保守主义文献而保有长久的生命力；约翰·亚当斯与南方的政治家们所捍卫的利益与权力的制衡也仍在发挥作用。

柯克也指出一种合流或者说联盟，即真正的保守主义和老式的自由至上的民主现在开始趋同。而且很可能在未来的许多年，保守主义者会捍卫宪政民主体制，视其为传统和秩序的储藏库；而明智的民主派人士也会拥护保守主义的思想，视其为可借以对抗新秩序规划者的唯一安全稳固的观念体系。

保守主义和激进主义几乎是全面敌对的，和自由主义却有种种纠结和关联。著名批评家莱昂内尔·特里林曾经说，在这个时代的美国，自由主义不仅是主导性的，甚至是唯一的思想传统。自由主义者的理论现在本质上是枯燥空洞的；可是他无法领会别的替代性思想体系。但比他指出的问题可能更重要的一个问题是：美国的自由主义者越来越像一种"平等进步派"，他们崇尚不断的进步，而且这种"进步"越来越多地指向一个单一的方向，即指向物质生活条

件的平等和欲望的自由，为此甚至损害精神的自由、法律的平等也
在所不惜。而保守主义也有哈维·曼斯菲尔德所说的是"慢些走"
还是"往回走"，或者说是"渐进"还是"回返"的不同，但即便
是"往回走"，也有究竟"回到哪个时候"，以及保守主义者对时
代趋势悲观到什么程度和自身所向往的"好的生活"究竟是什么样
式的差异。

我在第七章曾以《独立宣言》为例谈到美国历史上形成和追求的
六个核心价值，这些价值既有互相联系和支持的因素，但也有带来分
歧和冲突的因素。传统的三个价值是生存、信仰、独立，新兴的三个
是自由、平等、幸福。独立中已包含自由，但是否自由至上则还有一
些争议；对平等的理解有很大的分歧，而幸福则是一个广义的概念，
其中包含着生存、独立和自由，但也有是以物质生活还是以精神生活
为中心的分野。而今天美国社会对这些价值的理解差异以及实践中的
分歧和冲突，似乎还在愈演愈烈。

许多保守主义者并不是消极无为的，他们也常常是积极的行动者，
他们的行动更多地指向建设、保守而非破坏——虽然一种绝望也可能
激起可悲的暴烈行动。而保守主义的思想者是有理由和责任强调在行
动之前总是要想一想的。[11] 当然，除了基于悲观的思想和行动，也可
以有一种悲观的达观：已经这样了，那就这样吧。或者就像林肯总统
说的，"对于那些喜欢这类事的人来说，这就是他们喜欢的那类事"。
崇尚自由平等的杰斐逊也怀恋"自然贵族"和农业生活，但在柯克看
来，杰斐逊的美国和约翰·亚当斯的美国都同样日落西山了。不仅美
国、西方，人类的精神文化可能都无可避免地衰落了。高科技，尤其
是基因工程和人工智能，有可能危及人类自身的生存。

柯克还不是那么悲观绝望的，更不是消极的。他认为，如果维系
文明传统的希望被寄托在美国身上，富有才智和认真负责的美国人就
应对某种一般性的行动方案达成共识。在制定方案时，美国的保守主

义者一定首先要问，美国必须保护好哪些社会建制。和英国不一样，他们没有国教会，没有乡绅，没有教区牧师，没有古代的光环，没有真正的与众不同的中产阶级，没有帝国的虚荣。不过，他们确实有世界上最好的成文宪法，最安全的分权体制，分布范围最广的财产，对共同利益的最强烈的意识，最繁荣的经济，高贵的道德与思想传统，以及在当代无与伦比的坚定的自立精神。

在 1950 年代初，柯克就写道："如果保守主义秩序真的能够回归的话，我们就应当了解其所依附的传统，这样我们就能重建社会；如果它无法复归，我们同样应当理解保守主义观念，这样，我们就能从历史的尘埃中打捞那些尚未被不受节制的意志和欲望之火烧掉的焦黑的文明碎片。"而在 1986 年的第七版序言中，他已经比以前乐观多了，认为"越来越多的美国公众，也有越来越多的英国公众（尽管不那么明显），乐意称自己为保守主义者。直到 1980 年，美国的自由主义和英国的社会主义已成为明日黄花"。但他可能又太乐观了，后面的人们应该能比他看得更清楚。当然，他对时代总的潮流也并非没有清醒的认识。他说，像 1980 年那样的"选举性的成功可能是具有迷惑性的"。他承认精神文化还是不可遏制地在衰落："我们这个世界现在的一般状态，还是处在进一步的衰败中。在这本书首次出版之后流逝的这些年里，整个文化沉落到了最深渊。"[12]

在柯克看来，美国人的一个问题是，他们似乎比任何其他民族都更崇拜眼前的财富，甚至连长远利益都不考虑。当然，另一个方面，我们又看到美国人的宗教情结似乎又比其他西方国家的人们更为强烈。或许，只有宗教，只有对一个超越性存在的信仰，才能让人类充分认识到自己的有限性，从而在大灾难到来之前放慢或停下脚步。但是，当人们不感觉危险的时候，他们不会接受甚至不会倾听不断对此提出警告的保守主义；而当大多数人都感到了危险并准备倾听和接受保守主义的时候，一切又可能太晚了。

无论如何，人类的自由，人类文明的传统和未来，甚至人类是否延续生存的未来，都将和保守主义思想的命运相关。

三　常识、事实与愿景

20世纪以来，保守主义对美国社会和政治的影响一直深度地存在，而且时有强势的复兴。而我在这里之所以特别标出"20世纪以来"，是因为美国保守主义其实是到了20世纪，甚至是20世纪的下半叶才正式登场，包括作为思想和政治流派的"保守主义"这个名称，也是到那时才开始在社会上流行。20世纪早期之前的美国社会，按照现在的进步尤其是激进的观点来看，基本可以说是处在"保守主义"的主导之下，或者说处在和激进的法国大革命有别的建国思想主导之下。

当前的美国保守主义思潮大致可分为两大类：一是传统的宗教信仰；一是古典的自由主义。当然，这两者在一些人那里还有不同的结合。在20世纪之前的美国，这两种思想是居于支配地位的，所以保守主义也就没有登场的必要。直到从20世纪初开始，随着进步主义不断扩张，乃至使用了"自由主义"的名称，并通过罗斯福新政而不断扩大政府的权力，社会的宗教信仰也趋淡化，坚持传统信仰和古典自由主义的人们才开始起而抗争，并逐渐形成直接影响美国政治的重要力量。

美国非裔学者托马斯·索维尔的思想也包括在这一广义的"保守主义"范畴之内，但在其中又显得比较"另类"。这首先是由于他的身份，在保守主义者中，非裔学者还是不多的。他的确也曾组织过一次非裔人士的会议，后来这个会议以"黑人另类"闻名。他是非裔，却赞同偏向保守主义的思想，这让一些进步知识分子感到困惑：为什么一个来自"被歧视的族裔"的人，不是"不断进步和解放"的自由派？他则嘲讽他们说，你们不是喜欢多样性和代表性，不是认为各行各业都应该有少数族裔的代表，为什么保守主义里面有黑人学者的代表，你们就感到烦恼呢？当然，他不愿给自己贴上任何标签，包括"保守主义"的标签。

尽管不愿自我标明，索维尔一般还是被归为保守主义知识分子。除了身份另类之外，他进入保守主义的路径也显得另类——他是从经济学，从常识、事实与有限愿景，而不是从传统信仰进入的。也就是说，和柯克所叙述的保守主义流派不太一样，或许他更接近哈耶克一派的"保守主义"。这一派的许多人，包括哈耶克本人，也不愿被冠以"保守主义"之名，虽然他们会共同支持一些保守主义的政见，尤其是限制政府的权力，反对人为干预和乌托邦的社会理想。

不过，我们说到"另类"的时候，并不意味着索维尔的思想就没有强大的影响力。在当前左倾主导的西方思想知识界，索维尔的学术思想虽然并非主流，甚至被学界有意屏蔽，却有着广泛的社会影响。他不仅在专业学术领域有突出的成就，晚年还撰写了许多专栏文章，发表了大量的社会评论，对美国社会许多激烈争论乃至造成严重分裂的问题，比如国家权力、法律秩序、种族关系、社会福利、AA 法案和 BLM 运动等，都直率地发表了自己的意见和分析。他的见解和格言被广泛引用。甚至还有人提出"假如他是第一位美国黑人总统将会怎样"的问题。但他的兴趣不在直接参与政治，还是在思想和知识。他说："事实上，我是相当厌恶政治的，从未登记成为任何一个政党的党员。"[13] 作为一位知名的美国非裔学者，从 1970 年代起，他就被几位总统邀请到白宫午餐，开始的一次他去了，后来的就谢绝了。里根政府曾有意邀请他担任教育部长或劳工部长，他也谢绝了。

在社会价值观念分裂的当今美国，索维尔的著述和言论依然常被保守主义人士用作一种有力的思想武器。他年事已高，已经不再写专栏文章，但推特上总还是有不少账号不断从他的著作中选出一些观点进行推送。这倒符合他选择思想学术为自己的志业的初衷：不求显赫，但求持久。当然，也因为是非裔，他反而有一种优势，可以在一些问题，尤其是有关种族的问题上直言不讳。他的言论并不晦涩，但也绝非平铺直叙，而是相当犀利，令人印象深刻。在当前中国对西方思想的引入和介绍上，他并非耀眼的明星，没有引起很多的注意。然而，鉴于上面说到的种种原因，索维尔的思想是值得我们关注和重视的，他可以帮助我们认识美国的学术和舆论非主流的一面，也许还是更贴近"沉默的多数"的一面。

一个人的"奥德赛"

索维尔属于这样一类思想家：不了解他的生活经历，就不容易了解他的思想。他不是那种从小就家庭条件优渥、不食人间烟火的思想者。[14] 他的许多思想，是直接从他的艰苦生活经验中"煎熬"出来的，特别和他的"另类"身份和典型的本土黑人经历有关。而他所看重的思想方法，也正是重视经验、事实和常识。所以，我这里想先谈谈他早年的奋斗经历，这也是他形成自己的思想的时期。

索维尔 1930 年生于北卡的夏洛堡，是本土黑人奴隶的后代，出生后不久母亲就去世了。因为在他前面还有四个孩子，老而生病的父亲根本养育不过来，就将他托付给了他的姨婆。在没有电和热水的姨婆家，他得到了关爱，尤其是二姐，在四岁之前就开始教他读书。九岁的时候，他随姨婆家来到纽约，第一次发现"竟然有那么多白人"。他住在著名的黑人区哈莱姆，读小学高年级的时候成绩就好了起来，还被选拔参加了一个全是白人孩子的夏令营。

索维尔读中学时有点偏科，数学最好。他性格比较固执，甚至对抗老师。也是在这时，姨婆家慢慢发生了变化，孩子多了，预算紧张，姨婆也变得比较专横，和他产生了矛盾。他十五岁开始读高中，著名的史蒂文斯中学，但路程较远，到家已经筋疲力尽，通常是马上就去睡觉，到次日凌晨才赶做作业。此外，他还要在周末工作，给杂货店送货，所挣的钱也就刚刚够付地铁费和午饭钱。他开始想独立，十六岁离开中学去做一份送电报的全职工作。虽然工资很低，但他感觉到了自由，为自己成为"一个自食其力的人"感到骄傲。到十七岁多，他完全离开了姨婆家。一开始是去往一个收养无家可归者的"男孩之家"，但他很快离开了那里，去到一个附近有很好的公共图书馆的地方租了一个很小的房间，开始读书和上夜校。他意识到了教育改变命运的重要。

但没过多久他就失业了。十八岁是他最糟糕的一年，他到处找工作，把消费减到极省，四处寻找能够买到五分钱面包和一毛钱果酱的地方。因为无钱坐车，常常要来回走十来英里。他后来在一个工厂车间找到了工作，每周工作六十小时。此外，他也一直坚持上夜校。

二十岁的时候，他虽然工资增加了，但左手的食指却在一次车间工作中被压坏。他想成为白领，那年夏天，他申请的华盛顿公民服务委员会有了回音，他得到了一个职员的职位。到首都后，他联系上了亲生父亲的兄弟，发现了自己所属家族的一些共同点，比如都努力上进、接受了高等教育等。于是，次年他又重返纽约，继续上夜校。

1951年，索维尔参加了海军，被分配到佛罗里达的海军学校学习摄影。在军队，他独立思考，桀骜不驯，遭受过南方种族隔离的麻烦，但总是有白人战友帮助他。当然，他也遇到过他不喜欢的人。他说，在军队的生活教给他的痛苦但宝贵的东西之一，就是那些自称"是所有人的朋友的人，通常不是任何人的朋友"。[15]

复员后，他有了一些钱，在当时最好的黑人大学霍华德大学附近租了房间，每天晚上去大学上课，白天在华盛顿的政府部门工作。二十四岁的时候，他第一次有了自己的电话，也有了一台旧电视机。再后来，他想去哈佛等名校深造。他的考试分数超过了国家平均水准和名校录取线，老师也为他写了强有力的推荐信，使他终于在二十五岁的时候进入了哈佛大学。但是，第一学期期中考试，他的四门课程成绩只是两个 D、两个 F。他开始拼命学习，到学期快结束时，四门课程的成绩都升到了 C，后来又升到 B，到毕业时，他已经是优等生了。他以马克思为学士论文的题目，直接研读三卷本《资本论》原著。在哈佛，他虽然得到了奖学金，但还不能支撑全部费用，他通常会在暑假打工挣钱，还不得不降低生活标准到勉强生活的水平。

二十八岁时，索维尔从哈佛毕业，但还没等到毕业典礼，他就赶到纽约大学上夏季课程并得到了一个基金的奖学金。秋天，他到了哥伦比亚大学，用九个月就拿下了硕士学位，并开始投稿。1960 年 3 月号的《美国经济评论》发表了他的首篇论文，此时他也被芝加哥大学经济系录取为博士生。他继续勤工俭学，包括在美国劳工部工作。在芝加哥大学修完基本课程后，他到美国电话电报公司当过经济分析师，并在此期间结婚，还生了一个儿子。直到 1968 年，他才拿到博士学位。

获得博士学位以后，他先后在康奈尔大学、阿默斯特学院、加州大学洛杉矶分校担任助理教授、副教授和教授。1980 年以后，他到斯坦福大学胡佛研究所担任高级研究员，直到退休。

可以说，索维尔的早年经历是本土黑人经历中相当典型的一个，而且可能更为艰难。他是被寄养的"孤儿"，小时在南方，少年到纽约，而不久就失学，做过工人，当过兵。是不懈的奋斗精神和教育与自我教育改变了他的命运。他从卑微的地位开始，不断学习，也孜孜求职，在首都做过白领，也读了最好的大学。他从南方起步，日后的学业和事业生涯则辗转于美国的东部、中部和西部。

他也经历了一些个人的磨难。四十六岁的时候，他的婚姻出现危机，结果离婚了。1976 年，美国建国两百周年的时候，他独自待在一个几乎没什么家具的小公寓里，用一台小小的手提电视机看庆祝活动。他的儿子长到挺大都不会说话，以致后来他专门研究此事，还写了一本名为《晚说话的孩子》的书。但他觉得自己终究还是很幸运的——从乡下，从一个贫民区走出来，进入大学的殿堂，成为一名杰出的学者。他的第二次婚姻堪称美满，儿子也终于从斯坦福大学毕业。

作为一位非裔，他的生活是很典型的，一般黑人所遭受的困苦他也遭受过；但他又是很独特的，他从这种遭遇中跳脱了出来。他是感恩的，没有怨恨，认为自己是幸运的，一生中遇到了许多机会，尤其重要的是在合适的时候到了合适的地方。他的各种工作经历，包括从军经历，以及从底层工厂到高层国家部门的奋斗生涯，让他紧贴现实，在思想学术和实际工作中养成了尊重事实的习惯。正如他所说的："早年生活给了我对普通人的常识的持久尊重，那是我后来接触的知识分子常常不知道或者轻视的。"[16]

一个基本常识：稀缺性

在保守主义阵营中，索维尔可以说是一个古典的自由主义者。这和他的专业也有关系，他的本行是经济学，经济学也是他的政治和社会思想的根底。他最主要的经济学著作是《基本经济学：对经济的一个常识性指导》（*Basic Economics: A Common Sense Guide to Economy*），台湾的版本把它译成《超简单经济学》，大陆最开始译为《通俗经济学》，后来改称《经济学的思维方式》。当然，这并不是说他的思想就真的"超简单"。这本经济学著作他写了十年，总是有感而发才下笔。说他是常识思想家也不意味着他的表达就不深刻，更重要的是要看这些常识是不是对的。

这里说他是一位常识思想家，还因为虽然保守主义都注重常识，但他也许比这更多。他并不像一些保守主义者那样持一种超越的宗教信仰，他就是从日常生活、柴米油盐的自由至上主义经济学走向保守主义的。

他从日常生活的常识开始。这种日常生活最多地表现为经济生活，从生产、交换到消费。它和每个人都有关，而且常常占用了我们的大多数时间——也就是占用了我们的大部分生命。

常识是什么？常识是大多数人认可，且常常是千百年传承下来的认识。常识会不会出错？当然还是有可能出错。但是，我们需要区分事实性常识和规则性常识。比如说，人们过去觉得太阳是围绕着地球旋转，每天早晨从东边升起，西边落下。我们今天知道这个认识是错误的。然而，我们还要看到，它即便是有误的，却还是常常可以作为我们行动的一个规则：我们完全可以根据这一认识日出而作、日没而息地生活。就像牛顿物理定律大概也只是在一定范围内、一定速度内才有效，但是，在我们的日常生活世界里，我们基本可以根据这些定律活动和进行研究。

索维尔的经济学是从"稀缺性"概念开始的，这是经济学要面对的一个基本前提，尤其是在现代社会。他引用了莱昂内尔·罗宾斯给经济学下的一个定义："经济学是研究具有不同用途的稀缺资源使用的学问。"

随着科技和经济的发展，人类可控的物质资源越来越多，为什么还是会稀缺？因为"稀缺"是相对于人们的欲望而言的。索维尔举例说，一个家里后院有游泳池的中产家庭，也会觉得手头紧张，甚至觉得这日子没法过了，只能"艰难度日"。也就是说，艰难与否，家庭经济是否入不敷出，其实还和家庭的消费水平和期望值有关。

正是因为人的物质欲望——而近代以来更是不断增长的物质欲望，许多过去的奢侈品成了必需品——以及与比自己更富有的人相比的"稀缺感"，在不断地调动和增强各种欲望。在这些欲望面前，资源总是不够的，产品总是稀缺的。人类的历史，尤其是近代史，就像是一部以前的"奢侈品"不断变为"必需品"的历史。

那么，是不是能够淡化人们的物质欲望，转变人们的价值追求，让他们更多地注意精神的东西，乃至创造出一代主要追求精神丰富的新人？然而，现代社会的价值追求的主流其实是与之相反的，而且还推波助澜。这种推动常常并不以"物欲"之名，而是以"正义""公平"之名进行的，"物欲"就更有了一种正当性。

索维尔并没有在经济学中说这么多，他更多的是强调我们要面对"稀缺性"这个事实。而且，在考虑利益分配的时候，试图增加一部分人的利益，一定会减少另一部分人的利益。这也是经济学的一个铁律：财富不会凭空而降，也不会自我增长，必须有人付出努力。经济政策也就需要激励人努力。但目前的政治学似乎是和经济学分离的。在索维尔看来，"经济学的第一课是'稀缺性'——'我们没有足够的资源来完全满足所有人的愿望'。而政治学的第一课，则是无视经济学的第一课"。

人生在世，比较基本的条件，一是要有人身安全的保障，二是要有生计和生养。人要充饥御寒才能活着，要达到某种物质生活标准才能体面地活着。经济学是和物品、资源打交道的。而物质资源有一种排他性，物品与资源的使用，是你使用了，也就是你消耗了，别人能够消耗的份额就少了，或者说，你占有了，别人就不能占有了。对人类来说，除了自然资源的稀缺性，更产生了一种人际的稀缺性。这就需要权衡，需要配置，经济学就是主要考虑稀缺资源的有效配置。

另外，这些资源不会白白地产生。也许在远古的某些时候有"原始的丰饶社会"，可吃的野果和猎物极其丰富，但即便这样，也还是需要采集和狩猎的劳动。现在不可能有这样丰富的直接可取用的原生资源了，而且人们也不会满足于仅仅拥有这些基本的生活资源。所以，如果要保证持续供给，就需要考虑扩大生产。人是消费者，但也是生产者，是"人口"，也是"人手"。这就涉及如何让生产更为有效地利用资源，多快好省地生产出更多物品。从而，就需要有效地配置有限资源，亦即，这种配置不仅需要考虑消费，满足各种需求，还需要考虑生产，增加各种资源。

除了开源，还有节流和分流。一种资源有多种用途，是更多用于生产大炮还是黄油，是更多用于对外援助还是本国福利，是更强调隔离救疫还是恢复经济，都需要权衡和配置。一种资源的多种用途其实也是一种稀缺性，如果你用到了这里，你就用不到那里。或者说，一种资源有多种用途使得资源更显"稀缺"了。但也正是因为有了稀缺，才需要抉择，也才需要经济学。如果没有稀缺性，也就几乎不需要什么经济学了。天堂不需要经济学，地狱可能也不需要，或者只在一种很低级的水平上存在。但人间需要经济学。

我们再回到"经济"的本意，经济就是"节约"，之所以要"节约"就是因为稀缺。当然，古代对"节约"或"经济"的研究主要是指个人和家庭的节约经济，而且更多地指向守成而非扩展。今天的"经济"的含义是无比地扩大了，但根本的意思还是没有离开"节约"的基本含义，那就是要最有效最节省地配置资源，以产生最大或最佳的效用。

我们要反复地谈到"稀缺性"。稀缺性是怎么造成的？哪些因素增加了稀缺性，哪些因素又减少了稀缺性？稀缺性是一个反映人与自然相对关系的概念。造成稀缺的恒久性的，大致有两个原因：第一，地球上的自然资源有限，而对于其他星球上的资源，人类暂时还鞭长莫及，即便以后有可能利用，也还是有限而不可能无限。第二，则是人的问题。人口的数量会不会不断增长？如果增长到某个极大的数量，即便科技再发达，自然环境大概也承受不了。人的主观欲望会不会也不断增长？如果是的话，即便没有人口数量的绝对增长，自然资源也会有一天不堪人类欲望的重负。多数人大概只能在迫不得已，甚至发生大灾难的情况下才会普遍降低自己的期望值，乃至接受一个"低欲望社会"。

　　哪些因素可以减少稀缺性呢？主要有科技的发展、人口数量的控制和物欲的降低。的确，人类目前快速发展的科技帮助人类不断发现新的可用能源，或者新的利用能源的方式，就像近两百年以来的工业革命和高科技革命，使得人类能够在人口数量暴涨的情况下还提升了物质生活水平，提高了人类寿命。另外，我们也看到，有些国家还主动通过计划生育控制了人口数量的增长。但在节制人的物欲这方面，人类社会看来是没有多大作为，进入现代以后反而更加刺激和鼓励物欲了。客观上会减少稀缺性的，还有那些古老的自然乃至人为方式，也就是马尔萨斯所说的瘟疫、饥馑和战争了。他的人口定律认为，资源的增加总是赶不上人口的增长。

　　保罗·萨缪尔森等许多经济学家认为，马尔萨斯的人口定律基本上被工业革命之后的技术和经济发展证明为失效了，索维尔也大致持这样一个观点。但这种看法可能还是过于乐观了。这个定律可能还是在根本处或长远地起作用，它只是被工业革命和新技术革命推迟和减缓了，只是在短期内失效。然而，不仅技术的发展会有一个度，人口的增长也会有一个度。今天的工业文明和高新技术所带来的经济发展，已经可以让地球上的人口在不长的时间里就翻上几番，增长到了数十亿人，但问题是，如果它还继续快速增长呢？如果技术发展到了某个限度，跟不上人口的增长呢？而且，技术本身就隐藏着巨大的风险，诸如基因工程、人工智能，更不要说大规模杀人的军事技术，不仅对人类的繁荣，甚至对人类的存在也构成严重威胁。我们无法指望技术从根本上解决资源有限的问题。而今天的人们似乎还在不断满足提升了的物欲的道路上疾行。

　　既然资源总是稀缺的，就要考虑配置的问题。而由于同一种资源还可有多种用途，配置的问题就更加复杂。有个人的配置，后来也有政府的配置，所有的个人都有购买和交换哪些东西的消费配置，而企业家还有生产资金的配置。但配置这个问题说困难又不是很困难，古典经济学认为，这种配置的大部分问题可以让价格去解决。那看似无比复杂和变动的供求关系，基本上可以通过自由竞争的市场去解决。计划经济初看起来是最简单合理和容易的，但其实是最困难的，首要的困难在于如何获得不断在变化的、分散在无数个人那里的海量供求信息。索维尔反复说明价格在自动搜集、整合信息以及调整生产和交易上的关键性作用。

这还不仅仅是一个通过掌握充分信息来规划经济的问题。假设真有人具有了这种能力，一个这样掌握信息的全能者或小群体会不会将这方面的能力转变为一种极致的权力？其实它已经是一种权力，因为这少数人要规划千百万人的经济活动。但那些被规划的人的尊严和自主性何在呢？而有了可以自动调节的价格，为什么还要一些高高在上的人来规划呢？也许适当的干预、弥补还是可以的，但全盘的管制也就意味着全盘的危险。

我们还要注意"边际"的概念。斯密的"看不见的手"实际是主张通过价格来调节经济活动，让各人去选择，但是，价格究竟是由什么决定的？是后面还有一个根本的价值，还是人们将通过对自己的边际效用来选择，从而决定供求关系？边际主义引入了人们的具体处境和主观因素，也使得经济学成为一门走向精确的科学。增值重要的是"边际"的增值，"边际"是人可以活动乃至大有作为的范围，"边际"也是可以帮助我们将经济学纳入一个精确乃至数量化的手段。有了"边际"的概念，生产和消费就不再是笼统和含糊的了。"边际"不仅告诉我们要注意效用递增的方面，也提醒我们效用递减的方面。善用"边际"的概念，也许有助于我们节制欲望：既然效用和满足会随着投入不断递减，我们是否应考虑一个恰当的"度"？毕竟，物质生活并不是人类生活的全部，甚至最好不是人类追求的最高或主要的目标。

资源总是稀缺的，这是一个常识。可供分配的资源不会从天上掉下来，这也是一个常识。基本的常识还有，自然资源是有限的，人性也是有限的。这一思想可以追溯到休谟，他认为，资源的稀缺性和人的品格决定了我们需要正义。资源并不是无限的，人性也不是无限可完善的。索维尔认为："理解人类的局限性，是智慧的开端。"

索维尔谈到产权与稀缺性的关系。他认为，"产权是法律与秩序中最容易遭到误解的一个方面"，"有幸得到大量财富的人将这种权利珍视为个人利益，但是从经济学的角度来看，重要的是产权怎样影响具有多种用途的稀缺资源的配置。产权对财产所有者的意义远没有它对整个经济的影响重要"。"产权造就了自我监管，相比第三方监管，它更有效、成本更低。""即使是几乎没有私产的人，也能够从产权带来的更高的经济效率中受益，因为更高的经济效率能够使人们普遍享有更高的生活水平。"

稀缺性也影响到生命原则。我们经常听说"生命至高无上""生命无价"，的确，生命是首要的，是首先需要尽量保存的。不过在索维尔看来，生命固然宝贵，但在一个稀缺资源具有多种用途的世界里，如果说只要能拯救哪怕一个人的生命，不管花费多大的成本都是值得的，这是经不起推敲的。"在真实世界里，没有人愿意花费国家一半的年产出，来让某个人多活三十秒。"给第三世界国家的儿童注射疫苗的平均成本很低，却能拯救许多孩子的生命。而为一个八十岁的老人做心脏移植手术费用却非常高，即使手术成功，也只能增加他很短的寿命。如果因为资金稀缺不可能同时满足两者，这时就需要权衡何种更应优先。

索维尔类型的经济学常会被认作一种"常识经济学"，甚至是一种"庸俗经济学"。经济学不是研究少数人的可能或理想的生活和行为的，而是研究所有人或至少大多数人的真实生活和行为的。我们大多也是常人、凡人。所谓"庸俗"的常识倒不足惧，让人害怕的是那种脱离常识的"深刻和理想的"经济学和政治学。索维尔承认，大多数人关心的是每日的收益，他不会去谴责他们，反而不乏同情；他强调所有人都应该过上体面的生活，但他也不希望去实现一个人间天堂，因为他知道这不可能；比较而言，让大家尽快都能过上体面的生活，要现实得多，可靠得多，而且是从现在起就逐步地改善，一点一滴地改善，而不必允诺等到遥远的未来，先付出许多代价才支取，那很可能是一张空头支票。

在应用经济学方面，索维尔反对限定最低工资或不断提高标准，认为这恰恰会使许多弱势者难以找到工作，造成大量失业。他从自己在纽约离开家庭寻求独立的切身经历中感到，当年如果不是有工厂以低工资雇用他的话，他不可能获得宝贵的独立。他也反对对出租房房主的诸多限制，认为这反而容易造成有大量新入的贫困者租不到住房，富裕人士则保留和搁置自己的多套房产。

人类历史上一个基本的规则性常识就是对等的"报"了——无论是报酬，还是报仇，这也是古老的生存经验。对方投桃，报之以李。对方投枪，报之以戈。前者的"报酬"基本是在私人间进行，只有那些违反应得和对等原则的行为才由国家来进行纠正。而后者的"报仇"则在国家出现以后完全收归"国有"。市场体系就是根据一种生活的事实性常识（即相对于人的欲望的稀缺性），以及一种规则性常识（即人要对等交易，遵循应得原则）而形成的。司法体系亦是根据一种也是生活的事实性常识（即人性中总是可能存在着一种侵犯性，人间总是会有恶存在），以及一种规则性常识（即人类需要通过一种政治社会来惩罚犯罪、对等报复）而形成的。

认清事实是解决问题的前提

在索维尔自己很看重的学术著作《知识与决定》（1980 年初版）中，他的一些基本的思想范畴已经形成。他指出：观念到处都是，知识却是稀少的。除了在某些专门领域，每个人都是无知的。他所说的"知识"，是一种来自实践、反映真实情况，也能够指导实践的知识。在思想界，观念和理论何其多，实践真知却何其少。所以，他希望考察知识的产生、观念如何影响决定，以及制度、态度和信念的变化。

索维尔区分决策和制度的过程与后果，以及它们与目标的关系。索维尔分析了"圣化愿景"（anointed vision）及其对立面，并讨论在一些不同的应用领域，如经济、政治、法律以及其他社会领域的决策。他认为，应该注重理论和决策在事实上的后果，而不是预想的理想结果（目的）；不要看其好听的主张和理想的描述，而是看其实际的过程和造成的后果；有的目标看起来是无比高尚的，以其名义号召的运动却常常得不到它想要的结果（高标准的生活），而恰恰因为它的某种"成功"而带来失望，一些最初参与者往往是因为遭受了压迫甚至生命危险，成功之后又反过来压迫他人。

所以，要区分事实的结果与预想的"结果"（目的），不要只追求预想的"结果"，而是要随时停下来看看实际过程及其产生的结果，也就是看看事实如何。实际结果和预想结果不同往往是因为动机和限制条件发生了改变。要作出正确的决定，重要的是具有恰当的对事实信息的反馈机制。此外还应区分相对的策略、谈判、妥协和绝对的目标设定。重要的是经验的验证，而不是人们的价值喜好。人们要根据事实随时改正错误。

韦伯曾将考虑后果的伦理称作"责任伦理"，以与"信念伦理"对照，也就是说，政治家的决策必须考虑真实的、将影响千百万人的后果，而不是仅凭自己高尚的信念和动机行事。而这"后果"也就是指事实。对他人和政府的目的动机和信念的验证，应该主要不是看其所声称的，而是看其行动和政策事实上所达到的。即便行为者和制定政策者的动机相当真诚，他们也还要根据事实后果来自我调整，而且需要看比较长期和全面的后果。

任何基本反映事实和真相的思想都可以找到一些个别的反例或者例外。这方面，真实的统计数据就比较靠谱了。当然，对于数据也需要分析：这些数据是怎么得来的？是不是可靠？对这些数据的解释是否受到了既定意识形态或者个人价值观的过强影响？但一个基本点还是可以确定的：我们主要应当根据事实而不是根据愿望来制定社会和经济政策。所谓事实，重要的是两个方面，一是作为前提的有关人性的事实，二是有关人的行动的事实，即有关行动过程的事实和行动结果的事实，尤其是后者。但如果政策尚未完成，还在执行过程中就发生种种没有预料到的后果，那就需要及时调整。

在意愿和结果、观念与事实方面，我们这里主要就种族问题，尤其是黑人问题展开。这个问题在美国相当突出，争议甚大。索维尔为此写了多本著作，重要的有《黑人教育：神话与悲剧》《美国种族简史》《种族与文化：一个世界图景》等。另外，他也发表了大量的相关专栏评论文章。因为他自己是一个黑人，他在这个问题上反而多了一点话语权。

从 1960 年代以来，美国社会的一个大议题就是种族。种族隔离的政策被取消了，一项项针对黑人的增加平等乃至补偿措施都采取了，比如 AA（平权）法案，但这些政策的成效如何呢？黑人的整体境况是否大有改观呢？数十年之后，是否还是存在系统性或政策性的种族歧视呢？马丁·路德·金的种族和谐梦想是否实现了呢？或者说，情况是否还愈演愈烈，冲突更为加剧了呢？这后面的原因是什么？是不是总是外因？

索维尔当然反对种族隔离，但他不像有些人乌托邦式地认为，取消种族隔离就能魔术般地解决种族和贫困问题，好像没有了隔离和歧视，一个美丽新世界就将出现。他也不认为"白人的原罪"是这一切问题的原因。他也质疑补偿和照顾非裔学生的 AA 法案，拒绝著名学术期刊因填补种族代表性而让他担任评委的邀请，他认为，倘若如此，黑人的学术成就会让人觉得不知是更靠他们自己呢，还是靠白人给他们的符号或双重标准。他对属于与自己同样族裔的学生望之殷切，乃至责之甚力。他说，他在著名的黑人大学霍华德大学当学生时（1950年代），知道有一些孤立的欺骗抄袭的例子，但只有当他在这里任教的时候（1970年代），才知道这种情况后来发展到多么广泛和有组织，以致他不得不从出题、打印、收藏试卷都亲力亲为。他说，别的院校的统计显示，很多学生在四年学生生涯中只是有时这样做，而在后来的霍华德大学，欺骗成了一种生活方式。他感叹说，平权法案不可能根本解决问题，民权运动之后，这所著名的黑人大学和许多本来不错的黑人中学的教育质量反而下降了。

索维尔不是理论先行，也不是仅仅狭隘地只研究黑人或美国黑人问题，而是在一种广阔的、全面的背景下来研究种族问题。他为写《美国种族简史》，搜集了许多资料，包括一些种族在来到美国之前的历史资料。他分别叙述各个种族的情况，但也有所比较。他尽量叙述事实，不加价值判断，虽然这些事实可能让人"不适"。

索维尔指出，几乎每个民族在美国都经历了一段艰难时期，而最初来定居的英国人可能是最艰难的。但他的书中反而没有写他们，也许他是有意限定自己只写后来的移民，写少数族裔。而这些种族的移民，几乎都有过一段被排斥，然后也排斥其他种族的历史。但是，在相争中也还是慢慢学会了和平相处。而且，在许多种族的内部也常常并不是统一和紧密的一块，而是区分甚多，乃至互相疏离和排斥的。比如，黑人有出生于本土的黑人，有来自西印度群岛的黑人，还有后来从非洲移民过来的黑人；爱尔兰人有苏格兰-爱尔兰人与凯尔特-爱尔兰人之分；意大利人有来自北部和来自南部的区分；犹太人有来自西欧和来自东欧的区分，等等。有时，他们内部的疏离、歧视和冲突要来得更严重。这里并没有哪一个种族道德上特别好或特别差的问题，大概还是一个人的本性使然的问题。人性总是一个永远需要我们正视、作为基本前提的事实。

索维尔注意到了各个种族的一些有趣的特征。比如，其他种族的移民是来自本属多数的祖国，但犹太人则是来自本来就是少数的国家——也可能正是因此，他们的适应能力也特别强。有些种族的移民是准备挣了钱还走的，也有些种族的移民是到美国来准备世代安家的——后者也就更容易融进美国社会。他基本否定各个种族的生理和基因有大的差别，但注意各个种族的文化的不同。他说，那些声称所有文化一律平等的人从未解释过，为何这些文化的后果却是如此的不平等。换句话说，不同的各族文化会带来不同的后果，而这后果也就是事实。

他注意到了不同的文化所带来的不同的成功，比如，黑人在体育和音乐上的成功；爱尔兰人在政界、金融、工会领导、体育和新闻方面一马当先；而犹太人则在经商、科技和学术方面独占鳌头，但在农业上却表现得相当糟糕。

黑人自然是索维尔最关心的一个种族。这是他的本族，也是今天最引起争议和冲突的话题。他指出，他们是唯一并非自愿来到这个新大陆的。索维尔重视每一种族的文化模式，而这涉及每一族裔和群体的内因。他认为，虽然每一种族在美国的进步道路上都曾遇到过障碍，但是，他们在来美之前所遇到的障碍和所遭受到的痛苦，通常要超过他们在美国所遇到的任何艰辛。美国种族具有超出种族本身的内涵。在一个重视个人价值的社会里，种族史提醒我们，每个人都生在世代相传的特定文化模式之中，这种文化模式有着深远的影响。

索维尔认为，要讨论美国黑人的总体境遇究竟在多大程度上应归咎于白人的种族歧视，以及在多大程度上应归咎于黑人的文化模式，可以观察一下西印度群岛来的黑人和美国本土黑人之间的差别。具有西印度群岛血统的出类拔萃的黑人很多，他们节俭得多，勤劳得多，而且更具创业精神。他们的子女在学校里学习较刻苦，成绩普遍高出土生土长的黑人学生。他们的生育率和犯罪率既低于美国黑人，也低于美国白人。但这些黑人难以形成独立的政治力量，甚至那些投身于私营经济部门的西印度群岛黑人，也得依靠统一的黑人族裔和民众来求得发达。

对于最近一些年在美国出现的"黑人生命重要"（BLM）运动，索维尔也是先考虑事实。他问道："事实还重要吗？"（Do facts matter anymore?）他批评美国主流媒体通过一种"选择性的事实"在创造和维持一种有害的种族气氛方面发挥了巨大的、基本上是不负责任的作用。这可以追溯到 1992 年的罗德尼·金暴乱。全国各地的电视台反复播放一段经过选择性剪辑的录像，而只有陪审团看到了全部视频，因此拒绝对警察定罪，结果引发了暴乱。有些煽动者所需要的正是这样一种局面：白人与黑人的对抗，这种对抗对他们很重要，而事实并不重要。在暴乱中失去了许多生命，包括许多黑人的生命。而不管黑人还是白人，所有的生命都应该是重要的。

索维尔举例说，有一个流行的论点是，黑人在被警察拦阻、逮捕或监禁的人中所占比例过高，但黑人篮球运动员比白人篮球运动员受到 NBA 裁判惩罚的比例也很高，远远高出黑人在美国人口中所占的 13%。你可能会马上反驳说，"黑人在 NBA 中所占的比例超过了13%"。 那么，是不是黑人在警察查问时拒捕或逃逸的比例，乃至刑事犯罪的比例也很高？比如，1976 年至 2005 年间的犯罪统计数据显示，52% 的谋杀是黑人所为，而且所杀的也多是黑人。

当然，可以把黑人的这种高犯罪率再归咎于黑人的贫困。最高法院首席大法官厄尔·沃伦宣称，所有人都必须为 1960 年代犯罪率的上升承担一部分责任，因为几十年来，我们一直在掩盖滋生犯罪的贫民窟条件。但索维尔指出：残酷的事实是，在贫民窟社会问题被认为被忽视的前面几十年里，整个国家的谋杀率其实一直在下降。黑人男性的杀人率在 1940 年代下降了 18%，在 1950 年代下降了 22%。正是在 1960 年代，当沃伦的看法获得胜利时，黑人男性杀人率却飙升到了 89%。

索维尔继续指出，这后面其实是"黑人的选票很重要"。如果共和党能获得 20% 的黑人选票，民主党就会失败。"对许多政客来说，黑人选票比黑人的生命更重要。这就是为什么这些政客总是试图让黑人选民感到恐惧、愤怒和不满。对这些政客来说，种族和谐将是一场政治灾难。"

索维尔继续问道：黑人的成功重要吗？他更愿意从积极的方面，从文化模式或自身原因方面去探讨。华人、日本人在美国历史上也曾遇到巨大的不公，为什么他们后来还是相当成功？他主要分析了三种情况：完整还是破碎的家庭，是否能够受到良好的教育，以及是否顺利就业。

索维尔列举了一些统计数据：在 20 世纪的头几十年里，就家庭生活而言，黑人的典型特点是双亲家庭居多。1905 年，纽约黑人家庭有 4/5 是由父亲做户主。及至 1925 年，该市黑人家庭只有 3% 是由不到二十岁的女子担任户主的。那种依靠福利为生的年轻未婚妈妈，是后来才出现的。以母亲为家长的黑人单亲家庭，从 1950 年占黑人家庭总数的 18% 上升到 1973 年的 33%。有人试图将此说成是"奴隶制度的一项遗产"。但事实是，甚至在奴隶制下，以母亲为家长的单亲黑人家庭也都属于罕见现象。黑人家庭挺过了数个世纪的奴隶制、数代人的种族隔离，但是，随着自由派所主张的福利国家的扩张，这些家庭已经瓦解。

由于家庭瓦解，结果就是，单亲母亲增多，父亲责任缺席，黑人孩子又不容易得到良好的学校教育，以及黑人的失业率不断上升。索维尔指出，造成这些恶果的因素中，恰恰有政府推行的许多支持项目，比如，《最低限额工资法》反而使得黑人找工作更加困难，而《福利法》又使就业变得不那么重要。

就业的改善需要有良好的教育。索维尔回忆他1940年代在纽约
求学时，当时哈莱姆区的学校尚保持着很高的教育水平。几十年后，
在检查这些学校的新数学教科书时，他发现十一年级学的数学比他当
年在九年级时学的还要少。进步主义者所推行的许多看似富有同情心
的政策，不论是经济政策还是教育政策，都取得了适得其反的后果。
他感叹说，我们时代的一大悲剧是，太多的人根据花言巧语作判断，
而不是根据事实上的结果。

结果，黑人的确被"解放"了。但真正得到解放的可能只是很少
数的黑人精英：一些黑人政治家、运动明星、娱乐明星等，即所谓"代
表性的黑人"。他们变成了豪富，生活阔绰，影响巨大。索维尔曾经
被邀和一位著名黑人领袖见面，他看到这位领袖住在酒店一个有上下
层的豪华套间里，招待他的晚餐是他见过的最豪华的晚餐，这让他大
吃一惊。这使索维尔担忧黑人族裔的境况会像杜波依斯所说的，即便
来自白人的歧视完全消除，也只有"某些少数人会被提升，另外少数
人会得到新的位置"，但"广大的黑人大众将一如既往"。

有约束和无约束的社会愿景

人们的行动、政策的后面往往是一套价值观。这里要讨论的"愿景"
（vision）也可以说是一种引导人们思考和行动的价值观。"愿景"，或
者说"理想"，引导我们的行为。而前面所说的是否重视常识和事实，
也正是来自两种不同的愿景。

在探讨愿景方面，索维尔主要著有三本书：《愿景的冲突》《圣化
的愿景》《探讨宇宙正义》。索维尔认为，愿景可能是道德、政治、经
济、宗教或社会的愿景。愿景冲突不同于利益冲突。当利益受到威胁
时，直接受影响的各方通常清楚地了解问题是什么，以及他们个人将
有何得失，冲突的各方可以由此谈判和妥协。然而，当存在愿景冲突

时，那些受特定愿景影响最大的人会准备以任何代价捍卫自己的价值观。不同愿景的人们有时就像是两个星球上的人。当愿景不可调和地发生冲突时，整个社会可能会四分五裂。利益冲突主导着短时段，而愿景的冲突主导了历史。[17]人们常常会变得根据愿景来理解自己的"利益"。

索维尔将愿景主要区分为两种，一种是"无约束的愿景"（unconstrained visions）或"圣化愿景"，另一种是"有约束的愿景"（constrained visions）。提出前一种愿景的，有卢梭、潘恩、法国大革命的领导者、葛德文、孔多塞、加尔布雷斯等；提出后一种愿景的，有霍布斯、亚当·斯密、联邦党人、柏克、马尔萨斯、哈耶克等。当然也会有一些处在中间的人。前者相信人性可以完善，甚至本来完善，关键在改变制度，只要进行社会改造，就可以有完善的新人或重回完善，为此，他们主张斗争、推翻、激进、全盘打破；而后者相信人性的改善有一个基本的限度，主张妥协、渐进、谈判和调和。

在索维尔看来，作为价值观的愿景类似于引导我们的地图。愿景必不可少，却潜伏着危险，因此它们必须经受证据的拷问。我们不仅要看一个愿景的理论框架是不是精心构筑、前后一致，还得看它是否得到确凿的事实的支撑。愿景诚然是相当主观化的东西，但需要通过事实来检验它在客观上是否有效。

近代以来的社会愿景都指向平等。但"有约束的愿景"所期望的平等是过程的平等，用柏克的话说就是，所有人都有平等的权利，但不等于事实上的平等。而"无约束的愿景"则最终要指向结果的平等，如孔多塞认为，"真正的平等"要求通过社会政策来尽量减少人与人之间的自然差异，为此，就需要考虑是否对特定社会群体给予一种补偿性的偏爱。

知识分子和愿景有一种特别密切的关系。他们不仅参与塑造愿景，往往是愿景的开启者。他们还能将愿景理论化、形象化；或者精细打磨论据，或者用生动有力的语言诉诸人们的情感。近代以来的知识分子可能更容易追求不受约束的愿景。这或许是由于知识分子偏向于追求观念的完整性、彻底性和理想性，他们常常把他们的意愿和观念变为完美的理想。他们又善用辞令，即便在理想产生明显的恶果之后也能够巧加辩解。他们的观念也的确深深地影响到了社会。所以，索维尔在《知识分子与社会》中对追求完美却造成灾难的知识分子多有批判。他努力以经验和事实来检验各种理论，以常识来对抗那些晦涩玄虚的高调理论和辞令技巧。

索维尔认为，流行于当代知识分子中的愿景，其最核心的信念就是：社会中存在着由现有机制所制造出来的严重问题，而知识分子能够研究出针对那些问题的解决方案。这既是一个社会愿景，又是一个对社会中知识分子的角色的愿景。知识分子还常常将自身视作圣人般的精英，要去领导社会上的其他人，以这种或那种方式迈向更美好的生活。而持有约束的、可能是较为悲观的愿景的人们则认为，人类文明仅仅是维系其自身就需要不懈地努力；这些努力立足于实践经验，而不是立足于令人兴奋的新理论。他们担心野蛮会随时卷土重来，而文明却仅仅是"火山上面的一个薄薄的盖子"。因此，他们更多的是考虑限制那些会导致不幸的解决问题的具体办法，而不是一个全盘的解决方案。而且，持有这两种不同愿景的人们并非碰巧在一系列原则问题上持有不同立场。他们必然会不同，因为他们正在讨论的是存在于他们心灵当中的极为不同的两个世界，他们对人类本性的看法也很不同。

索维尔显然更倾向于一种"有约束的愿景"。在他看来，考虑到我们的局限性，为了让这个世界更好一些，我们能做的一件事就是制定更好的规则，尽量让每个人都遵守这些规则；而我们不能做的事情，即不属于我们的智力或道德力量的，是直接决定谁应该胜或输，谁应该得到更多的收入或更少的收入，什么群体应该在哪里和在什么比例上得到"代表"——无论是男女、社会阶层、种族和族裔群体之间，还是国家之间的差异。我们必须更仔细地研究这些差异是如何产生的，它们代表着什么。在某些情况下，它们可能代表着历史的不公正；但在其他情况下，也许并不如此。而且，完美的解决方案一定是要通过权力扩张的。他说，他不明白为什么对权力的贪婪就胜过对金钱的贪婪。许多政治左派陶醉于他们的美好愿景，却看不到他们正在现实世界制造的丑陋现实。"知识分子最严重的身份错认，就是常常记不住自己不是上帝。""那些为自己有想法而自豪的人往往不明白，只有经过现实生活的过滤，我们才知道这些想法是对是错。"实际上，大多数理想愿景都被证明是错的。

索维尔在《探讨宇宙正义》中认为，彻底的平等可能成为一种幻象："平等，就像正义一样，是我们时代的关键词之一。整个社会都被对它的追求带入危险。平等本身并没有什么错。事实上，它是很有吸引力的。但是，当这个观念变成公共政策，就免不了代价和危险。""'平等'的抽象吸引力，就像'不朽'的抽象吸引力一样，是与选择行为的实际过程有别的。重要的是我们在追求那最后可能变成幻象的平等时准备做什么，准备冒什么险或牺牲什么。"[18]平等的完美理想让我们充满希望，但对于旨在创造更大平等的过程，不能由其目标，而应该由追求这一目标的实际过程和后果来判断。而在这方面，就常常不免要让我们失望了。

索维尔还在他的一篇文章《再分配的谬误》中写道："20世纪充斥着这样的案例，许多国家始于想要均富，却终于均贫。"这原因不难解释。"你只能没收特定时间存在着的财富（和收入）。你无法没收那些未来的财富（和收入）——当人们看到未来的财富（和收入）将被没收时，他们便丧失了生产财富（或赚取收入）的积极性。""我们听过这样一句老话：'授人以鱼，不如授人以渔。'再分配主义者给了人一条鱼，并且让他在未来靠政府获得更多的鱼。如果这些再分配主义者真想帮助人，那么，他们应该给予的是捕鱼的技能。"

　　索维尔忧虑已经到来，而且很可能是愈演愈烈的文化战争。他希望人们想一想，为什么美国避免了发生在卢旺达和巴尔干的灾难。一些人总想着杯子是半空还是半满，但更根本的问题是：杯子是否在变空还是注满？不要侈谈"改变"，问题是美国将变好还是变坏。也不要侈谈"根本原因"，魔鬼是在真实的细节中。他说，"有一场文化战争正在美国开展——实际上是在整个西方文明世界内部进行，那可能最终决定我们是生存还是毁灭"。"有各种各样的对颠覆美国社会及其价值观念和心理的奖赏。除非我们中有些人认识到这场文化战争的存在并高度重视它，否则我们就会失去我们前面的美国人付出巨大代价赢得和保持的东西。"[19] 在他看来，美国正在衰落中。这种衰落并不一定是表现在经济和技术方面，甚至也主要不是在政治方面，而主要体现在精神文化和价值观的深处。"一个文明的崩溃不只是统治者和制度的替换，而是整个生活方式的毁灭。"[20]

　　回到索维尔的思想方法和观点，我们也许可以扼要地概括一下理解其思想的三个概念：常识是有关生活事实的常识和有关行为准则的常识；事实是有关人性的事实和有关行为的过程与后果的事实；人们的愿景有"受约束"和"无约束"的愿景之分，愿景不可没有，但不可违背基本常识和人性事实，且需要根据行为的过程和后果来进行调整。

余论

文明，在人性的范围内

人类文明，主要是其物质方面，在现代取得了极大的成就，但整个文明也遇到了极大的挑战。其成就是显明可见的，容易带来自豪；而其危机和挑战则多是潜在的，不易引起重视。

在这样一个顶端的时刻，文明何去何从？至少，这文明是人类的文明，它是在人性的范围内发展，也是在人性的范围内自制。当前，人类科技与人文、人的控物能力和自控能力发展的严重不平衡，恰恰提醒我们，是时候思考今人已经很少思考的人性问题了。

而目前，人类可能面临的重大危险和机遇恰恰来自人类自身。人性中包含着一种理想性的可能，但也标识出一种可行性的限度，确定了我们所能期望和作为的大致范围。

人性可善，人类向善，但人类是否可能普遍和无限地完善？单一方向的无止境的进步已经构成一种现代"迷思"，不断地推动着高新技术和高调道德逾越人类可以控制与承担的范围。

所以，循环的改善和不断的平衡之路并非不可以考虑。我们还可以考虑接受一种基本的普遍道德规范，以约束我们的行为，从而在价值追求方面作些调整，从一意追求提高控物能力和满足物欲、体欲转向精神的丰富和发展。

一

为什么要谈人性？美国心理学家平克谈到现在的学者多不谈人的本性，就像维多利亚时期的人们谈性色变。过去的人们不谈性但谈人性，现在的人们则不谈人性大谈性，还谈性别，以及繁复的各种性取向。人性似乎成了某种禁忌。因为它可能涉及族性、基因、遗传这些敏感的话题，一不小心就带来冒犯。人们之所以不谈人性，倒不在于它是否事实，有无错误，而是感觉谈论人性是一种道德上不正确的方式。

近人少谈或不谈人性或许还有一个原因，那就是"人性"既关涉具体的事实，又是一个概括的名词，甚至有时被视作一个完全形而上学的概念。而对于人性的探讨，又因历史上有许多的争议和诸多的纷纭而模糊不清。于是，从知识论的角度，种种对人性的探讨也常常被学者们视作"无谓之谈"而轻易地放弃。

但是，凡物种皆有其属性，皆有其区别于其他物种的特性或自身的共性。我们认识世界，也就是要从具体中抽象，从事实中概括，以认清各种事物的属性，然后才有可能在此基础上"利用厚生"。但我们要认识物性，还要先认清人性，认清人类自身。认清自身才能恰当地控制我们的行为，也控制我们对物的利用。而且，认识人性也有助于我们追求我们的人生目标，达致我们的幸福。我们的行为要恰当有效，的确相当依赖于我们的自我认识。就像对个人一样，对人类，也应该总是有这样一个要求："认识你自己。"

人性是一基本事实，是我们考虑一切指向行动的计划、方案、政策和制度的前提。人性中包含着一种理想性的可能，但也不是无限的可能，或者说，有一个怎么也突破不了的大致范围。人性确定了我们所能期望和作为的大致范围。但对这种"范围"，今人却淡忘久矣。数百年来，首先是在西方世界，许多知识分子相信人的无限可完善性，任由自己心仪的高超价值牵导，将人类过去的历史轻易贬低或抹去，遂使脱离乃至违拗人性的种种高调理论流行，结果是人心躁动不安，社会观念分裂。借用庄子的一句话而改易一字，或可说是："自近代以下者，天下何其嚣嚣也！"

　　而我在此之所以谈人性，的确还有一种对现实和未来的忧虑：随着科技的迅猛发展，人的单一方面的控物能力的发展会不会超出人性所能控制的范围？人在道德及社会政治领域的单一价值方向的推动——常常名之为"不断进步"——会不会超出人性可能负担的范围？

二

　　在最近的数百年间，人类的科技取得了飞跃的发展，这些辉煌是前人几乎无法想象，也是不可否定的。但我们这里只说一点忧思。科技不仅是经济的火车头，且在今天的社会已经成为一种笼罩和支配性的氛围，这样，至少在一部分人文知识分子中也产生了一个疑虑：这种发展是否会给目前（及未来）的人类带来威胁乃至更大的危险？

　　这种危险有些是外在的，来自自然的。有些是古时候有而现在没有的，如豺狼虎豹早就不足为惧。还有些是现在和未来可能发生的，如彗星对地球可能的碰撞（而这大概是曾经在地球上称霸了几千万年的恐龙灭绝的原因）、地球本身结构的剧烈改变（如地震、火山、大陆漂移、沧海桑田）以及围绕着地球的气候的自然变化等，都可能对人类造成威胁。地球上自有生命之后，也曾出现过长达亿年的冰冻期，甚至在猿人乃至智人出现之后，也曾出现过冰期。智人的数目曾经降到很少，那时的智人真是命悬一线，如果那些人死了，也就不会有后来的人类文明，或者要再经历百万年的光阴，才又出现转机。

但这些危险或者是概率很低的，或者是以十万年或百万年计数的。而由近代科技飞速发展带来的危险，概率却是很高的，可能是以十年、百年计数的。人类活动给气候带来的变化远比其自然的变化更为激烈和莫测，这种变化或许时间稍长，但也可能就在世纪之间。还有一些我们不知道的危险，则可能是突然就降临的。

也就是说，现在的危险不再只是自然原因，还出现了出于人自身原因的更大危险。

人类自己给自己带来的危险有一些也是古已有之，比如暴力冲突和战争。但是，从原始社会到近代之前的暴力冲突，还没有能对整个人类构成危险的。一般来说，棍棒杀不死所有人，冷兵器也杀不死所有人。过去的人们还是有相当的回旋和退避空间的。也许在某个文明地域中厮杀正烈，而在另外一个文明地域中还有和平乃至繁荣。然而，今天全球化了的人类，对此则已无可回避。会不会发生人类自毁的直接行动，比如，核大战会不会突然发生，生化武器会不会启封，更新的大规模杀人武器会不会出现，结合了人工智能等高新技术的新式武器会不会更加稳准狠全地剥夺人们的生命？

现在的世界上已经有这样的系统，即便掌握核按钮的人被杀或者失去了指挥能力，却也还能启动或触发一个自动报复系统。甚至人类毁灭了，那些智能轰炸机还在继续轰炸，直到油尽灯灭。

还有，许多看似和平、予人巨大方便、让人惊喜的技术，会不会也同时隐藏着巨大的隐患？人工智能的发展会不会导致最后出现一个能够驾驭人的新物种？或者基因工程的继续突破会不会最终改变人的身体和特性，甚至出现和原人截然不同乃至敌对的新物种？

总之，随着人类控物能力的飞速进步，人类发生危险的领域是大大扩展了，不仅如此，一旦发生危险，其烈度和危害性更是大大加强了。目前的天下看似太平，人们熙熙攘攘，但危机却四处隐伏。这原因不是人类太弱，实在是人类太强了。近代以来，人的智能飞升，德能却下降。这种下降有相对的因素，即和智能飞升相对而言的下降；但也有绝对的下降。

这一切是怎么发生的？如何防范？正如前述，我们之所以要重视人性论，而且是道德方面的人性论，是因为在今天人类控物能力飞跃增长的情况下，已经不得不考虑这样的问题：人类还能不能自控，能不能规范自己的行为，以及将这种控物能力可能带来的危险约束在一个可控的范围之内？与此相关的另一个问题是：现代以来的单方向的道德"进步"是否提供了自控的可能，还是说忽视了这种危险，而且不仅如此，还将人所需承担的社会义务和责任置于一种人性难以承担的地步，甚至为控物能力的飞跃增长提供了强大的动力支持？

当然，如果说人性是可以无限完善的，或者说，至少在道德和精神方面的能力是可以和人类的科技能力一样飞跃发展、同步提升的，那么，科技的飞速发展也许不足为虑。但，情况是这样吗？

三

让我们先朴素地思考"人性"：人在出生伊始，呱呱出腹，首先可见的事实是人的身体，且其外表看来和其他的动物并没有太大的差别，虽然也有些不同，比如，人是"两脚无毛"的动物。甚至，人一出生虽然也有寻找和吸取食物的本能，但作为婴儿的人还不像其他许多动物，初始求生能力其实要更弱一些。

人的精神能力（意识）刚开始还是不可见的，但随着一天天过去，会慢慢地显现和增长。不能因为人出生伊始没有显示这些精神能力，就说人没有。这些精神能力也包括道德上的善端和恶端。它们虽然还潜伏在人的内部，但就像外表类似的植物种子，其中包含未来会长成相当不同的植物的胚芽；还不止如此，长成的人是和其他所有动物都很不一样的动物，其中最大的不同，就是人有意识，有精神能力，有语言能力，有理性，能规划自己的生活。尤为不同的是，人还有辨别善恶的能力，以及日后成为善人或恶人的可能。

倘若说"人之初"不可见的东西就是没有，就不是事实，那么，我们就无法解释人后来的善是从哪里来，恶从哪里来，意识从哪里来，精神从哪里来。它们虽然在人出生伊始还没有表现出来，但终究会表现出来。这可能性不是虚幻的，而是一定会成为现实的。这个事实是可以从人后来的一生验证其开端的，而从人的开端才好谈人的本性、人的共性。就像《三字经》所言："人之初，性本善。"（当然，"人之初"是不是"性本善"还会有争论。）

但刚才所说"人之初"（或更准确地说，是在胚胎里，在人的世代延续和积淀中）的人的精神和道德的各种可能性，的确又不是全部的事实。人有灵性，又有肉体。人还是动物，且还是碳基生物。既然有人身，就会有对自我的物质生活和身体的关怀。全部的事实包括显见的和潜在的、身体的和精神的各个方面。

人性中有善端也有恶端，但人的善端是稍稍超出恶端的。从这一点说，我赞成孟子的性善论，或者说性向善论。但是，人的恶端如果得不到制度的有力抑制，它是会蔓延和扩展的。而无论孟子的性善论，还是荀子的性恶论，其实都认为人是可善的、向善的；孟子更重视发掘内心的强大力量，而荀子之"有为"更多是强调制度建设的力量。

性是可善的，人是向善的。但人性的向善是不是没有任何限制呢？人性可善，但人是不是能够全面地、无限地完善呢？所谓全面，也就是人在认知、情感、意志等各个方面，在智力、智能、道德、信仰等各个精神能力方面都可以无限完善。这种进步是不是没有止境的呢？

首先，人性在体能上肯定是会有极限的。虽然近百年以来，人类在可记录成绩的运动项目上，比如田径，不断地打破世界纪录，但是我们知道，这些纪录最终是要达到它们的极限而不可能再突破的。那么，在意识、精神能力，尤其是道德上，人的改善是否没有极限呢？

无论东方还是西方，古代的哲人和先知基本都认为人的改善是有限度的。中国古代学者认识到人性是可善的，甚至儒家心性一派的学者还认为，对少数人来说，人性是可以努力臻于完善的，但他们也同时认识到人向善的道路的艰难，即便在最鼓励人的孟子那里，他也反复谈到人与禽兽的差别是多么稀少（"几希"），人的善端是多么容易被堵塞，人的最初良知是多么容易被丢失，人的清明之气是多么容易被污染。也就是说，他们是在一种善端或向善的可能性上承认和强调一种普遍性（"人皆有之"）的，他们还是接受人性完善的范围和限度，并没有人类或社会处在一种持续进步过程中的观念。

四

只是到了近代西方，才开始出现人的普遍和无限的可完善理论。我们这里以法国思想家孔多塞和英国思想家葛德文为例。

孔多塞说他撰写《人类精神进步史表纲要》这部著作，其目的是要显示，依据事实和理性，自然界对于人类能力的完善并没有给出任何限度，人类的完美性实际上是无限的；而且，这种完美性的进步，不以任何遏制它的力量为转移。进步可能或快或慢，但绝不会倒退。

孔多塞对人类未来状态的希望，可以归结为这样三个关键点，即废除各个国家之间的不平等，同一个民族内部平等的进步，以及最后的人类真正的完善。无论是科学和技术以及由此带来的个人福祉和公共繁荣上的进步，还是行为原则与实践道德上的进步，都将带来人类的智力、道德以及体质等各种能力的真正完善。

孔多塞并非没有意识到人类的完善不是完全没有限度或终点的。

比如，人类能否穷尽自然界的一切事实，穷尽测定与分析这些事实的精确性的最后手段，以及这些事实之间的全部关系和各种观念的组合？他承认，这可能是人类精神永远不能全部掌握的。但他认为，这种前景是很遥远的，而且，谁又敢断定，把元素转化为适合我们所用的各种物质，有一天会变成什么样子。也就是说，技术会将这个终点不断推远；即便这个期限终于来临，也没什么可怕的，我们已经可以达到某种人类的完美状态。他相信，人类理性的进步可以和科学与技术的进步并驾齐驱，道德科学与政治科学的进步能够引导我们的情操和我们的行动，这也是同等地属于自然界的必然秩序。

孔多塞欢欣鼓舞地预测，首先消灭的将是传统的国王之间的战争。启蒙了的人民在恢复自己有处置自己的生命和财富的权利时，就渐渐学会了把战争看成最致命的灾难和最大的罪行。

他认为，人类朝向完善的条件主要是教育。科学的进步将保证教育技术的进步，而教育技术的进步又反过来加快科学的进步；这是人类精神完善的最活跃、最有力的原因之一。随着每一种科学技术的提高，把大量真理的种种证明收缩在一个很小的空间之内并使之容易理解的各种办法，也将会同等地完善。这一基础教育的不断增长的进步，其本身就与科学的必然进步相联系，从而向我们保证了人类命运的改善——那可以看作是无限的，因为除了进步本身的限制以外，它就再没有任何其他限制。

孔多塞设想将会出现一个"人间天堂"，他说，这样一个时代将会到来，那时，自由的人们除了自己的理性之外，将不承认有任何其他的主人；那时，甚至死亡也只不过是特殊事故或生命力慢慢衰亡的结果，而且生与死的中间值本身没有任何可指定的限度。换言之，那时，不仅物质生活资料将因为科技的进步而无比丰富，相似的人们也将无比和谐，甚至享有接近长生不老的生命。

孔多塞这本书是在法国大革命的监狱中写下的，这也说明他有多么乐观和自信，多么真诚和理想主义。但这同时也是一个讽刺。时间又过去了两百多年，国王之间的战争是基本消失了，但取而代之的却是全民参与和动员的"总体战"以及使用各种高新科技制造的先进武器的"超限战"，它们造成的人口和财富损失远远超过传统贵族和国王之间的战争。孔多塞的预言部分还是实现了，比如说在科学技术方面，甚至比他预期取得的进步还要大，但同时也暗影憧憧，危机隐伏。

一种人可普遍和无限完善的理论立足于深信进步的信念之上。所以，他们首先会否定人类的过去，因为过去不是完善的。葛德文在他的《政治正义论》中甚至认为，人类过去的历史无非是一部犯罪史。而进步基于理性，一旦理性的阳光照耀，就可以驱散一切黑暗。

葛德文认为，人类进步的原则可以很好地用下列五个命题来加以表明：在健全的推理和真理被充分传授的时候，谬误就必将消失；健全的推理和真理是能够被充分地传授的；真理将使人类无所不能；人性的弱点并不是无法消除的；人类可以不断自我完善、自我提升。在他看来，没有哪门科学不可能再被完善；没有哪种艺术不可以达到更完美的境界。而既然一切其他科学都是如此，为什么单单伦理学例外呢？既然一切其他艺术都是这样，为什么单单社会制度和政治的艺术例外呢？换言之，人类的道德水准和政治能力也必将和其他科学和艺术一样，处在可以无限进步的过程中。

人可普遍和无限完善论者相信：第一，每个人都是可以完善，甚至全面完善的，只要理性的光芒照耀到他们。每个人的先天禀赋是可以忽略不计的，只需要通过后天的教育就可以达到光明。第二，人类整体更是可以无限完善的，进步是没有止境的。他们视人类过去的历史为愚蠢、野蛮甚至罪恶。似乎只要有了后天的良好教育，诉诸理性，人们一旦明白过来，世界就将进入一片新天地，所有的人都将按照理性行事。他们的特点是：无比相信理性的力量；相信后天教育的效果；

相信人类总是处在必然的进步之中。

但这样的信心却不一定能靠得住。这首先可诉诸对近代以来历史的经验观察。毕竟，启蒙的呼声大倡，社会改造的实践大举已有数百年，人类在精神和道德上进步了多少呢？近代以来的知识分子一次次给予人们各种超越人性的希望，有种种宏大的计划，梦想着一个完美之境，却屡屡受挫。

我们的确有了许多进步。这都是看得见的，是发生在物质和身体层面的：巍峨的高楼大厦，方便的交通工具，快捷地获得信息和娱乐的网络与手机。人们的衣食住行发生了巨大的变化，寿命增加了，物质生活水平有了很大的提升。的确，还有教育，至少教育的物质和设备条件大大改善了。

这一切经济和财富的发展主要是科技带来的。人类对自己的信心其实主要是来自科技。这种进步是积累的、叠加的，互相补充和增益的。但是，人类在道德和精神生活上有多大进步呢？现在的人们是否比过去的人们更加幸福、快乐与和谐？就比如完善论者寄予厚望的教育，教育的硬件与软件的确是大大地发展了，比过去优越多了，但现在孩子们的学习是否比过去更加快乐有效和得心应手？他们的负担不是越来越加重了吗？种种心理焦虑、压抑乃至不幸事件不是有增无减吗？

人可普遍和无限完善的理论隐含的人性论前提看来是一种"性白板说"：人性先天没有什么天赋的东西，犹如一张白纸，一切都可以通过后天的教育来塑造。也就是说，它同时又隐含一种"性无差别说"，认为所有人都是一样，任何人都可以通过教育被塑造成任何人。就像行为主义心理学家约翰·华生所言，给他一打健康无缺陷的婴儿，放在他设计的环境里，他可以将他们训练成他选定的任何一种类型的专家——医生、律师、艺术家、商业巨子。但这一宣称很难让人信服。

五

近代以来的知识分子大都相信进步——而且是不断的进步，他们也越来越追求实现进步。他们总不满意他们取得的进步，或者说，老一代的人努力争取进步，后来老一代比较满意了，但他们后面的人又不满意了，并将他们视作保守。一代代的人就这样不断地重复从进步到保守的过程。虽然激进的主张遭到挫败后，知识分子也会转而寻求渐进，但这进步的方向却几乎总是不变的、单向的。

然而，批评"单面的人"的人们却在不断造成"单面的人"，因为他们只相信欲望的自由解放和财富的平等分配，而"被解放的人"则继续沉溺在物欲或体欲之中。他们强调平等，而且要求从机会的平等进到结果的平等，但这种平等几乎都是从自身的权益，甚至越来越多地从物质上要求。这样，不仅刺激了受益者的物欲，而且刺激了几乎整个社会的物欲。要实现结果的平等，就不能不在利益的分配上有所偏重；而有被偏爱的受益者，就必然有被加重的负担者。

被这种平等释放、提升和扩展的强大物欲，也成为科技和经济的强大动力。反过来，科技和经济的发展也在不断地开辟和提升人们更高或更新的物欲领域。人们不断地渴望和追求彻底的平等，除了物质利益的尽量平等，还有身份正名的平等，补偿或偏爱的权益平等。

"进步"是一个有魔力的词。它席卷了近代社会，裹挟了人们的思想观念。谁不想争取进步，或至少表示自己进步呢？即便是自己内心深处天然反感的东西，为了表现进步，也往往表示赞许。但是，一说到进步，其实就意味着要朝着和过去一样的方向继续前进——进步是单向的，即便有些曲折，大方向也还是绝不改变的。只是，如果一味地强调单向的进步，它就可能脱离或违背人性。而任何违背人性的东西，最终是会遭到惩罚的。

那么，"不进步怎么办，难道我们还要倒退吗？"这是一个熟悉的鼓动口号。但事实上，并不是只有进退两种方向，有些时候"退"恰恰是"进"。或者，更恰当地说，追求"进步"倒不如追求"改善"。"改善"是容有各种方向的改变的，只要是朝着好的方向，有好的结果，那就是可以采取的。而且，从比较长远的观点来看，还有"循环"。我们不必害怕这个词。甚至可以说，有一种伟大的循环。

六

一种普遍的人性论或人类共性论，与这种高调和单向的乌托邦理论有没有内在联系呢？伯林对此是持肯定的。他在《乌托邦观念在西方的衰落》一文中认为，乌托邦理论是基于这样一种假设，即人都有固定不变的特性，有某种普遍的、共同的、永恒的目标；一旦达到了这些目标，人性也就彻底实现了。他认为可以作如下假定：如果说人有共同的本性的话，这一本性必定会有一个目的。只有当一个人了解了他真正的愿望之后，他作为人的本性才得以充分地实现。

但是，"本性"和"目标"不同，即便承认人有一些共同的本性，并不必定就产生一个共同的目标。而目标也并不就是人性的实现。相反，它可能恰恰构成对目标的限制，决定着可能实现的目标的范围。人有某些共性乃至某些共同的目标并不一定导致乌托邦，而把理想放在过去的"黄金时代"也常常只是一种浪漫的遐想，并不诉诸一种承担科学必然性的天命的实践。

伯林的思想中有一种用价值的相对主义反对一切普遍主义的倾向，他也始终对试图统一思想观念、价值追求和生活方式的乌托邦理论保持警惕。这在某些方面是对的，比如在对终极关切或最高价值的追求上。然而，重要的不在普遍性的有无，而在普遍性的高低。价值相对主义并不能，而底线伦理倒是有可能抵挡和防范这种绝对主义的

乌托邦，至少在规则和手段上，对它有严格的限制。换句话说，一种
普遍主义的底线伦理不会导致乌托邦，甚至最有可能遏制乌托邦。这
种底线伦理其实也就是伯林所心仪的较好的、允许各种差异和自由的
社会所需要的"相应规则"。伯林承认，人们的行为需要这种规则来
加以限制，以免酿成破坏和暴力行为；只是，伯林却不明确赋予这种
规则以一种基本的"普遍性"。

伯林很喜欢康德的这句话："人性这根曲木，绝然造不出任何笔
直的东西。"这恰恰说明关于人性的理论，不仅是许诺可能性的，也
可以是限制无限的可能性的理论。如果深刻意识到人性的复杂性和曲
折性，恰恰可以限制那些"笔直"的高大上的理论和实践。"人性曲
木说"恰恰突出了人性也构成一种限制性。

伯林引述了许多古代的具有乌托邦萌芽的思想来说明现代乌托邦
理论的来源和联系，但是，古代社会与现代社会在性质上有很大的差
别。古代那些有"高尚"目标的伦理并不强行要求所有人都追求和实
现这种目标，更不奢望所有人都能实现；当然，这种"高尚"伦理的
确又常常是以一种普遍主义的形式出现的。

以中国古代儒家伦理学为例。儒家学者常常说，"人皆可以为尧
舜"，"涂之人可以为禹"，或者"圣人与我同类"。其意思是说，人，
不管处在什么阶层，不管出身如何、天赋如何，都可以在道德上希圣
希贤。所以，道德的呼召要面向所有人，面向所有的社会阶层，就像
孔子所说的，"有教无类"。儒家鼓励所有的人都"有志于学"（人文
德性）。但是，另一方面，他们又有强烈的现实感，知道并不是所有
人都愿意向学，虽有"学而知之"者，有"困而后学"者，但也有不
少人是"困而不学"的。因此，才有士民之分。

在儒家看来，人性中有善端，这是事实，也是可能，但还不是无
限的可能，不是所有人的可能，甚至不是多数人的可能。但这是一种
对所有人都有可能的可能，所以，性善论要面向所有人，要向各个阶

层完全开放，即便最后愿意进来的还是少数。高尚伦理永远要面对所有人开放，这体现出一种普遍性；但知道永远只有少数人进来，这体现出一种现实感。愿意进"窄门"，走那条"少有人走的高尚之路"的最终可能还只会是少数人，但不能因为最后只有少数人愿意进入而关掉对所有人的大门；当然，也不因为敞开大门欢迎所有人，就抱有人人都会进来的奢望。

而现代社会，尤其西方知识分子所希望追求的一些"高尚"理论和伦理，则是直接要求多数人乃至全社会的。他们希望社会或其中一部分人可以圣人般地对待另外一部分可能是充满欲望的人。而且，这种"高尚伦理"和古代也不一样，它不是精神性的，而是相当功利的，主要指向权力、财富和名望。即便它是为了多数人的，也是在唤醒和鼓励他们功利的一面——得到自己的权益或群体的"权力"和"名声"。

观察这数百年的"进步"，人们很难不产生这样的疑问：一种单一取向的"进步"真的鼓励、促进和提高了人们的精神生活和道德水平吗？或者，还是在鼓励人的物欲和情欲？另外，它还刺激其他那些原本节制的人也不得不加入求利欲和权益的大队伍，否则，他们义务的负担就要加重。最后，这种负担或许会变成所有人都难以承受的负担，变成人性无法负荷的负担。

七

人在什么时候会深切地知道自己的有限性，乃至感到自己的渺小，唤起一种敬畏？那就是在面对巨大的时空尺度的时候。天文学家比其他职业的人们可能更容易感到自己是处在近乎无限的生存系列中的无数中间环节中的微小一环。

不过，面对近乎无限的宇宙，人所感到且应该感到的自己的渺小，或像帕斯卡尔所说，人在面对这种无限时的恐惧，却可能恰恰是不应恐惧的，也就是说，我们不必恐惧循环。世界在变化中。而且，这种变化很可能是一种循环的变化。每一次循环又可能有一些细节的不同。而哪怕没有我们所知道的这种变化和循环，也可能会有别的形式的变化和循环。有近乎无限的时空，就有近乎无限的可能。这样的循环影响不了我们的生活，因而也不应该影响我们的心情。我们已经处在许多种大大小小的循环之中。宇宙的循环是一个时空尺度太大或者说太伟大的循环，是一个我们在其中完全感觉不到循环的循环。

那么，也有人类生活的循环吗？或者说，某种循环也许正是人类生存的长久之道，是人类文明的长久之道？

恩格斯说，在地球上最美丽的花朵——思维着的精神被毁灭之后，在另外的某个地方和时候，这花朵又会以同样的铁的必然性重新生长。的确，这不是属于人的精神循环，但还是智慧的循环，精神的循环。这新的智慧和人类无关，他们甚至不会知道有过人类文明的废墟，不会有对人类的记忆。但是，这铁的必然性即便冷酷，又似乎还有点温暖。在无比浩瀚的天空中，我们也完全可以设想，在某个极其遥远的星球上，一定存在过，或者正存在着比人类更聪明、更智慧的生物。

时空无限。人处在某个细微的中间环节。面对宏观和微观的无限，人其实微不足道。这种无限感，大概可以淡化我们对世俗的成功和物欲的渴望与追求，虽然也可能唤起仅此一生而及时行乐的感受。

八

理想有其意义。没有超出人性的理想，我们可能无法提升自己，甚至连自己本可达到的、属人但向上的目标也达不到。这是古代性善论的意义。性善论的意义也就在树立理想，但是，是少数人为所有人树立理想，还是少数人为自己树立理想呢？能够接近或大致实现理想的肯定是少数，能够真正成为圣贤的肯定是少数。对于人的普遍可完善性，始终有一个范围和限度。如果观念所带来的社会变革超出人性所能负荷的程度和范围，那么，如果要求激进，就会带来社会的强制，即便是缓进，也可能让社会走向分裂，从而造成激荡直至大灾难。

当然，以上想法只是对人性的一些初步思考，还遗留一些问题：首先，一种不断要求进步的动因或者说浮士德精神是否也是来自人性？人是否就是一种极其好动乃至冒进的动物？人性中是否就命定地有一种追求彻底的精神？人类是否必然会走到科技飞速发展这一步？或者说，人性中是否也同时根深蒂固地存在两种冲动，一种是追求卓越，一种是追求平等？又或者，今天的功利滔滔、科技独大、人人争权益与个个索名分的状况恰恰是这两种追求合力的结果？

其次，人性中是否也命定地就有一种不满足于有限的人性而渴望超越于人的存在的本性，从而会不可遏制地寻求这种超越的存在？而倘若不再相信有超越的存在，人会不会想要自己成为上帝？换句话说，是不是人性本身就固有一种超越自身的热望？文明早期，古人们渴望神灵保佑，但现代人则杀死上帝，想自己成为神灵。那么，宗教是否也意味着对人的限制？但如果不再信仰，是不是"上帝"和"天堂"的概念也可以为人所用，满足人的骄傲？

九

今天的科技是对人类的可能性和巨大潜力的一种张扬，或者说盲目。因此，至少是为了平衡，今天的人文智慧最好也还是首先对人类的限度有一种认识和谦卑。

　　我一直认为，从科技与人文的关系看，人类的控物能力与自控能力的不平衡，将是未来社会的一个持久的基本矛盾。这种自控能力，一是来自精神和信仰对作为主要价值目标的物欲的淡化；二是来自道德规范对满足物欲和体欲的手段的节制，尤其是对那些损人利己、损害社会和以人类生命为代价的冒险行为的约束。

　　人性大致规定了我们的有限性。人在道德上的有限性使人类难以控制如脱缰之马的技术，尽管人甚至在知识和技术上也是有限的。人类目前掌握的知识和技术已经是人类道德难以控制的了，足以构成对人类的巨大危险。或者说，于人类而言，知识和技术还有巨大的进步空间，但在道德和幸福上已经没有那么大的进步空间了。这或许是因为知识和技术可以代代传承和积累，但道德和幸福却不行，归根结底，道德与精神的能力是落实于个人的，必须在每一个人那里重新开始；从社会的角度衡量，则必须从每一代人那里重新努力。

　　当然，即便是在循环的范围内，我们也还是有巨大的生活空间。即便是在人性的范围内，我们也还是可以做更大的努力。的确，我们不能不关注物质的生活和技术，包括一些已经近在眼前的突破。但我们还必须甚至更要关注精神和道德的提升。少数个人也还是能够追求圣洁的精神和简朴的生活方式，甚至最好成为我们的榜样，或是一种提醒。在社会的层面，尤其涉及义务的问题，一些人虽然可以继续追求自己高调的价值理想，但必须不强求社会和他们步调一致。我们希望，从整个人类来看，物质科技最好是在人性所能控制的范围内发展，伦理道德也最好是在人性所能承担的范围内提升。这事关文明的存续。

后　记

　　人类文明的历史和命运是我最近十年来思考和写作的一个主题，但目前这本书也只是集中于文明两端的探讨，当然我以为也是最有意义的两端，即文明的开端和现代一端。

　　本书无意建构理论体系，只是叙述一些事实，提出一些问题，反省一下人类的处境和人们已经提出的思想观念。为此，读了许多书，但还是"不求甚解"；写了不少字，也依然"卑之无甚高论"。只是问题像一盏灯，引着我走，不思不安，不吐不快。

　　我相信我的问题是真实的，思考的基本方向和初步结论大概也不会错得离谱。我也尝试说一些可能不很中听的新话，即便不怎么新颖，也希望它们至少不违背常识、常理和常情。

　　我衷心感谢在这不短的岁月里，许多人，包括亲人、朋友、同行和编辑的支持，也希望得到读者的批评指正。

何怀宏

2021 年 10 月 16 日于北京

注 释

引　言　文明诞生，文明万岁

1　出自《周易》。另，释"明夷"一卦的象辞曰："内文明而外柔顺，以蒙大难，文王以之。"
　　释"同人"一卦的象辞曰："文明以健，中正而应，君子正也。"

2　费尔南·布罗代尔:《文明史》，常绍民、冯棠、张文英、王明毅译，中信出版社，2016 年，
　　第 35—37 页。埃利亚斯比较了英法意义上的"文明"与德国的"文化"概念，指出"文
　　明"一词在英法两国和在德国的用法差别极大，德国人更重视其精神性和民族性的"文
　　化"概念。参见诺贝特·埃利亚斯《文明的进程》，王佩莉、袁志英译，上海译文出版
　　社，2013 年。本书主要是在英法的意义上使用"文明"概念。

3　梁漱溟更强调"文化"价值的引导作用，详见本书第八章。类似的，福泽谕吉在《文
　　明论概略》中也是这样强调，但都纳入"文明"的范畴。福泽谕吉将"文明"界定为
　　包括了工商企业、科学技术、政法制度、文学艺术和道德智慧，乃至人类社会的一切
　　物质和精神财富的概念。但他自己的文明论是探讨人类精神发展的理论，且目的不在
　　于探讨个人的精神发展，而是探讨一个群体的总的精神发展，也就是说，探讨能够影
　　响乃至引领整个社会的精神价值。参见福泽谕吉《文明论概略》，北京编译社译，商务
　　印书馆，1982 年，"序言"和第三章"论文明的涵义"。

4　德国思想家卡尔·雅斯贝尔斯第一次把公元前 500 年前后，同时出现在中国、西方和
　　印度等地区的人类文化突破现象称为"轴心时代"。参见卡尔·雅斯贝尔斯《论历史的
　　起源与目标》，李雪涛译，华东师范大学出版社，2018 年。

第一章　宇宙、地球与人类

1　就像严复在译著《天演论》中所写:"赫胥黎独处一室之中，在英伦之南，背山而面野。
　　槛外诸境，历历如在几下。"作者陷入遐思，遥想两千年前英国的情景而发思古之幽情，

如此设身处地、具体形象的思古甚至也可以成为一种方法。当然也要警惕它的有限性。参见赫胥黎《天演论》，严复译，商务印书馆，1981年，第1页。

2 参见张光直《古代中国考古学》，辽宁教育出版社，2002年，第26页。

3 他们应该是我们的直系祖先。据学界比较公认的观点，发现的三个"山顶洞人"头骨均属于原始蒙古人种。吴新智不同意魏敦瑞所推断的三具头骨分别与中国人、爱斯基摩人和美洲印第安人相近，而认为都应归于正在形成的蒙古人种，头骨之间的一些特征差异只是说明一些蒙古人种的形态细节尚未完全形成。参见吴新智《山顶洞人的种族问题》与《周口店山顶洞人化石的研究》，分别载《古脊椎动物与古人类》1960年第2期和1961年第3期。

4 就在现今繁华的王府井区域修建东方广场的时候，也曾出土过大致与"山顶洞人"同期的2000件标本和700多片石器。

5 如果说穿珠子作为装饰品是艺术的起源，埋葬死者及其哀悼仪式则是宗教的起源，这些都是精神性的、似乎对生存和生存竞争没有实用价值的活动。

6 参见悉达多·穆克吉《基因传》，马向涛译，中信出版社，2018年；大卫·克里斯蒂安《起源：万物大历史》，孙岳译，中信出版社，2019年。又可参见伊恩·莫里斯《西方将主宰多久》，钱峰译，中信出版社，2014年，其中第一章对人类单地和多地起源说讨论甚详。另参见尤瓦尔·赫拉利《人类简史》，林俊宏译，中信出版社，2014年；贾雷德·戴蒙德《枪炮、病菌与钢铁》，谢延光译，上海译文出版社，2006年；费尔南德兹-阿迈斯托《世界：一部历史》，钱乘旦译，北京大学出版社，2010年；布莱恩·费根《世界史前史》，杨宁等译，世界图书出版公司，2011年。

7 参见悉达多·穆克吉《基因传》，第360—365页。亦可参考伊恩·莫里斯《西方将主宰多久》，第25—27页。

8 中国的古人类学家曾提出过"连续进化附带杂交"的中国人起源模型。但遗传学家，包括中国的学者（如陈竺和金力）在1990年代的研究指出，现代亚洲人与古代亚洲直立人之间并没有直接关系。然而，在2010年底发表的一项研究中，有的生物基因学家在化石里收集到了足够的尼安德特人的DNA，在和现代人类的DNA进行比较后发现，就现代中东和欧洲的人类而言，他们身体内还是有1%—4%的尼安德特人DNA。而几个月之后，又有研究证明，现代美拉尼西亚人及澳大利亚原住民最高有6%的生活在西伯利亚的丹尼索瓦人的DNA。如果这些结果属实，就将证明混种繁衍理论至少有部分正确。

9 2008年1月有报载：在河南许昌发现了距今10万—8万年前的人类化石，但并没有具体的证据，报道甚至有文学夸大的笔法。

10 目前国际学术界对禄丰古猿持两种观点：一种认为禄丰古猿与现代人类没有关系，仅仅是现代猿类的祖先；另一种认为，禄丰古猿是比南方古猿更早的人科成员，是人类的老祖宗。如果后一观点得到更多证据支持，那么以这一特定时限向前推演的话（禄丰古猿早于南方古猿），人类源于非洲的理论将被改写。

11 另一说法是1.8万—1.1万年前。

12 参见尤瓦尔·赫拉利《人类简史》，第14页；费尔南德兹-阿迈斯托《世界：一部历史》，第 12—13 页；贾雷德·戴蒙德《枪炮、病菌与钢铁》，第 5 页。

13　参见大卫·克里斯蒂安《起源：万物大历史》，第 28 页。

第二章　物质文明的基础

1　这个观念最早在拙著《世袭社会及其解体：中国历史上的春秋时代》（生活·读书·新知三联书店 1996 年版）中提出。

2　可参见黑格尔《历史哲学》及魏特夫《东方专制主义：对于极权力量的比较研究》等。

3　以上新石器文化内容主要参照维基百科相关中英文词条和《新中国考古五十年》（文物出版社 1999 年版）。另外，还参考了张光直、陈星灿等学者的考古学著作。

4　胡焕庸 1987 年根据中国大陆 1982 年的人口普查数据和版图变动，重新计算得出的结论是：东部面积占全国的 42.9%，人口占 94.4%；西部面积占全国的 57.1%，人口占5.6%。

5　参见林语堂《吾国吾民》，外语教学与研究出版社，2009 年，第一章。另见陈彦光《中国历史的地理枢纽：中国地缘政治格局成因和影响的历史分析》，《信阳师范学院学报》（自然科学版）2011 年 1 月号。

6　孙机：《中国古代物质文化》，中华书局，2014 年，第 5 页。

7　参见张芳、王思明主编《中国农业科技史》，中国农业科技出版社，2011 年，第 20—21 页。

8　参考维基等百科全书词条，以及中国农业博物馆农史研究室编《中国古代农业科技史图说》，农业出版社，1989 年。

9　以上的人口数据和估算，主要根据葛剑雄《中国人口发展史》，福建人民出版社 1991年版。后来他又主编了多卷本的《中国人口史》，各卷的作者分别是：葛剑雄，第一卷导论·先秦至南北朝时期；冻国栋，第二卷隋唐五代时期；吴松弟，第三卷辽宋金元时期；曹树基，第四卷明时期和第五卷清时期；侯杨方，第六卷，1910—1953 年；复旦大学出版社 2000 年版。也参考了王育民《中国人口史》，江苏人民出版社；赵文林、谢淑君《中国人口史》，人民出版社 1988 年版。中国明清人口另参考何炳棣《1368—1953 年中国人口研究》，它提供了一种比较科学的方法；而李中清与王丰所著《人类的四分之一：马尔萨斯的神话与中国的现实》则提供了一种比较新颖的观点，生活·读书·新知三联书店 2000 年版。

10　曹树基认为，1630 年明朝人口达到峰值，约为 1.9251 亿，1644 年实际人口约为 1.5247亿。英国经济学家安格斯·麦迪森的观点是，明神宗中期的 1580—1590 年间，明朝人口达到峰值，约为 1.62 亿。此后一直呈下降趋势。1640 年约为 1.3 亿。1650 年约为 1.23 亿。1660 年约为 1.35 亿。明穆宗隆庆年间美洲高产作物传入中国后开始在华南地区普及和推广，万历中兴后到万历四十八年（1620 年），有学者认为实际人口估计达到 1.5 亿人。

第三章 圣贤政治与道德人文

1　先有国家还是先有文字，或者文字就是国家的要素，两者在同一个过程中大致同时地产生？也许开始因为经济活动的需要有了文字的萌芽，但比较完备的文字还是要在政治形态建立之后，一种行政的管理会对文字有一种迫切和全面的要求。

2　如《古文尚书》中的一些名言："嘉言罔攸伏，野无遗贤，万邦咸宁。""稽于众，舍己从人，不虐无告，不废困穷。""儆戒无虞，罔失法度。罔游于逸，罔淫于乐。任贤勿贰，去邪勿疑。疑谋勿成，百志惟熙。罔违道以干百姓之誉，罔咈百姓以从己之欲。""德惟善政，政在养民。""罪疑惟轻，功疑惟重；与其杀不辜，宁失不经。""克勤于邦，克俭于家。""汝惟不矜，天下莫与汝争能。汝惟不伐，天下莫与汝争功。""满招损，谦受益。"这些对后世的政治制度、社会风俗和人生哲学都产生过巨大的影响，"人心惟危，道心惟微，惟精惟一，允执厥中"更成为中国文化传统中著名的"十六字心传"。也就是说，它们本身就构成一种历史，一种漫长的影响史。而反过来说，假如今天发现了一部两千多年来一直失传的古书，它或许可以说明当时的一些历史情况，但在后来两千多年的历史中却没有位置。又，今人的伪造多是将别人的思想文字窃为己有，过去则是将自己的作品假托先贤，其目的大概也是追求影响力。

3　参见《大戴礼记·帝系》。又见李学勤《走出疑古时代》，辽宁大学出版社，1994 年。

4　参见李学勤《走出疑古时代》。

5　《论语》："子曰：大哉，尧之为君也。巍巍乎，唯天为大，唯尧则之。"

6　以下译文参考了台湾六十教授合译的《白话史记》，岳麓书社，1987 年。

7　见《左传》对"五典"的解释。这是五伦的萌芽，但又不同于后来的五伦：首先它是非政治的伦理，即都是处理家庭关系；其次，它是平等的或对等的，强调的是两方面的义务。又见《史记·五帝本纪》对"五教"的解释，与此同。

8　也有文献如《韩非子》等说这两次著名的"禅让"其实还是强力的逼迫。

9　《韩非子·五蠹》说，禹"身执耒臿以为民先，股无胈，胫不生毛，虽臣虏之劳不苦于此矣"。

10　《羑里操》："文王哀羑里，文王拘于羑里而作。古琴操云：殷道涽涽，浸浊烦兮。朱紫相合，不别分兮。迷乱声色，信谗言兮。炎炎之虐，使我愆兮。幽闭牢阱，由其言兮。遘我四人，忧勤勤兮。目窈窈兮，其凝其盲。耳肃肃兮，听不闻声。朝不日出兮，夜不见月与星。有知无知兮，为死为生。呜呼！臣罪当诛兮，天王圣明。"

11　《礼记·中庸》记载了孔子另一句"吾从周"的话："吾说夏礼，杞不足征也；吾学殷礼，有宋存焉；吾学周礼，今用之，吾从周。"《论语》并有言："克己复礼为仁。一日克己复礼，天下归仁焉。"朱熹解释周文之"文"说："道之显者谓之文，盖礼乐制度之谓。不曰道而曰文，亦谦辞也。"但笔者倾向于用"周文"而非"周礼"来概括周的变革要义。"周礼"更强调约束，而"周文"更显示生气勃勃的一面，表现一种"文盛貌"。说"周文"也可体现后来周人的有些精神意蕴（如"亲亲"）虽然本身不再政治制度化（封建），却可以成为指导制度的精神和社会伦常，直到今日亦是影响甚大的文化传统。

12　以上皆引自《论语》。

13　诗曰："周虽旧邦，其命惟新。"朱熹解释说："言周国虽旧，至于文王，能新其德以及于民，而始受天命也。"

14 《论语·子罕》："子畏于匡，曰：'文王既没，文不在兹乎？天之将丧斯文也，后死者不得与于斯文也；天之未丧斯文也，匡人其如予何？'"

15 《史记·孔子世家》。

16 详可参见拙文《千年传承，斯文在兹》，《北京大学学报》2018 年第 2 期。

17 王夫之：《读通鉴论》（下册），"叙论四"，中华书局，1996 年，第 954 页。

18 王夫之：《读通鉴论》（下册），第 954 页。

19 顾亭林：《日知录集释》（上册），花山文艺出版社，1991 年，第 585 页。

20 参见拙著《世袭社会：西周至春秋社会形态研究》与《选举社会：秦汉至晚清社会形态研究》，北京大学出版社，2017 年。

21 战国时代，"士"的称号繁多，例如，谋士、察士、策士、勇士、巧士、锐士、精士、良士、庶士、吏士、通士、公士、国士、材伎之士、虎贲之士、中民之士、筋力之士、文学之士、法术之士、智术之士、弘辩之士、礼教之士、仁义之士、任举之士、倾危之士，甚至，居士、处士、山谷之士、江海之士、岩穴之士、枯槁之士，等等，不一而足。由此，我们也可以看出各种"士"的性质和功能的广泛性。

22 参见许倬云《中国古代社会史论：春秋战国时期的社会流动》，邹水杰译，广西师范大学出版社，2006 年。

23 如从 9 世纪起在埃及穆斯林王朝就开始成形，实行数百年之久的马穆鲁克制度。这种制度是选择从其他地方抢掠而来的幼童给予良好的教育，长大后由他们作为日常治理的统治者和军队的指挥官，但他们的身份始终还是奴隶，他们的特权不能够传给自己的子孙后代。而新的统治者也将是新的抢掠而来、培养长大的奴隶。参见塞缪尔·E.芬纳《统治史》（卷二），华东师范大学出版社，2014 年，第 110、134—140 页。

第四章　民主政治与卓越中道

1 基托：《希腊人》，徐卫翔、黄韬译，上海人民出版社，1998 年，第 116—117 页。

2 现代人谈到雅典的民主，总是很快会遇到这一民主并不包括雅典的所有成年居民而只限于公民团体的难题和挑战。雅典的妇女、外邦人和奴隶的确都不属于这个公民团体。我们在此只能大概地说：男女有别、女性不参政和一定范围内的蓄奴制是当时古代世界的普遍现象（内外有别在今天的世界上依然普遍存在，乃至在以民族国家为主的世界体系的情况下不太可能改变）；而在公民团体内，不分贫富和贵贱都享有平等的参政权——亦即民主——则是当时希腊许多城邦，尤其雅典的特有现象。雅典的奴隶大都是战俘，这相对于在更早的时代或者其他的部落或专制国家在战争中动辄杀死战俘还可能是一个进步。尤其在梭伦以后，公民再贫穷也不可能沦为奴隶。充分认识到奴隶制度在道德上的不正当和不可接受，以及所有人都应享有平等的政治权利的意义要到近代之后。而且，相对来说，雅典的妇女也可能还是得到比其他许多专制政权下的妇女更多的尊重和保护。雅典的外邦人也大致享有与公民一样的言论自由，他们需要纳税，不能购置地产，但其财产权利还是能得到法律的保护。他们没有政治的权利，但也豁免了政治和军事的义务，不排除有一些人甚至会更愿意选择这种生活。在雅典的经济事务尤其公共工程中，也大致做到了公民、外邦人甚至奴隶的同工同酬。作为矿山劳工的奴隶的生活处境悲惨，但一般来说奴隶在雅典的生活状况还是比在专制国家甚至希腊一些其他城邦的生活状况要好一些。奴隶制是否构成雅典城邦的主要经济来源或基础一直是一个有争议的问题，而一个明显的事实是：雅典公民对物质生活的欲望远没有现代人这样强烈，他们更重视政治活动和精神文化生活而能够过一种比较简单的物质生活，包括富人也更愿意仗义疏财或以钱博名。类似于"银行家和警务人员"这两个令现代人常常艳羡的职业，常常是由奴隶充任。在雅典的街上，从穿着上几乎看不出奴隶和公民的分别，许多奴隶还有自己的家庭和产业，甚至有首屈一指的大富翁。参见摩根斯·赫尔曼·汉森《德谟斯提尼时代的雅典民主：结构、原则与意识形态》，何世健、欧阳旭东译，华东师范大学出版社，2014年，第117、162—167、453—455页。

3　过去许多古典学者和人文社科学者都比较强调或承认雅典民主的渐进及一些卓越人物在其中的作用，乃至认为在这一点上，古代雅典民主与现代比较成功的民主相比是类似的。但也有一些学者更为强调变革的根本性质以及民众或者暴力的革命性力量在这方面的作用。例如 Josiah Ober 认为，虽然他并不否认克里斯提尼的杰出乃至天才，但是，其制度改革的基础是建立在一场开始并没有他参与（他已被流放）的民众反对斯巴达人的暴力"革命"之上。他甚至因此提出"雅典革命"的概念。参见 *The Athenian Revolution*, Princeton University Press, 1999, p.32。约翰·戴维斯也根据新的铭文史料，将公元前460年左右的一场由埃菲阿尔特发动的重要政治变革称为"雅典革命"，只是认为"它是一次以非常保守的政治词汇来表达的革命"。参见约翰·戴维斯《民主政治与古典希腊》，黄洋、宋可即译，上海人民出版社，2010年，第64页。

4　对"人民领袖"的系列追述：只是到伯里克利死后，才开始有如克里昂等非贵族的人成为平民领袖，但他们也是来自殷实之家。参见亚里士多德《雅典政制》，商务印书馆，2014年，第37页。

5　这奇迹往往是通过一些卓异的个人来体现。参见基托《希腊人》，第221—222页。

6　就像地米斯托克利的老师评论自己热烈地渴望和追求卓越的学生时说的："他将不是流芳百世，就是遗臭万年。"当然，地米斯托克利可以说基本上做到了前者。但同样追求卓越，甚至性格都有些相同——比如，同样机智、不惜改变、善于权谋，而且家世更优越的亚西比德虽然能力也足够卓越，但他对雅典城邦及民主政制的重要影响却很可能是负面的超过正面的。另外，像勇敢善战的德性固然带来一方的战胜，但也带来另一方的灾难。像阿喀琉斯的胜利就带来了特洛伊城的毁灭，带来赫克托尔的妻奴子亡。当然，就我们这里主要探讨的雅典民主的演进而非衰落而言，我们将比较集中于描述卓越的正面结果。

7　雅各布·布克哈特：《希腊人和希腊文明》，王大庆译，上海人民出版社，2012年，第202页。

8　同上，第133页。

9　同上，第124页。

10　荷马：《荷马史诗·奥德赛》，王焕生译，人民文学出版社，2016年，第48页。

11 转引自雅各布·布克哈特《希腊人和希腊文明》，第 136 页。

12 参见基托《希腊人》，第 327 页。布克哈特也写道："对希腊人来说，中道是消极的一极，是马缰，而优秀品质（kalokagathia）是积极的一极，是马刺。"见雅各布·布克哈特《希腊人和希腊文明》，第 117 页。

13 《伊利亚特》中特洛伊一方其实也是体现了希腊精神。他们不满帕里斯带回海伦而给特洛伊带来祸患，但也并不过多谴责他，而是将之视为一种命运来接受，仍旧准备勇敢战斗。

14 基托：《希腊人》，第 4 页。

15 Kurt A. Raaflaub and Robert W. Wallace, *"People's Power" and Egalitarian Trends in Archaic Greece*, in Origins of Democracy in Ancient Greece, University of California, 2007. p.46.

16 研究雅典民主的权威汉森也指出了这一点：雅典人不太谈平等，更多地说自由，但是，如果平等是按照政治权利或者说机会的平等的含义来理解，平等与自由的对立其实就不复存在。参见摩根斯·赫尔曼·汉森《德谟斯提尼时代的雅典民主》，第 114—115 页。

17 基托谈到，造就荷马式英雄的独特灵魂的，不是我们现在所理解的责任——对他人的责任，而是对他自己的责任。他追求"卓越"，这种追求贯穿于希腊人的整个生活之中。雅典的辉煌时期——伯里克利时代的精神可回溯到永恒的荷马，"是荷马教给人们以心灵的习性，这是一种在任何一个社会阶层的人身上都能发现的不可或缺的贵族气质，它要求将质置于量之上，高贵的斗争高于仅仅达到目的，荣誉先于财富"。参见基托《希腊人》，第 144 页。

18 普鲁塔克：《希腊罗马名人传》，席代岳译，吉林出版集团，2009 年，第 23—24 页。

19 同上，第 301 页。

20 正是因此，这也能够成为有意将事件进程引入激烈的人的一个策略。当然，在这个例子中并不是这种情况。

21 甚至有人提出，保证了雅典繁荣的政制更重要的不是民主而是法治。参见 Raphael Sealey, *The Athenian Republic: Democracy or the Rule of Law?* The Pennsylvania State University Press, 1987, p.91, pp.146-148。Raphael Sealey 认为，雅典人所关心、追求以及所达到的主要政治成就是法治而非民主，如果需要一个口号的话，甚至可以说雅典是一个共和国而非民主国。在我看来，法治的确起了很大的作用，甚至可能被严重低估了，但这大概还是不能推翻雅典政治中民主要素更胜于法治的主流意见，正如在梭伦立法中，即便是独立的民众法庭，发展的主要趋势也是指向使民众成为政治人物的最后选择和评判者。

22 色诺芬倒是在其《回忆苏格拉底》卷三第五章谈到，"一座著名城市的整个从前的历史似乎就是一种对追求卓越的最强有力的激励"。这个地方就是雅典。转引自雅各布·布克哈特《希腊人和希腊文明》，第 108 页。

23 公元前 4 世纪雅典的这个数量比大致是：所有居住人口大概 20 多万，公民大致 3 万以上，每次公民大会参加者 6000 人，经常发言的公民大概近百人，而演说者或议事会中真正发挥重要政治作用的也许只有数十人。汉森写道："在任何时候雅典的政治都被大约 20 名演说家（取其政治含义）外加几十名追随者所主导。"参见摩根斯·赫尔曼·汉森《德谟斯提尼时代的雅典民主》，第 116—126、468—470、472、494 页。

24 可参见色诺芬《希腊史》，上海三联书店，2013 年，"附录 1：雅典政制"。

25 托克维尔：《论美国的民主》，董果良译，商务印书馆，1988 年，第 883 页。

26 温克尔曼说："希腊杰作有一种普遍和主要的特点，这便是高贵的单纯和静穆的伟大。正如海水表面波涛汹涌，但深处总是静止一样，希腊艺术家所塑造的形象，在一切剧烈情感中都表现出一种伟大和平衡的心灵。"参见温克尔曼《希腊人的艺术》，邵大箴译，广西师范大学出版社，2001 年，第 17 页。

27 在留存下来的戏剧作品中，主要的是悲剧，悲剧也是在雅典兴盛的时期盛行。在雅典开始走向衰落的时候，反而是喜剧作品流行。三大悲剧作家埃斯库罗斯、索福克勒斯和欧里庇得斯赢得了大部分桂冠，但他们的作品只有少量存世。

28 所以，后来歌德会认为雅典悲剧衰落的一个原因是这些材料基本上都被用到了极致，如果没有更胜一筹的思想和语言，就很难超越前人。

29 但有些自然会涉及政治的一般原理，哪怕在神话中。例如，埃斯库罗斯的《普罗米修斯》就意识到专制权力的性质："除了在天上为王之外，做什么都困难；除了宙斯而外，任何人都不自由。"而且，有时反抗这一权力并不一定就带来开明，有可能新君更狠，带来更大的专制，像普罗米修斯也参与了支持宙斯反抗旧神的斗争，但因为他怜悯人类，给他们带去规则和技艺，结果就被宙斯用铁链束缚在高加索山岩上。"旧日的巨神们已经无影无踪；宙斯滥用新的法令，专制横行。"参见《罗念生全集》第二卷，上海人民出版社，2004 年，第 100、102 页。

30 参见亚里士多德《诗学》和贺拉斯《诗艺》，罗念生、杨周翰译，人民文学出版社，1982 年。

31 色诺芬：《长征记》，崔金戎译，商务印书馆，1985 年，第 140 页。

32 希罗多德：《历史》，王以铸译，商务印书馆，1985 年，第 1 页。

33 修昔底德：《伯罗奔尼撒战争史》，第 18 页。

34 希罗多德：《历史》，第 379 页。

35 M. I. 芬利主编：《希腊的遗产》，张强等译，上海人民出版社，2016 年，第 267 页。

36 据乔纳森·巴恩斯根据第欧根尼提供的亚里士多德的书目统计，这份书目共 150 种，约 550 卷，相当于约 6000 页现代著作。现在留存下来的亚里士多德著作则总共约有 30 种，以现代著作来算将近 2000 页，即只留存三分之一。参见乔纳森·巴恩斯《剑桥亚里士多德研究指南》，北京师范大学出版社，2013 年，第 34 页。我们这里可以对照的，是黄侃对白文十三经字数的统计：总共只有 626317 字，按一般的现代著作来算大概是两卷书，不足千页。其中最长的是《左传》，196845 字；《尚书》，17925 字；《周易》，24207 字；《诗经》，39224 字；《论语》，13700 字；《孟子》，34685 字。所有除甲骨文以外的先秦文献的字数肯定超不过亚里士多德一人，甚至超不过柏拉图一人。这无疑还是会影响到思想学术的深度展开和后续发展。但我不知道这原因更多的是和思想与文字的性质、风格有关，还是和当时书写的材料与方式有关。

37 M. I. 芬利：《古代民主与现代民主》，郭小凌、郭子林译，商务印书馆，2016 年，第 18 页。

38　温克尔曼：《希腊人的艺术》，第 109 页。

39　参见 M. I. 芬利主编《希腊的遗产》，第 28 页。

40　同上，第 30 页。

41　温克尔曼：《希腊人的艺术》，第 112—114 页。

42　同上，第 110 页。

第五章　现代科技奇迹

1　《尚书·大禹谟》："正德，利用，厚生，惟和。"

2　稍晚，莱布尼茨也独立发明了微积分。虽然莱布尼茨为此与牛顿曾有过非常激烈的争论，但他依然认为："从世界的开始直到牛顿生活的时代为止，对数学发展的贡献绝大部分是牛顿做出的。"

3　参见厄休拉·M. 富兰克林《技术的真相》，田奥译，南京大学出版社，2019 年。

4　参见布莱恩·阿瑟《技术的本质：技术是什么，它是如何进化的》，曹东溟、王健译，浙江人民出版社，2018 年。

5　参见尼尔·波斯曼《技术垄断：文化向技术投降》，何道宽译，中信出版社，2019 年。Neil Postman 一般译成"尼尔·波兹曼"。

第六章　最初的反省与解决方案

1　比如其中有关自由与奴役的一句话："它们（指科学与艺术）窒息人们那种天生的自由情操——看来人们本来就是为了自由而生的——使他们喜爱自己被奴役的状态，并且使他们成为人们所谓的文明民族。"参见卢梭《论科学与艺术》，何兆武译，商务印书馆，1963 年，第 8 页。另，本节关于《论科学与艺术》的引文皆依据该译本。

2　相反，人的个体化是在文明社会出现之后才真正有可能，那时，他才能够脱离过去牢固约束他的小群体，至于"孤独的个人"，在现代社会中表现得最为明显。

3　卢梭：《忏悔录》，黎星、范希衡译，人民文学出版社，2003 年，第 531 页。

4　参见雅克·巴尔赞《从黎明到衰落：西方文化生活五百年》，林华译，世界知识出版社，2002 年。

5　一个认可赫西俄德价值观的富裕农人可能这样回答说：为什么你们不劳动呢？为什么说我的勤劳致富是你们贫穷的原因呢？我的产权难道只能限定在仅仅维持我的生存的范围内，超过了我就得要得到所有人的同意？

6　参见卢梭《论人与人之间不平等的起因和基础》，李平沤译，商务印书馆，2017 年，第 120 页。

7　同上，第 98—99 页。

8 卢梭：《忏悔录》，第 500 页。但此处采用的是何兆武先生的译文，见卢梭《社会契约论》，
    商务印书馆，2012 年，第 1 页。

9 转引自卢梭《社会契约论》，第 6 页。卢梭对格劳秀斯的这段话是持批判态度的。

10 罗尔斯是当代试图利用社会契约论的思想资源的一位著名哲学家，但他把“社会契约”
    变成了一种“思想实验”。

11 《答波兰国王书》。转引自卢梭《社会契约论》，第 57 页。

12 的确很难，用卢梭自己的话来说：“是什么样的人民才适宜于立法呢？那就是那种虽
    然自己已经由于某种起源、利益或约定的结合而联系在一起，但还完全不曾负荷过
    法律的真正羁轭的人民；就是那种没有根深蒂固的传统与迷信的人民；就是那种不
    怕被突然的侵略所摧毁的人民；就是那种自身既不参与四邻的争端，而又能独力抵
    抗任何邻人或者是能借助于其中的一个以抵御另一个的人民；就是那种其中的每一
    个成员都能被全体所认识，而他们又绝不以一个人所不能胜任的过重负担强加给某
    一个人的人民；就是那种不需要其他民族便可以过活，而所有其他的民族不需要他
    们也可以过活的人民；就是那种既不富有也不贫穷而能自给自足的人民；最后，还
    得是那种能结合古代民族的坚定性与新生民族的驯服性的人民。”这样的“人民”或
    民族的确在世界上很难找到。参见卢梭《社会契约论》，第 64—65 页。

13 卢梭：《社会契约论》，第 50—51 页。

第七章 价值的转变

1 塞缪尔·亨廷顿曾区分现在美国所属的北美大陆的最初定居者与美国后来的移民，认
    为美国社会的历史不是始于 1776 年，而是始于 1607 年、1620 年、1630 年的早期
    定居者。正是他们在随后的一百五十多年里建立了盎格鲁新教文化的社会。参见塞缪
    尔·亨廷顿《我们是谁》，程克雄译，新华出版社，2005 年，第 36 页。但以下为行文
    的方便，有时还是会将独立前北美殖民地及其人民简略地称作“美国”或“美国人”。

2 在争取国家独立的时刻，约翰·亚当斯曾回顾祖先的艰苦奋斗历程：“让我们回顾他们
    令人惊叹的不屈不挠精神，回顾他们所遭的苦难——食不果腹，衣不蔽体，寒冷不堪，
    而这些他们都坚忍地承受了。让我们回顾他们在野兽和野蛮人带来的危险之中，在他
    们有时间，或有金钱或物质去经商之前，清理场地、建造房子、种植粮食、饲养牲畜
    的艰苦劳动。让我们回顾那些一直支撑着他们默默忍受所有艰难困苦的世俗的和宗教
    的原则、希望和期待。”参见戴安娜·拉维奇编《美国读本：感动过一个国家的文字》，
    林本椿等译，生活·读书·新知三联书店，1995 年，第 32 页。

3 参见丹尼尔·布尔斯廷《美国人：开拓历程》，中国对外翻译出版公司译，生活·读书·新
    知三联书店，1987 年，扉页。

4 他们首先是建立一个社会，用亨廷顿的话来说，他们在还没有建立一个国家之前，就
    慢慢先建立了一个社会，而且这个社会是一个新教社会。

5 加里·纳什：《美国人民：创建一个国家和一种社会》，刘德斌译，北京大学出版社，
    2008 年，第 70—79 页。

6 据此也可以解释最初的欧洲定居者与印第安人的冲突。他们之间的蜜月期是短暂和局部的。随着欧洲人在海岸站住脚跟，增加的人口不断向内陆扩展，他们的武装冲突也就几乎不可避免乃至惨烈，许多印第安人部落被杀戮或驱赶，许多白人村落也被荡平。

7 我们甚至可以说，在美国的某些地方一直延续到今天。

8 布尔斯廷还特别指出当时新英格兰清教徒这种信仰活动的反乌托邦乃至保守的性质。参见丹尼尔·布尔斯廷《美国人》。

9 1720—1760 年间的"大觉醒运动"进一步强化了殖民地人民的宗教信仰和新教精神。参见塞缪尔·亨廷顿《我们是谁》，第 19 页。

10 参见塞缪尔·亨廷顿《我们是谁》，第 39 页。

11 亨廷顿还认为，美国的天主教也在一定程度上新教化了。参见塞缪尔·亨廷顿《我们是谁》，第 51、27 页。

12 "温斯罗普一类的清教徒抛弃财富，告别安逸，乘上小船扁舟，踏上'通向荒野的征程'。若非自我依靠之人，他们能是什么人呢？他们响应上帝的召唤，却又必须依靠自己。在《独立宣言》的手稿中，杰斐逊也曾定下自我依靠的格调，赞赏美国人用自己的血汗与财力安家立业。"参见罗伯特·贝拉等著《美国透视：个人主义的困境》，社会科学文献出版社，1992 年，第 37 页。

13 韦伯曾以富兰克林《穷理查年鉴》中的格言为例来说明新教资本主义伦理的精神。

14 纳什写到，富兰克林的《穷理查年鉴》在殖民地时代是仅次于《圣经》传阅最广的书籍，帮助塑造了美国的价值观，尤其是有关自我依靠、勤劳节俭、实干成功的观念。参见加里·纳什《美国人民》，第 112 页。

15 参见戴安娜·拉维奇编《美国读本》，第 7—14 页。

16 参见钱满素编《我有一个梦想》，中国社会科学出版社，1993 年，第 19—25 页。

17 参见丹尼尔·布尔斯廷《美国人》。

18 转引自塞缪尔·亨廷顿《我们是谁》，第 60—62 页。亦参见托尼·朱特《重估价值》，林骧华译，商务印书馆，2013 年，第 23 章。

19 言论出版自由的一个明显例证是 1733 年开始出版的《纽约周刊》，它直接批评了殖民地总督的政策。出版人曾格因煽动性诽谤罪被捕，在狱中关了十个月，但到审判时，经过律师辩护，陪审团认定对总督的指责有其事实基础，宣告曾格无罪。

20 1760 年代初英国政府授权海关官员可以在任何人屋里搜查走私物品。而律师奥蒂斯在法庭辩论反对这些"搜查令状"，认为这些法令粗暴地践踏了人民的自由——一个人的住宅就是他的城堡，他在城堡里应当受到像王子一样的保护。结果他虽然败诉，但英国政府也撤回了"搜查令状"。

21 杰斐逊在 1825 年写给亨利·李的信中谈到了当年写作《独立宣言》的目的与依据。他说，我在写宣言时"不去提出新的原则，或过去未被设想过的新论据，不去说从来没有被人说过的东西；而是把有关这个问题的常识摆在人类面前，……既不追求原则或观点上的创新，也不去抄袭任何个别先前的著作，而仅仅去表达美国人的思想，并且给予这种表达以这伟大时刻所要求的气氛和精神。因为它的全部依据就是当日协调一致的思想感情……"参见梅利尔·D. 彼得森《杰斐逊集》，刘祚昌等译，生活·读书·新知三联书店，1993 年，第 1768 页。

22　"开国领袖们那种将自由宣示为普遍的天赋人权的豪言壮语是极不真实的。"参见埃里克·方纳《美国自由的故事》，王希译，商务印书馆，2002 年，第 23 页。

23　转引自 Joseph Ellis, *American Sphinx: The Contradictions of Thomas Jefferson*，见 https:// www.loc.gov/collections/thomas-jefferson-papers/articles-and-essays/american-sphinx-the-contraditions-of-thomas-jefferson。

24　塞缪尔·亨廷顿《我们是谁》，第 41—42 页。

25　Julian P.Boyd, ed., *The Papers of Thomas Jefferson*, Princeton University Press, 1950, Vol 1 : p. 423.

26　以上译文由作者翻译。

27　杰斐逊起草的《独立宣言》受到此前一个多月梅森起草的《弗吉尼亚权利法案》的影响，该法案第一条明确提到了"独立"："所有人都是生来同样自由和独立的，并享有某些天赋人权。"见 J. 艾捷尔编《美国赖以立国的文本》，赵一凡、郭国良译，海南出版社，2000 年，第 21 页。

28　参见卡尔·贝克尔《论〈独立宣言〉：政治思想史研究》，彭刚译，江苏教育出版社，2005 年，第 91、104、114 页。他在该书第四章中详细阐述了《独立宣言》的起草过程，并提供了杰斐逊最初的草稿、起草五人委员会提交给大会的初稿和大会通过的定稿等三份文本。

29　边沁讽刺地写道："美国人告诉我们：'人人生而平等'，这无疑是一个新发现。它让我们第一次知道，一个孩子在出生的时候就拥有和他父母等量的能力，以及和法官等量的政治权力。"转引自乔恩·米查姆《权力的艺术》，贾冬妮等译，中信出版社，2015 年，第 91 页。

30　参见《美国历史文献选集》，美国驻华大使馆新闻文化处出版，1985 年。

31　详见拙著《正义理论导论》，北京师范大学出版社，2015 年，第二章第四节"正义原则的逻辑"。

32　亨廷顿曾谈到美国历史上的四次宗教大觉醒运动：第一次是 1730 年代和 1740 年代的大觉醒，为美国建国做了某种精神上的准备；第二次是 1820 年代和 1830 年代的"福音传道和奋进主义运动"，与大众民主同步；第三次发生于 1890 年代，与争取社会改革和政治改革的平民主义与进步党主义运动相联系；第四次起于 1950 年代和 1960 年代，一直延续到 21 世纪，即"因信称义"的新教福音教派发展的时期。小布什就是一个再生的卫理公会教徒。参见塞缪尔·亨廷顿《我们是谁》，第 65—67 页。

33　参见史蒂文·卢克斯《个人主义》，阎克文译，江苏人民出版社，2001 年，第二部分。

34　Oritt, *Gabor S. Lincoln and the Economics of the American Dream*, University of Illinois Press, 1994. p.1.

35　杰斐逊在洛克所说的"生存、自由与财产"这三项基本权利中只是将"财产"改变为更一般也更笼统的"幸福"。

36　1986 年，西奥多·怀特（白修德）在去世前夕为《纽约时报》写的一篇纪念美国建国 210 周年的文章中写道："美国是由一个观念产生的国家。"他所指的"观念"就是《独立宣言》中这段有关 "不言而喻的真理" 的话。他说："最早的欧洲血统的美国人之中，一些人来新大陆是为了能以自己的方式崇拜上帝，另一些人是为了寻找出路。但是，在一个半世纪中，这新世界已改变了这些来到北美的欧洲人，尤其是英国人。无论皇帝、宫廷或教堂都不能延伸到大洋彼岸的陆地。为了生存，最初的移民不得不学会自我管理。但茫茫荒原增强了他们对更多自由的渴望。"自此美国就立足于 "这一观念" 成长，并对世界产生了连当年杰斐逊也没有想象到的巨大影响。参见戴安娜·拉维奇编《美国读本》，第 867—868 页。

37 如方纳指出的："所有人被创造为平等的"，"实际上是宣示了一个颇为激进的原则，当时没有人能够预测它所包含的全部涵义"。参见埃里克·方纳《美国自由的故事》，第 41 页。19 世纪主张废奴的人们以其中的平等原则为依据；而主张保留的人们，如兰道尔夫，则说《独立宣言》是 "最危险有害的假货"；卡尔霍恩说，《独立宣言》中的平等观念是 "虚假的教条"，只具有 "虚伪的真实性"，是被 "毫无必要地塞进《独立宣言》" 的。参见程映虹《被遗忘的历史：美国当年如何为奴隶制辩护》，《经济观察报》2016 年 12 月 25 日。双方倒是有一点相同，即都认为 "平等" 还不是真实的，差别乃至等级才是事实，不同的是，一方要固化差别，另一方要实现平等。

38 戈登·伍德：《美国革命的激进主义》，付国英译，北京大学出版社，1997 年，第 5 页。

39 同上，第 5 页。

40 同上，第 6 页。

41 同上，第 239 页。

42 同上，第 11 页。

43 白人契约奴，也被称为 "契约工"。他们往往是购买不起船票而订立这种换工契约的，没有选择自己职业和劳动的自由，但可以在一定的契约年限之后获得这种自由。不过，在当时的严酷环境中和压迫下，许多人往往等不到这一天就死去了。这样的契约奴早期并不少，比如 1671 年，弗吉尼亚的白人契约奴是黑人奴隶的三倍。也有一些黑人契约奴得到释放，另外，如果是从非洲抢掠而来，而不是从非洲酋长购买而来的黑奴，这种行径也会遭到抵制。

44 罗伯特·威廉·福格尔：《第四次大觉醒及平等主义的未来》，王中华译，首都经济贸易大学出版社，2003 年，第 144 页。

45 参见约翰·C.卡尔霍恩《卡尔霍恩文集》，林国荣译，广西师范大学出版社，2015 年，第 619、631 页。

46 福格尔在他 1974 年出版的《十字架上的岁月：美国黑奴经济学》及 1989 年出版的《未经同意或契约：美国奴隶制度的兴衰》中，根据南方种植园档案和家庭账本、商业记录等原始经济资料，运用计算机统计和分析，得出了他自己都难以置信的数据。比如说，不仅大多数黑人奴隶都是以独门独户的家庭居住，有各种奖金、休假和年终奖，而且营养良好，比如 1860 年，黑奴年度人均肉类消费量是 179 磅，这一水平甚至高于美国人在 1964 年的平均水平。当然，他们的劳动也很繁重。参见罗伯特·威廉·福格尔《第四次大觉醒及平等主义的未来》，第 145 页。

47 戈登·伍德：《美国革命的激进主义》，第 1 页。

48　同上，第 236 页。

49　当然这是就主要冲突而言，还有其他的价值冲突，比如对持枪权的争议反映的可能就是独立自由与生存安全之间的矛盾。参见雷蒙德·塔塔洛维奇、拜伦· W. 戴恩斯编《美国政治中的道德争论》，重庆出版社，2001 年。

50　即他们认为真正失去劳动能力的人只是少数，这些人的确需要照顾，但许多拿福利的人其实只是不想工作。其中以黑人青年为例，1991 年，20—24 岁的黑人男子除了参军、坐牢之外，只有 59.5% 的人工作；18—19 岁工作的还不到三分之一。许多黑人女孩未婚生育，或者是单亲家庭，且生育好几个孩子，因为给孩子的福利较高，结果孩子代替了丈夫"养家"的角色。参见麦隆·马格尼《梦想与梦魇：六十年代给下层阶级留下的遗产》，北京出版社，2004 年，第 13、34 页。

51　保守派在爱国家与恨政府之间似乎存在矛盾：他们爱国，希望美国强大，但目的主要是保障他们的自由和独立，剩下的事情，比如如何追求和保障自己的幸福或福利就主要由他们自己来干了。故而准确地说，或许是他们希望美国对国外来说是最强国，但对国内来说是弱政府——当然，这弱是指国家的经济分配功能，而不是指国家维持法律与秩序的功能。

52　比如被指对保守派有很大影响，甚至是他们"灵魂中的女人"的安·兰德，其影响对经济自由主义者的确巨大，但对社会保守主义者来说却远非如此。兰德更像是一个自由至上的个人主义者。她反对传统信仰和各种有神论，乃至反对康德的义务理论。她的影响虽然很大，但只是单方面的。

53　在共和党方面，可能赞成传统信义的人中间，许多也会赞成减少国家开支，但主张减税的人们却可能没有那么多人会赞成传统信义。

54　当然比起民主党和共和党这两大党来其实小多了，所以许多人还是只能在两大党之间选择。

55　据我认识的一个该党成员介绍，她认为该党主要是一个精英党，甚至是一个知识分子的精英党。要了解该党的政纲可以参见网上的"诺兰曲线""世界上最小的政治测验"等。中国的一位知识分子邵建曾有一文《公域向右私域向左》，其中表述的观点就颇接近于这一立场。

56　自由至上党或可视作"中间的极端"，即将这一谱系不是理解为一条直线，而是一个三角形。

57　比如胡佛总统就称自己为"自由主义者"。

58　往往是来自街头运动的质问式的表达，也比较情绪化。

59　据 2016 年 4 月 22 日美国劳工统计局资料显示：2015 年全美共有 8141 万家庭，全家无人工作的家庭有 1606 万，比例高达 19.7%，这意味着美国每五个家庭中，就有一个家庭没有人工作；全美超过一亿人口依靠各种福利过日子。又 2016 年 5 月 9 日华府智库移民研究中心（CIS）公布一份移民花费报告，指出户长为合法或无证移民的家庭，每年平均享有联邦福利 6241 美元，户长为"美国出生"（native）的家庭享受的联邦福利为 4431 美元，前者比后者高出 41%。享受最多联邦福利者为墨西哥和中美洲移民家庭，他们获得纳税人付费的联邦福利，每年平均达 8251 美元，超过土生土长美国人家庭 86%。

60 据《右派国家》提供的数据，美国的不平等在近数十年里加剧了：1970 年，0.01%
    的最富有的纳税人，收入占全国收入的 0.7%；到 1998 年，这一收入占比超过了 3%；
    这意味着最富有的 1.3 万个家庭的收入等于 2000 万个最贫穷家庭的总收入。如果按
    资产而非收入来看，则 1% 的最富有家庭控制了美国 38% 的财富，是底层 80% 家庭
    的两倍。又 1960 年，美国首席执行官的平均薪资是工人平均工资的 40 倍，今天这
    一比率扩大到了 400 多倍。参见约翰·米克尔思韦特、阿德里安·伍尔德里奇《右
    派国家：美国为什么独一无二》，王传兴译，中信出版社，2014 年，第 284—285 页。

61 这一私人慈善的风尚与传统信义有关，直到今天也相当强大，超过欧洲人：美国人拿
    出了占国民收入 1% 的收入用于慈善捐款，欧洲人则只有 0.2%—0.8%。许多富人认
    为带着巨额的遗产死去是可耻的，他们也希望自己的孩子能够独立自助、一代代重
    新开创自己的事业，自己证明自己的能力。

62 这其中有同情心，但也掺有党派的利益考虑，据说罗斯福的高级顾问霍普金斯认为民
    主党已经找到了长盛不衰的万应良方，那就是："纳税、纳税，花钱、花钱，然后选举、
    选举。"

63 转引自特里·H. 安德森《美国平权运动史》，启蒙编译所译，上海社会科学院出版社，
    2017 年，第 115 页。

64 一些人试图用古希腊罗马也出现过这样的年青人的放纵为他们辩护，但正如格雷斯·
    赫金杰和弗雷德·赫金杰反驳的，真正的问题应该是："希腊后来怎样了？罗马后来
    又怎样了？或者，任何由自我约束转变成自我放纵的文化后来都怎样了？"参见
    威廉·曼彻斯特《光荣与梦想》，四川外国语大学翻译学院翻译组译，中信出版社，
    2015 年版，第 1004 页。

65 个人选择自由也可以从另一个角度来观察，即平等尊重或承认政治的角度。可参见 J.
    R. 波尔对六种平等的划分：1. 政治平等；2. 法律面前的平等；3. 宗教平等；4. 机会平等；
    5. 性别平等；6. 最后是所有事情都包含的受尊重的平等（equality of esteem）。他认
    为他的 "equality of esteem" 和德沃金的 "受尊敬的平等"（equality of respect）有
    着细微的差别，因为尊敬更多是一种要去赢得的东西。参见 J. R. 波尔《美国平等的
    历程》，张聚国译，商务印书馆，2007 年。

66 约翰·米克尔思韦特、阿德里安·伍尔德里奇《右派国家》，第 18 页。

67 2016 年 11 月 22 日，奥地利 "新媒体" 网站刊登美国与拉美问题专家康斯坦丁·布
    洛欣的文章《美国对欧亚大陆影响力大减的根源是什么？》，文中写道："根据 2010
    年的人口统计，美国白人最迟到 2041 年将成为少数族裔，到 2050 年他们在美国总
    人口中所占的比例将仅剩 46%，从人口组成来看，美国将变成一个 '第三世界' 国
    家：4.35 亿美国人口中有 54% 是来自亚非拉的移民。" http://column.cankaoxiaoxi.
    com/2016/1125/1461917.shtml.

68 马克斯·韦伯：《新教伦理与资本主义精神》，生活·读书·新知三联书店，1987 年，
    第 142—143 页。

69 同上，第 143 页。

70 同上，第 142 页。

71 以上分别参见托克维尔《论美国的民主》的 "绪论" 和 "第八章"，商务印书馆，1988 年。

72 比如在中国的传统社会，不仅居于支配地位的儒家，甚至释道两家的思想也都是主张节制和淡化物欲的。

73 尤瓦尔·赫拉利认为，人类已经基本控制住了饥馑、瘟疫甚至战争，现在世界上大部分地区几乎没有人会真正饿死，肥胖致死的人数是营养不良致死的人数的三倍。人的平均寿命在 20 世纪从 40 岁增加到了 70 岁，现在也还在往上增长。人类未来将追求什么呢？他预测的是人们将追求身体的尽可能长生不老，是生理和心理层面的各种快乐。参见尤瓦尔·赫拉利《未来简史》，林俊宏译，中信出版社，2017 年，第一章 "人类的新议题"。

74 史学家维贝在研究美国历史中注意到："使美国人聚合到一起的是美国人分开生活的能力，社会的基础是分隔。" 换言之，这是一个独立意识和社会意识都很强的社会。参见约翰·米克尔思韦特、阿德里安·伍尔德里奇《右派国家》，第 356 页。

75 美国有 95% 的人信仰上帝，超过 75% 的人属于某个教会，40% 的人会每周上一次教堂。迄今还没有一个无神论者当选总统。约翰·米克尔思韦特、阿德里安·伍尔德里奇《右派国家》，第 287 页。

76 见上篇所引白修德语，观念即指《独立宣言》中的那一组价值观念。

77 Charles Mackay 原书名为 *Extraordinary Popular Delusions and the Madness of Crowds*，中译本将主书名易为《大癫狂》，电子工业出版社，2013 年。

78 何塞·奥尔特加·伊·加塞特：《大众的反叛》，张伟劼译，商务印书馆，2021 年。

79 《群体心理学与自我的分析》，载西格蒙德·弗洛伊德《自我与本我》，长春出版社，2006 年，第 95 页。

80 约翰·麦克里兰：《西方政治思想史》，彭淮栋译，海南出版社，2003 年，第 769—771 页。

81 中译本的书名处理为《狂热分子》。

82 埃里克·霍弗：《狂热分子》，梁永安译，广西师范大学出版社，2008 年，第 167 页。

83 埃利亚斯·卡内蒂：《群众与权力》，冯文光等译，中央编译出版社，2003 年，第 12—13 页。

84 约翰·麦克莱兰：《群众与暴民：从柏拉图到卡内蒂》，何道宽译，复旦大学出版社，2014 年，第 380 页。

85 古斯塔夫·勒庞：《乌合之众》，冯克利译，中央编译出版社，2000 年，第 6 页。

86 参见奥克肖特《哈佛演讲录：近代欧洲的道德与政治》，顾玫译，上海文艺出版社，2003 年。

第八章 价值的趋同

1 参见林毅夫《解读中国经济》，北京大学出版社，2014 年，第 4—5 讲。

2 姚洋：《中国经济成就的政治经济学原因》，《经济与管理研究》2018 年第 1 期。

3 参见钱颖一《"开放" 与 "放开"：析中国经济发展成就举世瞩目的原因》，载《北京日报》

注释 533

2016 年 12 月 19 日。

4　参见朱天《中国增长之谜》，中信出版社，2016 年，第 4—5 章。

5　周其仁形象地提出一个"水大鱼大"的说法来解释中国近年经济发展的特点和动因。我想这"水大"可以理解为一是体量大，二是活水强。中国经济的大体量是其他中小国家甚至一些大国家所望尘莫及的，这在高铁、物流、互联网用户等依赖于人口数量的产业发展方面表现得特别明显，而未来在大数据、云计算方面也会有特别的优势。至于"活水强"，则涉及我将阐述的文化价值动因。

6　孟子说："无恒产而有恒心者，惟士为能。"两千年后，王夫之在《俟解》中依然写道："学者但取十姓百家之言行而勘之，……（其）营营终日，生与死俱者何事？一人倡之，千百人和之，若将不及者何心？……求食，求匹偶，求安居……庶民之终日营营，有不如此者乎？"

7　2012 年 11 月在 CCTV 1 热播的电视剧《温州一家人》的主人公周万顺，为了挣钱，做过捡破烂、卖皮鞋、卖插座、做皮鞋、挖石油等各种事情。编剧高满堂谈到，周万顺说的一句话，代表了温州人的最真实动力，那就是："穷疯了，穷怕了，不能再这么活了。"

8　根据社会学家蔡昉的研究，比较物质生活改善得最快的一代人的增长比率，英国是56%，美国是 100%，日本是 1000%，而中国经历了改革开放这四十年的一代人则达到了 2400%。来自蔡昉 2018 年 12 月 8 日在三亚财经国际论坛上的现场发言笔录。

9　比如中国最近出现的"内卷"压力下的"躺平"观念。

10　但是考虑到日本社会价值观从"二战"后到现在的巨大变化，在今天的日本年轻人中，类似阿信那一代的人的奋斗精神似乎在相当程度上已经减弱，日本甚至被称为一个"低欲望社会"。那么，今天中国的年轻一代也已出现"佛系青年"或"躺平者"，未来将会发生怎样的变化，的确还需要进一步观察和探讨。

11　"文明"是比"文化"更宽广的一个概念。梁漱溟用"文化"的概念是要更强调不同文明中的人们的根本人生态度和价值追求，或者说人生观与价值观。而从他对"文化"的三个方面的结构说明来看，也可以指一种"文明的共体"。梁漱溟谈的主要是文化，在后面一小节中，我更愿意在"文明"的意义上来说明近百年来的成就。

12　梁漱溟：《梁漱溟全集》（第 1 卷），山东人民出版社，1989 年，第 353 页。

13　从世界文化的眼光看，"南北"问题一直都不突出，即便现在对"南北"问题比以前重视了，但也多集中在社会经济方面。

14　当然，来自西亚的爱德华·萨义德自视"东方"自然没问题。

15　比如查尔斯·泰勒就常这样称呼。

16　艾恺：《最后的儒家——梁漱溟与中国现代化的两难》，外语教学与研究出版社，2018 年。

17　梁漱溟：《梁漱溟全集》（第 3 卷），第 256—260 页。

18　梁漱溟：《梁漱溟全集》（第 1 卷），第 532 页。

19　同上，第 505 页。这也许和梁漱溟讲演的微妙时间节点有关，即"一战"之后。那时连西方人也处在相当沮丧的状态中。

20　同上，第 535 页。

21　同上，第 524—525 页。

22　但西方之所以转向禁欲的路径 3，其精神资源并不是来自佛教，而是来自基督教，广
　　义的基督教包括了天主教、东正教和新教。而基督教又受到了犹太教的影响。犹太
　　教也影响了伊斯兰教。这些宗教与佛教不同，都信仰一个超越性的存在。所以，更
　　恰当的说法看来应该是西方由路径 1 转向路径 4。

23　《朝话》，载《梁漱溟全集》，山东人民出版社，1989 年，第 81—83 页。

24　http://www.gov.cn/xinwen/2018-08/29/content_5317294.htm.

25　参见史蒂芬·平克《当下的启蒙》，浙江人民出版社，2019 年，第 84—89 页。

26　同上，第 125 页。

27　同上，第 54—61、90 页。

28　同上，第 67 页。

29　数 据 分 别 见 https://www.kuaiyilicai.com/stats/global/yearly_per_country/g_gdp_
　　growth/chn-ind.html. 新冠疫情发生的 2020 年，中国的 GDP 是正增长 2.3%，印度
　　是负增长 7.9%。

第九章　促进者

1　参见赫伯特·马尔库塞《单向度的人：发达工业社会意识形态研究》，刘继译，上海译
　　文出版社，2006 年，第 4—5 页。

2　赫伯特·马尔库塞：《爱欲与文明》，黄勇、薛民译，上海译文出版社，2005 年，第 3 页。

3　同上，第 2 页。

4　支持马尔库塞的人或许会为他辩护说，他也反复说明爱欲不仅是性爱，他主张的是性
　　爱的升华。但是，从他思想的总体倾向和独特性看，也从他的思想影响的总体效果看，
　　他的确帮助打开了体欲或至少是其中的性欲的魔盒。参见詹姆士·克利夫德《从嬉皮
　　到雅皮》，李二仕、梅峰译，陕西师范大学出版社，1999 年。

5　约翰·罗尔斯：《正义论》，何怀宏、何包钢、廖申白译，中国社会科学出版社，2009 年。

6　同上，第 184 页。

7　同上，第 186 页。

8　Bernard Williams & Michael Wood, *Essays and Reviews*（*1959-2002*），Princeton
　　University Press, 2014.

9　查尔斯·泰勒：《自我的根源：现代认同的形成》，韩震译，译林出版社，2012 年，第 76 页。

10　同上，第 11 页。

11　查尔斯·泰勒：《承认的政治》，载汪晖、陈燕谷主编《文化与公共性》，生活·读书·新

知三联书店，1998 年。

12 查尔斯·泰勒：《自我的根源：现代认同的形成》，第 50 页。

13 参见泰勒《承认的政治》，第 292—293 页。

14 同上，第 300 页。

15 查尔斯·泰勒：《自我的根源：现代认同的形成》，565—566 页。

16 同上，第 755 页。

17 参见查尔斯·泰勒《承认的政治》，第 321 页。

18 同上，第 311 页。

19 我们可以观察 1960 年代欧美学生运动提出的口号和"嬉皮士"运动的取向，他们的确有反对物质主义、消费主义的方面，但并不由此转向精神和道德对物欲的节制，而是要"禁止禁止"，关注所有欲望的平等解放，甚至不断去发现新的欲望，试图摆脱一切规范约束，如"酒精有害健康，吃 LSD"等。其中也的确有青春的活力和激情，有反物欲和功利的倾向，有反暴力的和平主义努力（虽然这和他们中的许多人又崇尚平等的激进路线是有矛盾的）。人们可以欣赏甚至投入（如果你足够年轻），但不应将这些欲望等同于道德正当。而后来一部分由"嬉皮"转为"雅皮"的，则又接受了对外物的欲望和享受。

第十章　抵制者

1 中文译文基于刘怀昭、王小东《轰炸文明：发往人类未来的死亡通知单》（中国文史出版社，1996 年），但有所调整，故下面的引文不按原书页码。

2 用所谓"自卑感"来描述左派的心理特征，也许并不是很确切。按卡辛斯基的说法，"自卑感"表现为自尊低下、无力感、抑郁、失败主义、负罪感以及自我憎恨等。左派固然有这些心理特征，但他们其实也同时表现出，或者说将"自卑感"转化或升华为一种道德的优越感，一种使命感，甚至是一种昂扬的战斗精神。

3 柯克的 The Conservative Mind 1953 年初版，后来有多个英文的修订版，并且有根据不同的英文版的两个中文译本，一个是张大军译，《保守主义思想》，江苏文艺出版社 2019 年版。另一个是朱慧玲译，《保守主义的精神》，江西人民出版社 2020 年版。

4 至于法国，如约瑟夫·德·迈斯特等，以及后来德国、西班牙等国的保守主义思想的确又有一些不同的特色。

5 柏克在《法国大革命反思录》中有一段精彩的话阐述"成见"。参见埃德蒙·柏克《法国大革命反思录》，冯丽译，江西人民出版社，2017 年，第 133—134 页。

6 柏克曾在《给一位勋爵的信》中说："我不像尊贵的贝德福德，从小就被人捧着抱着摇着就进了上议院。我这种人信奉的座右铭是'在逆境中奋斗'。有人爱讨大人物的喜，给自己找个靠山，但我不具备这种品质和技巧。我生来不是为了当奴才和工具的。我也不会通过对公众人性的理解，刻意投其所好，博取欢心。我的生命中前进道路上的每一步，尤其是在我被阻挠和抵制的每一步，我遭遇的每一个关卡，我都得出示（才

干的）通行证，一次又一次地证明，自己对国家的法律和利益运行体系，无论国际还
是国内，都不是门外汉，以此让人们相信我唯一的动机，就是报效祖国的荣誉；否则
就不可能有人容忍我，让我跻身政坛。"参见约翰·莫雷《埃德蒙·伯克评传》，刘戎译，
上海社会科学院出版社，2018 年，第 38 页。

7 Foreword to the seventh revised edition, *The Conservative Mind: From Burke to
   Eliot*, Regnery Publishing, Inc. 2001, xix.

8 拉塞尔·柯克：《保守主义思想》，第 438 页。

9 同上，第 443 页。

10 一个更广泛的对美国当代保守主义流派的叙述，可以参见纳什的《美国 1945 年以来
   的保守主义知识运动》，他认为"二战"后美国保守主义思想有三大源流：一是自由
   至上主义者，往往来自欧洲，尤其中欧的哈耶克、米塞斯等，他们捍卫古典自由主
   义、经济自由主义，反对计划经济，多表现在经济领域，强烈反对大政府。这方面
   还有兰德、索维尔等。二是保守传统信仰与道德者，尊重美国殖民和独立历史，强
   调基督教信仰传统与人生和社会政治的联系，甚至认为政府也应尊重和理解传统宗
   教，反对个人随心所欲、任意妄为的自由，这方面有柯克等。三是反对激进主义者，
   其中许多是原来的激进信仰者，但后来失望，或者认识到其真正本质的，这方面有钱
   伯斯等。George Nash, *The Conservative Intellectual Movement in America Since
   1945*, Intercollegiate Studies Institute, 1996.

11 就像柯克所说的，回忆一下马修·阿诺德对自己那个时代自由派混乱处境的描述：通
   常都有足够多的喧嚣，还有非常少的思考。但正如歌德所说，行动是如此容易；思
   考是如此艰难！这大概尤其是指具有反省性的思考。

12 *The Conservative Mind: From Burke to Eliot.*

13 Thomas Sowell, *A Personal Odyssey*, The Free Press, 2000, p.233.

14 一位叫艾丹·伯恩（Aidan Byrne）的学者曾写了一篇有关索维尔的书评。他讽刺索
   维尔说："对有钱的白人男子而言，说这种话很容易。"但他弄错了，索维尔既非白
   人，也不是很有钱。转引自曼哈顿研究所青年黑人学者 Coleman Hughes 的 "The
   Nonconformist" 一文。

15 Thomas Sowell, *A Personal Odyssey*, p.80.

16 Ibid., p.306.

17 Sowell, *A Conflict of Visions: Ideological Origins of Political Struggles*, Preface,
   Basic Books, 2007. 1987 年版序言。

18 Thomas Sowell, *The Quest for Cosmic Justice*, Simon & Schuster 1999, p.51.

19 Thomas Sowell, *Ever Wonder Why?* Hoover Institution Press, 2006, p.5.

20 Thomas Sowell, *Dismantle America*, A member of the Perseus Books Group, 2010,
   vii.

一頁 folio

始于一页，抵达世界

Humanities · History · Literature · Arts

出品人　范　新

品牌总监　恰　恰

版权总监　吴攀君

印制总监　刘玲玲

营销总监　张　延

装帧设计　山川制本 workshop

内文制作　燕　红

Folio (Beijing) Culture & Media Co., Ltd.

Bldg. 16C, Jingyuan Art Center,

Chaoyang, Beijing, China 100124

官方微博：@一頁 folio｜官方豆瓣：一頁｜联系我们：rights@foliobook.com.cn

一頁 folio
微信公众号